大学生职业生涯规划与就业创业指导（第2版）

主　编　苏文平
副主编　叶心宇　孙丽霞　韩　笑　董萍萍

中国人民大学出版社
·北京·

图书在版编目（CIP）数据

大学生职业生涯规划与就业创业指导/苏文平主编；叶心宇等副主编．--2版．--北京：中国人民大学出版社，2023.1

普通高等学校应用型教材．工商管理

ISBN 978-7-300-31115-9

Ⅰ.①大… Ⅱ.①苏… ②叶… Ⅲ.①大学生-职业选择-高等学校-教材 Ⅳ.①G647.38

中国版本图书馆CIP数据核字（2022）第191160号

大学生职业生涯规划与就业创业指导（第2版）

主　编　苏文平

副主编　叶心宇　孙丽霞　韩　笑　董萍萍

Daxuesheng Zhiye Shengya Guihua yu Jiuye Chuangye Zhidao

出版发行	中国人民大学出版社		
社　址	北京中关村大街31号	**邮政编码**	100080
电　话	010－62511242（总编室）		010－62511770（质管部）
	010－82501766（邮购部）		010－62514148（门市部）
	010－62515195（发行公司）		010－62515275（盗版举报）
网　址	http://www.crup.com.cn		
经　销	新华书店		
印　刷	北京市鑫霸印务有限公司	**版　次**	2018年6月第1版
开　本	787 mm×1092 mm　1/16		2023年1月第2版
印　张	18	**印　次**	2024年8月第6次印刷
字　数	397 000	**定　价**	49.00元

内容简介

本书是一本经典的职业生涯规划与就业创业指导教材，主要针对应用型高校的本专科学生而编写。全书遵循大学生的一般学习生活轨迹，系统介绍了职业生涯发展理论及其在实际生活中的应用，结合当代大学生自身的特点及遇到的困惑，有针对性地提出了具体的解决方案及行动建议。

第2版是最新版，全书共分5篇8章，涉及生涯唤醒，全面认知自我，认知外部世界，生涯目标决策、行动规划与实施，个人职业生涯管理五大方面，既总结了大量实践经验和规律，又提出了各种方案和建议，同时收录了30多篇原创案例，具有很高的实用性和指导价值。

本书非常适合作为大学生职业生涯规划及就业创业指导课程的教材或教学参考书，也可供相关领域的研究人员和职场人士阅读借鉴。

主编简介

苏文平，博士，北京航空航天大学经济管理学院教授、硕士生导师，北航生涯教育教学团队召集人，中国教育发展战略学会生涯教育专业委员会学术委员会成员，中国劳动经济学会职业开发与管理分会理事、副秘书长。主要研究方向为人力资源管理、生涯发展教育。在专业期刊及国际会议上发表论文30余篇，出版大学生职业生涯规划教材6本、本科生职业生涯规划与就业指导案例集1册。2005年受邀成为教育部中学生职业生涯规划师资培训项目组专家，2007年以来在全国近百所高校进行职业生涯规划师资培训及学生讲座。获评“北京高等学校优秀专业课（公开课）主讲教师”，所讲授课程获评“北京高校优质本科课程”“北京高校就业创业金课”，所主编教材获评“北京高校优质本科教材课件”。2015年录制上线的慕课“大学生职业生涯规划”在全国有180所高校53.37万人注册学习，被推荐参评第二批国家一流线上课程。2016年开设“大学生学业与生涯规划2008”微信公众号，推送原创案例400余篇，总阅读人次达130万。

前　言

FOREWORD

党的二十大报告明确指出："教育是国之大计、党之大计。"2023 年 5 月 29 日，在中共中央政治局第五次集体学习时习近平总书记强调："培养什么人、怎样培养人、为谁培养人是教育的根本问题，也是建设教育强国的核心课题。"培养一代又一代德智体美劳全面发展的社会主义建设者和接班人，帮助他们更好地应对职业选择与就业相关的各种难题，正是生涯教育教师面临的重要课题。

2013 年以来，"大学生就业难"问题备受政府与社会各界关注。"史上最难就业年""史上更难就业年""大学生就业形势依然严峻"等相关报道频繁出现。2021 年，我国应届毕业生人数再创新高，达到 909 万人，同比增加 35 万人。自未能找到工作的应届毕业生超过 100 万人以来，毕业前未能找到工作的应届毕业生人数随着毕业生总人数的增加而增加，近年来更是高达 200 余万人。

2021 年 11 月 19 日，教育部、人力资源和社会保障部召开 2022 届全国普通高校毕业生就业创业工作网络视频会议，指出 2022 届高校毕业生预计 1 076 万人，相比 2021 届增加 167 万人。一时间，"应届毕业生人数破 1 000 万后，名校背景也不好使了"等报道络绎不绝。

然而，具体分析大学毕业生求职的个案，却令人不得不产生以下疑问：

应届毕业生找不到工作的主要原因有哪些？

为什么有些同学考上了名校，毕业后却找不到工作，甚至连毕业证书都没有拿到？

为什么有些未能考上双一流大学甚至仅考取专科的同学，毕业时在“就业难”的大背景下却找到了令同龄人羡慕的理想工作？

很多同学为了提升求职时的竞争力报考了研究生，待硕士毕业才发现要进入三年前本科同学毕业时进入的用人单位仍困难重重，这又是为什么？

在我国现行的高等教育体制下，高中毕业生在填报大学志愿时具有很大的盲目性。此外，受到“不要浪费分数”“报考热门专业”“尽可能进入一个排名好的学校”等观念的影响，不少同学进入大学后陷入迷茫，失去了学习的动力。同时，在我国高等教育已逐渐从“精英教育”过渡到“大众教育”的今天，考入大学，甚至考入名校已经不能为未来的职业提供保障，大学毕业生的第一份工作不再主要取决于其所考取的学校及专业，而是与其大学生活如何度过越来越相关。希望越来越多的同学能够及早认真思考如何把握这个“丑小鸭变天鹅”的奇迹不断涌现的阶段。

本书循着大多数大学生朋友的学习生活轨迹，伴随大家度过初入大学时的新奇、兴奋、迷茫、失望，从同学们面临的问题着手，通过对职业生涯发展理论及其应用的系统介绍，结合当代大学生自身的特点及遇到的困惑，有针对性地提出解决方案及行动建议。希望最终能够帮助同学们尽快找到大学生活的目的和意义，确立符合自己特点的生涯发展目标，制定个性化的行动方案，通过行动提升进入职场所需要的职业素质与能力，度过充实、愉快而有意义的大学生活，信心满满地离开校园、进入职场。

笔者开设“大学生职业生涯规划”课程已15年。从同学们的反馈看，这门课对他们的影响是深远的。一位同学在大四寒假给笔者的邮件中说：“回首大学的三年半，我从一个小县城里的学霸成长为北航的学生干部，拿到奖学金，最终在大四上学期拿到保研资格推免到北京大学深造，我的大学可以说就是一部逆袭史。那是因为从大一开始，我在职业生涯规划课堂上就种下了梦想的种子，积极心理学课堂上激发的自信与坚持，让这颗小小的种子不断成长，让我在逆袭路上不断创造奇迹。而在我身边，还有更多更优秀的同学也正成为新时代的栋梁。”一位大一选修职业生涯规划课、大四跨专业考取名校硕士研究生的同学写道：“一晃已经结课近五年，犹记得上课的时候给我的第一个启发就是职业生涯是需要规划的，职业生涯作为生命中跨度很长的一部分，我们是需要用心规划并经营的。第二个启发是目标导向，期望什么样的职业，就要有对应的能力要求，就要有对应的职业发展路径。虽然有时候路径和目标不明确，但是积极尝试可以帮助我们探寻期望目标。”很多同学毕业前回顾初入大学时的情景，深深感慨未来不可期：“当时虽然开展了生涯规划，但是并不能完全理解、掌握课上的内容，直到后来大二重新陷入迷茫，大三面临抉择、开始实习的时候，回想起老师课上所讲授的一些方法、知识、经验，才有所醒悟。不得不说，职业生涯规划是治疗迷茫病症的一剂良药。”

“互联网＋”风潮及人工智能化趋势使得未来几十年的职业、职场及高等教育可能发生翻天覆地的变化，同学们之前掌握的很多知识都将“过时”，然而万变不离其宗，人职匹配原则仍能够在大学生朋友们未来选择职业、决定生涯方向的过程中起到指导作用。

相信在互联网时代成长起来的95后、00后将能够发挥自己的聪明才智，在新的时代背景下制定并实施最适合自己的职业生涯规划方案。

教学建议

在我国当前的教育体制下，大部分高中生将考大学视为学习的唯一动力。经过苦读终于进入理想的大学后，很多同学反而失去了奋斗的目标和学习的动力。

事实上，从个人发展的角度看，考大学只是阶段性的学习目标；进入大学学习是为了给顺利进入职场做更加充分的准备。因此，大学期间最主要的任务是确定未来的职业生涯发展方向。同学们不论是决定将来成为技术专家还是高层管理者，抑或将平衡工作和家庭的关系、潇洒生活作为目标，都需要在大学时期为之而努力。

本书希望通过朴素、直白的叙述，借助一些普通大学及专科学院学生的实际案例和近年来社会生活中的典型案例，分享成功经验与失败教训，提醒刚进大学的同学尽快适应大学生活，及早开始规划自己的职业生涯，并按照规划投入各项学习和实践活动。

必修课安排在大一，同学们将课程中的一些内容付诸实际行动可能是几年后了。为了令这门当下不那么实用的课程能够起到方法论的效果，笔者刻意要给同学们以意犹未尽的感觉，因此整个课程仅安排8次课、16课时，课堂上有1/3甚至1/2以上的时间用于测试、小组讨论、角色扮演、全班分享等活动。

建议授课教师采用参与式教学法，充分调动学生的积极性。为取得较好的效果，课堂讲授与学生参与的时间最好能达到2∶1的比例。课时分配及课堂活动安排见下表。

职业生涯规划课教学安排建议表

教学进度	教学内容	计划课时	备注
第一讲	课程介绍，生涯规划概论及机遇事件学习理论 课堂活动：我对课程的期望 课堂游戏（破冰之旅）：新朋相识 教材阅读：前言、第1章及章末“推荐阅读”	2或3	请学生填写《选课信息表》，了解同学们对职业生涯规划的认识程度
第二讲	认识与熟悉团队，认识自我（1） 课堂练习：MBTI性格类型测试 课堂游戏：降落兴趣岛 教材阅读：第2章2.1～2.3节及章末“推荐阅读”	2或3	课后作业： “我最成功的七件事”
第三讲	认识自我（2） 小组分享：分享成功的喜悦及评选小组“牛人” 课堂游戏：我的五样 教材阅读：第2章2.4～2.6节	2或3	课后作业： “我的职业理想”； 阅读毕淑敏《我的五样》
第四讲	认识职场 小组分享：分享“我的理想职业” 小组练习：发现好工作 教材阅读：第3章及章末“推荐阅读”	2或3	小组作业： 介绍某一职业（各小组从组内同学的“理想职业”中选出）
第五讲	确立目标，自我规划 小组活动：运用SWOT分析法分析自己的理想职业并在小组中分享 教材阅读：第4章及章末“推荐阅读”	2或3	课后练习： 生涯人物访谈； 完善“我的理想职业”

续表

教学进度	教学内容	计划课时	备注
第六讲	如何达到目标——提升职业素质与能力 小组活动：分析章末“推荐阅读”案例中主人公的素质与能力及其能力是如何获取的 教材阅读：第 5～7 章及章末“推荐阅读”	2 或 3	课后练习： 填写目标活动单； 写求职信与求职简历
第七讲	求职策略及职场礼仪 小组分享：简历评议 视频：大学生找工作面试片段 教材阅读：第 6 章及章末“推荐阅读”	2 或 3	为班上同学（不特定）准备一份价格不超过 5 元的小礼物并附上祝福语
第八讲	走向未来——大学校园与职场的差异 课程收获与感受分享（先小组交流，后全班分享） 教材阅读：第 8 章及章末“推荐阅读”	2 或 3	同学们互送礼物与祝福，评选小组收到的“最佳礼物”

致谢

ACKNOWLEDGEMENT

经历了10个月的策划与投入，《大学生职业生涯规划与就业创业指导（第2版）》终于完稿了。这本主要针对教学型高校本专科学生的需求而编写的职业生涯规划教材，是笔者应出版社邀请，与河南工程学院叶心宇老师、山东大学（威海）孙丽霞老师、北京航空航天大学韩笑老师和董萍萍老师共同合作，在第1版基础上进行了大量删改、更新后的版本。全书收录了30多篇原创案例，这些案例是十几位从事高校职业生涯教育的同行及几十位大学生集体力量的结晶。

这里，要逐一感谢本书收录的几十篇案例的征集者与写作者。

河南工程学院的叶心宇副教授贡献了近10篇高水平案例。叶老师开展职业生涯教研及辅导活动15年，开设的职业生涯规划课深受大学生欢迎，发起的“职说心语”微信公众号对大学生的学业生涯和职业生涯起到了很好的指导作用，发起的职说心语工作室获得2021年高校职业生涯咨询特色工作室立项。

山东大学（威海）学生工作处副处长孙丽霞老师征集、编写了多篇精彩案例。孙老师从事大学生职业生涯教育16年，成立了以生涯教育为核心工作的孙丽霞教练技术工作室，热心与全国同行交流。教材中山东大学（威海）、陕西交通职业技术学院（学生科科长麻天骁老师指导）、聊城大学（毕业生就业指导中心张衍志老师指导）、广东科技学院（计算机系雷桂平老师指导）、威海职业学院（学生工作处副处长赵楠老师指导）等院校的多个精彩案例都是由她出面征集的。

东北大学秦皇岛分校职业发展指导办公室主任魏静静老师、浙江农林大学数学与计算机科学学院党委副书记黄萍老师、浙江旅游职业学院招生就业处处长杨京艳老师、厦门城市职业学院职业发展教研室主任汪玲教授、湖南食品药品职业学院程凯副教授、五邑大学经济管理学院荣悦老师、济南大学创业学院董晓宁老师、青岛农业大学学生工作处王德国老师、中检集团溯源技术服务有限公司人力资源负责人乔瑞女士等，分别贡献了他们各自指导的在校大学生职业生涯规划及实施的精彩案例，大大提升了本书的适用性。

同时，特别感谢全国近百所高校的职业生涯教育教学同人们的帮助：短短 3 年半中，教材第 1 版征订量达到了 10 万册！得益于你们的大力支持，我们才有动力完成第 2 版的更新！

最后，还要感谢中国人民大学出版社领导、编辑和营销团队的信任与支持！你们认真负责的工作态度和超常的业务水平，为本书的出版与发行提供了坚实的后盾！

目 录

CONTENTS

01 第1篇 生涯唤醒

02 第2篇 全面认知自我

第1篇

生涯唤醒

第1章 大学生活与大学生的职业生涯规划

凡事预则立，不预则废。

——《礼记》

我们要把人生变成一个科学的梦，然后再把梦变成现实。

——居里夫人

学习目标

通过本章内容的学习，帮助大学新生尽快适应大学生活，明确上大学的目的，知晓职业生涯规划对大学生活的意义，重新树立学习目标，调整学习方法，为有效管理时间、适当安排各项活动，度过充实而有意义的大学生活打下基础。

导入案例

纠结的大学生活

高中时，喜欢一个人在寂静的校园里漫步，虽然没有像情侣那般甜蜜，但看着月亮星空装饰的梦，我有发自内心的快乐。每天坐在教室里听着老师的谆谆教诲，演算着那无止境的题目，虽然心里有点苦涩，但是很充实。晚上骑着自行车，哼着小曲回家也很惬意。记忆犹新的是下晚自习快速跑到小吃店旁，急切地对老板说“给我来两个烧饼”。那时非常清楚读书的重要性，于是每天都认真学习；有不懂的和同学一起讨论，每天进步一点觉得好开心。虽然高中的生活就是教室、宿舍和饭堂三点一线，可身边有着和自己一样在奋斗的同学，现在回想起来是多么幸福啊！

可是进了大学以后呢？

不知道是怎么回事，也许是刚进入大学有些不适应，我感觉自己陷入了堕落的深渊，失去了学习的动力，再也唤不起当初的雄心壮志，成天浑浑噩噩无所事事，难道要这样过完大学四年？

步入大学后，学习不再像高中那么紧张，有了更多的时间和空间由自己去支配。我时常一个人坐在角落里发呆，好困惑为什么自己每晚都那么迟睡觉。其实没忙什么，每天就是习惯性地上网聊聊天，和宿舍的人说说话，为什么时间就那么轻易流走了呢？我感觉每天都把时间花在了不该花的地方。自己还经常被人误会，比如我的一个室友好像见不得别人去图书馆，我一去图书馆她就冷眼相看、说一些讽刺的话。我感觉我们之间有一堵墙，永远也越不过去的墙。

刚开始，看到那些整天睡懒觉、玩游戏、看电视剧或者逛街的人，会觉得他们在浪费青春，辜负了父母的期望，看不起他们。而自己呢？每天早上闹钟响了起不来，睡懒觉、上课迟到慢慢成了常态。一上课大家都当起“低头族”，人手一部手机，学生玩学生的，老师讲老师的。到了期末考试，我考了80多分，看到别人考了五六十分，心里觉得很自在。

当初高中学习那么刻苦，可是进了大学后，没有了高考重压之后的我突然失去了继续奋斗的动力，每天花着父母的钱在学校混日子，课堂上老师讲的知识也不尽理解。还清晰地记得，大一上学期期末考试数学没及格，我慌了。那天晚上，我认真地进行了反省：虽然自己没有整天玩电脑游戏或是经常逃课，在同学和老师眼中还算得上一个勤奋守纪的学生，可只有自己知道每天都在干什么。迷迷糊糊的毫无方向，做任何事都没有效率；更可怕的是，我发现自己在慢慢习惯这样的浑浑噩噩。当堕落成为一种常态，那将会把一个人的灵魂彻底绝杀！高中时，老师和长辈们都说上大学就轻松了，进了大学也发现放松是一件很正常的事。在大学这个人人敬仰的学术平台，学生们的很多行为都与学习背道而驰。

大三时班主任在班上介绍了考研相关事项。刚进大学时我便认定自己应该考研，正如我们经济学老师讲的：趁着年轻，多学点知识。同学们听说我要考研，问我：考什么专业？考哪个学校？然而我并不能自信满满地回答，只能忐忑地询问敬重的一位老师：“我想考研，但不知道考什么学校什么专业。”“我觉得你更适合做实事！”老师醍醐灌顶的点醒，让我突然明白了自己并不适合考研。那我又适合干什么呢？

我时常问自己，自问自答好像很容易进入一个矛盾的怪圈。起初我把读书、摄影、书法作为自己的兴趣爱好，然而往深处想想：这些兴趣爱好仅仅是我生活的点缀，是我在繁重压力下的精神调剂，而不是生活的主业。我究竟想要什么？我的人生追求、奋斗目标是什么？我感到迷茫！

不久后就要面对棘手的就业问题了。可我还没有做好走上社会的准备，甚至不知道自己究竟适合从事什么职业。而没有一份好工作，我又怎么延续自己喜欢的悠闲自得的生活方式？每每想到这些，我就特别纠结。

（作者：陈桂，广东科技学院物流管理专业本科生）

1.1 上大学的目的

在给大一新生开设的职业生涯规划课堂上，面对“你为什么上大学”这个问题，多数同学都会愣一下：怎么会问这个问题？上高中不就是要考大学吗？考上了就上呗！如果真的要求同学们回答，答案会五花八门：

> 上大学能学习到更多的知识，尤其是专业知识，大学是知识的海洋嘛！
>
> 大学应该是人生一段重要的经历吧！在媒体上看很多名人在谈到大学生活时都充满感情，不上大学一定很遗憾吧！
>
> 十年寒窗苦读，不就是为了考大学吗？
>
> 我才刚满 18 岁，如果不上学还能干吗？
>
> 拿个本科毕业证书，否则，怎么找工作啊？除非考不上大学，考上了怎么能不上呢？
>
> …………

恢复高考 40 多年来，我国的大学教育已逐渐从精英教育过渡到大众教育。2019 年以来，我国高考报名人数连续三年破千万，其中 2021 年已增至 1 078 万人。同时，录取率也有所上升：2020 年，浙江、内蒙古的录取率超过 94%。2021 年，浙江的录取率高达 95.19%，河北、陕西、宁夏的录取率也超过了 80%。上不了大学的高中毕业生成为少数。事实上，大多数中学生将“上大学”设为高中学习目标的必选项；只要高考分数足够，“上大学”就几乎是顺理成章的事，绝大部分同学并没有认真考虑“为什么上大学”这个问题。至于高考后填报的志愿，更是有很大的随机性。绝大部分考生及家长是根据高考分数填报志愿。由于对所学专业并不了解，很多同学进入大学后对专业缺乏兴趣，因而陷入了迷茫。这样的例子不在少数，本章导入案例中的陈桂就是典型代表。

由于大学最重要的录取标准是高考分数，高中三年同学们都面临巨大的应试压力，缺乏自由发挥的空间。一些老师和家长为了鼓励他们好好复习，往往将大学生活描绘得非常美好：

> 同学们咬紧牙关坚持到高考啊！等上了大学，就不用这么辛苦了。
>
> 现在看这些闲书不是浪费时间吗？高考多一分，可能就决定你能否上大学、上什么样的大学。进了大学，想读什么书就读什么书。
>
> 现在千万不能玩游戏啊！只要你考进了大学，想怎么玩就怎么玩。
>
> …………

因此，很多同学高三时甚至整个中学阶段都为了高考压抑自己的兴趣、天性。进入大学之后呢？不少同学就开始“释放自己”了。

总结大一新生的感受，“迷茫”是非常重要的一个关键词。一位同学在大一下学期回顾刚入学的状态时写道：

> 大学第一个学期带给我彷徨困惑，同时也有内心深处的思索。我不断地问自己：
>
> - 为什么我要上大学？
> - 我到底想要成为什么样的人？
> - 我要怎么安排才能有一个符合我期望值的未来？
>
> 我无处诉说内心的苦闷，也寻不到人帮助，常常陷入思维的低潮。

随着大学毕业生就业人数增加、竞争压力增大，网上涌现了类似“大学无用、学历无用、大学生无用”的言论：“寒门再难出贵子”“为什么贫穷”“向中国大学生说不”“一名非‘双一流’大学毕业生的大学简史”“我上了名校，才发现自己一无所有”……

事实上，随着国家政策的调整，我国20世纪90年代中期高校毕业生就业不再包分配，1999年高校开始逐年扩大招生规模，大学生似乎越来越“贬值”。

果真如此吗？当然不是。每年6月底7月初，都有一大批朝气蓬勃的年轻人拿着自己满意、别人羡慕的录用通知离开校园走向社会，他们中大部分几年后成为各个行业的中坚、骨干，有些同学获得了高考时擦肩而过的理想大学的硕博研究生录取通知书，开始了新的学习生涯；还有些同学在大学期间就尝试创业，本科毕业时已经拥有了自己的公司。回首大学生活，他们可能也有遗憾，但更欣慰自己度过了一段难忘的学生时代，走向成熟。

为什么他们做到了，而有些同学却感到遗憾甚至悔恨呢？这就要回到本节开头的问题：你为什么上大学？

如果你的回答仅仅是“摆脱高考的压力，从此不用再忍受班主任的管束和父母的唠叨”，那么进入大学后，你很可能手足无措，甚至因沉湎网络而荒废学业。

如果你认为大学是高中的延续，仍将学习当作唯一最重要的活动，那么你有可能全力投入学习却得不到满意的成绩。

如果你认为大学里成绩并不重要，重要的是社交能力、文体特长，那么你可能陷入了另一个误区，甚至开始对自己的能力表示怀疑。

下面是关于这个问题的更多答案，请同学们看一看。

- 我看重教育，希望实现让自己受过大学教育的目标。
- 我希望利用大学的专业优势，为将来在自己感兴趣的领域成为专家打好基础。
- 我希望毕业时能找到一份好工作，既有较高的社会地位又收入不菲。
- 我希望不断学习新理念和新技能，迅速成长。
- 我希望不要过于依赖家人，更加独立。
- 我希望结交更多的新朋友。
- 我希望有新的体验和经历。
- 我希望将来在社会上找到最适合发挥自己能力的职位。

以上回答你是否都认真思考过？如果还没有，请你现在拿出一周的时间认真思索，找出其中你最认可的三项，作为接下来大学四年的目标。根据你的目标，我们一起讨论如何更好地安排你的大学生活。

近年来，网络上有关“为什么上大学”的文章不胜枚举——如《师兄写给新生：为什么要读大学？应该怎么读大学？》《六大好处告诉你 为什么必须要上大学？》《请告诉孩子，一定要上大学的十大理由》，以及80后网络作家刘同那篇著名的演讲《我们为什么要读大学》。

这些文章的内容大同小异，都强调：上大学不仅仅是为了获得一纸文凭，也不仅仅是为了学到知识；大学为我们提供了自我认知、自我成长的环境，搭建了交友的平台，帮助我们提升修养、增长见识、培养能力，大大提高了改变自己未来生活的可能性。

2016 年 6 月，一篇题为《三本大学毕业生的自述：我比谁都明白上大学的意义》的文章在网上广为转载。作者是一位出生于重男轻女思想严重的农村地区、中学阶段学习刻苦但最终只考入一所三本院校的女性。她以亲身经历告诉大家——读书改变命运。她写道：正是在大学里认识的人、遇见过的事、读过的书改变了我，让我知道什么是逻辑、理性、法律、自由；让我重新去认识自我、击破自我、完成新的自我重建；让我懂得在暴力面前不畏惧，在迷信面前不盲从；让我从一个混沌未开、土里土气的小丫头变成自己想要成为的人。大学对于我来说不是什么升官发财之道，而是使我走向更高、看向更远的地方，成为自己曾经想要成为的人的最佳途径。

总之，上大学的目标应该是多元的，虽然同学们都应达成一个目标——取得毕业证书。同时，你们将在开放的大学校园内度过几年的美好时光，从青涩的少男少女成长为令人瞩目的青年才俊，个人成长应是与毕业证书同等重要的收获。

1.2　职业生涯与职业生涯规划

正如 1.1 节所言：相比中学，大学对学生的评价体系是多元化的，学习成绩优异者、科研能力出色者、社会活动能力突出者、实际操作能力特强者、有文体特长者都会成为被关注的对象。即使是没有特长、经过努力也未能取得特别优异成绩的同学，做事认真踏实也是难能可贵的，因为这是步入职场特别需要的品质。同学们应尽快明确自己的目标，学会全面评价自己和周围人：进入一样的大学，可以有不一样的选择。

大学是一个会影响同学们个人未来的重要时期。这段时期，同学们身体强健、精力充沛，思维活跃、梦想无限，远离家庭束缚、心灵自由飞扬。同学们可以不必太看重分数，在科学实验、发明创造、社会活动、人际交往中施展魅力；可以展示自己的特长，培养自己的爱好；既享受成年人的独立、自主，又暂时不必为生计发愁……

然而，这段美好的旅程终究要结束。这段旅程的终点是什么？下一段旅程又将如何？接下来，我们通过探讨职业生涯与生涯规划的内涵来寻找答案。

早在 21 世纪初，国内就有高校为本科生开设了职业生涯规划课。2007 年底《教育部办公厅关于印发〈大学生职业发展与就业指导课程教学要求〉的通知》颁布以来，越来越多的高校将职业生涯规划纳入本科生的必修课。然而，仍然有很多学生及其家长尚未明确“职业生涯”（career）这个专业名词的含义（在较为专业的领域内，通常简称为“生涯”；为适应读者的习惯，本书在大部分情形下使用“职业生涯”）。

根据心理学家舒伯（D. Super）的定义：职业生涯是指我们生活中各种事件的演进历程，包括个人一生中各种职业与生活的角色（除了工作以外，还包括家庭、公民等各种和工作有关的角色）以及由此表现出的独特的自我发展形态，也可以理解为个人自青少年时期到退休之后一连串有酬或无酬工作的综合。

一些低年级本科生说：“我才大一/大二，还打算读研，五六年后才开始找工作呢，用不着现在就考虑职业生涯规划吧！”甚至一些高校的领导将职业生涯规划视为一门帮学生找工作的实用课，认为低年级大学生应该先学好基础课，不应该太早关注职业生涯。

然而，如果了解了职业生涯的内涵，就会明白大一开展生涯规划并非太早了。

美国国家生涯发展协会（National Career Development Association，NCDA）对“生涯”的定义是：个人通过从事工作所创造出的一种有目的且延续不断的生活模式。

在这一定义中，“延续不断的”指生涯既非作为某个事件或选择的结果而发生的事情，也非局限或束缚于某一特定的工作或职业；确切地说，生涯本质上是一个受到个人内在和外在力量影响的持续一生的过程。

“创造出”指生涯是人们在意愿与可能性之间、现实与理想之间妥协和平衡的产物。事实上，生涯发展是人们一系列接连不断的选择的结果；做出选择时，需要权衡这些选择的收益及其代价与风险：没有十全十美的生涯道路，但也许存在最适宜的道路。

“有目的”指生涯对个人来说是有意义和有价值的。生涯不是偶然发生或应运而生的，而是慎重考虑、规划、制定和执行的结果；生涯因个人的动机、抱负和目标而形成、发展，反映了个人的价值观和信念。

“生活模式”意味着生涯不仅是一个人的职业或工作，而且包含所有的成人生活角色，以及人们安排、整合这些角色的方式。

同时，该定义强调生涯对个人而言是独一无二的。任何两个人都不可能拥有完全相同的生涯，因为生涯基于个人特定的经历；即使人们拥有相似的兴趣和技能，甚至在同一个机构中从事相同的职业，其生涯仍然不同。

总之，生涯（职业生涯）的定义的焦点是“发展属于我自己的生涯”。一个人的生涯可以从长度、宽度和厚度三个维度来分析。

（1）生涯长度，指的是生命从开始到结束两个端点之间的跨度。生涯长度不仅指人生绝对的长度，还包括人生中一段一段的阶段性边际。从这个维度看，一个人的生涯长度首先是由其寿命决定的。

从生物学属性看生涯长度，生涯演进是单向的——出生→成长→衰老→死亡，具有不可逆性。我们无法掌控自己的人生会有多长，在生涯长度的生物学属性面前，常常有无能为力的无奈感，也会有时不我待的紧迫感。但我们可以在一定的限度与范围内改变或增加生涯长度，顺应生物节律，加强保健与锻炼，以期延缓衰老。

（2）生涯宽度，指的是不同生命角色之间的跨度。舒伯提出了子女、学生、休闲者、公民、工作者、配偶、持家者、父母和退休者等九种主要角色。其中，有的与家庭有关，如子女、配偶、持家者、父母；有的与职业有关，如学生、工作者、退休者；有的与自我有关，如休闲者；有的与社会有关，如公民。舒伯认为，生涯是我们生活中各种事件的演进历程，一个人的生涯实际上是在个人的九种生命角色之间铺陈、转换、递进的过程。

这一生，你是想一直单身还是会结婚？结婚后，你是打算加入丁克一族还是会生儿育女？结婚后，你须扮演他人夫或妻的角色，有了孩子后还要扮演父或母的角色。这就涉及不同的角色，生涯宽度正是与角色的多寡有关的概念。

上述九种角色，除了有不同领域的分类外，还有其他分类：有的为关系角色，如子女、配偶、持家者、父母；有的为活动角色，如学生、工作者、休闲者、退休者、公民；有的是被动承担的角色，如子女；有的是可以主动选择的角色，如学生、配偶、持家者、父母等。

个人在生命角色的安排上拥有一定的选择自主权：首先，可以选择承担一些角色；其次，可以选择承担多少；即使是不能自主选择的角色，也可以决定对其投入时间及精力的多少，这体现了生涯的主动性。

（3）生涯厚度，指的是个体在不同生命角色上投入的深度。同一角色的深度往往会随着时间的变化而有所变化；不同角色的深度则会在同一时间呈现出此消彼长的状态，如职业女性在平衡工作与家庭的关系时出现两个角色交叠的情况。

如果你将成为一名职业女性，结婚生子后是打算继续工作、请家人或保姆帮助照顾孩子，还是留在家里做几年全职母亲，以更多地陪伴孩子的成长？同样是母亲角色，有人选择与工作者角色并行，认为工作者角色很重要且能够对母亲角色起到补充与增进的作用；有人则选择全心投入母亲角色，等孩子长大后再重新扮演工作者角色。近年来，西方一些国家不少已婚男性在孩子出生后选择扮演“全职父亲”的角色，这种观点也影响到了我国。因此，组建家庭后男性也有可能面临类似的选择。

个人对一个或几个角色在某个阶段的投入深度即生涯厚度；人生各阶段的生涯厚度是不同的。人生初期，父母、家庭构成了子女全部的生活世界，因此子女角色是个体唯一的角色。随着年龄增长，个体逐渐从家庭进入学校和社会，从幼儿园、小学、中学至大学扮演着学生角色，子女角色的比重开始降低。参加工作、建立自己的家庭后，个体在子女角色上的投入降到最低。直至人到中年，随着父母逐渐衰老及疾病困扰，需要更多的关心照顾，对子女角色的投入又会上升。

配偶、父母及持家者是我们成年之后随着家庭关系的发生逐渐被赋予并将持续一生的角色。虽然我们对于这些角色的理解很多来自原生家庭的影响，但大学阶段是否有良好的情感关系、较强的责任感及对于家庭前景的清晰展望，直接关系到我们在大学阶段的生活状态以及今后各方面的平衡发展。

学生角色在全日制求学阶段达到高峰。离开校园走上工作岗位后，最初几年的重点任务是适应岗位及职场，对学生角色的投入将降到低点。随着工作中出现新需求，需要进一步学习、深造以更新知识和工作技能，工作者往往会主动或被动地投入在职或脱产学习，学生角色将再次达到高峰。学生与工作者角色的起起落落，构成了我们大部分的职业生涯发展状态。许多人退休后还会选择参加老年大学的学习以丰富退休生活，对学生角色的投入再一次上升。

休闲者也是伴随个体一生的一个角色，对其投入的多少与个人的价值观、生活方式有关。从休闲者与学生及工作者的关系来看，休闲者既可以作为学生及工作者角色的有益调剂，也可以作为其重要补充。因此，如果将休闲者的角色扮演好，将会对个人积极学习、高效工作、快乐生活起到重要的保障作用。所谓“会休息的人才能更好地工作”就是这个道理。当然，休闲者角色的投入时间比例不可过大，否则就可能“玩物丧志”——休闲者角色的时间占用了工作者角色的时间，影响了个人事业的发展。

此外，每个人的生涯厚度也有很大差异。对大多数人而言，工作者角色不需要贯穿人生的始终，但它是所有角色中在单位时间内需要投入精力最多的。工作不仅意味着养家糊口、满足温饱，而且是形成社会联系的平台和纽带，更是自我实现的基点，通常所说的安身立命主要是通过工作者角色来实现的。

从对上述角色的描述可以看出，它们是相互联系、相互作用的，彼此之间有着并进或此起彼落的关系。在相应的时间履行相应的角色，并且将角色的范畴、投入程度在整个生涯长度的轴上进行分配，便形成了舒伯提到的生涯彩虹图（见图1-1）。

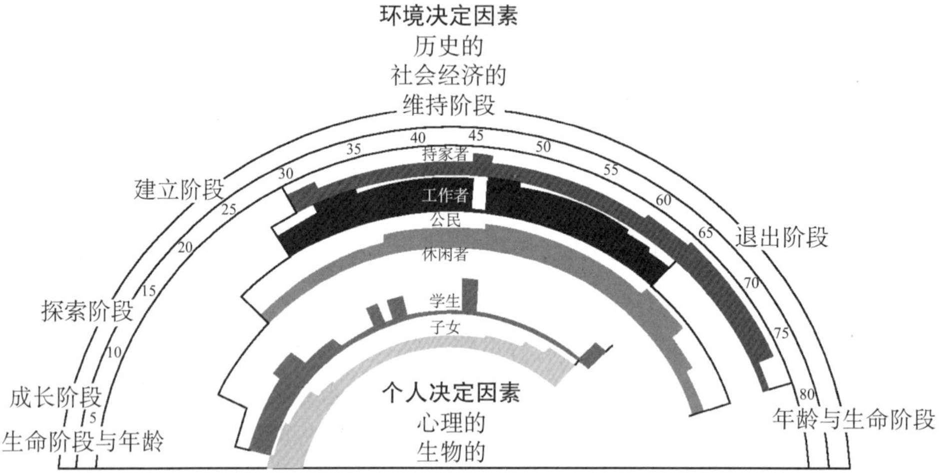

图1-1　舒伯的生涯彩虹图

在人生的不同阶段，各种角色的重要性不同，个人可根据自身情况有不同的排序。不过，全日制学生的第一角色就应该是学生，休闲者、子女等角色都应该排在后面。这也提醒大学生不要因为过多地参加社会活动、玩游戏而影响了学习，“学生工作”“社团活动”等（公民角色）及“与从外地出差来本地的家长、亲属会面”（子女角色）等都不应成为学生请假、缺课的理由。

综上，当做出人生选择时，只有生涯对于每个人是独一无二的，它甚至可以不包括职业活动。可以说，生涯是我们所生活、经历且已置身于其发展过程中的事情，所有人一出生就身处生涯中了，而不是到了毕业求职阶段才开始。

谈到职业生涯规划，需要从生涯发展理论的发端谈起。1909年，“职业指导之父”弗兰克·帕森斯（F. Parsons）的遗作《选择一个职业》出版了，书中提出了人们正确选择职业应遵循的人职匹配论（person-vocation theory，又称特质因素论），这逐渐成为用于职业选择和职业指导的经典理论。100多年来，基于人职匹配论，得益于多位心理学家、社会学家、就业指导专家的研究成果及其应用，形成了一系列生涯规划与发展的理论与方法。

1953年，舒伯提出了（职业）生涯的概念，由此发展出职业生涯规划（career planning），即个人以各种生涯发展理论为依据，对自己的人格特质、职业兴趣、职业价值观、素质与能力等进行综合分析与权衡，结合所处时代的社会、政治、经济发展等特点及个人所需扮演的社会角色，与自己选择的某类专业/行业及某些组织（工作单位）相结合，确定最佳的职业生涯目标，并为实现这一目标做出行之有效的安排。职业生涯规划不同于帕森斯最初提出的职业规划（occupation planning），不是单纯就个人（希望）从事的职业进行规划，更强调规划过程中兼顾个人所承担的主要生涯角色。

随着职业生涯发展理论的日趋完善，西方一些国家开始在中小学直至大学开展职业生涯教育。20 世纪 70 年代，时任美国联邦教育总署署长西德尼·马兰（Sidney Marlan）力推以职业生涯发展理论为基础的教育理念，旨在解决学校教育和社会生活脱节的问题，引导青年学生从推崇“升学主义”转向注重个人生计与未来发展。此后，职业生涯规划的理念在美国的学校教育中开始发挥重要、持久的影响力，在中小学就通过课程、讲座、访谈等引导学生对职业进行探索，了解自己感兴趣及适合的职业方向，高中生以此作为选择大学及专业的重要依据；大学生更是以未来职业发展目标为导向来确定专业选择和就业目标，通过学习及参加各项实践活动，相应地提升素质与培养能力。

综上所述，开展生涯规划不仅仅是为了找工作，更是为了帮助自己找寻最适合自己的生活方式；找工作只是生涯规划中的一环，是达成我们向往的生活方式的手段。在找工作之前，同学们需要先了解很多内容，尤其是自身特质与心仪的职业及二者的关联。

对大学生而言，大学生活的终点是社会，是职场；完成学业后，同学们要谋一份职业养活自己、在社会上安身立命。一位上完职业生涯规划课的大一同学写道：“进入大学，不仅意味着中学时代的结束，也意味着距离踏入社会更近了一步；大学是让我能力得到全面提升的地方，是我进入社会的最后一处缓冲区，也是让我走向成熟的地方。”

不过，现实生活中，大学四年虚度、“毕业即失业”的例子并不少见。每年都有一些同学因为成绩不合格拿不到毕业证书或学位证书，或者虽然拿到了毕业证书、学位证书却未能找到合适的工作，离开校园后或是继续奔走于各类招聘会，或是为逃避职场被迫进入考研一族。

为什么会这样呢？相关调研结果显示：大学毕业后求职困难的同学往往缺乏期待的岗位所要求的素质与能力，或就业期望值过高。造成这种现象的重要原因是一些同学缺乏必要的自我认知，在大学期间没有注意培养与职业目标相匹配的素质与能力。正如一位上完职业生涯规划课的同学所言：“即使考上了不错的大学，也不能保证将来有一份满意的工作。大学期间学习依旧重要，更关键的是，只抓学习是远远不够的：用人单位的要求五花八门，它们想方设法地从优秀求职者中选出自认为最合适的，而其中提到的很多素质与能力又不是短期能够形成的，这就要求我及时关注和了解各行各业对求职者的要求，规划自己的发展方向。生活并不轻松，未来的路依旧很长。”

本书提供的避免“毕业即失业”的解决方案旨在帮助大学生尽早进行科学的职业生涯规划，寻找与自己职业兴趣匹配的职业发展方向，在大学期间有针对性地提升职业素质与能力，毕业时顺利获得相关领域的工作机会。面临生涯困惑的同学常常会混淆职业生涯、职业、职位、工作等概念，下面简单地介绍一下。

职业（occupation）是指不同行业和组织中存在的一组类似的职位。例如，工程师是一种职业，它在制造、建筑、信息技术等多个行业的企业，甚至事业单位的技术部门中都存在。

职位（position）是指个人在组织中所从事的一组任务，是由重复发生或持续进行的任务构成的工作单元；这里的任务是有起点和终点的工作行为。人们找工作其实是申请一个具体的职位。一个人一生中可能会在同一机构从事同一职业，但仍会在多个不同的职位上工作。如一位会计专业的大学生一毕业就进入了一家国企，在那里工作到退休；30 多年里，她虽然一直在这家企业的财务部门工作，但先后担任出纳、会计、财务主管、财务部经理及总会计师等职务（职位）。

工作（job）通常是指具备某些相似特征的人从事的带薪职位。一份工作可能包含一个或一组相似的带薪职位，一个人一生中可以从事许多不同的工作。目前世界各地普遍实行每周40小时工作制。工作由人来完成，以任务、结果和组织为中心。

总之，我们今天所做的努力是为了更加美好的明天，现在的大学生活是为了日后个人的职业发展，为个人生涯发展提供更多的可能性。

度过了进入大学后最初的迷茫期，了解了本科毕业后几种主要的选择，同学们可以结合自身的情况认真思考自己未来可能的选择。虽然尚未掌握实际的方法，难以立即做出符合自身特点的选择，但对未来的预期能很大程度上消除刚入大学时的不安与惶恐。不少高校已经尝试为大学新生提供未来职业发展方向等方面的引导，帮助新生明确目标，重新找到努力的方向和前进的动力。学习职业生涯规划课程，掌握系统开展科学的职业生涯规划的理论工具，是同学们尽快适应大学生活的捷径。

1.3 大学生活与个人职业生涯发展

“大学是梦开始的地方，为了不使这个梦在毕业时落空，就要用一种以终为始的心态去规划与度过大学生活。大学也是人生中最集中的可以扬长补短的时期，是可以尽情折腾的时期，如果谁的大学默默无闻、平平淡淡，那他就没有真正理解大学的含义与意义，因为一旦失去了青春的激情，便永远也找不到了，所以在大学里一定要且行且珍惜；如果上大学真的那么轻松，真的有那么多闲暇时间，那么谁为我们的未来买单？”

以上是一位大一同学上完职业生涯规划课的感悟。虽然歌中唱道“校园像一座象牙塔”，但进入大学后，敏感的同学很快会发现：大学和高中很不同！

拥有了更多的自由和独立，这同时意味着大家需要承担更大的责任。

可以支配的时间和金钱都比高中大大增加了，这就要求大家对时间和金钱的使用更有规划。

大学的课堂更大了，阶梯教室可容纳几百人，老师不会关注坐在后排走神的学生，这就需要同学们自我激励，靠自我约束力来使自己保持对学习的投入。

得到老师的反馈比高中时少多了，可能一个月才与班主任见一次，而且班主任对大家鲜有硬性的严格要求，没有了统一的晚自习；同学们需要根据个人的情况去了解不同活动的流程，了解不同课程的学习要求。

课堂测验更少了，很多课程甚至没有期中考试。可是老师推荐了多个版本的教材、参考书及补充阅读材料，同学们需要完成更多高标准的作业。

宿舍和班级的同学来自天南地北、城镇乡村，不像高中时大家几乎都来自同一地区；大家对同一事物的想法可能有较大不同，不像高中时将“考上理想大学”作为第一要务。大家要与在兴趣、生活习惯、文化背景、价值观等方面和自己差异较大的新同学共同学习生活，要学会包容、尊重差异。

大学学习强调批判性与逻辑性思维；除了课程学习之外，同学们要经常接触新想法，要学会批判性地看待这些想法。

大学的课程设置要求同学们更多地投入社会实践、学生会工作、志愿者工作及与专业相关的实践工作。

…………

大部分同学在进入大学前后年满 18 周岁，跨入了法律意义上的成年人行列。进入大学校园，远离父母及家人的呵护与管束，任课老师和班主任也不像高中的老师们那么严格要求，同学们有了“继续努力学习”与“混学分”的选择。同时，由于大学评价体系指标多元化，学习成绩不再是唯一的指挥棒；同学们可以通过在科研活动、文体活动、社会活动及人际交往中的出色表现，获得老师和同学的青睐。参与这些丰富多彩的活动，也可以全面展示和提升个人的素质与能力，为顺利进入社会与职场打下良好的基础。

还有一点非常重要：大学生可以享有的资源不再像中小学时期那么局限于自己所在的学校。进入名校的同学可以享有优质的师资、广泛的信息资源、先进的教学设施和实验设备以及丰富的校友资源。与此同时，由于大学的开放性，考入普通高校的同学在很大程度上也能够分享这些资源：到附近的名校聆听名师的课程及讲座，参加这些学校举办的名企招聘宣讲会并投递简历。各大学也以开设校际选修课、图书资料跨校共享等方式为同一城市的大学生提供学习便利。尤其是近年来，互联网技术广泛应用催生了慕课（MOOC）这种新的网络课堂形式，同学们可以不出宿舍，通过互联网学习世界名校的网络课程。现实生活中，不少同学通过上述渠道接触到高水平教学，不断提升自己。然而，如果缺乏自觉性和主动性，这些资源的作用将大打折扣。

2006 年，北京大学光华管理学院金融系本科毕业生高健因为找不到合适的工作，不得已自行“创业”，在北大三角地摆出招牌招揽“陪聊”生意，一时轰动全国。需要注意的是，那时国家尚未倡导“大众创业，万众创新”，大学生创业属于“另类”，而且高健创业是不得已的选择。高健承认工作难找首先是因为自己没有好好学习，大学四年经常玩、打游戏，成绩在班里处于中下等，外语也不好；另外就是性格因素，不愿意求人，找工作也是这个姿态。当然，“北大光华”的金字招牌也不能保证毕业生一定有工作已是不争的事实。与此形成鲜明对比的是：金融危机后的 2009 年，有关“江西一所民办高职院校两年制专科生曹晓洁还未毕业就已被福富软件、IBM（上海）等三家跨国软件公司同时看中”的新闻在网络上被热炒。2020 年 5 月，哔哩哔哩上一条有关“二本本科生打败 985 硕士拿到了高薪工作”的视频被广泛转发。

其实，微博上多年前就流传一个把文凭比喻成火车票的经典段子，大致是这么说的：“文凭是一张火车票，985 是软卧，211 是硬卧，本科是硬座，专科是站票，非全日制的在厕所挤着。火车到站，都下车找工作，老板并不关心你是怎么来的。”换句话说：拥有与岗位要求匹配的素质与能力是关键。

我们这个时代造就了很多风云人物，比如科教界的袁家军、施一公、颜宁，商界的王传福、雷军、马化腾。二三十年前，他们都是风华正茂的在校大学生，他们在大学时代的表现虽然不尽相同，但具有共同的特点：将绝大部分时间积极地投入自己感兴趣、对社会有意义的学习和活动。他们的大学生活为其后来的发展奠定了坚实的基础。

大学阶段，同学们将逐渐走向成熟，形成自己独立的、独特的价值观，开始作为成年人对自己的行为负责；离开校园、进入社会的第一份工作，应该就是自己成年后的第一份礼物。这第一份礼物的质量如何，取决于同学们怎样度过大学生活。怎样的大学生活最精彩？这个问题的答案不是唯一的，因同学们各自的目标而异。但有一点是肯定的：大家必须积极投入各种学习、活动，而非空想或者将时间消耗在游戏中。

同时，由于大学时代要学习的内容很多，学习特点也与中学时代不同，同学们要学会采用新的学习方法更加有效地学习。

研究表明，采用不同的学习方法取得的学习效果是不同的（见图1－2）。中小学期间，我们主要的学习方法是阅读、听讲、观察等，学习效率最多能够达到50%。进入大学，我们需要尽快学会通过参与讨论、实践等更有效地学习。

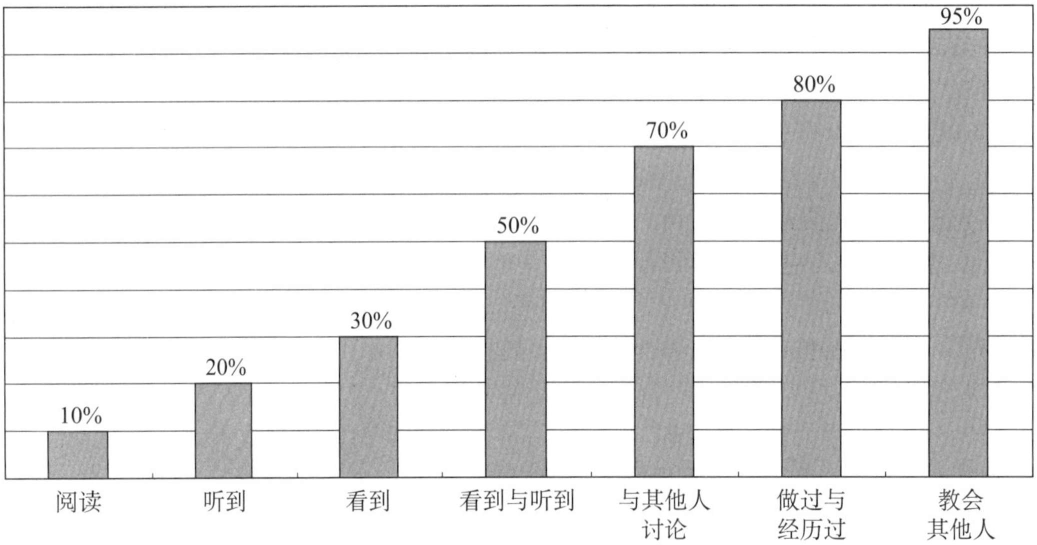

图1－2　各种学习方法的效果对比

还记得本章1.1节的问题“你为什么上大学”吗？

假如你是为了享受自己十余年寒窗苦读的成果，你注定会失望。一张本科文凭，即使是清华、北大这样顶尖名校的毕业证书，也不能保证你获取一份令人满意的工作。在“大学录取通知书”的光环退去之后，一些同学选择了再次努力，将考取研究生作为下一个目标；一些同学重新审视自己，制定了新的目标；一些同学则在失望中沉沦，甚至沉湎于网络游戏而不能自拔。

如果希望“不要过于依赖家人，更加独立”，你就需要让自己在经济上尽早独立。没有经济上的独立，单纯谈论人格独立是不现实的。俗话讲，“拿人家的手短，吃人家的嘴软”，何况生活全部倚靠他人（哪怕是自己的父母）。不少同学进入大学后发现周围有的同学“很穷”，甚至靠助学金及贷款维持学习与生活，殊不知，作为独立的社会个体，几乎所有的新同学都是穷人：既然不是靠自己的劳动创造价值、获取收入，接受父母的资助和接受社会的资助有什么区别？

如果希望“有新的体验和经历”，你就不能在大学期间只顾埋头学习，而要多参加一些社会工作、学生会活动；即使是学习，也要多选修一些其他院系、专业的课程，以结识不同背景、专业的同学、老师及校友。

如果希望“利用大学的专业优势，为将来在自己感兴趣的领域成为专家打好基础”，你就需要及早确认自己的兴趣，了解自己所感兴趣的专业对从业人士的要求，向专业课教师请教，最好能够在本科阶段参与导师的研究实践，而且可能要做好攻读硕士甚至博士学位的准备。

如果希望“毕业时能找到一份好工作，既有较高的社会地位又收入不菲”，你一方面要进行科学系统的自我认知，另一方面需开展职业探索，了解哪些职业既有较高的社会地位又收入不菲，最适合发挥你的能力与特长，更要了解如何通过自己的努力满足这类职位对应聘者的要求，以及通过何种途径才能让招聘者发现你、认可你。

…………

以上提到这些内容，是要提醒同学们进入大学后及早进行职业生涯规划。一位大二选修此课的同学写道：“对我而言，这门课的意义在于授人以渔——它教给了我们一种类似方法论的东西，带来思维上实实在在的提升。上了充实又难忘的 8 次课，我惊讶于结课到来得如此之快。我觉得最大的收获在于开始全面、科学、客观、积极地认识自我、探索专业与职业，更有效地与自己沟通。”这位同学提到的就是职业生涯规划的核心内容：借助生涯发展理论工具，系统开展自我认知与专业/职业/职场探索，在此基础上进行理性决策并积极付诸实践。

1.4　大学生的职业生涯规划

前面说明：人一出生，职业生涯就开始了，且一直与我们的成长相伴，不断发展。

职业生涯发展（career development）指的是那些共同塑造我们的职业生涯的经济、社会、生理、心理、教育以及机遇等因素之总和。一个人的职业生涯发展受到个体的个性、体能和特质、心理健康、所处社会阶层、团队关系、资金与财务资源、受教育水平和经历及机遇因素的影响；所有这些个人内部和外部的因素结合起来，共同影响人们职业生涯道路的展开方式。

帕森斯在《选择一个职业》中提出了人们正确选择职业应遵循的三条原则：

（1）个体对自身的兴趣、技能、价值观、目标、背景和资源进行认真的自我评估。

（2）针对学校、业余培训、就业和各种职业，考察所有可供选择的职业机会。

（3）鉴于前两个阶段所发掘的信息，仔细推断何为最佳选择。

上述观点即人职匹配论，现已成为职业选择和职业指导的经典理论。

20 世纪 50 年代，舒伯从人们的自我概念、所处年龄段和生活角色来看待职业生涯发展，使我们能够更清楚地理解生涯发展和决策制度所包含的内容。职业生涯规划不仅指我们选择一个大学专业、一种职业或一个工作地点，还包括对自身及在生活中扮演的所有角色的彻底剖析。

1959 年，心理学家约翰·霍兰德（John Holland）提出了被称为“类型学”的职业兴趣理论，指出兴趣类型与工作中的环境类型的匹配，用于研究各种社会、工作环境，包括职业、职位、组织、学校和人际关系；据此编制的职业兴趣量表已被翻译成近 30 种文字，成为职业生涯领域使用最为广泛的工具。

1991年，彼得森（G. Peterson）、桑普森（J. Sampson）、里尔登（R. Reardon）等合著的《生涯发展与服务：一种认知的方法》阐述了一种思考职业生涯发展的新方法，即认知信息加工（cognitive information processing，CIP）。CIP方法基于下列假设：

（1）生涯选择以人们的思考与感受为基础；

（2）进行生涯选择是一种问题解决活动；

（3）作为生涯问题解决者，人们的能力以其所知及其如何思考为基础；

（4）生涯决策需要良好的记忆；

（5）生涯决策需要动机/动力；

（6）生涯发展是持续进行的，是人们毕生学习与成长的一部分；

（7）人们的生涯很大程度上取决于其思维的内容与方式；

（8）人们的生涯质量取决于人们对生涯决策和生涯问题解决方案的了解程度。

根据上述理论，职业生涯规划的整个过程可以用CIP金字塔（见图1-3）来呈现。

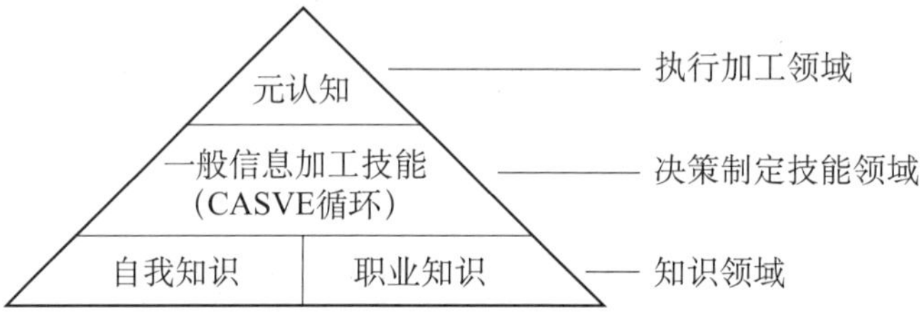

图1-3　生涯决策的CIP金字塔模型

金字塔底部的知识领域可以比作计算机存储器中的数据文件；各种信息以图式或动态信息的方式存储，使我们能够对生涯问题解决和决策制度中的信息进行处理和加工。比如在有关职业及职场的知识领域，如果对工程师这一职业有更多了解，我们就能开发出更加完善、更加详细的有关工程师的任务、技能、兴趣等的图式；同样，在自我知识领域，如果我们做过兴趣测验，就会对自己的兴趣倾向有更清楚的了解。

金字塔第二层决策制定技能领域用以指导我们如何进行决策，具体包括进行科学决策的五个阶段（见图1-4）。这个环节可以比作用来进行数据处理的计算机程序。

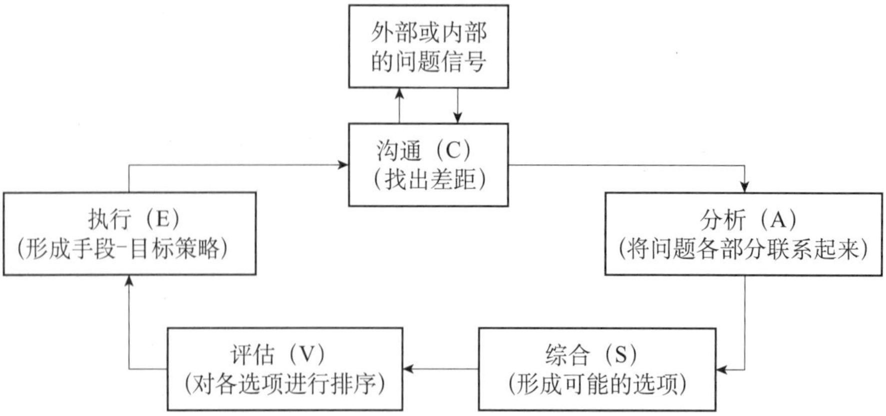

图1-4　一般信息加工技能的CASVE循环

CASVE 循环包括五个阶段：沟通（communication）、分析（analysis）、综合（synthesis）、评估（valuing）、执行（execution）。在 CASVE 循环中，沟通阶段是指个人发现职业理想与现实之间存在差距，意识到“我需要做出一个选择”，是决策的开始。这一步往往伴随着焦虑和痛苦，是一个由平衡到不平衡的觉醒过程。例如，许多大一、大二学生在接触生涯规划之前认为大学里只要好好学习、认真读书就可以了，从未想过将来做什么工作，或者认为找工作是很遥远的事情。了解到生涯规划不仅与就业创业相关，还涉及自己多个生命角色的安排后，他们意识到要对大学生活进行整体规划、及早开始职场准备，于是开始思考生涯的目标与意义、自己应该朝哪个方向发展等问题。当问题出现以后，进一步细化问题、明确问题，便完成了沟通阶段的任务。

在分析阶段，决策者要对理想与现实间的差距进行分析，将问题的各个部分联系起来，对现状进行评估，对所有的信息进行分析，了解自己及可能的选择，其中还包括确认所要做出的决策——决策的性质、具体的目标、决策的标准，等等。

不少人将目标与达到目标的手段相混淆，如为了学历及毕业证书而读书，但提高学历、获取毕业证书只是获取知识、锻炼思维、提升技能的过程，而非发展的最终目标。事实上，决策过程中最易出现问题的就在分析阶段。人们倾向于用简单化的方式得出结论、直接采取行动，如并没有考虑读研或留学的最终目的就盲目开始行动了。这样的决策未能真正弄清问题的关键，也未能收集充足的信息，往往无法得到很好的执行。

综合阶段的核心任务是确定“我可以做什么来解决问题”，这是一个扩展并缩小选择清单的过程。要综合、加工上一阶段提供的信息，从而制定消除差距的行动方案。具体行动上，首先要扩展消除差距的各种选择，尽可能多地找到消除差距的方法，发散地思考每一种方法，甚至采用头脑风暴进行创造性思维；然后减少有效方法的数量，通常缩减到 3～5 个选项，这是我们头脑中最有效的记忆和工作容量的数目。

分析和综合阶段中包括对信息和决策过程的核查，标准是：差距是否已经消除。

在评估阶段，需要对行动方案进行评估，从而做出一个专业或职业选择。此时，好的问题解决者会选出一个最佳选择，做出情感上的承诺去实施这一选择。一旦第一选择出于某些原因不能成功，在评估阶段排在后面的那些选择也是合适的备选方案。

在执行阶段会实施选择，把思考转换为行动。在此阶段要将手段与目标相联系，并确定一系列步骤以达到目标。

CASVE 循环是一个不断重复的过程。执行阶段之后，生涯决策者又回到沟通阶段，以确定已做出的选择是不是最好的，能否最有效地消除理想与现实间的差距。

CASVE 并非单个事件，而是持续的过程，成功地完成决策过程依赖于五个阶段中每一个阶段的成功。

金字塔的顶端是执行加工领域。这部分好比是一种工作控制功能，指导金字塔第二层的各种程序以何种顺序运作。比如，你可能会考虑在确定职业及进入哪类机构（如企事业单位）工作之前，先着手解决所学专业方面的问题；或者你可能先考虑自己喜欢的生活方式（如不喜欢坐班、希望能经常旅行等），再进行职业选择。这些想法将主宰我们决定为实现自己的目标而奋斗的时间与方式以及解决职业生涯问题的途径，同时帮助我们弄清楚自己在何时能够实现目标。

元认知由三个部分组成：自我觉察、自我对话、自我监督与控制。

成为一个有效的职业决策者意味着“个人能意识到自己就是任务执行者”。自我觉察是指个人能在从事信息加工任务时意识到自己的感受，意识到哪里出了问题及哪里需要改进，以适时地进行调控。

自我对话是指能够对自己的决策过程做出评价。积极的自我对话往往表明自己在这个领域是能够胜任工作的、有能力的。积极的自我对话有两点好处：一是产生积极的期待；二是强化积极的行为。消极的自我对话会导致职业决策出现问题，因为它干扰了信息加工的有效性和效率。

同时，良好的问题解决方式和决策包括了解何时前进和何时停下来收集更多信息，以及对决策中的强迫性和冲动性进行认真权衡。强迫性决策导致穷思竭虑和漫无边际的信息加工。优秀的决策者能够觉察出何时需要更多信息，以便更好地了解存在的差距及各种选择，也能知觉到自己准备做出选择和承诺的时间，做到自我监督与控制。

每个人都拥有自己独特的CIP金字塔。个人CIP金字塔的特征能够提供解决生涯问题及进行生涯决策的有效性方面的信息。你的CIP金字塔是怎样的？是知识领域强大但决策制定技能领域薄弱吗？其结构是否会随着你自身和职业方面新知识的增加而发生变化？在执行加工领域，你的思维质量如何，是积极的还是消极的？在职业生涯的各个阶段，我们都需要回答类似的问题。由于我们不断接受外界的信息，不断重新认知自我，我们的CIP金字塔的内在构成也随之不断调整。

总之，CIP理论是帮助我们学会如何解决生涯问题和进行生涯决策的简单而有效的方法，它强调在进行决策时如何定位、存储和使用信息，因此改善了生涯发展。本书以此作为制定职业生涯规划的主要理论框架。

当前，大部分同学高考填报志愿时主要依据的是父母或者老师的建议，甚至有“90%的中国学生大学攻读的专业类型在高考报名的前一天才确定下来”的夸张说法。当然，也有些同学是根据自己的兴趣填报志愿的，不过，那时的兴趣未必是指向职业成功的兴趣。过去十几年的生涯教育教研与咨询中，笔者发现不少从小立志从事科研工作，报考了科研能力强的著名大学的相关专业的同学，其职业兴趣乃至性格、能力等方面的个性特征，并不支持其在该领域的研究中取得优秀成果。

很多成功经验和失败教训都表明：大学生要想明确自己的职业倾向，一定要结合自己独有的个性特征。如果不顾个人的实际情况，仅仅凭借对某位偶像所从事职业的向往而选择专业/职业，很可能付出了非常大的努力，却无法取得预期的成果。

全面了解自己的个性特征并明确了自己的职业倾向后，接下来的问题是尽快找到帮助自己实现职业理想的平台，即确定自己毕业后的专业目标。

在我国大力发展社会主义市场经济的今天，不少同学向往未来从事商业管理工作；尤其是在政府倡导“大众创业，万众创新”的大环境下，一些同学希望在学习期间就创业、当老板。然而，一个没有实际工作经验的应届毕业生直接从事管理工作是不现实的。有此大志的同学，首先应去了解自己非常钦佩的商界精英是如何达到目前这个状态的，他们的第一份工作是什么。这也可能是同学们进入职场的起点。同时，创业对人的创新性、抗挫折性及风险意识等有特别的要求，也非大部分人所适合。

大致了解了自己可能从事的职业范围后，还需要考虑如何以最佳方式实现自己的职业目标等问题。同学们须尽早了解自己的目标职业的任职资格要求，分析具体岗位所要求的素质与能力中，哪些属于生理、遗传及早期教育所形成的个性特征，是难以改变或调整的，哪些是可以通过自己的学习、实践培养与提升的，这样，就可以在大学期间有针对性地参加相关的活动。

当这一切都完成时，同学们也临近毕业该找工作了。近年来，我国大学生就业的主要形式是求职者与用人单位双向选择，同学们可以通过校园招聘会了解用人单位需求、投递简历，也可以通过社会招聘会、公司网站及亲友介绍等获得招聘信息、争取面试机会。求职本身也需要相应的技能、方法，需要同学们提前了解、练习。

有同学说：我不打算本科毕业后就找工作，想先读研或留学，还需要在大一、大二就做职业生涯规划吗？对于这部分同学，首先需要回答的一个问题是：你为什么要读研/留学？这个问题与“为什么上大学”相似。就像一位同学在结课论文中谈到的：“在这个本科教育已经普及的时代，我和大多数同学一样，考进大学后的主要目标是将来读研或者留学，却从未想过如果没有考上研究生该怎么办，或者研究生毕业后要去做什么。”因为大部分同学理所当然地认为“研究生毕业后肯定能找到好工作”。这当然是没有经过独立思考、实际调查的一种臆断。前文提到的有关“二本本科生打败 985 硕士拿到了高薪工作”的事件并非个案，本书将专门对此进行分析。

因此，“为什么上大学”应该是同学们高考前而非进入大学后要回答的问题；“读研/留学”也应该是思考了未来职业发展方向后再做的决策，而非一进入大学就确定的目标，否则大学就成了高中的延续。假如同学们在高考填报志愿时由于没有机会认真思考、不能独立做主，或者掌握的信息有限而未能自主、理性地选择专业，因此回答不了“为什么上大学”的问题，那么进入大学后则再没有借口回答不了“为什么读研/留学”的问题；无论是选择读研还是留学，一定是根据自身的职业倾向、结合自己的职业目标而做出的理想选择，仍需遵循前文提到的决策步骤。

本书的编写目的正是希望帮助同学们及早掌握科学的方法，系统了解自己的个性特征，发现自身的优势，全面认知外部世界，根据目标规划多姿多彩的大学生活，毕业时找到与自己的个性、能力最匹配的职位，为自己未来的事业发展打下坚实的基础。

近 20 年来，我国生涯教育领域的学者、教育工作者经过多年的反复实践与研究，借鉴西方成熟的生涯发展理论，提出了符合我国国情、针对当代大学生的职业生涯规划方法与步骤。其中最核心的内容包括：

- 生涯唤醒（了解职业生涯规划的重要性及必要性）；
- 自我认知（全面深入地了解自己的性格、兴趣、价值观、能力等个性特征）；
- 职业/职场探索（有针对性地了解自己未来可能从事的职业的各方面信息）；
- 职业决策（按照人职匹配原则，根据自己的个性特征及所希望从事的职业领域确定目标）；
- 规划及行动（根据自己的职业目标规划大学生活并根据规划采取行动）。

综上所述，本书对大学生进行职业生涯规划的建议是：首先请同学们理解职业生涯的内涵，明确规划的具体内容，根据生涯决策的 CIP 金字塔模型，反复实践一般信息加工技能的CASVE循环，根据自身特质确定生涯发展目标，并通过持续有效的行动来消除理想与现实间的差距，最终达成自己的生涯目标。

希望同学们能够参照以上步骤，尽早明确自己大学时期的学习目标，科学规划自己的大学生活，度过充实而有意义的学习时光，毕业时获取满意的录用通知，最终实现自己的人生理想。

同学们，马上开始行动吧！

本章小结

本章希望通过分析一些大学生普遍存在的迷茫、困惑，分享在校生的感想，启发大一同学对比大学生活与高中生活的差异，思考上大学及未来生活的目标，帮助同学们厘清思路，尽快适应大学生活，重新树立大学学习的目标，不要虚度大学时期美好的时光。通过介绍职业生涯规划的基本理念，引导同学们采取科学的方法，规划自己的大学生活，以实现各自的人生理想。

课后思考

我上大学的目的：________，________，________。

我大学期间的学习目标：________。

这学期，除了上课，我希望参加如下活动：________，________，________，________。

推荐阅读

大学生涯，该如何度过？

大一新同学们好！

祝贺大家通过自己十余年的不懈努力顺利通过了高考，即将开启“短暂而又精彩的大学时光”。

这段生涯该如何度过？我们不妨听听过来人怎么说——

“转眼之间，我进入大学已有两个月了。我深切地感受到大学与中学的种种联系与鲜明区别。大学相对中学来说自由了许多，可以选择的东西比中学多了不少。课程上，我们可以选择上什么学院的什么课，上哪一段时间哪一位老师教的这门课，甚至可以选择去不去上某一节课（当然我们要为此负责）；课外活动上，我们可以选择加入五花八门的各级组织，参与各种工作，从小班班委到大班班委，从院学生会到校学生会，从各类社团到社联、科协，总有一款适合自己；生活上，我们可以选择去哪里吃饭、吃什么，在哪家店理发、校内还是校外。相比中学的统一化管理，的确是自由了不少。但我同时也感受到，大学固然自由，却绝对不是游乐场。在大学同在中学一样，不努力就会落后，落后就会失去种种机会。”

“进入大学后要先给自己做一个职业生涯规划，对自己的性格、理想有一个明确的定位。对未来10～20年规划出一个大致的方向，之后再对自己大学四年的生活进行规划。

比如，以后想当教授搞科研，那就好好学习，早去联系导师。对于‘大学应该如何度过’这个问题，很多即将跨入大学校门的准大学生对大学生活充满了期待与向往，具体到行动方案却有些无所适从。其实，追根溯源，问题的本质在于：‘你是否想清楚了自己为什么要上大学？’或许不少同学会觉得奇怪：这还用问吗？当然是为了更好地追求知识，拿到文凭后找个好工作。但请你仔细思考一下：你是否了解大学阶段的学习特点与高中阶段有什么不同？在大学时光中遇到挫折和困难时，你是否可以一直秉承这样的信念，追求自己的目标；在迷茫和无助时，你是否能够挣脱困境，砥砺前进？

如果以后想创业开公司，可以去找一些志同道合的伙伴，学一些企业相关的知识。希望学弟学妹们：（1）不要有目标没执行力，胸怀万丈难出门。（2）不要没有目标盲目从众，看别人忙这个忙那个风光无限，自己也去跟着搞，也不知道自己适合不适合。”

“大学是一段需要自己探索的旅途，不同的选择会带来不同的结果。要努力追寻自己的目标并为之坚持，或许会有挫折或遗憾，但是天天向上必将带领你到达理想彼岸。”

“大学生活非常丰富，资源也非常多。要积极探索身边的资源，如学长、社团、辅导员、老师。北航的学长学姐和老师普遍是非常热情友善的，多与前辈们交流，常常会有意想不到的收获。要认真对待自己的课业和学生工作。想取得好成绩或过一种清闲的大学生活很容易。不过，要为多年后走出大学校园的自己想想：与其他人相比，你的竞争力在哪里？”

“上大学当然不是简单地随大流，而是在这里你能遇到很多和你处境相同的人：不管需要哪方面的帮助，你都会发现有和你一样需要帮助或是能够给予你帮助的人。大学是一个慢慢学会一个人走向社会的过程。上大学最重要的事情就是处理好学习和生活的关系。首先是去做自己愿意做的事情；对于一开始不喜欢的课程，先试着去接触；实在接受不了的话，何必强求自己呢？记住这些，慢慢地你就会找到自己想走又需要走的那条路了。”

“大学生活的三个关键词分别是学习、尝试、目标。步入大学，更要重视学习，不仅是科学文化知识，还有为人处世方面的学问以及组织活动、演讲沟通等技能，一定要记住四个字：技不压身。尝试无罪，一定要多尝试；多加入一些学生组织和社团，体验不同的工作。这样才能从中找到自己的兴趣，激发自己的潜能。而且不要害怕犯错，学生时代犯错的成本是最低的。大学生最容易迷惘。所以从大一开始，一定要明确自己的目标。不要在不断的学习和尝试中迷失自我。坚定目标，努力学习，不断尝试，你会收获不错的大学生活。”

相信这些分享会对你有所触动。只有清楚了解自己内心的渴望，开展生涯规划，才能让你在各种情况下沉着冷静、不虚度年华，最终实现自己的目标。

为了较快较好地适应大学生活，你需要尽快明确自己上大学的目的，并借此确立目标。进入大学后，相比高中阶段你有了非常多可以自由支配的时间，如何运用这些时间很大程度上决定了四年后毕业时你与他人的差别。

如果你是为了享受自己十余年寒窗苦读的成果，那很可能要承担“毕业即失业”的后果。因为一个名校的毕业证书，也不能保证你获取一份令人满意的工作。

如果你看重教育，希望实现“让自己受过大学教育”的目标，你需要像中学时代那样刻苦学习，还要努力适应大学新的学习特点。除了学好本校的课程，你还可以尝试去周围的高校听课或通过慕课进行网络学习。通过国家、学校的交换学习项目，本科阶段你还有机会去海外学习、体验。

如果你希望“结交更多的新朋友”，就要多参加一些社会工作、学生工作；也要多选修一些其他院系、专业的课程，以结识不同背景、专业的同学、老师及校友。

如果你的目标是“毕业时能找到一份好工作”“将来在社会上找到最适合发挥自己能力的职位”，那要做的事情就太多了：首先要全面地了解自己——性格、兴趣、能力、特长，同时要了解哪些职业既有较高的社会地位又收入不菲，最适合发挥你的能力与特长，更重要的是需要了解如何通过自己的努力满足这类职位对应聘者的要求，以及通过何种途径才能让招聘者发现你、认可你。

总之，大学的生活可以很精彩但很辛苦；也可以很轻松却有些无聊。短暂的四年具体如何度过？请你相信，一切付出均会有回报，选择权在你手里！

（作者：苏文平，原文刊登于《中国大学生就业》2018年第17期，有删改）

我眼中大学和高中的不同

高中时代，每当我面对繁重的学习任务有所懈怠时，父母和老师总会这样给我打气：“再熬一熬，等上了大学就好了。”所以大学在我的眼里，一直都是放松的天堂。可等我真正迈入大学校门后，才发现自己被忽悠了这么多年，脑海中惯有的大学和大学生的观念被彻底颠覆！大学里，我们面对的任务更加艰巨。要想出类拔萃，要付出和高中一样甚至更多的努力。

大学是我们综合能力的演练场，这些能力包括学习能力、生活自理能力、人际交往能力等，而大学生则是演练场上的士兵，为进入社会打拼而随时待命。

我眼中的不同，综合为以下几点：

首先是学习方面。在我眼中，大学的知识量明显增加，知识广度加大、难度加深，更新速度越来越快。与高中课本上固有的理论和知识点相比，大学的知识更注重于实操。比如大一学习了工程测量，紧接着在下半学期就来到了太白山实训实习，把知识成果化。大学中每个人随时迸发的思想都可以拿到课堂中讨论，随时可以开展思维的碰撞，产生新思想。此外，大学的专业学习相比高中更加具有目的性：以后工作需要什么就学什么。还有教务系统的完善与教学配套设施的齐全和先进，使教学持续2小时都是高效率的。以前的学习是老师穷追不舍地在后面赶。上了大学，似乎与老师交流的时间仅仅存在于2小时的课堂；任务布置下来，老师只是规定时间点让学生按时完成，不像高中那样会穷追不舍地催促。在我看来，大学对于自觉修养有了更高的要求。大学生必须具备自主学习、全面学习的能力。这就要求我们对于任务的执行时间有严格的界限，树立规则意识。

其次是人际交往方面。大学就是一个小社会。每个人在进入大学之前，受主观与客观条件的综合影响都已基本形成了自己的思维模式，即每个人的三观不尽相同。地域不同、生活习惯不同的人在同一片区域、同一个屋檐下一起生活和学习，就构成了大学生主体的多样性。因此，社交是每个大学生的必修课。

刚来到这所学校时，我有一段时间认为大学中没有真正的友情。因为我在之前的高中，总是有三五成群的小姐妹一起吃饭、学习；进了大学后，每个人都很忙，忙到让我没有时间认识她们。似乎相处都是泛泛之交，没有深入心灵。当我跟老师及学姐交流时，她们告诉我：大学是每个人综合能力的演练场；在这里，我们需要学会如何主动与人相处，试着敞开心扉去跟别人聊一聊。在社交过程中，对自己的思维模式、说话方式以及独立能力都是很好的锻炼。

最后是个人生活方面。虽然说我高中时也住校，但是每天繁重的学习压力让我感受不到宿舍生活的惬意与美好。在大学，我感受到了群居生活的好与坏。宿舍的八个人来自不同的地方，有着不同的生活习惯与作息时间。日常生活中，有欢笑也有争吵，有磨合也有让步。之前在家中，因为有妈妈衣食住行的全方位照顾，我对于家务没有什么概念。在我的印象中，似乎地板本来就是一尘不染的，热水壶里总是有水的，床上总是干净整洁的。但当我真正生活在宿舍里，才发现有些事情自己不做永远都会是那样。在这里生活了半年，我的自理能力大幅提高，而且“自己居住的环境必须整洁的观念”已深入内心。寒假回到家中，妈妈欣慰地说：孩子长大了。这是一种成长，更是一种历练。要不怎么说大学是把一个青少年过渡到一个大人的过程呢？亲身所感，心之所想，吾之所念。

这就是我半年亲身经历的大学与高中的三个不同点。时间还长，待我慢慢发现……

（作者：信梦垚，陕西交通职业技术学院建筑与测绘工程学院工程造价专业 2020 级专科生）

“红灯停，绿灯行”：奔跑路上的大学生活

又是一年风吹麦浪，又是一年学子对母校的深情道别。毕业两年了，恍惚间看到了自己毕业的场景……6 月的骄阳闪耀着青春的光芒，奔腾奋进的气息由内而外散发，不禁想起了我的大学生活。

大一：四面“红灯”，极目眺望

初入大学的我是极其不适应的。我这个土生土长的农村娃对新环境的适应能力很弱，似乎有一种被高中老师“上了大学就轻松了”这句话骗了的感觉，每每看到学校宣传栏上优秀的学长学姐们的事迹，便心生仰慕之情。从军训结束到上课听讲跟不上节奏、报名竞选学生组织接连落选、打理生活忧心忡忡，对周围的事物不知所措、处处碰壁，逼得我非得要寻求一种帮助——向阳而生的力量由此而生。

我至今对第一次班会仍记忆犹新：班主任讲了大学里要学做人、学做事、学学习，我开始慢慢揣摩三个“学”的意思。在我越是撞“红灯”时，越对自己有深刻反思，在思考中寻求解决问题的更好方法，从自我迷茫的圈圈里逐渐走出来，适应并融入大学生活。在四面“红灯”里不能消极等待，而要蓄势等候“绿灯”亮起，逐渐厘清自己应该做什么、不该做什么，稳扎稳打。

第一步就是要搞好本职——学习。凭借自己的努力，我把考试成绩稳在了第一名，这令我十分欣慰，也告诉我努力没有白费，同时给了我继续保持的压力。就算在今天的职场工作中，我还是会把本职工作做好再去接手其他事务。

大二：停留“黄灯”，寻找方向

大学二年级事情越来越多，人也更忙了。这一年埋头苦干，仿佛有使不完的劲。在等候“绿灯”亮起的过程中，我遇到了一个非常关键的转折点——接触到职业生涯规划。当时的我并不清楚它到底是什么，只会跟着老师学习基本知识，慢慢了解兴趣所在，用

五彩的笔为四年青春描绘着完美的计划。

在参加菁英训练营和职业生涯规划大赛的过程中，我疯狂地学习生涯知识，给自己明确定位，高压态势让我对生涯规划有了进一步的了解，虽然比赛并没有获得多好的名次，却对我的成长产生了深远的影响。首先就是对自己的认识更清晰了，知道了自己的职业兴趣、将来可能会做什么，在自我规划的过程中也无限期待那一天的到来。在读万卷书、行万里路的征程上，我跟随学院实践团队跋涉2 000多千米到贵州山区开展公益实践，让山区留守儿童感受学习知识的快乐，在活动中提高了统筹能力，这次永远难忘的实践活动更加坚定了我努力前行的信念。

大三："绿灯"亮起，无限可能

大三这一年，我刚好20岁。这一年光环加持、荣耀加身，成长路上的付出终有收获，之前的默默努力也逐渐绽放它的美丽。我竞选成为新生班主任助理，受老师信任担任办公室助理负责人，担任党课培训班班长，通过考核被发展为一名预备党员，继续获得奖学金，被评为山东省优秀学生、学校十佳学生，参加校、院两级团学代表大会，考过英语四级、计算机二级，拿到国家级志愿服务大赛银奖，时隔一年又一举拿下学校职业生涯规划大赛第一名，暑假带队前往四川大凉山继续开展公益实践，登上世界青少年足球赛的舞台为国际友人提供志愿服务……

大三的我是受很多同学羡慕的。殊不知，吃苦在前，终有一天会等到花开。不论是学习上的继续保持还是学生工作能力的不断提升，抑或是开始了至今仍然甜蜜的恋爱，这些都源于对每一天学习的热爱和对每一份工作的认真。其间也遇到了很多麻烦事，尤其是对于学习和学生工作的平衡问题，在学习和学生工作之间随时切换状态是对我能力的一种考验，而尽力完成做好是我一直的追求和遵循。

大四：准备"换站"，向前出发

大学的列车加速了，大四一开学，群里马上就置顶了一条通知——"2019届毕业生，大家好！"班级微信群里班主任转发了一条招聘信息，我浏览一遍后就在岗位列表里锁定了几个目标。由于通过生涯规划对自己有了明确的定位，我开始准备求职材料推销自己，还特意跑到办公室找老师帮忙修改简历。老师提出的宝贵意见可谓一针见血，我把简历中的问题一个个揪了出来，又重新编排，格式、文字、措辞等看了好几遍才放心。

第一次找工作没啥经验，来来回回折腾自己。2019年10月，山东航空公司招聘组到青岛大学进行宣讲，我也带着准备好的材料去参加，却因没有提前了解宣讲地点而去了另一个名字差不多的实验楼，真是着急又尴尬。重新导航到了宣讲教室后，看到满教室的人倍感压力，贴着墙边去了后面几排坐下，两眼一眯聚一下光，使劲看着PPT投影上所讲的工作内容、环境、待遇等。交材料时感觉周围的同学都很牛，好在我的底气来自一沓厚厚的证书复印件；工作人员收到我的材料时的惊讶表情至今仍记忆犹新。通过考查基本能力的笔试后，等来了面试通知，我定好闹钟早早起床，打好领带、捋平衬衣，睡眼蒙眬赶上最早的一班公交车，又转地铁，才到达目的地。

第一轮面试是群面，几个人一组制定一套方案并现场演示，专业知识并不扎实的我非常慌。离场时我把小组的工具整理归位，摆齐板凳，就像平时在办公室值班时一样。群面结束后我整个人都蔫了，觉着表现得不好，唯一做得还可以的是收尾阶段。晃晃悠悠地坐上公交车回校，精神恍惚了几天，深切感受到专业知识不扎实带来的挫败感。

有一天我突然收到了第二轮面试即终面的通知。进场后我按照准备的框架做了自我介绍，开始接受面试官的灵魂拷问，回答不同的问题。有个面试官问："你们学校就你一个人来吗?"还没等我回答，上次群面的面试官就说："他们学校就他一个人来。"我心里暗自窃喜：竟然对我印象这么深刻。主面试官挑了简历中罗列的职业生涯规划大赛的相关问题，一听职业生涯规划，我顿时满血复活，非常有信心地回答，感觉自己真幸运。整个终面中主要问了这一个问题，面试结束后我觉得应该有戏。

这是准备得最用心的面试，也是来回折腾不嫌烦的一次。其实在面试这个岗位之前也参加过同批招聘的空勤面试，非科班出身，纯粹为了体验面试的感觉，另外想多了解公司文化和面试套路。就这样，签了三方协议，工作有了着落。

临近毕业时又参加了一次职业生涯规划书中目标企业的面试。认真准备、面试通过，我却犯起了愁：工作毕竟不是小事，"男怕入错行"，横竖比较，最终选择了更为适合自己的录用通知，进入了山东航空公司。

回想起我的大学生活，一路奔跑、跨过坎坷、冲出迷茫、攀登山峰。每一次的生涯洗礼都坚定了我正确前行的脚步，哪怕是在今天的岗位上，我还会习惯性地用生涯知识去制定愿景图、行动表。对于我来说，职业生涯规划在成长过程中发挥了重要作用。其实，所谓规划，不过是让自己更加了解自己，少走弯路、多做打算，厘清思路、看清道路，不断充实自己，只有这样，才能更好地迎接挑战。

（作者：张庆斌，青岛农业大学 2015 级本科生，本科毕业后入职山东航空公司）

在线阅读

中国大学生最应该掌握的三个英语单词

大学期间获得成功的最佳策略

我的大学：或许眼前的"苟且"就藏着诗和远方

第2篇

全面认知自我

第2章 自我探索

知人者智，自知者明。胜人者有力，自胜者强。

——老子

一个真认识自己的人，就没法不谦虚。谦虚使人的心缩小，像一个小石卵，虽然小，而极结实。结实才能诚实。

——老舍

学习目标

本章内容是CIP金字塔底端左下角部分的“自我知识”（见图2-1）。通过本章的学习，帮助同学们认识认知自我对于职业生涯规划的重要性，了解认知自我的主要内容，掌握认知自我的多种途径，能够对自己的人格特质、职业兴趣、职业价值观、素质与能力有基本准确的了解，并将其与专业/职业/职场基本匹配。

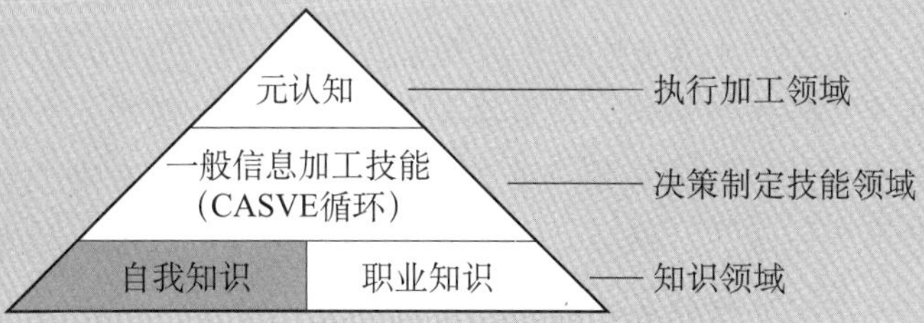

图2-1 生涯决策CIP金字塔模型中的自我知识

导入案例

大学所学专业的困惑

我叫孙洋，是潍坊职业学院建设工程监理专业2020级一班学生。

小学时，我对新鲜事物有极强的好奇心，曾在手抄报中画出了自己的志向，在抽象的画作上描绘出人生的蓝图，从那时起“成为建筑工程师”就成为我努力的目标。高考结束，我填满了96个建筑相关专业志愿，给排水、钢结构等都报了，最终被第七志愿潍坊职业学院录取。我对高考成绩并不满意，困扰也由此到来：监理是什么专业、未来从事监理是什么样子，我梦想的蓝图出现了裂痕。

高中时恰逢高考改革，我选择了化学、生物、地理这三科。当时我想的是化学是理科属性较强的学科，自己很拿手，是数学之外的加分项；物理则是我高中时学得最差的科目，相对于需要大量脑力联想的物理，我更喜欢实打实的化学，但是这也为我之后的建筑专业学习埋下了隐患。建筑专业需要学习建筑力学，而我所自学的桥梁方向更是需要扎实的物理知识作为基础。那会儿虽然信誓旦旦向父母保证自己可以顺利完成学业，可谈及未来的职业规划，我仍然没有什么明确目标，甚至毫无头绪。

进入大学，我仿佛走进了一个新的世界：大学的建筑专业和想象中的相差甚远，大学所学习的知识体系与高中课程大不相同，物理课无疑给我增添了巨大压力——难度增加、课程烦琐，因疫情开学推迟更使本就紧张的学业雪上加霜。建筑实验虽然没有化学那么危险，却也是分毫不差的严谨，一点点失误就会使万丈大厦毁于一旦。建筑专业竟然与人的生命息息相关，这增强了我的责任心，可大量理论知识和实验使我感觉疲惫，疲惫之余我也在思考自己这么累究竟得到了什么，每天睡觉前都会陷入这样的无限循环中。由于对报考专业的迷茫，入学后我似乎过上了没有方向的生活。“反正是要做建筑工程师！”我时常这样搪塞家人的质疑，心中的疑惑却一直无人解答。

开学后的军训中，由于表现优异并且拥有过硬的身体素质，我获得了“军训标兵”称号：这是我大学获得的第一个奖项。由于自己组织能力较强，军训教官向辅导员和班主任提交了班委推荐信，我在竞选中当选班长，这让我的大学生活更加丰富多彩，也改变了自己的规划。本来想好的计划被突如其来的职位变动打乱了，班长的责任感和学业的繁重同时在身，如同两块大石头一样压得我喘不过来气。大学是为未来人生打基础的阶段，任何疏忽都可能给未来的工作岗位带来偏差。

上述问题让我苦恼起来，学习建筑专业的热情也逐渐消退。但那时我并不知道，这些苦恼只是一意孤行选择专业后遗症发作的开始。

高三时，我认为只要成绩够高，就能学到想学的专业、获得更好的工作，在这种思想灌输下，我一直想着如何提高成绩，并未思考将来可能发生的事情。实际上，高中的学习范围很窄，只限定在语文、数学、外语、物理、化学、生物、政治、历史、地理等科目上，而这些科目并不能囊括全国高校上百个本专科专业所要求学习的内容。单纯地从高中阶段学习有限的科目当中选择未来的专业是不可取的。

一学期过去了，我当初的困惑没有解决，反而变得更多。成绩虽然在年级排名较靠前，但并未达到自己的预期，我感觉学习了知识却并没有真正理解。老师挺满意我的成绩，可我还是有很多疑惑的地方：我到底学会了什么？老师告诉我们：你现在所做的是为了给今后的学业和工作打下基础。面对老师的教导我不知如何是好，可以毫不避讳地说：我的大一生活是十分迷茫的。望着桌子上的一摞建材书，我陷入了沉思：自己并不知道如何学好这一专业，不知道是否应该继续学下去，将来从事与建筑相关的工作；可是如果不做建筑方面的工作，又能做什么呢？

在一年的摸爬滚打里我渐渐明白：高中化学学得好甚至在化学竞赛中获得奖项，并不能代表已经在化学方面具有稳定的兴趣特征，更不能说明未来真刀真枪地从事化工类工作就一定合适。“兴趣导向”是很好的原则，但是中学生的兴趣往往是比较狭窄和表层化的、并不稳固的职业兴趣；在高中对某一学科的一时兴趣，不能保证自己大学对这个专业仍然感兴趣，更不能保证自己一辈子都做这个方面的技术类或科研工作。

同时，各种各样的课外活动、社团聚会，班级内的各项事务，占据了我大部分课余时间。剩下的时间我还要去健身房。此外，手机似乎成了比学习还重要的东西，一旦手机离开了自己就会魂不守舍，拿着手机时又不知该做些什么。面对形形色色的活动，是应该主动出击还是退避三舍？不知所措的我，面对大赛、班级事务、学习成绩不懂得如何去平衡，而且大学的学习压力和高中的压力根本无法相提并论，导致学习积极性不高，拖延症大大加深。

在这样的纠结中，我愈加迷茫：大学无疑是一个人职业生涯的起点、人生方向的十字路口。而我在开始阶段就迷失了方向，现在该怎么办呢？

（作者：孙洋，潍坊职业学院建设工程监理专业2020级一班学生）

孙洋同学的故事你觉得熟悉吗？有关高考报志愿的故事有很多版本，孙洋的故事是其中一类经典版本。

据调查，感到迷茫是我国大学新生中特别普遍的一种现象，首要原因就是对于所学专业的困惑。孙洋读小学时就确立了“成为建筑工程师”的目标，然而，这个看似明确的目标其实并不具体，因为建筑涉及的具体专业方向非常多。高考结束后，孙洋填满了包括给排水、钢结构在内的96个志愿，其中很多专业自己并不了解，对最终录取的建设工程监理专业更是感到一片茫然，因此带来了学业困惑。

填报高考志愿时，老师、家长的意见非常重要；即使是被第一志愿录取的同学，很多人也并非按照自己的兴趣选择专业；即使是自己填报的专业，也很可能是在了解信息不全的情况下盲目选择的。大学生中，像孙洋这样“早立志”者也许不少，但更多的同学在高考结束前对专业没有特别多的思考，拿到高考分数后才去了解自己“够得着”的学校及专业，入学后感到迷茫者更比比皆是。同时，高考录取中调剂志愿的现象也很常见，有些“冷门”专业中超过2/3甚至80%的同学都是经调剂录取的。

不少同学进入大学后对自己的专业不太满意，但又不知道自己真正喜欢的专业是什么。在选修了职业生涯规划课并在课堂上做了一些简单测试后，一些同学会根据测试结果提出更换专业；更多的同学会像孙洋一样，虽然对自己的专业感到困惑，却不能确定自己到底喜欢什么专业。

大学的什么专业适合自己？这其实涉及个人的性格类型、职业兴趣、职业价值观、素质与能力等多方面的因素，需要全面地了解自己和可能感兴趣的专业/职业后再分析决定。

自我认知是个人成长中非常重要的环节。接下来，我们将借助生涯规划的相关理论，通过测试、分析来开展自我认知，再据此确定个人适合的专业及未来的职业方向。

2.1 自我及自我认知

我们每个人从小到大都在不断地回答“你是谁?”心理学中的概念“自我”就是在探讨这个问题。一个人对自我的认知是在一个个特定环境中与同伴交往时进行的。

进入大学，第一次见到班里的同学，我们会关注哪些方面？首先是性别：班里男女比例是怎样的；相貌英俊、高大帅气的男生和容貌美丽、身材苗条的女生往往得到更多关注。其次，性格活泼、待人友善的同学会被更多人关注，很快结识到新朋友。

你交朋友的标准是什么？在人际沟通课上，笔者每年都会请同学们简单描述自己最好的三个朋友的特征，几年来调查的统计结果相当一致：

首先是你的“同好”：两个人有共同的爱好，彼此交流很愉快，在发展爱好中深化了友谊，其实就是两个人兴趣相投。

其次是“同道”：两个人对事物有共同的认知、看法，其实就是价值观相同。

再次是你的“同类”或“另一半”：你们性格相同或互补，相处融洽。

接下来是你的“偶像”：对方具备你没有的特质、特长，令你羡慕；这种情况下，对方也可能很欣赏你的某些特质，最终彼此欣赏。

还有一大类是你的伙伴及倾诉对象：可能从小就在一起玩耍，长久相处情谊深，遇到开心或不开心的事情都能和你一起分享。

此外，你的“对手”也很容易成为你的好朋友：不打不成交。

由此可以看到：作为朋友，我们看重的是对方的为人（道德品质）、性格、兴趣、爱好、看待事物的角度/标准（价值观）以及能力。这些内容加上姓名、性别、外貌、受教育程度等外在特质，构成了同学们较为完整的个体特征。我们与朋友相处，是因为这些个体特征的全部或者部分与对方的匹配。

除此之外，个人的社会属性也很重要。我们从小被称为“某某家的孩子”，虽然随着年龄增长逐渐形成独立人格，但大学阶段家庭背景仍是用以区别于他人的重要属性。

进行个人的职业生涯规划，首先要进行自我认知。一个人的职业自我是由外在自我、心理自我和社会自我三方面构成的（见图2-2）。

外在自我指的是人们可以直接观测到的自我因素，是自我中最为凸显的部分，又分为身体特质和身体外特质两类。身体特质由物理实体构成，表现为身体特征，包括性别、身高、体重、外貌、视力等，基本可以通过观测或物理测量获知；身体外特质也称延伸自我，即日常生活中所说的“我的……”，如名字、家乡、学校、专业等。提到延伸自我时，我们往往会产生特定的情绪，例如在人群中听到自己的名字时会迅速环顾四周；在看一张集体照时会迅速找到自己；向别人介绍自己的家乡、母校时，亲切、自豪之感会溢于言表。

课堂上，学习小组成员之间自我介绍时，有同学会这么说：“我叫张森，弓长张、三个水的淼。人文学院应用经济学专业××级学生。我对自己的专业比较满意，虽然我对自己将来毕业能干什么还不是特别清楚。我性格外向，爱好旅游，喜欢交朋友——希望

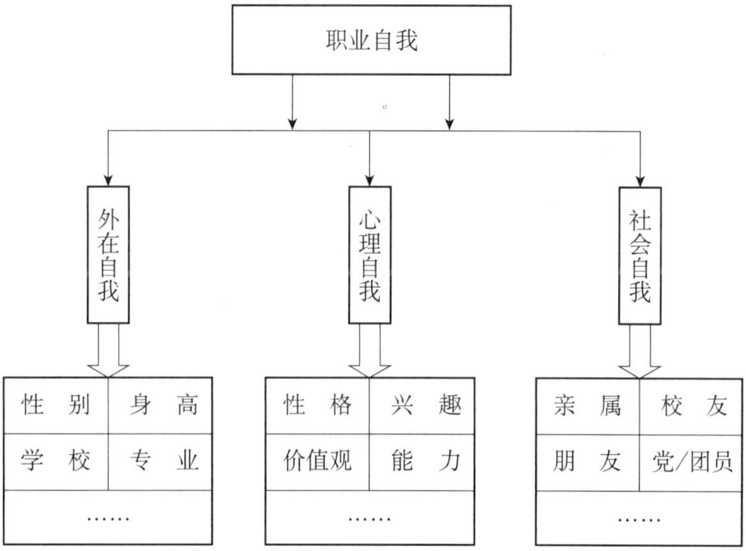

图 2－2　职业自我的结构

能在这门课上交到更多的朋友！我们学院女生比男生多，大家想认识更多的女同学，我可以帮忙引荐。”这是典型的对外在自我的介绍。

心理自我指的是自身内在因素，无法直接观测得知，具体包括三个部分：

（1）心理自我的动力系统——我为什么喜欢这个专业/从事这份工作？为什么有人喜欢做教师，有人则喜欢做软件开发工程师？为什么有人工作干劲十足，有人则总是无精打采？原因在于个体的动力倾向不同，其中涉及兴趣、价值观等心理因素。探索心理自我的动力系统，可以帮助我们找到让自己兴奋的职业领域。

（2）心理自我的效能系统——我能胜任这份工作吗？为什么有的人与人沟通驾轻就熟，面对电脑程序却常常束手无策？为什么有的人操作机械游刃有余，组织策划活动却毫无章法？原因在于每个人的能力倾向不同，其中涉及潜能、技能、自我效能等，这些因素构成了个体的效能系统。探索心理自我的效能系统，可以帮助我们弄清自己擅长的职业领域。

（3）心理自我的风格系统——我适合做这份工作吗？为什么有的人工作起来雷厉风行，有的人则慢条斯理？为什么有的人常常注意到细节，有的人则擅长发现潜在的信息？原因在于人的风格千差万别，这涉及性格类型及人格特质等因素。探索心理自我的风格系统，可以帮助我们弄清自身适合的职业领域。

我们都生活在社会中，属于社会人。正如德国著名诗人歌德所言：人不能孤独地生活，他需要社会环境。每个人都会逐渐发展出复杂的社会自我，涉及家庭关系、朋友关系、职业群体、党群组织关系等，它隐藏于个人身后，对职业选择和发展起着支持或制约作用。对大学生而言，家庭中有亲子关系，学校里有同学关系和师生关系，还可能存在共青团员或共产党员的组织关系……这些构成了社会自我。

总体而言，人在成长过程中一直在进行自我认知：幼儿学会说话后，先知道了自己的姓名、性别和年龄，接下来会表达自己的喜好与厌恶，进而了解父母的姓名及职业。

随着年龄的增长，开始将自己放在整个社会的维度上来加深自我认知、进行自我评价。可惜，随着学业压力增大，不少同学反而陷入自我认知的误区：除了学习之外，对其他事物丧失了好奇心和兴趣；除了老师、家长认为正确的事情，自己缺乏对世界的独立判断；除了学习能力（考试能力），不知道自己还有其他方面的能力……职业自我包括外在自我、心理自我及社会自我。与心理自我相比，外在自我和社会自我较为客观，也相对容易探索明确。所以，本书主要讨论对心理自我的探索，下面章节重点介绍探索心理自我的具体内容和方法，帮助大家通过自我探索全面客观地了解自己。

2.2 探我所适——性格类型及其与职业的关系

首先，性格在生活中有重要作用。谈及自己的好朋友，很多同学会说："她性格特别好!""我很喜欢他的性格!"不过，当仔细问及好性格的标准时，分歧就产生了。有同学会说："她性格随和。"有的答："他很爽快，做事不拖泥带水。"有的则说："她善解人意，如果我有不开心的事，跟她谈过后就感觉好多了。"不一而足。

由此可知：好性格是相对的；朋友之间性情相投，就会接纳、喜爱对方的性格。从职业的角度看待性格也是如此：匹配很重要。

性格是指个人对现实的稳定的态度和习惯化了的行为方式，它的形成受到遗传、生理、父母养育方式、生长地的文化习俗、学习经验等多方面因素的影响，一旦形成，具有独特性、一致性及相对稳定性。俗话说，江山易改，本性难移。人的一生被某种性格类型所支配，从而形成相对稳定的不同于其他人的独特行为方式，两个不同性格的人即使从事同一工作，其处事方式及心理感受也是不同的。

从人职匹配论来看，一个人所从事的职业与其性格特点一致性高，他就会得心应手，愉快地享受工作；反之，虽然也能完成工作，但事倍功半，而且心力交瘁、疲惫不堪。最好的工作是与一个人的性格类型相适应的工作。

古希腊医师希波克拉底提出了区分人的四种基本性格类型：多血质、抑郁质、胆汁质和黏液质。虽然气质类型的分类方法不尽科学，但两千多年来已得到广泛应用，也为近现代人选择职业提供了一定依据。

随着现代心理学的发展，人们对性格的研究更加深入细致。1921年，现代心理学瑞士心理学家荣格（G. Jung）在《心理学类型》中提出：如果了解了人们潜在的心理活动和性格偏好，就可以预测其行为。美国的凯瑟琳·布里格斯（K. Briggs）和伊莎贝尔·布里格斯·迈尔斯（I. B. Myers）母女发展了这一性格类型理论，将荣格提出的性格偏好维度发展为4种，将性格类型发展为16种，并将这一理论运用到职业选择的实践中，通过大量个案分析，总结出与不同性格类型相对应的职业体系，制定了迈尔斯-布里格斯性格类型指标（MBTI）并开发出了测评系统。该系统目前广泛应用于职业生涯规划与指导。下面简要介绍MBTI性格类型测评系统及其应用。

MBTI有四个子量表，分别是：内倾型-外倾型（I-E）、感觉型-直觉型（S-N）、思维型-情感型（T-F）、判断型-知觉型（J-P）。

维度一：根据个人能量更集中地指向哪里可分为内倾型与外倾型两种类型。

心理学认为，以自身为界，我们可以将世界分为外部世界和内部世界。外倾型者倾向于将注意力和精力投向外部世界，热衷于个体间或群体间的交往，常常被外界的人和物吸引，喜欢大量的活动；内倾型者则将注意力和精力集中于自身的内部世界，喜欢独处或小群体间的社交，通常会避免成为关注的焦点。两种类型的区别是广泛而明显的，个体在自己偏好的世界里会觉得自在和惬意，到相反的世界中则会感到不安与疲惫。

我们来认识两位读同一专业、住同一宿舍的大学好友张丹和李淼。

张丹是个精力充沛的活泼女孩，上课时喜欢坐在教室前排。课堂上，老师提问时她一般都会积极发言，即使对答案没有把握。遇到开心的事情，她会与同学分享；除了李淼，她与班里大部分同学的关系也都不错。

李淼是个文静的女孩，虽然平时不喜欢参与班上的集体活动，却常常在宿舍熄灯后在网上与中学同学聊天。平时上课，如果不是张丹帮她占好了前排座位，她会坐在教室后排靠边的位置；上课老师提问时，如果没有点到李淼的名字，她是不会主动发言的。遇到开心的事情，她只是与张丹说起，或者通过网聊告诉朋友。除了张丹，她与宿舍其他同学的关系都不是很亲密。

很明显，张丹的性格类型偏于外倾型，李淼的性格类型则偏于内倾型。下面我们看看内倾型与外倾型性格的特征比较（见表2-1）。

表2-1　内倾型与外倾型性格的特征比较

内倾型	外倾型
独自度过时精力充沛	与他人相处时精力充沛
避免成为关注的焦点	喜欢成为关注的中心
思考，之后行动	行动，之后思考
在心中思考问题	喜欢边想边说出来
更封闭，更愿意在经挑选的小群体中分享个人情况	随意地分享个人情况
听的比说的多	说的比听的多
不把热情表现出来	高度热情地社交
仔细考虑后才有所反应	反应快，喜欢快节奏
注重深度而非广度	注重广度而非深度

显然，生活中这两种类型的人都非常多。不过，不少同学会觉得自己同时具备部分外倾特征及部分内倾特征，即中间型。其实，学习与生活中，不论是外倾型性格还是内倾型性格，都会面临需要自己适应的情形：外倾型者在很多权威人士面前发表意见时，会先思考再寻找合适的机会，否则其意见可能被立即否定；内倾型者在面对需要尽快解决的问题但他人的年龄、年级均低于自己时，须尽快说出解决方案。我们需要弄清楚自己在哪种情况下自我状态最好，将来尽量寻找能令自己状态保持自然的工作环境。

维度二：根据个人收集信息的方式不同可分为感觉型与直觉型两种类型。

再接着看张丹和李淼的故事。

要放暑假了，张丹和李淼都要回家乡。张丹家在武汉，李淼家在郑州。她们相约假期里分别到对方的家里住几天，也算旅游了。她们分别给对方留了地址，并说明如何从火车站去各自所住的小区。张丹的说明很简单：从汉口火车站下车，乘公交车到汉正街下车，往前走一小段路，路口右转往前再走一点儿，再往左转就到小区门口了。李淼则画了一张简图，下面附了详细的说明：从郑州火车站下车，从北出口出站后，过马路到对面乘28路公交车，到东风路信息学院路站下车，下车后沿着东风路往前（东）走大约300米左转，对面有个停车场，紧挨着停车场的右边就是金水区政府家属院，李淼家就在进门后的第二栋楼。

根据以上介绍，我们基本上可以判断张丹的性格属于直觉型，李淼的性格则属于感觉型。我们看看感觉型与直觉型性格的特征比较（见表2-2）。

表2-2 感觉型与直觉型性格的特征比较

感觉型	直觉型
相信确定和有形的东西	相信灵感和推断
不喜欢新想法——除非它们有实际意义	喜欢新思想和概念
重视现实性和常情	重视想象力和独创力
喜欢使用和琢磨已知的技能	喜欢学习新技能，但掌握之后很容易厌倦
留心具体的和特殊的；进行细节描述	留心普遍的和有象征性的；使用隐喻和类比
循序渐进地讲述有关情况	跳跃性地展现事实
着眼于现实	不愿意维持事物的现状，着眼于未来

感觉型者和直觉型者在面对同样情形时，关注的中心往往不同，依赖的信息通道也不同。感觉型者关注的是事实本身且注重细节，而直觉型者注重基于事实的含义、关系和结论；感觉型者信赖五官体验到的有形有据的事实与信息，而直觉型者注重“第六感”；感觉型者擅长记忆大量事实与材料，典型者往往能清晰地讲出大量的数据、人名乃至概念、定义，而直觉型者更擅长解释事实、捕捉零星的信息、分析事情的发展趋向。

两种类型的人各有所长，也都存在不足。感觉型者既不要对直觉型者缺乏对细节的关注与把握感到气恼，也不必为其灵动敏感而感到自惭形秽；直觉型者既不必指责感觉型者给出过多的细节而厌烦，也不必在其百科全书式的记忆“功能”面前自愧弗如。我们应该在享受自我性格类型所带来的优势的同时，有意识地弥补自身的弱点：直觉型者可多关注一些细节，而感觉型者可多留意那些潜在信息。

维度三：根据个人做决定的方式不同可分为思维型与情感型两种类型。

虽然是形影不离的好朋友，但有时两个人对事情的看法很不一样。平时张丹请李淼

帮自己做事，李淼都会尽己所能达成张丹的愿望；可有一次李淼生病，不能去上一门选修课，那位老师管得也不严，就想请张丹代她去签到，不料张丹说应该交请假条而不是找人代签，这让李淼很不高兴。复旦大学研究生林森浩投毒致室友黄洋死亡的新闻令二人都很震惊。紧接着，又曝出177名复旦大学学生联名写信为林森浩请愿“免死”。对此，张丹在震惊之余感到很气愤：“杀人偿命是天经地义的！况且林森浩在黄洋住院抢救期间一直不肯说出自己的行为，导致错失了抢救黄洋的最后机会。这样的人如果不受到应有的惩罚，还有天理吗？真不知那177名复旦大学学生是怎么想的！”李淼却说：“林森浩后来不也后悔了吗？你不觉得他有些心理问题吗？杀了他，黄洋也活不过来啊。况且他父母多可怜呀！”两个人各执一词，直到法院判决林森浩死刑后仍是如此。

以上分歧缘于张丹属于思维型的人，偏好符合逻辑的决定，往往通过分析和权衡各种信息做出决定，不太习惯根据人情因素变通；李淼属于情感型的人，做决策时依赖于自我的价值观念，比较关注决策可能给人带来的情绪体验，表现出较浓的人情味。思维型与情感型性格的特征比较如表2-3所示。

表2-3 思维型与情感型性格的特征比较

思维型	情感型
退后一步思考，对问题进行非个人因素的分析	超前思考，考虑行为对他人的影响
重视符合逻辑、公正、公平的价值，一视同仁	重视同情与和睦，重视准则的例外性
被认为冷酷、麻木、漠不关心	被认为感情过多，缺乏逻辑性，脆弱
认为坦率比圆通更重要	认为圆通与坦率同样重要
只有情感符合逻辑时，才认为它可取	无论是否有意义，认为任何感情都可取
被渴望成功而激励	被获得欣赏而激励
很自然地看到缺点，倾向于批评	容易理解别人，对其缺点不太挑剔

同样，这两种性格类型也并无好坏之分。我们要尽量理解和自己不同类型的人的做法，避免走入极端：思维型者不要太强调原则，让人觉得非常“冷酷”；情感型者也不要一味地同情“弱者”，失去原则。

维度四：根据个人感到舒适的做事方式可分为判断型与知觉型两种类型。

判断型者喜欢有计划、有条理的世界，喜欢有序的生活；他们做事往往一板一眼，目的性较强。知觉型者往往表现出很强的好奇心和适应性；他们会不断关注新的信息，考虑许多可能的变化因素，更喜欢灵活、随意、开放的生活方式。做决策时，判断型者较为果断，一旦认为有足够的信息，就会对新的信息置之不理；知觉型者总希望获得更多信息后再决断，往往表现为优柔寡断、迟迟下不了决心。

张丹和李淼刚刚住进同一宿舍时，晚上开“卧谈会”，大家谈起过去十几年的寒窗苦读，都有说不完的话。不过，出乎张丹意料的是，李淼和宿舍的另外一个女孩小时候一直都是放学后先在外面玩，等父母回家、吃完晚饭后才开始写作业；而张丹从小就是放学后很自觉地写完作业才出去玩。李淼说初三之后作业特别多，可放学后马上就写作业又觉得不甘心，结果经常熬夜；进入大学后作业少很多，感觉好多了。成为好朋友、开始结伴上课后，张丹一开始总是想约李淼一起出门，但李淼经常临出门甚至出了宿舍门才发现某样东西没带，要回去取；张丹等不及，就先去教室占位置。开始时张丹有点儿生气，时间长了就习惯了。

据此可做出基本的判断：张丹的性格属于判断型，李淼的性格则属于知觉型。判断型与知觉型性格的特征比较如表2-4所示。

表2-4　判断型与知觉型性格的特征比较

判断型	知觉型
做完决定后感到快乐	当各种选择都存在时，感到高兴
坚持“工作原则”：工作第一，玩乐其次	坚持“玩乐原则”：先享受，再完成工作
建立目标，准时完成	随着新信息的获得，不断改变目标
愿意知道将面对的情况	喜欢适应新情况
着重结果（重点在于完成任务）	着重过程（重点在于如何完成任务）
满足感来源于完成计划	满足感来源于计划的开始
把时间看作有限的资源，认真地对待最后期限	认为时间是可更新的资源，而最后期限是可调节的

在学习与生活中，判断型和知觉型的人要学会互相欣赏和相互包容：判断型者在欣赏知觉型者“享受生活，活在当下”的同时，要容忍他们时间观念不强的缺点；知觉型者既要欣赏判断型者做事果断，也须容忍他们面对计划改变时的焦虑不安。

当然，在这一维度上人们并不是一成不变的，日常生活、学习中也会受其他因素影响而改变一贯的方式。当面临紧急的或期限明确的任务时，知觉型者会果断起来；当面临具有很大变化的任务时，判断型者也不得不灵活处事，虽然这些不自然的行为方式会让他们感到压力和焦虑。

对照4个维度的描述，同学们或许已经能识别出自己在每个维度上的偏好。每个维度上偏好类型的代表字母组合在一起，就构成了你的性格类型。4个维度、8个端点可组合成16种性格类型（见表2-5），你必然属于其中的一种。

表2-5　MBTI性格类型

内倾、感觉、思维、判断（ISTJ）	内倾、感觉、情感、判断（ISFJ）	内倾、直觉、情感、判断（INFJ）	内倾、直觉、思维、判断（INTJ）
内倾、感觉、思维、知觉（ISTP）	内倾、感觉、情感、知觉（ISFP）	内倾、直觉、情感、知觉（INFP）	内倾、直觉、思维、知觉（INTP）
外倾、感觉、思维、判断（ESTJ）	外倾、感觉、情感、判断（ESFJ）	外倾、直觉、情感、判断（ENFJ）	外倾、直觉、思维、判断（ENTJ）
外倾、感觉、思维、知觉（ESTP）	外倾、感觉、情感、知觉（ESFP）	外倾、直觉、情感、知觉（ENFP）	外倾、直觉、思维、知觉（ENTP）

MBTI的16种性格类型的具体描述如下：

- ENFJ型：外倾、直觉、情感、判断型——“公共关系专家”

优势：能够促进和谐、建立合作关系；尊重不同意见；能够成为出色的公众演说家，促进群体讨论；果断而有条理，是天生的领导者。

劣势：倾向于把人理想化；过快地做决定；不善处理冲突、掩盖的问题；可能过于个人化地对待批评；可能不注意实际的精确性。

- INFJ型：内倾、直觉、情感、判断型——“促进积极变化的催化剂”

优势：善于想出问题的替代性解决方法和创造性方法；能够理解复杂的概念；能够促进人与人之间的和谐一致；是有说服力的领导者，致力于实现所信仰的东西；乐于帮助他人发展。

劣势：可能不够灵活，思维单一，想法缺乏可行性；可能过于追求尽善尽美，过分独立；交流方式可能太复杂，令他人不易理解。

- ENFP型：外倾、直觉、情感、知觉型——“任何事都可能发生”

优势：是富于创新的思考者、好的问题解决者；能够把自己的天赋与别人的兴趣和能力结合起来；能够在任何感兴趣的领域中成功；善于赋予合适的人以合适的位置/任务；能以有感染力的热忱激励他人。

劣势：可能不是很有条理，或不善分清主次顺序；在工作细节的完成上有一些困难；可能会感到厌倦并易于偏离正道；通常不喜欢任何重复或例行的事务；独自工作时往往效率较低。

- INFP型：内倾、直觉、情感、知觉型——“外表淡漠而内心深沉”

优势：乐于为认同的事业而工作；擅长独立工作，能够与尊重的人保持频繁、有意义的支持性交流；忠于职守；做所信仰的工作会感到振奋；能够理解他人、与他人单独交流。

劣势：制订计划时可能不够实际；想控制工作事项，如果控制力丧失，可能会丧失工作兴趣；如果工作没有向坚信的目标发展，可能会垂头丧气；可能不会灵活地对自己的想法做必要的改变；在竞争的环境中工作会有困难。

- ENTJ型：外倾、直觉、思维、判断型——“美妙的一切——我负责掌管权力”

优势：是有远见的领导者；在有机会晋升到最高职位的机构中能够出色地工作；雄心勃勃，工作勤奋，诚实直率；善于处理复杂、要求创造性的问题，能够做出合乎逻辑的决定；能够时刻牢记长期和短期目标。

劣势：爱发号施令，挑剔、严厉；工作至上而忽视生活的其他方面；可能因急于做出决定而忽视有关的事实和重要细节；可能不会对他人给予鼓励和赞扬；可能不要求或允许别人提供建议和帮助。

- INTJ型：内倾、直觉、思维、判断型——“能力+独立=完美”

优势：富于想象，善于创造体系；乐于迎接创造性的智力挑战；擅长理论和技术分析以及合乎逻辑地解决问题；可以单独做好工作，即使面对反对意见也能坚决果断；能够理解复杂且困难的事物。

劣势：在创造性地解决问题后可能会对工作项目丧失兴趣；督促他人工作就像督促

自己一样严格；可能难以和能力不如自己的人共同工作；可能因过于独立而不能适应合作的环境；对于他人的想法可能不够包容，固执己见。

● ENTP型：外倾、直觉、思维、知觉型——“生命的倡导者”

优势：运用天才的独创能力和现场发挥能力去解决问题；在连续的、充满刺激的工作中表现最出色；能成为充满趣味的、激励人心的公众演说家；擅长创新和客观公正地分析；自信，只要想做就能做到。

劣势：在创造性地解决问题后便对工作项目失去兴趣；不愿做具体工作，不能持之以恒；不喜欢例行的、单调重复的工作，坚持以自己的方式行事；经常打断别人说话，可能会因过分自信而影响能力的发挥；可能会不可靠、不负责任。

● INTP型：内倾、直觉、思维、知觉型——“有创造才能的问题解决者”

优势：能够有远见地分析问题；具有创造性思想；喜欢能够学到新知识、掌握新技能的环境；能够一个人工作且全神贯注；擅长长远考虑。

劣势：某些观点可能不现实；思想、观点对别人来说过于复杂、难以理解；可能因丧失兴趣而不能持之以恒；对琐碎的日常工作缺乏耐心；对别人的情感、批评和要求反应迟钝。

● ESTJ型：外倾、感觉、思维、判断型——“关心你的事务”

优势：务实，对既定目标坚韧不拔；善于了解并重视集体的目标；是天生的组织者，擅长做出客观的决定；在推销或谈判时非常有说服力，坚持不懈；善于看到工作中不合逻辑、不协调、不切合实际和无效的部分。

劣势：对不遵守程序的人或对重要细节不重视的人缺乏耐心；不能忍受没有效率的工作；追求目标时总想凌驾于别人之上；对当前不存在的可能性没有兴趣；不虚心听取反面意见，有时会粗暴无礼。

● ISTJ型：内倾、感觉、思维、判断型——“从容地工作，并且做好”

优势：所有工作都完成得准确细致；遵守既定的规则和程序；能够专心致志地工作，可以不需要别人的合作独立工作；是组织忠诚的维护者、支持者；情绪稳定、可以依靠，能够将工作有始有终坚持做完。

劣势：对改变后的工作系统适应性较差；见到实际应用后的结果才肯接受新观点；不喜欢变化，有些僵硬、死板；不能理解与自己不同的要求；对自己及自己对组织的贡献认识不足。

● ESFJ型：外倾、感觉、情感、判断型——“我能为你做些什么”

优势：容易与别人建立友好和谐的关系，是很好的合作者；不论是工作还是其他活动，都愿意为团体尽自己的力量；工作勤奋，富有效率；认真、忠诚，乐于遵守各种规章制度；善于组织，能够记住并利用各种事实。

劣势：对批评过于敏感，在紧张的工作环境中容易感受到压力；未得到表扬和欣赏时会感到失望；做决定过快，不考虑其他选择；不善寻找新方法解决问题，固执己见。

● ISFJ型：内倾、感觉、情感、判断型——“我以名誉担保，履行我的义务”

优势：工作热情，认真负责，十分努力；在有顺序要求、重复性的常规任务中表现出色；细致、全面、注重细节；喜欢为别人服务，支持同事、下属的工作；喜欢用常规方法做事，尊重权威或有头衔的人。

劣势：低估自身价值；对自己的需求的判断不果断；经常因兼职太多而超负荷工作；看不见将来后果的征兆，对突然的变化较难适应；如认为自己不被需要或不被欣赏，会感到灰心。

- ESTP 型：外倾、感觉、思维、知觉型——“让我们忙起来”

优势：观察力强，对事实信息有出色的记忆力；能够看出什么是需要做的事情，对完成事情所必需的事项持有现实的态度；乐于推销和洽谈；对不同类型的人有很好的适应性；擅长创造性的工作，是天生的创业者。

劣势：不能看到行为的长期后果；对于他人情感不敏感；对于规则和章程很容易感到受约束，不能容忍行政性细节及程序；行动上对最后期限和日程表缺乏责任感。

- ISTP 型：内倾、感觉、思维、知觉型——“尽我所有，做到最好”

优势：会完成具体的任务和产品；能使杂乱的资料和难以分辨的材料有序化；通常喜欢手工活，能掌握工具的用法；通常喜欢一个人工作或者同自己尊重的人配合；有效区分和使用手头的资源。

劣势：缺乏语言交流的兴趣和能力；对抽象和复杂的理论很少有耐心；容易产生疲劳和厌倦感；对别人的需求和情感表现得无动于衷。

- ESFP 型：外倾、感觉、情感、知觉型——“不要焦虑，快乐起来”

优势：现实，脚踏实地，有很强的判断力；喜欢积极地工作，适应性强；在工作中营造生动、愉悦的氛围；在面对面或电话交流中极善交谈；能调动用户和员工的情绪。

劣势：不善提前计划和察觉行动征兆；易冲动发脾气和焦躁不安；即使在很短时间内独自工作都成问题；规范自己和别人时总不能达到要求；可能对不相关事物和言外之意悟性不够。

- ISFP 型：内倾、感觉、情感、知觉型——“这是有价值的思想”

优势：喜欢亲自参与，尤其喜欢帮助他人的职业；喜欢变化并能很好地适应新环境；意识到工作重要时能努力工作；对组织忠诚，愉快地接受领导的命令；在积极支持的气氛中成长。

劣势：不考虑隐含的意思和动机，轻易地接纳别人的行为；除非就在眼前，否则看不到机会；容易把批评和否定回答看得很重；不喜欢提前准备，安排时间上有困难；对过多的规则和官僚体制不适应。

需要澄清的是：虽然针对 16 种性格类型的人群特点进行说明时列出了核心特征，有的貌似与职业类别高度相关，然而 MBTI 性格类型主要是影响人们从事某类职业的风格，并不能决定人们对职业类型的选择。下面，以我们比较熟悉的几位中国古代大诗人为例进行分析说明。

陶渊明、李白、杜甫和苏轼都是古代著名诗人。“文无第一”：四位诗人均位列中国古代超一流诗人之群，诗歌作品各有所长、水平难以排出高下；不过，诗风迥异是显而易见的。接下来借助 MBTI 性格类型这一理论工具分析其诗作风格，就容易理解“性格类型无法决定个人的职业类型选择，只是影响其从事某类职业的风格”。

根据几位诗人的生平及对其诗作的解读，其性格类型分别体现为：陶渊明 INTP 型，李白ENFP型，杜甫ISTJ型，苏轼ENTP型。当然，分析的前提是诗人们都有“真性情”，表现出来的基本上与其“秉性”相差无几，依据是其行事表现及具体诗作风格。

首先，四人中陶渊明、杜甫应该属于较为典型的I型者，李白、苏轼是较为典型的E型者。具体例证如下：

遇到困难和问题时，I型者会自我排解、借酒浇愁或寄情山水；E型者则更多地通过与亲友交流来化解。同样是针对政治上的不同观点，陶渊明选择“不为五斗米折腰”，辞官拂袖而去；苏轼则据理力争，向各色人等表达自己的主张。唐宋诗人大多喜欢游历：I型者如陶渊明、杜甫，寄情山水时倾向于个人与大自然的互动，进而抒发自己的感怀；而E型者如李白、苏轼，则在山水之外联想到与山水或自己有关的人。

从几位诗人的诗作及相关史料中可以看到：李白、苏轼与朋友交往时，交往对象类别很多，可谓“三教九流”。李白著名的“桃花潭水深千尺，不及汪伦送我情”中的汪伦名不见经传，有学者考据说他只是李白游至安徽泾县盘桓时当地的一位“村人”。这种说法虽显夸张，不过可以确定对方并非当时的名门望族或与李白齐肩的著名文人。其他如岑夫子、丹丘生也都算不得名人，虽然李白与孟浩然、杜甫等大诗人也有不错的交情。总体而言，李白与人交往的这种风格是典型的E型者做派。苏轼更是一生交友无数，自称“吾上可陪玉皇大帝，下可陪卑田院乞儿”，与任何人交流都可乐在其中而非为了特别目的而交流，这是真正E型者的行为特点。从二人的诗作可以看到很多因为“众乐乐”而发自心底的愉悦。

对比来看，陶渊明和杜甫的交友范围就小了很多。其实，陶渊明选择“隐居山野”且一以贯之地坚持了下半生，这原本就是I型者才能做到的。同样是“隐士”，还有“中隐隐于市、大隐隐于朝”者，因为身居山野对E型者而言是很难长久忍受的。从此次新冠肺炎疫情期间的情况看：虽然有电话、互联网等交流工具，但还是有很多E型者觉得“憋得受不了”，I型者则会觉得“可以适应”。杜甫虽然也有很多朋友，写过不少应和诗，可从其诗作看，鲜有“因为交流本身的愉悦而交流”的情况。

接下来分析S型与N型两种类型。

先举几位诗人一些典型的N型者的例子。陶渊明撰写的《五柳先生传》中提及的“好读书，不求甚解”，虽可视为自谦之词，但陶渊明并非如贾岛那类诗人“推敲”般遣词造句，“大概其”确实是N型者的一贯做派。N型者行事往往不会事事追究“事实”，而是善于“透过现象看本质”，典型如著名的九方皋相马：他对秦穆公说寻到的千里马是黄色母马，牵过来的却是一匹黑色公马。当然，更重要的事实是它确实是一匹难得的千里马！李白是“天授的奇才”，诗作中不乏“危楼高百尺，手可摘星辰”“飞流直下三千尺，疑是银河落九天”“朝如青丝暮成雪”之类夸张言语，你要是认真就错了！苏轼科举考试中被主考官欧阳修高度赞赏的《刑赏忠厚之至论》中的用典就是“想当然耳”，这也是典型N型者做派。那句“不识庐山真面目，只缘身在此山中”更是“透过现象看本质”的极好例子。陶渊明的“问君何能尔？心远地自偏”亦然。S型者往往是“活在当下”、难以靠“想象”来体验人生的。

相比而言，杜甫的诗作是另外一种风格：“少陵诗重视诗法变化和字句锻炼”“兼备众体，是人能的极致”，其中有更多细节描绘。“两个黄鹂鸣翠柳，一行白鹭上青天。窗含西岭千秋雪，门泊东吴万里船。”“迟日江山丽，春风花草香。泥融飞燕子，沙暖睡鸳鸯。”……杜诗从来都言之有据，给出很多具象；即便有所发挥也不似李诗那么“不靠谱”。

当然，两类诗作都很棒，都能给读者带来美的享受。就像中国传统画作，N 型画家往往擅长写意画，S 型画家则擅长工笔画，很难有二者均擅长者。

再看第三个维度，即 T 型与 F 型两种类型。

之前很多书中都称“F 型关注人，T 型关注事”，其实，这种说法并不准确。事实上，二者的差异在于是否按照同一标准对待同一事件/人。中国传统文化以儒家为尊，然而儒家尊奉的两位大家即“圣人”孔子与“亚圣”孟子，其倡导的理念却大相径庭。孔子强调“仁者爱人”“父为子隐，子为父隐”，这是典型的 F 型者，所以才有“爱屋及乌”“一人得道、鸡犬升天”等现象；当前网上不时出现的“无条件地支持/反对……”也属这种类型。孟子虽主张“仁政”，却强调如果统治者实行仁政，可以得到人民的衷心拥护；反之，如果不顾人民死活、推行虐政，将会失去民心而变成独夫民贼、被人民推翻。法家的“内举不避亲，外举不避仇”正是典型 T 型者行事风格。

据此来分析四位诗人，会发现只有李白是典型的 F 型者：待人、做事缺乏统一原则，以至于为了实现政治抱负最终辅佐反王，差点儿丢掉性命；顺便说一句，他当初之所以离开长安，并非因为不惧权贵，而是被唐玄宗客客气气地请走的。反观其他几位，均坚守自己的原则，违背原则的事情坚决不做：陶渊明“不为五斗米折腰”而辞官归隐；杜甫为官做事原则性极强；苏轼与王安石政见不同但仍可客观地评价对方，在旧党上台后为“新政”的一些政策说好话，因此又遭到了旧党的贬斥。

最后分析诗人们的 J 型与 P 型两种类型。

分析几位诗人的经历及其作品，就会看到陶渊明、李白、苏轼都具 P 型特质：更喜欢灵活、随意、开放的生活方式。他们不拘泥于现实条件的束缚，对于突如其来的变故往往很快就能镇定面对，表现为“无可救药的乐观主义者”。陶渊明辞官归隐后，每天“采菊东篱下，悠然见南山”。李白那么希望当官，在被唐玄宗请出朝廷后，仍写出“长风破浪会有时，直挂云帆济沧海”。苏轼被贬蛮荒之地，还写出“日啖荔枝三百颗，不辞长作岭南人”。面对艰难困苦，P 型者很少显出愁苦之态。

相比之下，杜甫诗作中的 J 型特质就相当明显了。他半生颠沛流离都是不得已，每每处于忧国忧民的愁苦之中。其诗作中，律诗最为出色，也是 J 型者的优势：“功盖三分国，名成八阵图。”“风急天高猿啸哀，渚清沙白鸟飞回。无边落木萧萧下，不尽长江滚滚来。”唐朝中后期律诗已经在诗坛占据重要地位，王维、李商隐等人的律诗与对仗都特别好，J 型者在诗坛上也不算很孤单。

总而言之，MBTI 性格类型理论及其应用揭示了不同类型的人所具有的不同的、本能的、自然的思维、感觉及行为模式，帮助我们与不同类型的人相互理解、有效配合。

综上，性格类型是将人与人区别开的重要个性特征，与我们的工作、学习、生活息息相关。MBTI 是性格类型认知中较为有效、掌握起来也比较容易的一种工具。很多同学通过课堂上的学习引发对认知自己性格的思考，再通过课下的拓展阅读，就会对自己性格类型与工作性质的匹配有基本了解。

需要提醒的是，同学们在开展对自己性格类型偏好的认知时，须理解自己某项偏好被纠正的内在逻辑。在中国崇尚儒家传统的古代，强调的是“君子讷于言而敏于行”，对I型性格给予更多的肯定，而当前社会更鼓励E型性格，因此一些小时候很内向的同学有可能被训练得很外向了。以标准化答案为主的应试教育对S型者有更多肯定与鼓励，不少N型同学从小学起就不断被提醒“要改掉粗心大意的毛病”。儒家文化提倡“父为子隐，子为父隐”，与F型者一致；而法家则提出“王子犯法与庶民同罪”，这与典型的T型者偏好吻合，与当今维持社会法治秩序的要求也是一致的。同时，P型者往往从小被家长提醒“不要拖延”而变为J型者，然而社会正常运转确实需要J型者的保障。同学们可以据此来判断自己真正的性格偏好，而非根据自己当下的行为方式来判断。

最后要再次强调的是：性格类型并不能决定人们适合从事何种职业，只是决定其从事某类职业时的行事风格。真正决定个人职业类型选择的，其实是接下来分析的职业兴趣倾向和生涯价值观偏好。

2.3 选我所爱——职业兴趣及其与职业的关系

研究表明，兴趣可以激发潜能：如果一个人对某项工作感兴趣，往往能发挥他全部工作才能的80%～90%，且能够长时间保持高效率而不感到疲劳；而对工作没兴趣的人，只能发挥全部工作才能的20%～30%，并且容易感到精疲力竭。

兴趣可以让人们快乐地工作。早在两千多年前，孔子就说过：“爱之，能勿劳乎？”意思是，既然自己喜欢，还会觉得辛苦吗？在中央电视台对百度创始人兼CEO李彦宏的一次采访中，李彦宏谈及工作的强度时很平淡地说：我每天到办公室后就挂到网上，一直到下班都是在做喜欢的事情，就像玩儿一样，没觉得很辛苦啊！

兴趣是职业成功的起点，一个人找到自己最感兴趣的工作，就等于踏上通向成功的道路；兴趣会让人们充满激情。

也许有同学会说：我对玩儿最感兴趣。这里可以追问：“玩儿什么？怎么玩儿？”因为兴趣探索是通过平时玩乐所体现出的个人兴趣来探索同学们的职业兴趣倾向。职业兴趣倾向与所学专业相匹配，是同学们进入大学后学好专业课程的重要因素。

本章导入案例中孙洋小学时就立志学建筑。然而，他对建筑专业的内涵并不真正了解，对自己最终学习的建设工程监理专业也是一无所知，更谈不上感兴趣了。

还有一种普遍的情况是，将中学阶段的某门课程与相对应的专业混为一谈。

一位高中阶段化学成绩一直很好、曾在竞赛中获奖的敏哲同学，高考填报志愿时未经思考就报了化学专业，因为她觉得自己很喜欢学习化学，而且优异的化学成绩给了她极大的信心。

然而，进入大学以后，她发现大学化学专业知识的内容比高中庞杂得多，难度也大了，还涉及大量的数学知识，她感觉压力很大。接踵而来的问题就是在学习过程中需要做大量的化学实验，步骤烦琐、操作复杂，而敏哲的动手能力比较弱。这些情况使敏哲感到很苦恼，学习化学的热情也开始消退。

但敏哲并不知道：这些苦恼只是盲目填报专业的后遗症发作的开始。选择专业及职业，兴趣导向是很好的原则，但中学生的兴趣往往比较狭窄及表层化，并非稳固的职业兴趣；高中时对某一学科的兴趣，并不能保证自己上大学对这个专业仍然感兴趣，更不能保证自己一辈子做相关的技术或科研工作。

为什么会这样呢？因为我们日常所说的兴趣与选择专业、职业时所言的兴趣有很大差别。《中国大百科全书·心理学》对兴趣的定义是：人们力求认识某种事物和从事某项活动的意识倾向，具体表现为选择性态度和积极的情绪反应。职业兴趣是指一个人是否喜爱某种职业，是一种职业选择与态度的倾向，同时是个体的兴趣类型和职业类型与目标职业对个体的素质与能力要求（职业环境）相一致的状态；不同的职业需要不同职业兴趣特征的人。

那么，一个人的兴趣到底应该如何衡量呢？

根据现代心理学，兴趣是指个人对某种事物或某项活动的一种选择态度，表现为某方面需求的情绪倾向；职业兴趣是指一个人是否喜爱某种职业，表现为职业选择与态度方面的倾向。美国心理学家霍兰德提出的职业六边形模型（RIASEC）是职业兴趣理论中最受关注及肯定的；他编制的量表是当今应用最广泛的职业测评量表之一。根据他的理论，个体的职业兴趣可以影响职业满意程度。调查也表明，个人对职业的满意度很大程度上取决于个人兴趣和职业环境的匹配程度。

霍兰德的职业兴趣类型理论有四个核心假设：

（1）根据人格特质及兴趣倾向，可以将人分为六大类，即现实型（realistic type，简称R型）、研究型（investigative type，简称I型）、艺术型（artistic type，简称A型）、社会型（social type，简称S型）、经营型（enterprising type，简称E型）、事务型（conventional type，简称C型）。这既是兴趣类型也是性格类型，因为霍兰德认为职业兴趣的选择反映了个体的人格特质。

（2）职业环境也可以分成与人格特质相对应的具有同样名称的六大类型。

（3）人们寻求能够与自己兴趣、能力相匹配的职业环境，如艺术型的人喜欢在艺术型的职业环境中工作，现实型的人倾向于去寻找现实型的职业环境。

（4）兴趣与职业的匹配程度决定了个体的职业满意度、稳定性和成就感。

通过广泛细致的调查研究，霍兰德给出了每种兴趣类型的特点。

● 现实型（又称实践型）

具有此类倾向者往往宁愿行动不喜多言，喜欢在讲求实际、需要动手的环境中从事明确固定的工作，依既定的规则，一步一步地制造完成有实际用途的物品；生活上亦以实用为重，眼前的事重于对未来的想象。他们稳健、务实，往往身体技能及机械协调能力较强，常常沉浸于工具与技术的世界中，具有比较强的实践性；往往表现出对人际交往及人员管理、监督等活动不感兴趣。他们倾向选择的职业有：需要熟练技能的职业、动植物管理方面的职业、机械管理方面的职业、生产技术方面的职业、需要手工艺技能的职业、机械装置与运转方面的职业等。

● 研究型（又称调研型）

具有此类倾向者善于观察、思考、分析与推理，喜欢依自己的步调来解决问题并追根究底；往往喜欢理论思维或偏爱数理统计工作，能对解决抽象问题投入极大的热情。

他们往往是好奇的、聪明的、内省的、具有批判性的，做事时通常倾向于通过思考、分析解决难题，而不一定落实到具体操作，对实际解决问题的细节兴趣不大；喜欢具有创造性、挑战性的工作，能提出新的想法和策略，不太喜欢固定程式的任务，不喜欢别人给他指引，工作时也不喜欢有很多规矩和时间压力。他们对于人员管理及人际交往也不太感兴趣，倾向选择的职业有：分析员、设计师、科学家、学者等。

● 艺术型（又称创意型）

具有此类倾向者往往直觉敏锐，对具有创造、想象及自我表现空间的工作表现出明显偏好。他们希望借助文字、声音、色彩或形式来表达创造力和美的感受，喜欢独立作业但不要被忽略，在无拘无束的环境下工作效率最高；不喜欢管人及被人管，与朋友的关系比较随性。他们对结构化程度较高的任务及环境都不太喜欢，对机械性及程式化的工作毫无兴趣。艺术倾向明显的个体好自我表现，具有丰富的想象力，敏感而开放。他们倾向选择的职业有：各类艺术创作的工作，包括美术、音乐、舞蹈、戏剧、设计、烹饪等方面。

● 社会型（又称社交型）

具有此类倾向者喜欢以人为对象的工作，容易相处，关心别人胜于关心工作，喜欢倾听和了解别人，也愿意付出时间和精力去解决别人的冲突，帮助他人成长。他们通常语言能力优于数理能力，具有人道主义倾向，责任心较强；不爱竞争，喜欢大家一起做事、一起为团体尽力，习惯于与人商讨或调整人际关系来解决面临的问题，不太喜欢以机械和物品为对象的工作。他们适合从事咨询、培训、辅导、说劝类工作，倾向选择的职业有：学校教育以及社会教育方面、社会福利事业、医疗与保健方面、商品营销方面和各种直接为人服务的职业。

● 经营型（又称企业型）

具有此类倾向者喜欢制订新的工作计划、事业规划以及设立新的组织，并为有效发挥组织作用而积极地开展活动。他们生活紧凑、好冒险竞争，制订计划后倾向于立刻行动，不愿花太多时间仔细研究，希望拥有权力去改变不合理的事；自信、支配欲强，善用说服力和组织能力，希望自己的表现被他人肯定并成为团体的焦点人物，具有较高的成就需求，喜欢影响、管理、领导他人；不以现阶段的成就为满足，也要求别人跟他一样努力，不喜欢具体、精细或需要长时间集中心智的工作。他们倾向选择管理、销售、司法、从政等领域的工作。

● 事务型（又称传统型、常规型）

具有此类倾向者做事讲求规矩和精确，喜欢高度有序、要求明晰的工作，对于规则模糊、自由度大的工作不太适应；做事按部就班、精打细算，给人的感觉是有效率、精确、仔细、可靠而有信用。他们往往个性谨慎、忠诚可靠、偏保守，生活哲学是稳扎稳打，不喜欢改变或创新，也不喜欢冒险或领导，工作细致、有毅力，做事有条理、责任心强；喜欢在有清楚规范的环境下工作，工作中与人交往会保持一定的距离，对社会地位、社会评价比较在意。他们倾向从事统计、财务、金融、会计、秘书等相关工作。

六种兴趣类型的人群中，R型、I型的人对事物较为关注，E型、S型的人对人群较为关注，C型的人对数据较为关注，A型的人对观点（观念）较为关注（见图2-3）。

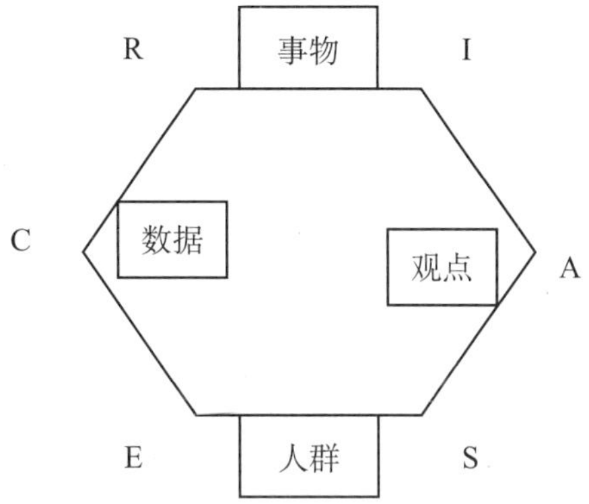

图 2-3　职业六边形模型

由图 2-3 可知，霍兰德划分的六大类型并不是并列的，而是有着明晰的边界。六大类型的关系如图 2-4 所示。

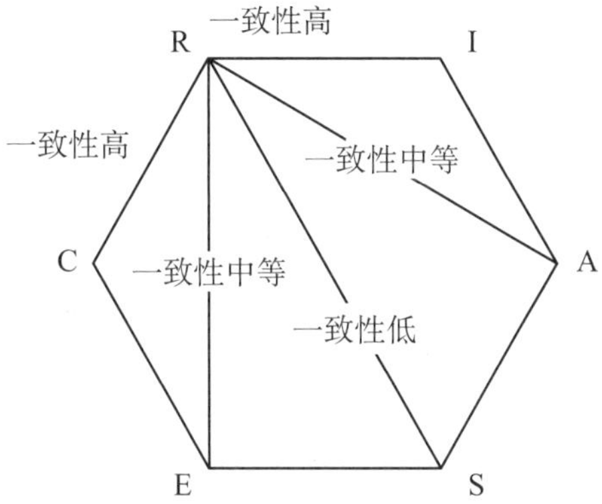

图 2-4　兴趣类型的相互关系

从图 2-4 中可以看出，每种类型与其他类型之间存在不同程度的关系，大体可分为三类：

（1）相邻关系，如 RI，IA，AS，SE，EC 及 CR。属于这种关系的两种类型的个体之间共同点较多，例如，R 型、I 型的人都不太偏好人际交往，在这两种职业环境中也都较少有机会与人接触。

（2）相隔关系，如 RA，RE，IC，IS，AE 及 SC。属于这种关系的两种类型的个体之间共同点较相邻关系少。

（3）相对关系，在六边形上处于对角位置的类型之间即为相对关系，如 RS，IE 及 AC。相对关系的性格类型共同点少，因此，一个人同时对处于相对关系的两种职业环境都很感兴趣的情况较为少见。

如果个人的兴趣与职业一致性高，就可以达到人职协调；一致性中等，则人职次协调；一致性低，则会出现人职不协调。

下面这个例子可以说明职业兴趣的表现形式及对个人专业及职业选择的重要影响。

周浩是 2008 年的青海高考生，当年以高考总分 660 多分、青海理科前 5 名的成绩考进北京大学生命科学学院。可没读两年，手拿学霸剧本的周浩却执意要从北大退学，随后转入北京市工业技师学院学习技术。从众人艳羡的高才生到普通的技校学生，从北大生命科学学院人才储备军到“流水线技工”，这样的身份转变让无数人惊讶不已。

据报道：周浩从小就聪明机灵，喜欢拆分机械，家里大大小小的电器基本都被他重装过。高考填志愿时，他一开始的想法是报考北京航空航天大学，因为北航有很多需要动手实践的课程。但当他的高考成绩出来之后，家人和老师们一致认为：这样高的分数不报考清华、北大简直就是浪费，纷纷劝周浩放弃上北航的想法。

当时的周浩挣扎了很久，最终选择了妥协，填报了北大生物科学专业：“当时还小啊，再有主见也还是听家长的。”然而进入北大后，周浩感到格格不入：无论他怎么逼迫自己，始终对生命科学提不起太大的兴趣；每天上不完的课程、理解不完的理论分析，让周浩越来越迷茫，投身技术的梦想似乎也离自己越来越遥远，众人艳羡的北大于他而言只是一条走不通的路。力不从心的校园生活让他一度找不到人生的方向和学习的热情，最终，处于崩溃边缘的周浩决定休学一年。

休学期间，周浩去深圳参加工作，做过工厂的流水线工人、销售员，也当过电话接线员；在繁重的工作间隙，他开始重新思考自己的人生规划。于是，重回校园的周浩从北大退学，转去北京市工业技师学院学习。

进入北京市工业技师学院后，周浩如鱼得水，多次获得全国大奖；毕业后留校任教，成为一名优秀教师；任教5年后，他离职加入北京市工业技师学院原院长童华强创办的教育咨询公司，成为一名职业教育咨询师。2021年7月，周浩接受《南方周末》采访时说：“我希望更多技工院校出来的孩子能被大家看见。”“做出这一决定，既是为了撕掉身上老旧的标签，也是为了增进社会对职业教育的了解。”

这个案例中能够看到周浩典型的职业兴趣类型是RC，具体表现是“从小就聪明机灵，喜欢拆分机械，家里大大小小的电器基本都被他重装过”。而进入北大后，“无论他怎么逼迫自己，始终对生命科学提不起太大的兴趣；每天上不完的课程、理解不完的理论分析”则说明他AI偏弱。后来，他从北大退学去了北京市工业技师学院，“如鱼得水，多次获得全国大奖”，正是选择了与自己职业兴趣类型倾向匹配的专业的结果。

目前，很多高校招生就业处或学生处网站上都有职业兴趣测试。这里，需要提醒同学们三点：

首先，测试是有一定信效度的，结果不一定准确，还需要通过其他方式进行验证。比如说，课后仔细思考以下问题：

● “我的白日梦”：请列举出三种你现在或曾经非常感兴趣的职业（排除所有现实的考虑）。这些工作的哪些特征吸引你？

● 请回忆三次做某件事情时令你感到快乐/满足的经历。请详细刻画这三个画面，是什么令你感到如此快乐/满足？

● 从小到大你担任过哪些职务？你喜欢的是哪些？不喜欢的是哪些？请具体说明原因。

● 你最喜欢看哪种杂志？这些杂志中的哪些部分吸引你？或者，如果你到书店看书，通常会停留在哪类书架前？（排除因为学习需要的因素。）

● 你最喜欢看哪几类电视节目？节目中是什么吸引你？（排除纯粹为了放松或娱乐。）

● 你喜欢浏览哪类网站？喜欢看网站的哪部分内容？它们属于哪个专业领域？（要求同上。）

● 休闲的时候，如果只是出于兴趣的考虑，你最想做什么或学什么？这里面又是什么吸引你？

● 你最喜欢的科目是什么？为什么喜欢？（排除不喜欢某位老师等因素。）

● 生活中某些时刻，我们会因为全神贯注于做某件事情而忘了时间。什么样的事会让你如此专注？

如果回答了以上所有问题，得到的答案都是一致的，比如你喜欢和别人在一起，喜欢帮助别人、与人合作，充满热情，喜欢关心他人，而你目前所学的专业指向的职业需要的是有动手能力、喜欢在工作中接触实物（机械、工具、设备和动植物）的人，在这种情况下，你需要认真地考虑一下调换专业的事情。

其次，即使确认你目前所学的专业与自己的兴趣是相悖的，仍然要慎重考虑调换专业的可行性。目前，我国不少高校对学生调换专业有较为严格的规定，往往是大一学年成绩排名靠前才可以申请调换专业；这使得大部分因为对所学专业不感兴趣而申请调换专业的同学不能如愿。在这种情况下，一些同学想到了退学后再次参加高考。对此，笔者要奉劝同学们一定要慎重。因为高考毕竟有很多不确定性；万一高考失利，同学们失去的不仅仅是一个较好的学习平台（初次考取的大学），还有一两年的宝贵时光。因此，同学们在做选择时必须充分考虑失败的风险。

另外，还有一种“降转”的情况：不少高校允许学生调换专业，不过要“降级转专业”，跟着下一级学生就读。不少学生及家长不能接受“降转”，认为这会白白浪费一年时间，甚至觉得与其“降转”还不如退学重新参加高考。笔者的观点是：“降转”并不意味着会“白白浪费一年时间”，同学们可以在这一年里充分使用学校的各种资源，参加各种社团活动，通过广泛阅读全面提升人文素养，更好地享受大学生活。而再次准备高考则是将绝大部分宝贵的时间用来“刷题”，对个人成长及综合素质的提升没有多少帮助。

最后，科学规划职业生涯并非建议同学们“非感兴趣的专业不学，非感兴趣的工作不做”。表2-6展示了一些国外职场人大学所学专业与其毕业后实际从事的职业。

表2-6 大学所学专业与毕业后实际从事的职业

大学所学专业	毕业后实际从事的职业
艺术	地区检察官办公室特别检察官
亚裔美国人研究	华尔街证券交易员
化学	在韩国教授英语
古典/考古学	外交官
戏剧艺术	共和党全国委员会公关人员
经济学	兽医

续表

大学所学专业	毕业后实际从事的职业
英语	心理咨询师
法语及西班牙语	拉丁舞教师
地理学	出版社编辑
政府学	高中地理老师
政治学	单身成人项目部长
心理学	漫画家
宗教	MTV程序开发人员

资料来源：Brooks K. You majored in what?：mapping your path from chaos to career. New York：A Plume Book，2010.

如何解释这一现象呢？金树人教授提出了职业兴趣“落地生根”的概念。金教授在研究中发现，不少人的卓越成就并非一直按照自己的兴趣学习、工作而获得，而是在自己不太感兴趣的领域获得了专业知识与技能，再将这些专业知识与技能应用于自己感兴趣的领域，最终取得了一直致力于自己感兴趣的专业领域的人们难以取得的成果。例如，一位酷爱文学（职业兴趣类型为A）的植物学（职业兴趣类型为R）硕士研究生，毕业后到一家植物研究所工作。在文学名著中，他对《红楼梦》情有独钟，利用两年的业余时间研读全书多遍，利用自己的植物学知识写出了一篇颇有分量的红学论文，受到业内专家的高度重视及好评。

对于兴趣与专业/职业的匹配，黄素菲教授提出了“小六码”概念，可以帮助我们更好地连接兴趣与职业。比如有同学说，我对艺术（A）感兴趣，但学的是工科（R），应该怎么办呢？

前面已经介绍了霍兰德把世界的所有活动大致分为六类，每类活动涵盖的范围是非常广泛的。但是其核心特征大致可以归纳为：

- R类的活动——动手操作。
- I类的活动——探索真知。
- A类的活动——美感创新。
- S类的活动——热心助人。
- E类的活动——影响他人。
- C类的活动——规则高效。

其实，艺术工作门类众多，包括雕塑、绘画、舞蹈、歌唱等，差异很大。为什么霍兰德将这些活动归到一类呢？因为这些活动有一些共同点，那就是跟美感、创意打交道。如果能够理解到这个层面，你会发现生活处处是艺术。

如果你从事典型的R型职业——工程师，同时具有A型倾向，你画的工程图可以更漂亮，其实工程设计工作往往就是R和A的结合。你可能听说过孔龙震：他本来是个卡车司机，因为每天开车看到不同的风景，后来转型成了画家。当然并不是说司机都能做画家，但是这件事说明：我们可以在自己目前的生活中寻找美。

如果你从事典型的 I 型职业，是位科研工作者，一方面可以从事美学研究、美术史研究等与美有关的研究，也可以撰写出《数学之美》《物理之美》这样体现科研中美感的书籍。同学们可以自行搜索中国科学院大学物理学家陈涌海吉他弹唱《将进酒》的故事。

如果你是位教师——典型的 S 型职业，你可以把自己的课件做得很有创意和美感。有位心理学教师主讲抽象的“人格心理学”，在课堂上他模拟不同人格的表现，带有很强的表演性，学生们总是被他逗乐，怀疑他的第一职业应该是段子手，只是不小心进入了教师队伍而已。这些其实都是艺术兴趣的表达。

如果你从事典型的 E 型职业，负责跟商业和管理有关的活动，从事艺术品的交易、商业推广等方面的工作也许是个选择。当然，还可考虑“管理美学”这个学科。其实管理学和美学都是让世界变得和谐美好的一种途径，在某些方面殊途同归。

如果你是位秘书——典型的 C 型职业，你可以把办公桌装饰得很养眼、文件排版做得很漂亮。

这些观点其实在生涯辅导领域已经有很广泛的应用，只是很多人不太清楚而已。黄素菲教授认为在每个大的六角上，其实还隐藏着一个小六码。

举个例子：教师是一项典型的 S 型职业，主要任务是教学、与学生打交道。不过，教师这个队伍中大家从事的工作还有很大的不同。

在研究型大学中，教师除了授课，更多的时间需要用于科学研究，做调研、发论文可能是他更重要的工作。因此，职业兴趣使 IS 型的老师工作更加游刃有余。

教育工作者中有一些人其实是不教书的，而是每天为学生和教师服务，与烦琐的手续、审批程序等打交道，比如教务老师就更适合职业兴趣为 SC 型者。

有些老师可能是教舞蹈或是音乐等艺术类科目的。即使不教艺术类科目，他们的工作中也有很多跟美感有关的活动，在教学活动中也可以求新求变、力图创新。比如把上课内容讲成相声的老师，应该是 SA 型者。

当然，教师队伍中也有 R 型者，比如工科、理科实验室的老师，都需要动手操作仪器设备，跟物打交道比较多。这类老师就适合 SR 型者来担任。

教师队伍中 E 型者也不少见，如中小学的校长、教导主任乃至班主任，每天主要的工作不仅是教书，还要管理他人、推行自己的观点，需要的是影响力、说服力。有些管理很多学生组织的老师，还有一边教学一边在外面做培训师或开咨询公司的老师，都有相当明显的 E 型特征，更适合 SE 型者来担任。

了解了霍兰德代码的核心含义、金树人教授的职业兴趣“落地生根”以及黄素菲教授的“小六码”，你的职业发展思路是不是更加开阔了呢？从原先刻板的归类到现在灵活多变的应用，是不是也能感受到一些艺术感和美感呢？

这里，再来分析一下：很多同学的爱好集中在游戏、动漫、电影/美剧、听音乐等方面，但他们并不拥有与之密切相关的职业兴趣，而是通过这些方式来缓解紧张情绪。有的同学虽然拥有钢琴十级等特长，弹钢琴却不是其真正的兴趣，而是家长为其指定的。有些同学甚至说：自己通过了钢琴十级考试后就再没有碰过钢琴。

此外，我们特别强调兴趣与职业兴趣的区别与联系。一个人的兴趣在某种程度上与其职业兴趣是一致的：比如，喜欢与人交往的人往往不仅喜欢能够与人打交道的工作，在平时的娱乐中也喜欢与朋友一起参与活动。然而，并非所有的兴趣都能转化为职业兴趣。比如，现在很多同学都喜欢玩游戏，可真正能成为职业玩家的人少之又少，能够通过玩游戏成为游戏开发人员的更是凤毛麟角。近年来电子竞赛越来越受到重视，2021年11月7日，有关EDG战队夺冠的新闻刷屏，但同学们必须认识到电竞选手的职业生涯是非常短暂的；进入这个行业之前，要先了解退赛后的职业发展。

总之，兴趣是我们学习、工作的重要驱动因素。然而，职业兴趣单凭一堂课、一次练习是无法确定的。通过课堂学习，引发同学们对职业兴趣探索的思考与重视，是最终确定自己的职业兴趣非常重要的开端。同时，虽然兴趣是影响人们专业选择的重要因素，但绝非唯一因素；个人的性格、价值观、能力乃至社会机遇等都对我们选择职业有着深刻的影响。我们最终的职业选择是以上各种因素综合作用的结果。

2.4 做我所能——素质能力与工作胜任力的匹配

1. 能力初探

如果提到某位同学“能力很强”，你会认为他/她是怎样的人？课堂上，不同班级同学的答案惊人的一致：“他/她是学生干部。”“他/她的组织能力很强。”“他/她的口才很好。”这些答案所指向的几乎都是社会能力、人际能力。

能力的内涵十分丰富，既包括同学们所提及的社会能力、人际能力，也包括诸如绘画、表演等艺术方面的能力及打球、滑雪等体育方面的能力，更包括几乎人人都需要的学习能力、适应能力，等等。心理学中的能力是指人们成功完成某种活动所必须具备的个性心理特征。“必须”意味着如果不具备一定的能力，相关的活动就无法进行。虽然我们前面提及的性格、气质等个性心理特征也会影响活动的进行，但它们往往并非必要条件，其作用只是使不同个体的活动带有各自独特的色彩而已。

因此，在确定自己从事的职业类型时须了解自身能力及其与相关专业的匹配程度。

课堂上讨论能力，有同学说：“我从小到大都没当过学生干部，没什么能力。”这其实是对能力的狭隘理解造成的。下面做一个练习，看看同学们的个人能力如何。

课堂活动

分享“我的光荣史”及评选“班上的牛人”

活动目标

通过回忆、描述、分享曾经带给你最大成就感的事件，发现你的能力所在；通过小组及班级分享，评选出大家心目中“最牛”的同学，并据此分析“牛人”的能力。

活动的准备与要求

1. 写下在生活中自己做过的带给自己巨大快乐和成就感的5～7件事情。

2. 每件事情包括以下内容：你要达到的目标是什么，在完成这件事情上的障碍及限制是什么，你具体做了哪些事情，取得了什么成就，用什么能够度量你的成就。

3. 提前准备，留有充分的时间考虑并按照要求写下来，填入表2-7。

表2-7　个人技能探索表1

序号	要达到的目标	障碍及限制	具体做了什么	取得了什么成就	成就可以用什么度量
1					
2					
3					
4					
5					
6					
7					

活动过程

1. 在小组中分享每个人曾经历的成功事件。
2. 每讲完一件事情，说明完成这件事情所运用的几种能力。
3. 每个成员在分享别人成功的喜悦时，也指出完成这件事情用了哪些技能。

课上同学们分享的光荣历史真是五花八门、精彩纷呈。以下内容均摘自选课同学的小作业：

小学二年级学会拼魔方；七年级卖自己钓的鱼获得第一桶金；上大学后很快克服困难适应了生活。

自幼学习画画，取得好成绩；高中学会了做饭；成为蓝天志愿者；成功进入大学，完成转变；没让父母失望过。

小学初中一直是老师眼里的红人；考上自己比较喜欢的大学；六年级担任校主持人；大学遇到最好的一个知己；高中参加数学竞赛获奖。

高中生病住院后成绩未受影响；成功地协调妈妈与奶奶之间的关系；教会小外甥乘法口诀；会做家务。

从小养成了较好的学习习惯；通过电子琴九级考试；考入理想的大学；保持良好的睡眠；拥有良好的人际关系。

初中获得数学竞赛一等奖；曾经学习书法和二胡；克服自己内向的性格主动交朋友；高考后一个人出去旅行三周。

小学时发表科技小论文；高中时参加英语比赛获得第二名；高中的暑假担任家教收获第一桶金；作为班委工作受到肯定；给大学校长信箱写过一封信。

高中期间成功减肥40斤；大二获得国家励志奖学金；坚持跑步。

高中时认识了两位亲密朋友，至今保持深厚友谊；寒假自己到广州旅游；在机场帮助外国人了解航班信息。

大学以来基本上不伸手问父母要钱；自己组织了一次“学习经验交流会”并取

得圆满成功；高考在全县第三名，为父母争了光；大一时参加校级社会活动，担任队长，获得校级二等奖。

从上述分享中，可以看到给同学们带来快乐及成就感的事件是非常多元化的：既包括成绩优异、考入理想的大学、参加竞赛获得奖励等能够获得社会认可的荣誉事件，也包括不让父母操心、经济完全或部分独立等个人成长事件；既包括小学二年级学会拼魔方、掌握乐器演奏等需要较强的学习能力及天赋的事件，也包括如成功解决家庭矛盾、交到好朋友、学会做饭、独自旅行等需要人际能力和社会生存能力的事件；既包括成功减肥、保持良好的学习及生活习惯等体现毅力的事件，也包括克服性格缺陷、主动适应新环境等体现挑战自我的积极心态的事件；等等。

通过这个练习，很多同学都觉得自己能力挺强的，不少同学还发现了自己的“新能力”；同时，很多同学为自己班上有这么多“牛人”而感叹，由此树立了更高的目标。

但为什么一开始问及能力时，同学们的回答都集中在很小的范围？大家为什么对能力如此有偏见呢？这可能缘于对能力的理解有局限。

2. 能力评估

从定义来看，能力是一种个性心理特征，具有经常性、稳定性等特点，是影响活动效果的基本因素。能力的高低会影响一个人从事活动的快慢、难易和巩固程度的深浅。一个具有较强动手能力的人，学习工程专业会觉得容易些，掌握得也更快，这是因为他所具备的能力与所从事活动的要求相匹配。

能力有一般能力和特殊能力之分：前者指符合许多基本活动要求的能力，如学习能力、记忆能力、观察力等；后者指符合某种专业活动要求的能力，如乐器演奏、体育竞技中所需要的各种能力等。不同的职业岗位，既要求具备一些一般能力，也要求具备某些特殊能力。

在能力和知识的基础上，通过反复练习而形成的相对稳定的行动方式称为技能；不同的职业会有不同的职业技能要求。职业能力是一个人有效地完成特定职业活动所必需的各种能力特征的总和，既包括人们获得教育、培训之前的能力倾向，也包括个人在社会生活中积累的职业经验和通过教育、培训获得的学力与技能等。

潜能即能力倾向，具有潜在性、适应性、容纳性、可能性等特点，具有遗传方面的特征，同时包含经过训练后发展的潜在可能性。技能及潜能是用人单位特别感兴趣的，简言之，既包括你现在能做什么，也包括你将来的职业发展潜力，即你是否有可能承担某些工作。

一般来讲，职业对任职者的能力要求主要是技能层面的。技能分为专业知识技能、自我管理技能和可迁移技能。

（1）专业知识技能。它指那些需要通过学习才能获得的特别的知识或能力，这些技能涉及你学习的专业和课程。比如，律师这一职业需要系统的法律专业知识，工程师这一职业需要专门的工程专业知识，会计这一职业需要完整的财务管理知识。专业知识技能需要经过一段时间有意识的、专门的学习才能掌握，而且不能迁移。比如，如果没有额外接受训练，即使是一位经验丰富的成功的律师，也难以承担普通工程师的职位；就算是一位资深的高级工程师，也承担不了初级会计的工作。

（2）自我管理技能。它经常被看作个性品质，而不是技能，因为它常被用来描述或说明人所具有的某些特征。这类技能可以从非工作领域迁移到工作领域，有助于你推销自己，是职业成功所需要的品质。

（3）可迁移技能。它也称通用技能，是职业生涯中除岗位的专业能力之外的基本能力，是适用于各种职业、能够适应岗位不断变换、伴随人终身的可持续发展能力。这种技能在德国、澳大利亚、新加坡等地被称为"关键能力"；在美国被称为"通用能力"，在全美测评协会的技能测评体系中被称为"软技能"。可迁移技能的特征可以从生活中的方方面面，特别是工作之外得到发展，并且可以应用于不同的工作。在职业生涯规划中，可迁移技能是需要被最先和最详细叙述的，也是最能持续应用和最能依靠的技能，专业知识技能的应用都是基于可迁移技能。

美国著名的心理学家和职业专家霍华德·菲格勒（Howard Figler）将可迁移技能划分为十类，并对这些技能在职业竞争中的作用做出了高度评价。这十种技能分别是：

- 预算管理，表现为对现有资源的最佳运用能力；
- 督导他人，表现为执行、实现能力；
- 公共关系，表现为良好的营造氛围能力；
- 应对最后期限的压力，表现为强烈的攻坚能力；
- 磋商和仲裁，表现为合理适当的妥协共存能力；
- 公共演讲，表现为公共引导和宣传方面的能力；
- 公共评论写作，同样表现为公共引导和宣传方面的能力；
- 组织、管理、调整能力，是领导和资源协调能力的综合体现；
- 与他人面谈的技巧和能力，是个体交往潜力的集中表现；
- 教学和教导能力，表现为传授、传播方面的能力。

企业招聘中，可迁移技能往往是先于专业知识技能而考核的；在大多数情况下，可迁移技能不足的应聘者没有机会进入下一轮针对专业知识技能的筛选面试。笔者曾经先后对1 000多家用人单位进行调查，结果表明：用人单位最看重的本科毕业生的素质与能力中，责任心、团队精神、道德诚信、沟通能力、学习能力、创新能力、承受压力的能力等排在前几位；用人单位认为本科毕业生最有待提高的素质与能力中，排在最前面的分别是团队精神、沟通能力、责任心、承受压力的能力、创新能力和自我管理能力。从调研结果来看：目前同学们的自我评价与用人单位的要求有一定的差距；学校及同学们看重学习成绩，学校在很大程度上还是以分数来评价学生，而用人单位看重的能力如团队精神、道德诚信等都难以靠分数衡量。

技能主要经由后天学习获得，可通过练习强化，借由过去所取得的成就得到印证。接下来，将根据西德尼·法恩（Sidney Fine）和理查德·博尔斯（Richard Bolles）的分类对技能从三个方面加以探索。

（1）内容性技能，指那些需要通过教育或者培训才能获得的知识或能力。前文介绍的专业知识属于内容性技能。理查德·博尔斯将内容性技能分为三大类（见表2-8）。

表 2-8　内容性技能举例

数据	人	事物
数字	儿童、老人、年轻人	机械、设备
统计	客户、顾客	材料、金属、布料
书面记录	学生、工作人员	森林、矿物、土地、植物、水、空气
开支	残疾人	产品、工具、计算机

正如曾任福特汽车公司首席专家的路易斯·罗斯（Louis Ross）所言，在信息时代，“对你的职业生涯而言，知识就像新鲜奶，纸盒上贴着有效期，如果时间到了，你还不更新所有的知识，你的职业生涯就会腐掉”。因此，对内容性技能的探索不能满足于已经学会的，还要不断学习时代所需要的新知识。人的一生中，从获取这些知识的途径来看，学校学习只占大约10%，其余90%的知识是在学校之外获得的，所以我们也要特别关注社会实践、兼职实习等其他方式，通过各种途径获得的知识、产生的感想或引发的思考等都可以构成内容性技能。

（2）功能性技能，指完成某件事情的程序或方法。平时我们所说的组织、分析等能力就是功能性技能，其重要特点是可应用于多个领域，也称可迁移技能。如果具备了组织能力，既可用在学生活动中，也可用在企业会议安排中。理查德·博尔斯将功能性技能分为三类（见表2-9），对每一类都从低到高列出了不同的标准。

表 2-9　常见的功能性技能举例

数据	人	事物
应用创新	谈判、领导	工艺制作
分析预测	说服、沟通	拆装组合
计算、推理	影响、协调	设计绘制
归类、分解	与人相处	驾驶操作
收集、整理	服从、执行	使用工具

（3）适应性技能，用来描述或说明个体具有的某些特征，体现了个体完成一件事情的态度、情绪等，更像个人品质，而不是单纯的技能。和内容性技能不同，适应性技能很难只通过学校课程学习而获得，应由家庭、学校和社会全方位进行培养。

适应性技能能够帮助个人更好地适应周围的环境，因而在职场中的作用日益突出。招聘中，越来越多的用人单位更重视面试，考官会通过肢体语言、面部表情、语速、语调等了解应聘者，还会通过一些模拟场景来考察应聘者的适应性技能、挑选人才。

调查发现，接受过高等教育的应聘者普遍具有较强的内容性技能，因此入职较为顺利；职场中发展比较好的往往是那些拥有良好的适应性技能（如情绪稳定、热情、细致等）的员工。内容性技能很强但适应性技能较弱的应聘者，可能会在工作中受挫。职场中有一种共识：内容性技能和功能性技能使人得以录用，而适应性技能使人得以晋升。

三类技能中，比较容易衡量的是内容性技能。然而，由于知识、信息的快速更新，在当前的职场上，功能性技能和适应性技能更为重要。这也为同学们提供了不局限于自己所学的专业，在更广的范围内选择职业的机会。

职场中衡量人的能力，需要综合考察三类技能。上海一家公司 2021 年 9 月在其网站上发布的一则招聘启事，列出了对销售代表的任职资格要求：

1. 本科学历，电子商务、市场营销等相关专业或有移动端产品从业背景者优先。
2. 熟练使用办公软件。
3. 了解移动端或新媒体推广模式，关注移动端产品动态和目标用户群体特性。
4. 个人沟通能力强，学习能力强，成长潜力大，形象气质俱佳。
5. 有敏锐的洞察力和客户分析能力，较强的文案和业务分析总结能力。
6. 具有维护及开拓客户的良好沟通能力，能与客户保持长期良好的合作关系。
7. 吃苦耐劳，工作主动积极，责任心强，抗压能力强，具有团队合作与共享精神。
8. 有百度、谷歌、搜狗从业经验者优先，从事过今日头条、抖音、陌陌、智慧推、广点通、一点资讯等移动端产品推广的销售人员优先。

这则招聘广告中所涉及的素质与能力有学习能力、沟通能力、洞察力、分析能力、总结能力、计算机操作能力、抗压能力、责任心、团队合作与共享精神等，这些素质与能力都是销售代表这一职位对应聘者的要求。能力探索能够让我们清楚自己的能力构成，以便确定自己是否符合招聘职位对能力的要求。其中，内容性技能有 IT 知识和电子商务、市场营销等相关专业知识及移动端产品知识等；功能性技能有学习能力、沟通能力、洞察力、分析能力、总结能力；适应性技能有抗压能力、责任心、团队合作与共享精神。

内容性技能是工作的基础，功能性技能是对知识的操作和运用，适应性技能是对功能性技能的管理。如果将技能比作一艘船，那么内容性技能好比船板，功能性技能宛如船桨，适应性技能则如风帆。大学生若想学有所成，须努力协调发展三种技能，成为真正的可用之才。

3. 能力提升

在完成分享“我的光荣史”及评选“班上的牛人”活动之后，请同学们填写表 2－10。

表 2－10　个人技能探索表 2

1. 我用得最多的技能是：	2. 我从没有用到的技能是：
3. 我渴望的职位所要求的技能是：	4. 我需要提升的技能是：

填完这张表格，不少同学有些泄气：我需要提升的技能太多了！

不过，没关系——同学们还有几年时间才真正进入职场，接下来的大学时光里大家有提升技能的充足时间和诸多机会。

很多同学都喜欢唐朝诗人李白的诗句——“天生我材必有用”。然而，应届毕业生却常因求职受挫而备受打击，甚至对自己的能力产生怀疑。能力探索能够让同学们全面了解自己的“才”。在职场中对能力的要求是复杂的，成才的关键在于以发展的眼光看待并提升自己的能力。这可从以下几方面着手。

首先，通过实践拓展与提高能力。职业所要求的能力大多要靠后天努力才能完善，其拓展与提高的关键在于平时的实践。

如果我们确实欠缺某种能力，则应努力学习。不具备一定的技能有时是因为我们没有接触过，如修理电脑，只要认真学习有关知识，我们也能逐渐掌握这项技能。

如果我们对自己某方面的能力不够自信，则应鼓励自己大胆地去尝试。你可能会发现自己表现不佳只是因为之前一直没有机会或胆量去展示而已。

能力探索让我们知道了自己的能力，但是能力毕竟不是说说就能提高的，只有付诸实践，能力的提高才会指日可待。

其次，根据职业岗位的要求整合能力。一位公司高管给大学生演讲时说：“不要告诉我你学了什么，请告诉我你会什么。”之后该高管还举了自己公司用人的一个实例。中文系毕业生小张和小王同时应聘办公室文员，他最后选择的是内容性技能“薄弱”的小张，因为他比对手小王多些“雕虫小技”，即除了文字处理之外，还掌握了电脑故障处理、组织会议和活动等技能，而这些确实是办公室工作经常碰到的头疼事。比他人多的这“一丁点儿”技能也许就能让领导刮目相看。

这里所说的“你学了什么”主要是指内容性技能，而“你会什么”主要是指功能性技能，如修电脑、会议安排。哈佛大学教授戈尔曼（Gorman）认为：“人的成功要素中智力仅占20%，而其他因素占80%。”其他因素主要是指适应性技能。现实中的成功者往往是那些“不唯有超世之才，亦必有坚韧不拔之志”的职业人士。他们拥有良好的适应性技能，能够与他人沟通协调、融洽相处，情绪稳定，对挫折有较强的耐受力和压弹力等。社会不断进步，促使职业发展的要诀在于综合运用自己的各项技能，不能仅满足于内容性技能的获取，还要注意功能性技能的锻炼，尤其是适应性技能的提升。

职业活动不是只需要单独地使用某种能力，而是需要整合多种能力。实际上，我们不可能单靠一种能力就能胜任某种职业，但每种职业都会特别强调某种能力。例如前面提到的秘书职业，就需要语言能力、资料处理能力、创造力、简单的电脑维修技能、会议安排等多种能力，但是其核心职业能力是资料处理能力。

课堂活动

我的未来不是梦

“我的未来不是梦”中的“梦”是指我们理想中的自己感兴趣的事情（职业），实现这个梦需要相应的能力。没有能力去做自己感兴趣的事情是比较痛苦的，顺利地完成一些事情有助于良好性格的养成以及远大理想的树立。按照以下要求完成表2-11。

（1）为了更好地发挥技能，在心中想象一个特别向往的职业。

（2）仔细思考这一职业所需要的能力有哪些？

（3）这些能力当中自己已经具备的能力是哪些，还需要发展的是什么？

表 2－11　能力提升表

我梦想中的职业：		
功能性技能	我已经拥有的	
	我仍需发展的	
内容性技能	我已经拥有的	
	我仍需发展的	
适应性技能	我已经拥有的	
	我仍需发展的	

没有人是万能的。对于那些目前还不具备的能力，请同学们认真思考原因：是自己确实没有这项能力且短期乃至较长的时间里都难以具备，还是没有意愿获得或动力不足，如孟子所言“非不能也，是不为也”。对于那些已拥有的能力，也应琢磨有哪些是可以提升的，哪些是目前难以再提升的，是否有可能通过学习实践得到提升。要承认自己有可能在某些方面较弱，从长远发展来看应该扬长避短。

能力是最终使我们完成某项工作的关键因素。很多同学认为自己能力平平、乏善可陈，这实际上是对能力的误解。能够考进大学的同学都已具备较强的学习能力，不少同学同时具备身体技能和人际关系技能。具备了这些基本技能，再根据自己希望将来从事的职业的岗位要求进行相关能力的培养，在迎接职场挑战时将更加自信。

2.5　寻我所需——个人价值观及其与职业的关系

我国著名科学家、教育家钱伟长先生是国学大师钱穆的侄儿，从小对文史有浓厚的兴趣。1931 年，19 岁的钱伟长进入清华大学历史系学习。然而，不久就发生“九一八”事变，钱伟长决定弃文从理、转学物理系，后来研究火箭弹道、火箭的空气动力学设计、人造卫星轨道等问题，并发表了世界上第一篇关于奇异摄动理论的文章，被国际上公认为该领域的奠基人，为我国的航空航天事业做出了巨大贡献。这个事例与鲁迅弃医从文类似，都展示了价值观在职业选择中的强大力量。

1. 价值观及职业价值观

价值观是一种价值体系。在生命中你认为什么是最重要的？你最需要什么？你生命的意义是什么？这就是一个人价值观的体现。

生命中最重要的事情究竟是什么？如果问一个正生活在饥饿边缘的人，他的答案一定是“食物”；如果问一个快要冻死的人，答案一定是“温暖”；如果问一个寂寞孤独的人，答案可能是“他人的陪伴”。

然而，当这些基本需求都获得满足后，是否还有一些东西是每个人都需要的呢？哲学家认为，答案是肯定的：不能只靠面包过日子。人的需求是有层次的，除了食物、爱与关怀，还有一些东西是人人需要的，那就是：明白我们是谁，为何会在这里。

价值观对动机有导向作用，人的行为动机受价值观的支配和制约。相同客观条件下，具有不同价值观的人其动机模式不同，产生的行为也不同。动机的目的方向受价值观的支配，只有经过价值判断认为可取才能转换为动机，引导人的行为。

具体到对职业的认知，价值观具有非常重要的作用。价值观反映人们的认知和需求状况，是人们对客观世界及行为结果的评价和看法，因而它从某个方面反映了人们的人生观和世界观，反映了人的主观认知世界。在特定的时间、地点、条件下，人们的价值观是相对稳定和持久的。

若问什么是好工作，通常是仁智各见，莫衷一是。有人看重高薪，有人追求稳定，有人乐于竞争，有人安于清闲……什么样的因素会特别打动你，让你毅然选择某个工作？在选择职业时我们会考虑多个因素，但没有哪个工作能够满足所有的条件，而你最看重的又是什么？这一点可能会左右你的选择，这就是职业价值观。

课堂活动

“我生命中最宝贵的五样东西”

活动过程

人的一生之中总有许多东西难以割舍。在同学们的生活中，同样也有一些东西非常重要。现在，给大家五分钟时间，请大家安静地认真思考，然后写下你认定的生命中最宝贵的五样东西。接下来，请同学们逐一删去你认为五样中不那么重要的项目，最后只留下一项。练习结束后，请同学们仔细思考：最终留下的，是不是你生命中最宝贵的东西？是不是你生命存在的意义？

这是一项探索个体价值观的练习。那么，这里的价值是指什么？我们为什么会认为有的事物有价值（意义），而有的事物没有价值（意义）呢？

价值涉及两个方面，一方面是主体的需要，另一方面是客体的某种结构、属性，二者缺一不可。客体及其属性是价值的载体，如果没有这种载体，也就失去了价值的源头。但是如果这种载体不和人发生功能联系，只能是纯粹的自然之物，只能是事实而不表现为价值。只有当主体以自身的需要为基础对它们的意义进行鉴定时，才表现为价值。比如，我们习惯于将有利于满足人类需要的鸟称为益鸟，把不利于满足人类需要的鸟称为害鸟，其中的“益”和“害”都是相对于人类这一主体的需要而言的。

价值观是我们在生活和工作中所看重的原则、标准或品质，指向我们一生中最重要的东西，因此也是一套自我激励机制。人的价值观在形成之后，对于很多事情就会有一个基本的评价体系。但是随着人们的经历或经验的增加，以及人生观和世界观的改变，价值观也会发生变化。

心理学在探求人的价值观时会用到“价值因子”这一概念。心理学家罗克奇（M. Rokeach）根据工具-目标维度把价值因子分为终极性价值（terminal values）和工具性价值（instrumental values）（见表2－12）。终极性价值指的是一个人希望通过一生实现的目标，是理想化终极状态和结果。工具性价值指的是达到理想化终极状态所采用的行为方式或手段，是个体实现终极性价值的手段。

表 2-12 罗克奇的价值因子分类

终极性价值	工具性价值
舒适的生活（富足的生活）	雄心勃勃（辛勤工作、奋发向上）
令人振奋的生活（刺激的、积极的生活）	心胸开阔（开放）
成就感（持续的贡献）	能干（有能力、有效率）
和平的世界（没有冲突和战争）	欢乐（轻松愉快）
美丽的世界（艺术和自然之美）	清洁（卫生、整洁）
平等（兄弟情谊、机会平等）	勇敢（坚持自己的信仰）
家庭安全（照顾自己所爱的人）	宽容（谅解他人）
自由（独立、自主的选择）	助人为乐（为他人的福利工作）
幸福（满足）	正直（真挚、诚实）
内在和谐（没有内心冲突）	富于想象（大胆、有创造性）
成熟的爱（性和精神上的亲密）	独立（自力更生、自给自足）
国家的安全（免遭攻击）	智慧（有知识、善思考）
快乐（休闲的生活）	符合逻辑（理性的）
救世（永恒的生活）	博爱（温情的、温柔的）
自尊（自重）	顺从（有责任感、尊重他人）
社会承认（尊重、赞赏）	礼貌（有礼、性情好）
真挚的友谊（亲密关系）	负责（可靠的）
睿智（对生活有成熟的理解）	自我控制（自律的、约束的）

工具性价值和终极性价值虽有差别，却也相辅相成。例如，我们认真努力地去完成一项工作，其工具性价值是锻炼能力，终极性价值则是获得舒适的生活；我们与别人和谐地交往，其工具性价值是助人为乐、博爱，终极性价值则是自尊、快乐。我们在探寻价值时，由于生活经历的局限，比较容易体会、认同工具性价值，而事实上，往往正是那些终极性价值会长期影响我们的职业感觉，影响我们的职业价值观。

舒伯认为，职业价值观是个人追求的与工作有关的目标，即个人的内在需求及其在从事活动时所追求的工作特质或属性；它是人生价值观在职业问题上的反映，即个人对与工作有关的客观事物的意义、重要性的评价和看法。不同的个体对职业的需要和看法各不相同，因而产生了不同的职业价值观。

职业价值观体现了一个人真正想从工作中得到什么，它决定了个体对工作的相对稳定的、内在的追求，对于个体的职业选择与发展起着方向导引及动力维持的作用。

对于职业价值观的内在结构，不同的学者有不同的划分方法。对职业价值因子的研究，不同的学者也有不同的看法，比较有代表性的是舒伯的职业价值观量表研究，具体的因子有15个（见表2－13），并归纳为三个维度，分别是：

（1）内在价值维度，指与职业本身的性质有关的因素，即工作本身的一些特征，包括智力激发、利他主义、创造发明、独立自主、美的追求、成就满足、管理权力7个因子。

（2）外在价值维度，指与工作内容无关的外部因素，即工作的环境，包括工作环境、同事关系、上司关系、多样变化4个因子。

（3）外在报酬维度，指在职业活动中能获得的因素，包括声望地位、安全稳定、经济报酬、生活方式4个因子。

表2－13　舒伯的职业价值因子

职业价值	职业价值的内涵
利他主义	工作目的和价值在于直接为大众的幸福和利益尽一份力
美的追求	工作目的/意义在于努力使这个世界更美好，且能得到美的享受
创造发明	工作目的/意义在于能让个人发明新事物、设计新产品或发展新观念
智力激发	工作目的/意义在于提供独立思考、学习与分析事理的机会
独立自主	工作目的/意义在于允许个人以自己的方式或步调来进行，不受太多限制
成就满足	工作目的/意义在于能看到自己努力工作的具体成果，不断完成自己想要做的事，并因此获得精神上的满足
声望地位	工作目的/意义在于能提高个人身份或名望，所从事的工作在人们的心目中有较高的社会地位，自己受到他人的推崇和尊重
管理权力	工作目的/意义在于能赋予个人权力来策划工作、分配工作且管理下属
经济报酬	工作目的/意义在于能获得优厚的报酬收入，使个人有能力购置所想要的东西，生活较为富足
安全稳定	工作目的/意义在于能提供安定生活的保障，即使经济不景气也不受影响
工作环境	工作目的/意义在于追求比较舒适、轻松、自由、优越的工作条件和环境
上司关系	工作目的/意义在于能与主管平等且融洽地相处，获得赏识
同事关系	工作目的/意义在于能与志同道合的伙伴一起愉快地工作
多样变化	工作目的/意义在于能尝试不同的工作内容，多姿多彩、富有变化
生活方式	工作目的/意义在于能选择自己的生活方式，并实现自己的理想

行为、态度和价值观环环相扣，一个人要想取得成功，就必须拥有正确的价值观，因为价值观是指导所有态度和行为的根本因素。职业价值观不仅关系到个体的职业选择，而且推动着个体的职业发展。

近年来，我国涌现出不少热心公益的企业家。2020年2月，新冠肺炎疫情肆虐，在一张各大企业驰援武汉的捐款名单中，一个名叫“胖东来”的超市与百度、阿里巴巴、腾讯等众多名企一同出现在了名单之上；让无数人惊讶的是，这家名不见经传，只在河南许昌、新乡这两个三线城市开店的超市，直接捐了5 000万元！当疫情期间一些超市借机涨价、一棵白菜卖出50元的天价时，胖东来却对外宣布："疫情期间，蔬菜将按成本价销售。"

胖东来创始人于东来是位脚踏实地的理想主义者，苦心经营企业20余年，真诚对待员工和顾客。2003年"非典"时期，胖东来捐款800万元；2008年汶川地震，于东来在地震第二天就带领100多名员工组成抗震救灾志愿队入川救人，是河南省走出去的第一批救援队伍，捐款600万元，捐助物资100多万元；2010年玉树地震，胖东来捐款100万元；新冠肺炎疫情暴发驰援武汉后，于东来还在胖东来公司会议上表示"可以牺牲一切"，配合政府安排，积极抗击疫情；2021年7月河南郑州、新乡等地水灾，胖东来大本营也受灾，然而，在自救的同时，胖东来不仅捐款1 000万元，领导还亲自带领员工奔赴一线参与救援。而这一切，都源自于东来强大的"利他主义"生涯价值观！

事实上，生涯价值观是职业价值观的重要体现，对个人职业选择影响极大！

职业价值观通常都是与某种工作相关联的。如果你十分在意工作的稳定性，那么公务员、国企管理人员可能是不错的选择；如果你看重的是创造性，那么广告设计、策划管理等工作会很有吸引力。

职业价值观还能让你在面临困境时仍保持斗志。当工作与个人价值观相悖时，工作往往会变成痛苦的来源；但如果工作与个人价值观相符，即使其他的条件并不如意，你往往也能乐在其中。在我国刚刚发展社会主义市场经济的20世纪80年代，社会上流行的一句顺口溜是"造导弹的（收入水平）不如卖茶叶蛋的！"因为当时大学毕业工作二三十年的科研工作者月薪不足百元，而卖茶叶蛋的个体户月收入可达三四百元！即便在那样的大环境下，以戚发轫院士为代表的中国航天人还是心无旁骛、全力投入研发工作，才有了后来的"神五""神六"直至如今的"神十四""天宫二号""长征五号"……

一个清楚自己职业价值观的人，明白工作的目标和意义是什么，自己在工作中真正想要的是什么，能够将自己最强烈的需要与不同的工作性质联系在一起，面对许多职业选择较易做出明智的决定，最终找到适合自己的职业。

2. 职业价值观评估

职业价值观是个体独特经历的反映，影响着我们的职业选择和发展，因此厘清自己的职业价值观是十分必要的。那么我们如何才能厘清自己的价值观呢？

在职业价值观的心理测评中，目前使用较多的是宁维卫20世纪90年代修订的由舒伯编制的职业价值观量表，该量表包括60个项目，涉及15个职业价值因子。量表的内容及解释请参见表2-13及表2-14，同学们可以自行施测来了解自己的价值观。

课堂活动

职业价值观量表测评

请仔细阅读表2-14中各选项的内容，在每题前面的空格中填入1～5的数字。该数字代表该选项对你的重要性：5代表非常重要，4代表很重要，3代表重要，2代表不太重要，1代表不重要。表2-15为各选项对应的测评结果。

表 2-14 舒伯的职业价值观量表

分值	题号	题目	分值	题号	题目
	1	能参与救灾济贫工作		31	能够减少别人的苦难
	2	能经常欣赏完美的艺术作品		32	能运用自己的鉴赏力
	3	能经常尝试新的构想		33	常需构思新的解决方法
	4	必须花精力去深入思考		34	必须不断地解决新的难题
	5	在职责范围内有充分自由		35	能自行决定工作方式
	6	可以经常看到自己的工作成果		36	能知道自己的工作绩效
	7	能在社会上扮演更重要的角色		37	能让你觉得出人头地
	8	能知道别人如何处理事务		38	可以发挥自己的领导能力
	9	收入比相同条件的人高		39	可使你存下很多钱
	10	有稳定的收入		40	有好的保险和福利制度
	11	有清静的工作场所		41	工作场所有现代化的设备
	12	主管善解人意		42	主管能采取民主的领导方式
	13	能经常和同事一起休闲		43	不必和同事有利益冲突
	14	能经常变换职务		44	工作场所可以经常变化
	15	能成为你想成为的人		45	常让你觉得如鱼得水
	16	能帮助贫困和不幸的人		46	能经常帮助他人解决困难
	17	能增添社会的文化气息		47	能创作优美的作品
	18	可以自由地提出新颖想法		48	常需提出不同的处理方案
	19	必须不断学习才能胜任		49	需对事情深入分析研究
	20	工作不受他人干涉		50	可以自行调整工作进度
	21	常觉得自己的辛劳没有白费		51	工作结果受到他人肯定
	22	能使你更有社会地位		52	能自豪地介绍自己的工作
	23	能够分配调整他人的工作		53	能为团体拟定工作计划
	24	能经常加薪		54	收入高于其他行业
	25	生病时能得到妥善的照顾		55	不会轻易被解雇或裁员
	26	工作地点光线、通风好		56	工作场所整洁卫生
	27	有一个公正的主管		57	主管的学识和品德让你敬佩
	28	能与同事建立深厚友谊		58	能够认识很多风趣的伙伴
	29	工作性质常会变化		59	工作内容随时间变化
	30	能实现自己的理想		60	能充分发挥自己的专长

表2-15 舒伯职业价值观量表的计分及解释

得分	对应的题目	职业价值
	1，16，31，46	利他主义
	2，17，32，47	美的追求
	3，18，33，48	创造发明
	4，19，34，49	智力激发
	5，20，35，50	独立自主
	6，21，36，51	成就满足
	7，22，37，52	声望地位
	8，23，38，53	管理权力
	9，24，39，54	经济报酬
	10，25，40，55	安全稳定
	11，26，41，56	工作环境
	12，27，42，57	上司关系
	13，28，43，58	同事关系
	14，29，44，59	多样变化
	15，30，45，60	生活方式

需要说明的是，职业价值观一旦形成往往能够决定人们的职业追求，但随着现实环境的变化也会发生改变。对大学生而言，在进行职业生涯规划时既要看到职业价值观的稳定性和长远性，也要看到它的可变性和现实性。

一方面，职业价值观应符合社会现实。探索职业价值观需要将个人价值观同社会价值观在一定程度上相结合。即既要知晓“我想要什么”，也要符合“社会需要什么”。每个人都是社会人，不可能离开社会而单独存在。社会价值是实现个人价值的基础，没有社会价值，人生的自我价值就无法实现。

一些即将走出校门、没有任何工作经验的大学生，期望一毕业就做管理工作，当白领、成精英，并不现实。人才市场中，营销、销售等岗位的需求很大，很多同学却不愿意从事这类工作。所以一个怪现象就很自然地出现了：招人的部门没人去，想去的部门不招人。一项调查显示，大学生最愿意去的三个地方依次是政府机关、事业单位、大型国企。这表明大学生的职业价值观中对“声望地位”和“安全稳定”十分看重，这是个人发展的必然要求，无可厚非，但是现阶段就业形势严峻，职业追求与就业现实的落差要求同学们及时调整观念。职业本无高低贵贱之分，职业声望并不是工作本身赋予你的，而是要靠自己争取。

根据马斯洛（A. H. Maslow）的需求层次理论：在校大学生的现实追求是找一个自己能够胜任的工作，不断积累经验，先满足低层次的需要，再追求高层次的需要。

还有一点需要提醒：有些职业价值因子在现实生活中是不可兼得的。比如有同学会同时看重“经济报酬”与“安全稳定”；然而，从人力资源管理的原则分析，一个企业为员工提供了安全稳定的职业，往往意味着同时仅为员工提供处于行业中等水平的薪酬福利。这就需要同学们有所取舍。当然，进一步而言，“经济报酬”与“安全稳定”均属于外在报酬维度，遵循边际效益递减的原则，无法为同学们的职业发展提供长久的激励。因此，希望同学们更多地关注自己职业价值观中属于内在价值维度的项目，并不断强化对自身的激励。

职业价值观应经常被审视和厘清。随着社会环境的变化，社会主流价值观会有所改变，同时随着个人所处的生涯发展阶段的变化，我们的职业价值观也在不断完善，前文列举的钱伟长弃文从理、鲁迅弃医从文就是调整自身职业价值观的结果。

人们应经常审视自己职业价值观中是否有不太合理的地方，才能不断成长。在确定职业目标时，我们一定要认真地问问自己：究竟想要怎样的工作，想过怎样的生活。如果你愿意竞争、追求成就，可留在大城市打拼；如果你只是受舆论或他人影响而“宁要城里一张床，不要乡镇一套房”，这种想法可能就不太成熟。

此外，当今社会多元文化的冲击也会导致原有价值观体系的改变。如今是“三百六十行，行行出状元”，曾经的“戏子”如今成了受年轻人追捧的明星，“士农工商”中的末者而今是经济发展的推动者。

与其他个体特质相比，职业价值观隐藏较深，不易察觉和理解，却能对生涯规划产生重要影响。职业价值观的获得来自生活的磨砺、成败得失之后对职业的总结。所以对大学生尤其是大一新生而言，价值观的探索是有难度的，即便探索有所得，也可能是肤浅的、理想化的或模糊化的，需要日后多磨砺、多思考、多反省，使之逐渐明确。

综上，每个人因生存环境和生活方式的影响形成的自身独特的价值观会影响各自对职业的选择。择业时我们可能会因外界的诱惑而违背自己的价值观，做出错误的选择，导致自己在将来的工作中不如意。因此，认识并尊重自己的价值观非常重要。

2.6 自我评估——发现独特的自己

通过前几节的探讨，同学们已经了解到，在谈及一个人时，除了他的姓名、性别、社会身份外，同时会涉及他的全面信息，包括心理自我：性格——他做事的风格及与他相处有何注意事项，职业兴趣——他喜欢及适合做什么，能力/技能——他能做什么，价值观——他看重什么。这些个性特征从各个侧面展示了个体的职业心理，对于其选择最适合的职业有重要的参考意义。这些个性特征中，性格有一定的先天的成分，需要自己去发现；职业兴趣、价值观的形成受成长环境的影响，有一个稳定、成熟的过程；能力主要是靠后天的努力获得的，可以不断提高。研究表明：个体的能力/技能是职业规划中最为外显的因素，性格和职业兴趣次之，价值观最为隐蔽。

上述四个因素对我们的职业选择和发展有至关重要的影响。一个人对其职业选择是否满意，不仅仅取决于其中某一因素，而且与四个因素的匹配密切相关。因此，各因素之间的整合尤为重要。

在进行个体个性特征的整合时，我们应力求全面分析、重点把握。一方面，应深入细致地理解各个心理因素的评估信息，特别是相关特征以及测评分数的含义；另一方面，需特别关注得分偏高或偏低的特质，这些特质往往是个体职业心理中突出的特点，把它们联系起来，可以看出某个人的特征。在此过程中，应尽量区分不同特质。

1. 性格类型与能力/技能

目前，不论是组织招聘还是个人择业，在考量胜任特征时往往强调的是能力/技能，对性格匹配的重视程度不够。事实上，能力/技能代表的是个体在活动中达到的最高水平。如果性格与所从事活动的要求比较吻合，则能力/技能的发挥比较自然；否则就要付出很大的努力。与此同时，性格的差异决定了个体的能力/技能优势体现在不同的方面。

前面介绍的张丹（ENTJ）和李淼（ISFP），所学专业相同，成绩都不错。如果大学毕业找工作，二者所体现的内容性技能是接近的，但表现出的功能性技能和适应性技能会有很大的差异，适合的职业类型有很大的差异。若是两人都选择从事会计专业，张丹可能会经常面临账做不平的问题，不胜其烦；李淼则可能遇到同事在报销时不符合财务制度请她通融的情形，她会夹在人情与原则之间感到左右为难。

2. 职业兴趣与能力/技能

人的职业兴趣和能力/技能可能是重合的。兴趣促使我们更加关注工作的内容，因而有利于能力的提高，能使我们更好地胜任工作。同样，胜任某项工作也会激发我们更大的兴趣，从而更加努力地工作，这样一切就会比较顺利。然而，不同的组织类型、岗位设置对员工的能力/技能要求有很大的不同，因此，选择适合自己个性特征的组织及岗位就显得非常重要。

假设张丹和李淼都愿意到企业工作，适合的企业类型也会有所不同。张丹性格外向、善于与人沟通，又具有较强的规则意识和计划性，在管理规范的大中型企业会有更好的发挥平台。李淼性格内向、不太喜欢与人沟通，但善于把握细节，能适应新情况，在创业公司将有更大发挥余地。

由于现实条件的限制，人们经常会遇到个体感兴趣的未必是擅长的，或擅长的未必是感兴趣的等情形。此时职业选择会出现两种情况：以兴趣为导向选择职业，会令人兴奋甚至痴迷，为此也会加倍努力以胜任工作，但若能力/技能仍有差距，则会带来焦虑；以能力/技能为导向选择职业，会给人带来轻松，但若忽略了兴趣，也极易导致职业倦怠。

3. 职业兴趣与价值观

职业能够给我们带来丰富的资源，工作过程也许会满足我们的创造、自由、审美等诸多愿望，工作结果会带来各种回报，如薪水、福利、进修机会等。然而，在审视具体工作时，我们经常会发现让自己感到遗憾的地方。比如，一份工作很难给自己提供希望得到的所有资源：也许我们会对某项工作带来的各种报酬感到满意，但对工作内容、工作活动本身不感兴趣；或者对内容有兴趣，但对工作结果不满意；或者对工作所得的薪水满意，但对社会地位不满意；等等。解决这类冲突的过程，事实上就是价值澄清的过程，这有助于弄清我们为何对某些职业而不是另一些职业感兴趣。然而，在大学阶段区分职业兴趣与价值观有时并不容易。

20世纪60年代，一部名为《雅克·库斯托的水下世界》的纪录片风靡美国。当时美国加利福尼亚州的一位小学生戴夫·伊万斯（Dave Evans）是这部纪录片的忠实观众，从那时起他就打定主意：长大后要从事海洋生物学研究工作。

高中毕业，伊万斯以优异的成绩被斯坦福大学录取，选择生物学作为专业方向。然而没过多久，他就发现自己对生物学丝毫不感兴趣，学业也一塌糊涂。伊万斯的同学和导师都劝他放弃，他却要继续坚守。坚持了两年半后，伊万斯终于放弃了。

回头总结时，他发现自己只是崇拜纪录片里的雅克·库斯托，而非喜欢海洋生物学；当时生物老师善于激发学生兴趣，也让伊万斯误以为海洋生物学就是未来的事业方向。

伊万斯正是畅销书《设计你的工作和人生：如何成长、改变，在工作中找到快乐和新的自由》的作者之一。他主讲的课程“设计你的人生”是斯坦福大学最火爆的选修课之一，曾帮助上千名大学生、职场人乃至退休高管找到人生方向。

总体而言，生涯价值观决定了我们更愿意在哪个领域发挥才能，职业兴趣决定了我们的才能可以发挥到什么水平，而性格类型只是决定了我们以什么样的方式发挥水平。从长期来看，价值观对职业选择的作用是最重大的。在青少年时期，不少同学认为的“兴趣”，其实都是价值观的作用使然。比如本章末“在线阅读”《高考志愿填报中常见误区辨析》中那位初中喜欢天文学、大学选择生物工程专业的学生。其中刘立早选择建筑学也是缘于价值观，然而由于自身职业兴趣与建筑学不匹配，导致清华毕业几年后也未能成为理想中的建筑设计师。还有前面提到的从北大退学到北京市工业技师学院读书的周浩，当初选择报考北大生命科学学院也是价值观使然。

未来几十年，职业类别、职场环境将发生翻天覆地的变化，同学们可以取得非凡成就的职业也许尚未出现呢！了解体现自己的能力倾向的职业兴趣才是最重要的。因此，请同学们专注于专业课程内容本身与自己的互动，最终做出真正适合自己的专业选择。

在整合自己的各种个性特征后，最理想的结果莫过于选择的职业是四个因素的结合点。然而，经过上述分析，同学们或许已经发现心理自我的几个方面经常存在冲突，往往会面临鱼和熊掌的两难选择。因此，解决冲突、寻求协调也是自我探索的一个重要目的。职业选择应从长计议，所谓不谋万世者，不足谋一时。这里，请看一个真实的案例。

郭凯，西部某高校艺术设计专业大四学生，来自陕西咸阳；父母原先经商，后因祖父、母亲相继重病，家庭陷入极度贫困。

郭凯从小喜欢绘画，从初中开始学画，高中三年一直在上培训班；当初选择艺术设计是想着毕业后比较好就业，而搞绘画可能养不活自己。由于家中变故，郭凯只能放弃绘画。郭凯当初本来要报西安美术学院的，但因为学费太贵，就报了西北一所学费低得多的高校。

郭凯进入大学后发现，同学中有美术基础的非常少，水平也较低。刚开始他真是非常失望。后来，他觉得不能放弃绘画，就找到了一位西安美术学院毕业、在本地开画廊的画家学画。临近毕业时，郭凯不仅绘画水平有了很大的提高，还跟着那个画家了解了开画廊的全部流程及主要环节的操作方法，并明确了“毕业后自己开画廊”的创业道路。

大四时，郭凯考虑到找工作会很困难，还不如自己干，就想回到家乡咸阳自己开画廊。他考察了咸阳的市场，发现目前还没有像样的画廊，画油画的尤其少。郭凯在一个较大的综合市场租了个摊位，打算先主动联系客户，再慢慢地积累客户。

谈到未来，郭凯计划在将学费及借款还清后扩展画廊的业务，不仅给人画画，还帮他们进行装饰设计。

“到那时，我学的艺术设计就会派上用场！”郭凯对自己的未来充满信心。

从以上描述中，我们能够看到郭凯对画画的兴趣。然而，由于现实条件的局限，郭凯短期内无法成为专业画家，但他选择了可以体现自己爱好的职业——开画廊。

从郭凯的例子我们可以知道：虽然兴趣对一个人的职业选择有很大的影响，但并不意味着刚进入职场就要进入自己最感兴趣的工作领域。我们可以先选择一个与自己兴趣接近的领域，通过工作来培养、提高自己各方面的能力；然后在价值观的引领下，选择合适的机会进入自己最感兴趣的工作领域。在我们的职业生涯中，借助对性格、职业兴趣、能力/技能和价值观的全面整合，将使我们获得最大的成功。

每个人都有自己独特的性格、职业兴趣、能力/技能和价值观，这些特性组合在一起，使每个人都有自己的特点。性格、职业兴趣、价值观没有好坏之分，能力/技能也体现在方方面面，很多认为自己没什么能力的同学通过课堂练习及分享，也发现了自己的很多能力。因此，只要能找到适合自己个性特征的职业，我们就能够充分发挥自己的才能。发现独特的自我是走向成功的前提。当然，自我认知不是一蹴而就的，需要同学们将自我探索视为贯穿一生的课题，以完善自己的职业发展之路。

自我探索是大学生个人成长过程中非常重要的内容。刚刚进入大学、处于快速成长期的同学们，对自己的性格、职业兴趣及能力/技能的认知往往不是特别清晰，价值观尚未稳定成熟，各种个性特征都与理想的职业相联系。因此，唤醒同学们进行自我探索的意识，介绍一些便于操作的方法，是本章最核心的内容。

本章小结

本章希望通过同学们日常生活、学习中经常接触、经历的事件，引发大家对自身个性特征的思考与探索；应用一系列心理学的研究成果，通过简单的测试、练习，引导同学们全面地认知自我，并初步了解个性特征与不同职业的匹配。

课后思考

我的性格类型是：________________；

我的兴趣类型是：________________；

我的主要能力有：________________；

我的主要职业价值观是：________________。

推荐阅读

延期返校，在家上课如何保证学习效果？

——根据MBTI性格类型给出的建议

2020年1月下旬，新冠肺炎疫情全面暴发。为了保障师生安全，全国大中小学全面启动了线上授课。对此，有的同学适应很快，有的同学却很难适应，这很可能是缘于同学们的MBTI性格类型。下面逐一分析。

I型与E型

必须接受这一点：相比课堂授课，线上授课的效果肯定会打折扣。然而，基于I-E型人格特质的不同特点，对于不能返校、在家学习，I型者更容易适应，整体而言受到的负面影响小一些，E型者更不容易适应。

这里首先要提醒同学们：I型者与E型者的区分要看个人的本能倾向，而不是受“我应该表现得活跃些”或“女孩子应该文静些”等观念影响之下的表现。有些同学平时表现出来的人格特质有一定的伪装性。你到底是偏内倾还是外倾？这次“超长寒假”将那些之前一直“装”得很好的人“打回了原形”。

疫情暴发后，有人“宅”得挺舒服，有人却觉得都快“憋疯了”。如得到APP《每周新书盘点》栏目主理人陈章鱼所言：“天天宅到家里，下楼倒垃圾，遇到邻居，甭管认识不认识，我都特别想和人家打个招呼。遇见邻居在小区遛狗，都想和狗打个招呼。”陈章鱼的表现是典型的E型者，因为I型者会非常享受独处的机会。之前与几位2019级同学交流，提到班上组织的一次外出活动是否参加了，有位同学说“没去”，原因是室友都去参加了，自己终于有机会一个人待在宿舍里：“简直太舒服了！”当时他脸上的表情是发自内心的满足。事实上，这位同学与室友们关系都不错，并无矛盾，他只是更喜欢独处而已。

E型者会由于长时间独处感到无聊甚至烦躁，这种负面情绪会放大对学习效果、效率的影响。因此，建议他们首先设法控制、调整“憋在家里不能出去”这件事本身带来的烦躁感。除了通过网络与同学、朋友沟通来宣泄负面情绪，还可阅读自己喜欢的书籍、观看影视节目调整心情，开展室内可以进行的体育锻炼，如做广播体操、跳健身操、做瑜伽等，来疏解焦躁感。还可在班级或课程群中组织建立学习打卡群，满足与大家相互交流的欲望的同时，带动同学们一起学习。

I型者也存在学习方面的问题：由于他们倾向于自己解决问题，遇到不懂的内容极少主动提问；采取线上授课，老师看不到学生“迷茫的眼神”，无法关注到所有细节，因此I型者容易将问题积累下来，越到后面问题越多。因此，对于难度比较大的课程应事先有所警觉，在小范围好友群中即时提问，避免积累太多问题，也可借助线上平台的优势，在答疑时间通过留言或线上咨询等方式提出问题。

S型与N型

高中阶段有些课程内容高三会反复练习；进入模考阶段，有的同学成绩越来越好，有的同学却进步不大，这可能是缘于S型者和N型者的性格差异：反复刷题后成绩提升的效果并不明显者往往是N型者，因为他们不喜欢重复性的活动，反复做一类习题往往令他们产生厌烦心理，对提升成绩帮助不大；熟能生巧、通过刷题不断提升成绩，甚至能够从中得到乐趣者，则很可能是S型者。

S型者“先预习再听讲”，有助于更好地了解课程中的难点，尤其对于大学课程，每堂课涉及多个知识点，也不会像高中那样安排复习，“课前预习—课堂认真听讲—课后多做习题”是保证优良学习成绩的重要方法。而N型者喜欢新事物，表现为“一鼓作气，再而衰，三而竭”：一项工作重复做，第二遍效果可能更差。N型者若事先预习了，上课时会觉得“这个清楚”“那个也明白”，难以集中精力专心听老师讲课，反而不如认认真真地听讲，有不明白的内容下课请教老师或同学效果好。

线上授课对两类人会有不同影响。总体而言，如果采用的是直播课形式授课，教师的讲解比较到位，N型者对概念理解会更有优势；S型者获取信息的渠道会相比课堂授课少了很多，会影响他们接受、理解新概念。如果授课采用的是慕课或录播课程，学生可以反复观看授课内容，S型者会更有优势，因为他们遇到课程难点往往愿意反复回放课程内容来学习、理解；而N型者“理解个大概其”就算过了，越往后发现问题越多，影响学习效果。因此，为了避免囫囵吞枣式的学习，N型者在直播课后可以尝试阅读参考书等资料、观看其他版本的慕课等方式复习相关内容，避免重复观看教师直播带来的不耐烦，还可以在学校课程安排的基础上，通过课外阅读、练习来充实学习内容、活学活用，提升学习效果。

T型与F型

同样，T型与F型这两种性格类型也并无好坏之分，尽量避免走入极端即可。

F型者往往“爱屋及乌”，喜欢一位老师，对这位老师的课就格外投入。T型者通常比较理智，多数情况下能够做自己“应该做”的事情，更能够区分学习内容和学习手段的关系。疫情严重期间，F型者看了疫情报道，情绪会受到很大的影响；T型者往往能够理智地看待这些信息。

因此，在家学习期间，F型者要注意观测自己的情绪状态，尽量避免因悲伤、失望等负面情绪影响学习状态；受到负面情绪影响时，通过列思维清单的方法提醒自己该阶段的首要任务，积极通过多关注正面报道、寻找其他慕课资源等方法减少对学习效果的影响。T型者要提醒自己珍惜难得的与家人相处的机会，提前与家人沟通，确保有良好的学习环境，以免出现因为学习时间家人“闯入”而与长辈发生矛盾。

此外，由于疫情，密友、恋人长时间相隔两地，彼此的相互激励就尤为重要。对此，F型者更可能因为自己信赖、喜爱的亲人、好友等的鼓励而更好地投入学习。所以，建议分隔两地的恋人相互约定，保证学习方面的投入。

J型与P型

在家听课学习，两类同学的学习情况差异会较大。计划性强的J型者很可能感到无所适从，尤其是原计划提前一两周返校学习者，因为推迟返校、计划被打乱了，觉得焦躁不安甚至感到很愤怒。而P型者往往具备“享受生活，活在当下”的乐观态度，不过，由于缺少了“去教室上课”等硬性条件的限制，加上父母都去上班了，自己一个人在家，很可能作息更加不规律，对学习效果会有影响。

对于J型者，最重要的是改变心态：要明白计划赶不上变化是常态；既然不得不接受变化所带来的无所适从感，就说服自己“既来之则安之”，在每天的学习计划中穿插一些放松的活动。P型者有更强的弹性来面对突如其来的变化。但是，“时间观念不强”又“缺少外界约束”，可能会对学习生活“随心所欲”，建议制订一份合理的计划并争取严格执行，最好与伙伴每天互相监督，规避自己的弱项：要常提醒自己警惕拖延带来大量任务的积压及计划达成的失败，还可采用“番茄钟”等应用，关注自己每天的精力分配，睡前想一想自己立下的目标。面临中长期、有挑战性的学习任务，最好立刻拆分一下，设定最后期限，时时警惕突然冒出的“我先看点别的”“再休息几分钟”“还有时间我先刷下朋友圈”之类的想法。

总之，两类同学都应对自己性格中隐含的对学习有负面影响的因素有所警醒。

不少同学说“分不清自己是哪种类型的”，这往往是因为倾向性不明显，也就不会在该维度上对其学习造成困扰。建议大家根据自己性格类型倾向调整适合的学习方法，充分发挥所属的性格类型的优势，同时设法解决潜在的影响学习效果的问题，力争将疫情对学习造成的负面影响降至最低，对自己负责，不给将来留遗憾。

（作者：北航生涯规划教学团队，原文刊登于《中国大学生就业》2020年第15期，有删改）

从好奇到实践再到确认职业：我与锡镶技艺的点滴

我是威海职业学院智慧学院应用电子技术专业2017级学生，这个专业毕业后可在电子信息类相关企业从事技术开发、产品检验等工作。2018年暑假的一个偶然机会，我接触到了锡镶技艺并产生了浓厚的兴趣，就业时也选择了与此相关的岗位。

因缘际会，2018年暑假我在校担任志愿者时需要去锡镶厂拿四套茶具。那是我第一次到锡镶厂，在里面转悠了一圈，发现了吊磨机、打磨机、电烙铁、压片机等工具，因为从小对这些工具比较感兴趣，就心血来潮询问正在制作锡镶工艺品的谷老师：“您这儿收徒弟不？”谷老师亲切地笑着说：“收呀！收呀！”谷老师让我平时没事可以来看看、了解了解，还说实习时可以过来学习。

接下来的秋季学期上午有课，下午基本上没课，我就去锡镶厂观摩学习，周六周日谷老师会抽出时间教我，我开始学习锡镶技艺。学了一个多星期，室友听我说锡镶多么多么好玩儿，也想跟我过去看看，于是我把室友也带进了锡镶厂。

我们这个年纪比较爱玩，因为是利用业余时间来学技艺，所以会有点疲沓。印象深刻的是，有次周六睡了懒觉就错过了和谷老师约定的学习时间。谷老师对我们说：睡个懒觉不要紧，但要提前说一声；做人一定要讲信誉，做生意也是一样，永远把诚信放在第一位。我们开始认认真真地跟谷老师学习锡镶技艺。还有许许多多的小故事这里就不一一列举了。总之，谷老师不仅仅教给我们手艺，还教了许多为人处世的道理。渐渐我们对锡镶的兴趣越来越浓厚，就有了好好传承这门手艺的想法。

谷老师传授我们技艺时，秉承一丝不苟的态度、严抓质量，经常告诉我们“可以慢点儿，但一定要把每个步骤都做好，这样最后的成品才会好”。每件成品都要抛光，越亮越好，达到能映人影的程度才算合格，像镜子似的更好，没有最亮，只有更亮，要舍得花力气。

在谷老师耐心细致的教导下，我们逐步掌握了所有锡镶技艺要领，知道了一件锡镶工艺品的成型需要经过制图—錾纹—制模—倒模—倒板—包口（包底）—焊接—粘贴—修刻—打磨抛光—验收多道工序。

谷老师还讲述了很多关于锡镶的知识：威海锡镶起源于19世纪末，距今有100多年历史，2009年被列入山东省级非物质文化遗产名录。纯锡镶产品不仅对人体没有害处，还可以起到养生保健的作用，精美的工艺品使人心旷神怡。锡镶工艺品无论是作为个人用品收藏还是馈赠亲友，都很有意义。锡制的花瓶造型独特，瓶里的水清澈鲜活，把鲜花放进去，有延长花期、不易干枯的特殊功能。因此，锡镶产品具有很大的市场潜力。

锡镶工匠班的宗旨是培育高级技师和高级工艺美术师；从事锡镶工作三年可考取助理工艺美术师和初级技师，五年可考取工艺美术师和高级技师，再干五年至七年可考取高级工艺美术师。立志从事这项技艺传承的年轻人必须不怕苦、累、脏，生活中用心观察积累，传承中认真、刻苦、勤奋。锡镶技艺是山东省级非遗，是一项传统手工艺。威海锡镶的制作工艺复杂，完全依靠手工，任何机器代替不了，对美术工艺的要求很高。从倒模具、点图案、包边口、焊接再到修刻锉打，样样含糊不得。

毕业后，我入职威海和成锡镶工艺品有限公司，跟随威海非遗保护学会理事、一级工艺师、威海著名锡镶技艺传承大师谷伟老师继续研习。我们作为首批工匠班学员有责任和义务更好地把锡镶技艺传承下去，再创锡镶新辉煌。

（作者：冯金彪，威海职业学院智慧学院应用电子技术专业2017级学生）

放弃高薪，辞职攻读心理学博士，毕业后到高校任思政教师

——北大女学霸“逆社会主流价值”的生涯选择

付丽莎，北京航空航天大学马克思主义学院副教授。2006—2012年就读于北京大学经济学院、北京大学心理学系，获得经济学学士、心理学学士、金融学硕士学位。2012—2014年就职于中海石油化工进出口有限公司（简称中海油），任市场风险管理助理。2014—2018年就读于清华大学社会科学学院心理学系，获法学博士学位。2018年9月起任教于北京航空航天大学马克思主义学院，讲授思想道德修养与法律基础（简称思修）等课程；已发表多篇高水平论文、专著，先后三次应邀登上《百家讲坛》授课。本文是北航致真书院2018级本科生刘志慧同学听完付老师授课后，于2019年寒假对付丽莎老师的采访。

问题1：您在本科和研究生阶段学习和研究的是哪个方向？

答：我的本科和硕士都是在北大经济学院读的，硕士期间主要研究金融市场风险管理和保险资金资产配置等。本科期间，大二到大四在北大心理学系修了心理学第二学位。

问题2：您本硕都是主修经济学方向，读博士时却忽然转到心理学方向，这种选择在旁观者看来是比较跳跃的，当年您是怎么做出决定的？

答：也不是“忽然”。我本科期间就凭兴趣修了心理学第二学位，只是因为并非科班出身，加上自己和家人的多方面考虑，不大甘心舍弃金融学这个热门专业，所以读研没有转专业。

读博的选择的确跨越比较大，前后经历了几年的摸索和纠结。最后决定攻读心理学博士，归根结底是觉得自己更喜欢和人打交道，对人充满好奇。人在年少时往往会被所谓社会主流价值观困住，忙于迎合、比较，抓住一切机会证明自己，尤其是好学生更难

跳出这个框框。但有一些时刻，会突然想明白自己真正要的是什么。我一直记得自己修心理学第二学位时的第一门课“普通心理学”，授课的是毛利华老师。上课时间是大家昏昏欲睡的中午1点钟；我平时喜欢坐在角落，唯独上那门课会坐在最前排，全神贯注、毫无困意，那可能是我学生时代第一次上一门课听得心潮澎湃。我觉得好神奇，人真的好有趣，心理学真的好迷人。也许那时我心里就有个种子在慢慢发芽吧——只是这个种子沉寂了许久才见到阳光。

问题3：您硕士毕业进入企业从事哪方面的工作？为什么又选择到北航做思修老师？

答：我2012年7月金融学硕士毕业后进入中海油工作，主要从事市场风险管理工作。由于原油的开采和销售是全球性的，价格会随着国际市场的波动而波动。但原油从开采到运输再到卸货需要一个月以上，销售往往会提早进行，这就导致卸货时原油价格是不确定的。为了对冲这个风险，中海油在新加坡、英国和加拿大都有分支机构，有工作人员负责进行套期保值的金融衍生品交易。市场风险管理就是要根据全球市场的变化对原油和成品油价格进行分析和预测，参与讨论并核准套期保值交易，实时监控公司场外交易的仓位等。这就是我当时的基本工作。

这份工作与我的硕士专业方向很契合，当时公司希望我结合专业特长设计一套风险管理方案，并安排我外派伦敦工作，签证都办好了。一天下午，办公室突然停电。办公室是大型开间，每人一个小格子。停电后，我没有立即站起来，对着黑屏的台式电脑发呆，突然觉得屏幕上映出的自己的面庞毫无生气。我抬头看看四周，发现有的同事倚在桌边无聊地刷手机，其他人三五成群地聊天，边聊天边打哈欠。就是那一刻，我脑子里突然冒出个问题：10年、20年之后自己会是什么样子？虽然并没有一个关于我想要什么的清晰图景，但我清楚地知道自己不想要什么：我不想10年、20年后仍然“困”在这样的格子中（哪怕换了更大的格子，甚至有独立办公室），做着自己既不喜欢也不讨厌的工作，过着平淡无奇的生活。然后我就想到了坐在心理学课堂前排的那个心潮澎湃的自己。我对自己说：我要试一试。

然后，我迅速查阅了北大、清华和北师大的心理学博导，最后选择了与自己经济学背景有些交叉的决策心理学方向，火速联系了导师，在最后一刻提交了考博申请。在备考的那一个半月里，我每天晚上加班到八九点，回到家洗漱完大概10点，然后学习到半夜两三点才休息，第二天6点半起床，在地铁上背单词。中午一小时午休时间，同事睡觉了，我偷偷跑到洗手间的隔间里看书、做题（当时不想让同事知道自己要考博），特别困了就洗一把冷水脸。那一个半月是我高三之后过得最充实的一段时光，至今回想起来仍觉得很幸福——因为我知道自己在为想要的生活而努力。最后我的考博成绩是清华的第一名，比第二名高了24分。

我的第二次“转行”——来到北航做思修老师，可以说是个“美丽的意外”。从决定读博的那一刻起，我对自己的职业规划就是做一名高校教师，三尺讲台是我的初心和梦想。读博四年中，我在清华心理咨询中心工作了两年半，接触了许多同学，听了很多故事，也陪伴了很多人成长。我越来越意识到，现在的大学生与我们当年很不一样：他们伴随互联网成长，资讯爆炸一方面让他们更加“早熟”，越来越早地接触社会，另一方面也很容易让年轻人的“自我”迷失在价值观多元、迅速变化的社会中。联想到自己在寻找自我的路上走过的许多年，我希望能从一个心理学工作者、从一个“过来人”的角度，给刚刚步入大学的年轻人一点启发。不过，目前大家对心理咨询还是带有一点偏见的，遇到学心理学的人往往不由地退避三舍。所以，想要接触、了解、帮助更多的学生，心理咨询室还是有点受局限。一个偶然的机会来北航面试，与马克思主义学院的老师们聊得很开心。我对自己说：再试一次吧。

因此，我对自己的定位从来不仅仅是一名思修课老师，更不想单纯地给学生灌一些“鸡汤”，还希望通过自己的课堂，让同学们对人生、对社会、对国家有些不一样的认识，在看待自我、看待外界的时候更冷静、更客观、更成熟。而且，我也特别喜欢理工科院校。于是，我就来了。生命中的不确定总是很多，意外也不一定总给我们带来惊吓，所以我特别喜欢一句话——“准备充分，然后随遇而安”。

问题 4：为什么您能在做老师的第一年就做到让我们“思修课抬起头就低不下去”呢？

答：其实第一年站在讲台上，面对乌泱泱 150 名同学，心里很忐忑。我不是相关学科科班出身的，刚开始翻开教材备课时，一个头有两个大。不过，也许是初生牛犊不怕虎，我做了如下准备：

● 随时随地都在备课，看到某条新闻、跟朋友聊天、上超市买东西，甚至给自己的猫洗澡，我都有可能会有备课的点子冒出来，然后就飞速拿起手机或者小本本记下来，因此也被家人说成“走火入魔”。

● 大量看书、大量听课，很多同学印象中思修课的知识就是所谓“听过很多大道理，但依然过不好这一生”的那种“大道理”，可其实“大道理”真的听进去会很受用，所以我看了很多书、听了其他老师的很多课，吸收各种案例、授课思路，为我所用。

● 我想对我来说最重要的就是换位思考，毕竟我也是从学生时期走过来的（虽然比大家早了 12 年），我知道同学们听思修课可能会带有成见，再加上北航理工类专业课负担很重，所以我非常理解大家。如此我要求自己做到，每周的 1 小时 35 分钟绝不浪费大家的时间，尽己所能地希望对大家有所帮助。因此我不断选择自己认为同学们需要的、作业中反映出来的、课堂中跟大家互动发现的问题，作为课堂讲授的内容。

补充一点，虽然这学期看了 2 400 份作业，加起来近 300 万字，看得眼都要瞎了，但还是很喜欢。你们真的很有趣、很有才、很有想法！正因为你们如此优秀，我才不敢懈怠、不敢不努力，甚至不敢变老。所谓教学相长，我想做老师最幸福的莫过于此。

真心感谢同学们，是你们成就了今天的我。

（本文摘编自“大学生学业与生涯规划 2008”微信公众号，2021-06-28）

在线阅读

高考志愿填报中常见误区辨析

一个内向者如何与世界相处——认知自己的性格类型

追梦的男孩——兴趣引领我走向成功

第3篇

认知外部世界

第3章 职业职场探索

知之者不如好之者，好之者不如乐之者。

——孔子

成功的秘诀在于兴趣。

——杨振宁

学习目标

本章内容是CIP金字塔底端右下角部分的“职业知识”（见图3-1）。通过本章的学习，同学们可以认知并理解社会、职场和职业的内涵及其对于大学生职业生涯规划的重要性，更好地了解身边的社会及大学毕业走向工作岗位后面临的社会职业环境，了解职业对同学们而言的真正意义、个人希望及可能从事的职业类型，为科学规划个人的职业生涯打好基础。

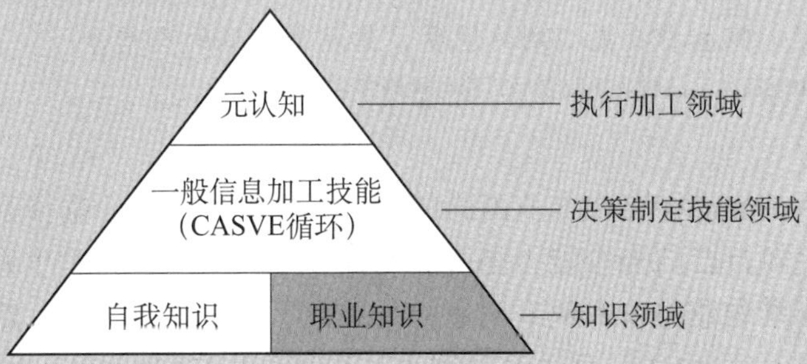

图3-1 生涯决策CIP金字塔模型中的职业知识

导入案例

我的专业困惑

我叫吕佳怡，是山东药品食品职业学院的一名大一学生。

我是通过单招进入本校学习的。由于高考成绩不好，在专业选择上处于很迷茫的状态，最后也是因为父母的意愿才选择了食品营养与检测这个专业。不过，我自己对这个专业还是有一定程度的兴趣，毕竟我对美食很感兴趣。

怀着对未知的渴望和新鲜感踏入校门，期待着属于我的大学生活。然而，到校之后才发现，现实中的大学和想象中有很大差距：每天早起出早操，然后上课，中午短短的午睡，下午继续上课，晚上跟着同学去上晚自习，9点回到寝室，洗漱，再整理整理东西，然后10点熄灯睡觉……

更糟糕的是，开始学习专业知识时才发现，跟我想象的差异非常大，专业内容并没有那么简单，所涉及的化学、生物等理科知识都不是我所擅长的，学习压力巨大。要知道，高中时就因为理科成绩不理想，我才选择学习文科！这对我来说无疑是很大的打击，上课时总是觉得比其他同学吃力；其他同学可能一听就懂，我却要思索半天才可以领会。

接下来发现，大学的课程虽然不多，可大部分都需要自学。同时，作为一个大专生，对未来就业难度的恐惧，让我一度怀疑自己选择的专业是不是正确的。入学不久，我去旁听了学校里的教资讲座。讲师学姐说：我们学校的就业率虽然高，但是就业环境并不好说，大部分人都去了生产一线……听到这些，我开始害怕起来：结合自己所学的专业，好像除了去食品加工厂工作之外，没有太多选择。

日子就这样一天一天过着，虽然忙碌，却毫无收获感可言，反而平添了一些浮躁。而且大学生活远没有自己想象的那么美好，不知何时开始对每一个人都设起防线，很难再对别人倾吐心声，让我感到疲惫……

随着对专业了解的增加，看中的工作最低门槛也是全日制本科，专科毕业很受局限。我真的不甘心：我还想去看看更广阔的世界，想获得足够的自信。

（作者：吕佳怡，山东药品食品职业学院食品营养与检测专业2020级学生）

大学生中像吕佳怡这样存在专业困惑的学生不在少数。专业选择是否正确，就业如何选择，大学时光对自己的个人能力是否有所提升等，困扰着大学生们。要想解决这些问题，需要了解所学专业与未来从事职业的关系，了解职业与职场，然后有针对性地学习，不断提升自己。

3.1 职业的内涵

进入21世纪以来，世界发生了令人应接不暇的巨变：新技术信息每两年翻一番，意味着同学们大一所学的知识到大三就可能有一半过时了。这些变化对人们的职业影响巨大：2000年《财富》全球10强企业中，到2010年已有7家换了面孔。谷歌搜索中“2010年最急需的十种职业”在2004年根本不存在。我国从2004年建立新职业发布制度，截至2022年8月共发布了16批共178个新职业，其中如互联网营销师、区块链应用操作员、在线学习服务师、社群健康助理员、老年人能力评估师、电子数据取证分析师、二手车经纪人、建筑幕墙设计师等，都是21世纪初根本没听说的。

职业是指人们在社会生活中所从事的以获得物质报酬作为自己主要生活来源并能满足自己精神需求，在社会分工中具有专门技能的工作。它是对特征相同或相似的一类工作的统称，以国家的职业分类大典为标准。

1958年，联合国正式颁布了《国际标准职业分类》，将职业分为9个大类、83个中类、284个小类、1 506个细类。1999年，我国劳动和社会保障部组织制定了《中华人民共和国职业分类大典》，基本建立了适应我国国情的国家职业分类体系。2015年7月29日，国家职业分类大典修订工作委员会审议并颁布了新版《中华人民共和国职业分类大典》。2015年版大典将职业分为8个大类、75个中类、434个小类、1 481个职业。

近年来，我国经济高质量发展迈出坚实步伐，产业转型升级持续推进，社会分工进一步细化，带动新职业新工种不断出现。新职业新工种打开了新的赛道，不仅为人们提供了更多的就业机会，也吸引了更多的人加入相关领域，进而带动了相关产业的快速发展；同时，一些传统职业的内涵也发生了较大变化。以数字经济的发展为例：2021年，我国数字经济发展取得新突破，数字经济规模达到45.5万亿元，占国内生产总值（GDP）比重达到39.8%，居全球第二，预计到2025年中国数字经济规模将达到60万亿元、GDP占比可达50%。数字经济已成为我国经济增长的重要引擎，推动着产业发展不断升级，就业格局更加优化。

为顺应这些新形势与新情况，2022年7月，人力资源和社会保障部向社会公示了新修订的《中华人民共和国职业分类大典》，并于9月29日正式颁布。在《中华人民共和国职业分类大典（2022年版）》中，中国职业数达到了1 639个，比2015年版净增158个新职业，其中97个数字新职业赫然入列。

对绝大部分成年人而言，职业通常意味着某种特定的生活方式，因为工作性质很大程度上影响着生活方式。公司职员上班朝九晚五，收入水平处于社会中等偏上，不过可能会经常加班，节假日也无法保证休息，而且工作不是很稳定；公务员上班时间固定、加班较少，收入水平中等，但工作稳定、福利待遇较好；新闻采编人员的工作时间很难有明确的界限，生活也自然受到很大的影响，按时上下班通常是一种奢望；软件开发工程师只要手头有电脑就可以开展工作，上下班时间相对比较自由。选择了一种职业，也就选择了相应的生活方式。

职业还直接决定了个人的人生观念。农民每天都在亲近大自然，感觉到的或许不是回归自然的喜悦，更多的是土里刨食的艰辛。而越来越多的城里人选择节假日去农家乐放松，是因为常年生活在高楼大厦林立的都市里，看到田野会觉得兴奋、舒服和愉快。

职业也决定了一个人的视野。小老板与高级白领在收入上相差不多，在观念上却常常有很大的差异。白领每天西装革履，出入各种高档场所，接触高水准的人士，自然会见识多、视野广，他们的月收入可能仅是五位数，却轻松谈论着几千万元甚至上亿元的项目。小老板赚的是蝇头小利，虽然月收入可能达到六位数以上，但几十万元的业务也觉得是大买卖。

职业本无高低贵贱之分，可是不同的职业会导致不同的生活方式，选择一种职业也就意味着选择了与此职业有关的文化氛围、精神境界及生活方式。

“成为成功者”是当今社会最引人注目的话题之一，身边的职业成功者往往成为我们的职业榜样，尤其是年轻人，总是梦想着自己能像成功人士一样光彩照人，那些成功人士所从事的职业就成为他们的职业理想。我国“神六”“天宫一号”相继发射成功后，许多年轻学子梦想做宇航员；姚明、丁俊晖在体坛上的成功也吸引了一些年轻人做着成为体育明星的梦；在“大众创业，万众创新”的热潮中，一些大学生想退学去创业；脱口秀越来越成为一种受追捧的节目，不少年轻人想去做脱口秀演员；EDG战队夺得世界冠军后，很多大中学生想要成为电竞选手，一战成名；等等。

从某种意义上说，职业成功确实是人生成功的主要条件，绝大多数人都需要通过职业获得人生成功。但每个人的成功之路各不相同，每个行业和每种职业中都有成功者。

人生经历同样影响着人们对职业的认识。居住在农村地区的人，从小看到父辈从事农耕工作的辛苦及有限的回报，小小年纪就会将“农民”归为“不好的工作”；很多同学小学时就立志努力学习以通过高考“跳出农门”。居住在城市的朋友们，小时候可能受到的教育是“如果不好好学习，将来考不上大学，你这辈子就只能如何如何了”。这里的“如何如何”是父母心目中“不好的工作”，这使孩子在童年时期就认定了一些工作是“不好的”。在认定考不上大学而不得不从事“不好的”工作的同时，他们自然会认为考上大学就能够从事好工作，因此对上大学充满期待。

生活的环境制约着人们对职业的期待。由于幼儿园的老师绝大多数是女性，因此很少有男孩子将幼儿园老师定为自己未来的职业，这源于职业与性别关系的联想。由于父母是中小学教师，他们教过的学生对父母很尊重，对自己也很友善，因此不少小朋友将当老师作为自己的理想职业。到小区收废品的外来务工者往往衣着破旧、外表邋遢，还常常遭人白眼，因此小学生几乎不会将收废品作为自己未来的职业。这些都源于职业与社会地位关系的联想。

著名电影导演顾长卫直到高中时期仍将电影院检票员作为自己的理想职业，这源于职业与个人兴趣关系的联想。经常有新闻报道煤矿事故中有人遇难，因此中学生几乎不会将井下工人作为自己未来的职业，这源于职业与工作环境关系的联想。近年来，随着我国“神十三”“神十四”“天问一号”等不断成功发射，北航、哈工大、西北工大等航空航天专业见长的高校对优秀学子的吸引力越来越大，这源于个人职业发展与行业发展前景的联想。

在成长过程中，很多中学生在家庭聚会中开始关注正在上班的亲朋好友所从事的职业，渐渐区分出职业的“高低”，不少同学将职业理想定为企业白领、政府公务员、IT工程师、金融分析师、医生等，这时同学们已经开始考虑职业与收入、社会地位及自身能力等多个因素的关系。

我国全面实施改革开放政策至2008年金融危机之前，外企是众多国内大学毕业生眼中的“香饽饽”；金融危机后，国有大中型企业及事业单位以较高的职业安全感和稳定的收入水平受到年轻人的青睐。尤其是新冠肺炎疫情暴发以来，更高比例的大学生热衷于考公务员、选调生等，其实是对职业的收入水平、社会认可度、稳定性、未来发展空间等多个因素综合考虑的结果。

所以，成长过程中我们对职业的了解越来越全面、越来越接近实际。

不过，人们大多是从自己所接触到的职业的某些方面来认识职业的，失之偏颇。按照这些认识来找工作，难免会有落差，甚至非常不满意。为了避免这些认知偏差带来职业选择的错误，选择职业之前需要较为系统地了解各种职业，尤其是自己感兴趣的职业，并根据自己的实际情况来判断自己是否适合从事该职业。

2009年5月5日《北京青年报》刊登了一篇有关“世界上最好的工作”的报道：“在碧海间潜水喂鱼，住海景豪华别墅，拿高额月薪……从今年年初开始，澳大利亚昆士兰旅游局面向全球招聘大堡礁看护员，这份被称为‘世界上最好的工作’吸引了3万人报名。经过激烈竞争，16名候选人进入面试。日前，包括两名中国选手在内的候选人已抵达大堡礁，他们将参加最后的角逐，期待成为5月6日的胜利者。”

然而，仅仅一个多月后，新华网刊登了有关“世界最好工作——澳大利亚大堡礁岛主仍多怨言”的报道：“澳大利亚大堡礁守岛人、英国公民本·索撒尔日前在接受英国《太阳报》采访时承认，自己登上大堡礁后，将会怀念在英国的日子。他说，尽管大堡礁地处热带，但白天比英国短，‘晚上八点天就黑了’。他还说，大堡礁炎热的天气不适宜烧烤。一些英国媒体评论说，索撒尔变成了一个‘不停抱怨的家伙’。”产生巨大反差的原因值得同学们思考。

因此，对于什么是好工作，不同的人有不同的答案。我们首先应该找到自己心目中的好工作。

课堂活动

发现好工作

想一想你认识的人，你认为谁的职业是最好的？为什么？

分组讨论，每组推选出一种职业进行分享。

分享与思考

1. 什么是好工作？
2. 你选择好工作的标准是什么？
3. 你所看到的工作来源于哪里？

总结

有些人认为：好工作能让自己摆脱艰苦的工作环境，改善生活；好工作可以达成父母的期望；好工作是搞好学习的目标、个人成功的标志。然而这些定义都没有告诉我们工作的内涵，也就无法告诉我们职业的真正意义。

在正式进入职场之前，大学生要真正了解工作，可以从观察、了解身边人的职业开始，学会系统地了解、分析及判断将来可能从事的各种职业。

随着科技的进步，尤其是互联网技术的飞速发展及其应用，职业形态正发生着巨大的变化。美国麻省理工学院教授弗兰克·利维（Frank Levy）和哈佛大学教授理查德·穆

纳尼（Richard Murnane）曾发表题为“与机器人共舞”的研究报告，其中研究了近半个世纪美国社会中工作机会的变化，结果发现那些非弹性的工作消失得最快。

这份报告把工作分成五大类，包括：

- 信息处理：获取或解读信息，用以解决问题、做出决策。
- 解决弹性问题：比如医生诊断病情、厨师开发菜谱等。
- 弹性手工：不容易规范化的劳动工作，如驾驶卡车。
- 非弹性手工：有一定规律可循的劳动工作，如生产线上的包装。
- 非弹性认知：有一定规律可循的认知工作，如计算税收。

这份报告研究发现：在1960—2009年的半个世纪，前三类工作的需求不断上升，后两类则在快速消失。报告指出：人类心智的优势在于“弹性”——能处理、整合不同的信息并做出判断，从分析财报到品尝味道，莫不如是。计算机的优势则在于速度和正确性，而非弹性。

随着互联网技术的不断升级，在所有可标准化、流程化、逻辑化、规律化的工作领域，人力都会逐渐被淘汰。与此同时，知识学习将变得前所未有地越来越容易。

这里介绍一下我国始于2004年的新职业发布制度。

2004年8月至2009年11月，劳动和社会保障部先后发布了12批共122个新职业，引起了社会各界的广泛关注和高度重视，也为大学生选择职业拓展了渠道。由于部委合并等因素，新职业发布工作暂停10年，2019年再次启动，由人力资源和社会保障部会同国家市场监督管理总局、国家统计局一起向社会发布，截至2022年8月已分4次发布了56个新职业。最近一次2021年3月发布的18个新职业分别是集成电路工程技术人员、企业合规师、公司金融顾问、易货师、二手车经纪人、汽车救援员、调饮师、食品安全管理师、服务机器人应用技术员、电子数据取证分析师、职业培训师、密码技术应用员、建筑幕墙设计师、碳排放管理员、管廊运维员、酒体设计师、智能硬件装调员、工业视觉系统运维员，不少都是数字化技术发展和变革催生出的新职业，对于促进数字经济的健康发展意义重大。

思考职业选择，还需要关注国家宏观政策对于行业发展变化的引领作用。纵观新中国成立70余年来“热门职业”的变迁，基本上都能找到国家宏观政策发挥作用的依据。

进入21世纪以来，我国快速进入了人口老龄化社会阶段。截至2019年底，60周岁以上人口约2.54亿，占总人口的18.1%；65岁及以上人口约1.76亿，占总人口的12.6%。据预测，至2025年我国60岁及以上人口将达到3亿，2050年将达到5亿，约占总人口的35%；中国社会将从快速老龄化发展到急速老龄化，再到深度老龄化。为了应对社会老龄化带来的一系列后果，2021年7月20日，《中共中央 国务院关于优化生育政策促进人口长期均衡发展的决定》提出：实施一对夫妻可以生育三个子女政策，并取消社会抚养费等制约措施，清理和废止相关处罚规定，配套实施积极生育支持措施。根据相关政策倾向，目前在读大学生的退休年龄将普遍延迟，大学毕业后的职场生涯基本上将达到甚至超过40年。

上述趋势提醒同学们要关注职业变化，了解哪些职业领域的人才需求将会增加，哪些正在减少，这些领域与自己所学专业及未来从事职业的关联度如何。

职业是绝大多数人在社会上自立的方式，也是获得成功最重要的途径。然而，每个人选择职业会受到社会环境、个人兴趣、家庭期望等各种因素的影响。在大学时期尽早了解职业的内涵，对同学们选择适合自己的职业很有帮助。通过查询信息及课堂交流，很多同学看到了自己向往的职业的“缺点”，也有不少同学发现了所学专业对应的工作的闪光点。建议同学们认真填写本章“课后思考”中所附的《工作世界调查表》，以更加全面地了解自己希望从事的职业的信息。

3.2　职场的内涵

1. 社会——职场的基地

同学们可能经常听到这样一句话：大学毕业后就要离开校园、走向社会了，环境就没有那么单纯了。这令同学们对于走向社会既好奇又有些担心。

与校园相对应的社会是个综合的、笼统的概念，可以理解为以职场为中心、向外辐射的各种社会关系；社会的复杂是相对于校园而言的。

社会是什么？事实上，同学们从小就生活在社会里，正是每个人身边的社会帮助你了解这个世界。

父母及家庭其他成员、亲戚朋友是每个人接触的最早的社会环境。父母的性格、所受教育情况及其从事的职业，他们对子女的期望及对外界事物的评论，使每个孩子对社会有了最初的认识。每个人从小接触的亲戚朋友、幼儿园的小伙伴、中小学的同学，也构成了身边社会的重要内容。

社会是分区域的。一个人生活的国家，其文化传统、政治制度、经济发展状况、居民人文素养、法律环境、社会习俗等构成了基本的社会环境。

我国地大物博、人口众多，全国各地在地理环境、气候状况、文化习俗及经济发展水平等各个方面都存在差异，影响着生活于其中的每个人。虽然春节是全国性的传统节日，可北方地区腊月二十三过小年，南方地区则是腊月二十四过小年；大年初一，北方地区全家人聚在一起包饺子，所谓“好吃不如饺子”，南方地区则要吃年糕，所谓“年年高升”。在受“学而优则仕”观念影响深远的地区，人们心目中的成功人士是大学毕业后留在北京的机关里，年纪轻轻就被提拔为处级干部；在广州、温州等经济发达地区，成功的标准是拥有自己的产业、当老板。

中国加入世界贸易组织已经20多年，与世界经济发展的联系越来越紧密，我们需要以全球化视角来看待事物、思考问题。由一位英国心理学家编写、在世界各国广为使用的心理测试问卷中有一道题：“你出门时通常会拿伞吗?”参考答案是：答“会”者被认为生活态度消极，经常担心天气不好；答“不会”者被认为生活态度积极，总是认为天气宜人。然而，这道题的背景是英国作为岛国，一年四季频繁降雨。生活在气候干燥的北方地区的中国人，可能会觉得莫名其妙：没事出门带伞干吗？学习英语，常常会读到人们谈论天气的段落，没有当地的生活经验，很难真正理解。

很多大学生朋友认为社会与自己距离遥远，其实，我们自身就是社会的一部分。社会环境是由经济发展水平、社会文化环境、社会价值观念、政治制度与氛围、家庭关系及个体对他人的了解与认识共同作用形成的，社会环境深深地影响着职业的分类、变化及发展。因此，认知社会环境是我们了解职业的起点。大学时代是同学们开始系统地认识社会、了解自身所处的社会环境的关键时期。校园虽然与职场有很大的不同，但相同之处也很多；进入成年期的大学生要逐渐尝试更全面地了解社会。

课堂活动

我身处何处

活动目标

认识同学们所处的社会环境。

准备和要求

学生每 6～7 人一组，每组成员来自至少三个不同的省/自治区/直辖市，分享各自家乡不同的风土人情和风俗习惯，进一步挖掘这些不同对自身观念及做事风格的影响。

大学阶段是个人成长、价值观形成的关键时期；绝大部分人离开自小生活的熟悉区域，适应新的气候及社会环境，开始了相对独立的生活，远离父母的庇荫做各种决定。很多同学第一次住校，与室友争吵、妥协，最终找到和睦相处的方式。大学生对社会的认识逐渐拓展、深入，开始把书本、小说中描绘的社会与身边的社会联系起来，形成了自己真正的“社会观”。这一切都在潜移默化地影响着人们对职业的理解。

社会发展深刻地影响着人们对职业的认知与选择。新中国成立以来，经历了多个社会发展阶段，人们的观念也随之发生变化。比如，从“知识无用论”到“学好数理化，走遍天下都不怕”，就体现了人们观念的变化。尤其是改革开放以来，整个社会对职业的认知与评价发生了翻天覆地的变化，颠覆了影响中国几千年的传统观念。例如，封建社会形成的“士农工商”的传统排序，将从事商业经营活动视为最低等的职业；“商人重利轻别离”“无奸不商”等表述代表着社会对商人普遍的道德评判。然而，随着改革开放的深入，社会主义市场经济的日益发展，“企业家”“商界精英”已经成为社会对成功商业人士的一种尊称，全国各著名高校的商学院也吸引了优秀的同学报考。

具体到人们对“热门职业”的认知，新中国成立以来经历了一系列变化：新中国成立初期“劳动最光荣”的工人、20 世纪 80 年代“科学技术是第一生产力”背景下的知识分子、全面改革开放后的商业精英及外企白领、国企改制后的公务员、互联网兴起后的 IT 工程师、2008 年金融危机后的国企及事业单位工作人员……近几年来，国家大力倡导创新、创业，创业者开始受到年轻人的追捧；进入“互联网＋”时代，人们关注的领域又有所变化。2019 年开始凸显的中美贸易争端、2020 年全面暴发的新冠肺炎疫情，对年轻人的职业选择产生了新的影响。

然而，正如第 1 章介绍的职业生涯发展理论所强调的：任何职业都只适合一部分人，如果不考虑自身的特质，一味追求热门职业，一旦热门不热，那些素质与能力和职业不匹配的人就会处于尴尬的境地。互联网兴起热潮中流行一句话：“站在风口猪也能够飞起来！”然而，如果风停了，那只飞起来的猪只能掉下来，摔得浑身是伤。

作为正在接受高等教育、即将成为社会经济发展主力军的大学生，非常重要的一点是要独立思考，以客观、辩证、发展的视角看待社会对个人职业选择的影响及周围人的评价。职业的“好坏”因人而异，社会对职业的评判有时会受到一些偶然因素的影响。

本书提供的一些思路与方法可以帮助同学们正确地认识社会、职业与职场的关系。

同学们在考虑职业选择时，往往正在准备进入职场。职场所处的宏观环境就是前文所言的社会，职场的微观环境是指每个人的就业环境。在一定的（宏观）社会环境下，每个人将要进入的组织（用人单位）所提供的（微观）职业环境千差万别。

对绝大多数人而言，职业生涯是与其工作或服务的某个或某些组织相联系的，大学生必须了解各种组织类型及组织形态的变化。有效的职业生涯发展要求个人需要与组织需要之间相互配合；整个职业生涯中，个人和组织双方共处于一个不断变化的环境中，二者的相互匹配过程也是动态的过程。如果匹配过程能够有效地推进，组织与个人都能受益：组织将合理运用与开发人力资源，提高绩效和改善人际关系；个人将能较好地管理自己的职业生涯，才干得到有效发挥，价值观得以满足，个人也得到较好发展。

因此，大学生在进行生涯规划时，要根据自己的性格、价值观、兴趣、特长等因素，结合将要加入的组织的具体情况，了解组织类型和特点、组织文化、组织结构、组织对员工的工作要求，来确定能否在该组织中找到适合自己发挥才能的平台。

2. 组织类型及特点

一个人的职业选择除了考虑社会环境和经济环境外，还要重点了解将加入的组织的内部环境。具体内容包括以下五个方面。

（1）组织类型。常见的组织类型有五种：一是营利性组织，是现代社会中经济活动发生的主要场所，包括规模不同的工商业企业；二是非营利组织，包括红十字会、各种基金会等机构，以及自然之友、北京地球村环境文化中心等非政府组织；三是政府组织，包括街道在内的所有政府办事机构；四是准政府组织，即财政拨款的事业单位；五是各类协会。各类组织管理机制差异很大，这种分类能帮助大家了解工作单位的基本类型并迅速了解一些组织文化的特征。

（2）组织实力与经营战略。了解组织所处行业、发展战略、战略措施、竞争实力以及发展态势等信息。一般来说，实力雄厚的组织为员工职业发展提供的空间相对较大；组织的发展战略与不同职业人的职业发展关系密切。组织的发展态势不同——处于发展期、稳定期还是衰退期，员工个人的职业生涯发展速度也就不同。

（3）组织特点和人力评估。了解组织规模、组织文化、组织气氛、组织阶层、组织结构、组织人力资源规划情况、员工培训政策及晋升政策等。这些对个人职业发展方向、发展路径及实现个人生涯目标的时间都有重大影响。

（4）组织领导人分析。了解领导人的管理理念和个人能力。组织主要领导人的抱负和能力是组织发展的决定因素之一。对一家营利性组织而言，满足顾客的现实需求和激发顾客的潜在需求不是一回事；一个真正的企业家能够创造顾客群，其产品和服务能够满足顾客的潜在需求，他所领导的企业才能不断发展壮大，为员工提供不断发展的机会和不断上升的空间。对非营利组织而言，领导人对组织的社会影响、成就更是决定性的。

在我国，改革开放以来迅速发展、在世界范围内有影响力的华为、海尔等公司，其创始人任正非、张瑞敏的管理理念、个人能力及价值观等个性特征，都对各自的公司有着深入持久的影响。近年来发展迅速的阿里巴巴、腾讯、京东、顺丰、海底捞等企业，其经营特点和组织文化也都与创始人马云、马化腾、刘强东、王卫、张勇的个性特征有着显著的关联。此外，组织的领导人有没有真正考虑员工个人的职业发展也是评价分析该组织的重要因素之一。

（5）人力资源管理制度与工作/岗位分析。了解人力资源管理方案、薪资报酬、福利措施、员工关系、发展政策和工作/岗位的基本能力要求、工作绩效评估标准等信息。这些信息一方面决定了新员工入职后能否胜任岗位、工作顺利与否，另一方面也关系到员工能否获得与付出相当的回报、在该组织中实现个人的生涯规划目标。

3. 组织文化

组织文化是每个员工职业生涯所处的文化背景，每个人的生涯成长与理解和运用这些知识的能力有关。组织文化是一个组织所倡导的并且为组织上下员工身体力行的价值观和行为准则，它使组织独具特色、区别于其他组织。这种共同的价值观体系实际上是组织所重视的一系列关键特征，有七个方面的特征是组织文化的本质所在：

- 创新与冒险：组织在多大程度上鼓励员工创新与冒险。
- 注意细节：组织在多大程度上期望员工做事缜密、善于分析、注意小节。
- 结果导向：组织管理人员在多大程度上关注结果而不是强调实现这些结果的手段和过程。
- 人际导向：管理决策在多大程度上考虑到决策结果对组织成员的影响。
- 团队定向：组织在多大程度上以团队而不是个人为单位来开展工作。
- 进取心：员工的进取心和竞争力如何。
- 稳定性：组织活动重视维持现状还是重视成长的程度。

最初的组织文化源于组织创建者的经营发展理念，这反过来会对组织的员工甄选标准产生很大影响。组织现任高级管理人员的行为给员工的行为标准设定了范围，说明哪些是可以接受的，哪些是不可以接受的。20世纪90年代以来，组织文化对员工行为的影响越来越重要。因为现代组织渐渐拓宽了控制跨度，使组织结构趋于扁平化，引入了工作团队，降低了正规化程度，授予员工更大的权力，这些都要求一种强有力的组织文化提供共同的价值观体系，从而保证组织中的每个人都朝着同一个方向努力。

然而，在组织的各种特征中，组织文化较难量化。因为它应该渗透到每个员工的日常工作中，而不是标语口号。最本质的组织文化应该到组织的楼道里去找，到电梯里去找，到食堂里去找，员工说的悄悄话或者笑话等也是组织文化的真实表露。真正的组织文化是在没有任何掩盖时仍然坚持的理念。你将要就职的组织的文化到底是什么？最根本的价值观是什么？与个人的价值观是否一致？优秀的组织文化是组织发展、管理之魂。你决定进入一个组织前必须有所了解。如果你不幸到了一个组织文化与个人价值观相抵触的单位工作，就会发现自己不仅处处受到限制，而且自认为很得意的成绩得不到应有的肯定。

在考察组织文化时，建议同学们将该组织是不是学习型组织作为重要的考虑因素。

学习型组织是时代的产物。美国著名的《财富》杂志曾经报道：自 20 世纪 80 年代起，每年都会有 30 家企业从 500 强中退出。进入 21 世纪以来，由于科学技术日新月异、互联网行业飞速发展，500 强企业排名变化更加迅速。随着中国经济崛起，榜单上中国企业逐渐占据了更多席位。2014 年，上榜《财富》500 强的中国企业创纪录地达到了 100 家，此后每年都持续增加。2021 年，中国有 143 家企业上榜。近年来越来越多的应届毕业生选择进入本土企业也就不难理解了。

资料表明，现代企业的平均寿命只有 40 年，比人的寿命短得多。为什么会出现这种现象？据分析，一个汇聚优秀人才的组织并不一定是一个最具竞争力的组织，所有组织成员的高学历无法保证企业经营成功。有学者做过这样的研究：在一些组织中，所有成员的智商都在 120 以上，组织的整体智商却只有 62；组织的智商会妨碍个人的成长与发展。因此，现代组织仅提高员工个人的素质是不够的，还需要积极提升组织的素质，使人才在组织中充分发挥个人的能力。这就要求组织不断学习，创建学习型组织。

组织文化的贯彻者是全体员工，尤其是组织的高层管理者及各级管理者。对刚刚涉足职场的大学毕业生而言，影响最大的莫过于其直接上级即主管。主管对下属给予鼓励和指导，会促使新人迅速成长、不断进步；主管对员工仅仅下任务，一旦没有出色完成就严厉批评，会令人萎靡不振，甚至丧失对职业的热爱和对工作的热情。主管的管理风格和工作中的言行也会影响其带领的工作团队。因此，大学毕业生在确定接受第一次职业挑战时，应该对将来的领导和同事有相应的了解。

总之，职业生涯的发展是有阶段性的，不同阶段的侧重点不同。学习型组织的文化和环境非常有利于年轻人尽快适应工作环境，提高职业技能，为职业发展打下坚实的基础；工作单位的领导，尤其是直接主管，也在很大程度上影响员工的职业发展。因此，在选择工作时要更多地考虑这个组织是否有利于自身的学习和提高。

4. 组织结构

组织结构是指对工作任务如何进行分工、分组和协调合作。不同的组织具有不同的结构，组织结构对员工的态度和行为都有影响。

管理者在进行组织结构设计时必须考虑六个关键因素：工作专门化（把任务分解成各自独立的工作应细化到什么程度）、部门化（对工作进行分组的基础是什么）、命令链（员工个人和工作群体向谁汇报工作）、控制跨度（一位管理者可以有效地指导多少个员工）、集权与分权（决策权应该放在哪一级）以及正规化（应该在多大程度上利用规章制度来指导员工和管理者的行为）。常见的传统组织设计形式有简单结构、官僚结构和矩阵结构。

随着信息时代的到来，为增强组织竞争力，新型的组织结构不断涌现，团队结构就是其中的一种；其主要特点是打破部门界限，将决策权下放到工作团队成员手中，要求员工既是全才又是专才，对员工能力提高的促进作用很大。大型组织中的团队结构往往是传统官僚结构的补充；小型组织中，常常将团队结构作为整个组织形式。在投资银行、管理咨询公司中，团队结构几乎成为公司开展业务的主要组织结构形式。

组织结构是管理者达到组织目标的一种手段，组织的发展战略、组织规模、采用的技术和组织所处的环境是影响组织结构的重要因素。组织的内部结构可以解释和预测员工的行为：除了个体和群体因素之外，员工所属组织的结构关系对员工的态度和行为具有重要影响。因此，入职前应充分了解组织结构。随着新经济时代的到来，越来越多的组织，包括营利性组织、金融机构、非营利组织、政府组织、各种协会等都从形式和结构上发生了改变，其中最引人注目的是组织结构从三角形变成菱形，日趋扁平化。在三角形组织结构中，处于组织最高层的管理者、执行者、办公人员和部门主管等只占全体员工的15%，由于没有足够的空间让更多的人进入更高的管理层级，大部分工作者的生涯集中于三角形中较低的层级。在菱形组织结构中，除了5%～10%的高层执行者和管理者外，50%～80%的员工成为组织中的核心员工。组织形态从三角形到菱形的转变，将对个人职业生涯发展产生影响。

现代社会成功的组织特征之一是保持扁平化的管理结构，从管理导向的系统转变为团队导向的系统；每一个团队成员都拥有足够的专业知识，团队由一些服务提供者和其他自我管理、独立对利润负责的成员组成。在此变化趋势中，与团队工作、多重技能、终身学习、领导力和自我指导的生涯决策等有关的技术得到发展。

组织行为学近年来研究了一个现象：90后职场人的职业观念有个重要转变——开始从组织认同转向职业认同。

80后及其上一代人的身份认同更多的是与工作单位绑定在一起，而不是具体的职业。单位的好坏直接决定了收入待遇。尤其是计划经济时代，一个人具体做什么工作不重要，在哪儿工作才重要；如果是在大型国企工作，就算是打杂，家里人也会觉得特别有面子。这种情况就是组织认同。

随着社会主义市场经济的发展及互联网时代的到来，出现了两个显著变化。一是企业的平均寿命越来越短，特别是中小企业的平均寿命只有3年左右，这在客观上决定了一个人很难在一个企业干一辈子。二是主观上看，职场人的跳槽意愿更强烈，且越是年轻人跳槽意愿越强烈。调查数据显示：70后第一份工作平均干了超过4年，80后是3年半，90后是19个月，而95后的第一份工作平均只干7个月就会离职。

2021年，00后开始进入职场。中青校媒的调查结果显示，比起高薪，00后找第一份工作更看重成长和价值感。接受调查的大学生中，64.33%希望毕业后能进入互联网行业；七成00后嘴上无所谓其实偷偷努力，他们给自己的职场定位主要是坚韧的“勇敢牛牛”和能干的职场“秀儿”。在工作这件事上，00后是认真的，七成00后不想谈恋爱只想干事业，67.65%的大学生评估自己10年内会年薪百万。

显然，现在的职场人不再把自己和某家公司绑定，而是更看重职业发展赛道：不管在大企业还是小公司，“天下码农是一家”，这就是职业认同。员工虽然形式上是与一家公司签合同，心里却是和自己的职业签合同，最关心的问题可能不是组织的长远发展，而是自己的职业发展：3年后我会变成什么样的人？我在自己的领域会获得什么样的专业地位？到时候我有没有能力跳槽到更好的公司？

可以这样理解：员工是企业的雇员，但同时员工也是企业的雇主。上一代员工雇用企业，是用来安顿一辈子的生活；而现在的员工雇用企业，是用来给自己的职业发展加速。在这个时代，一家企业想要被更多优秀的员工“雇用”，就必须转变观念，不是企业怎么去想方设法激励员工，而是企业得反过来向员工证明自己的价值：企业怎么成为他职业发展的关键一环？企业能不能在他的工作履历上值得重点突出？

越来越多的企业经营者认识到：不要试图让组织成为员工的全部，也不要把“让员工无法离开自己”作为组织的目标，而是要努力铺就员工的职业道路，让员工不愿意离开。这也促成了上述学习型组织的组织文化的发展。

综上所述，大学生在进行职业生涯规划时，首先要了解所处的社会环境及各种组织环境。这是人们认知社会的具体内容，也是人们认知职业的前提。

3.3　大学所学专业与职业的关系

受我国现阶段中小学教育的影响，同学们在进入大学前对专业及职业的了解不多，甚至仅限于“望文生义”，进入大学后对于专业学习普遍感到迷茫、困惑，第 2 章导入案例中孙洋同学和本章导入案例中吕佳怡同学的困惑都具有代表性。

人们对职业的探索有多个层面。对大学生而言，首先关注的可能是自己所学专业与未来从事职业的关系。每年高考结束、考生们开始报志愿时，笔者及不少同行、同事都会接到考生家长的电话，咨询“你们学校哪个专业好”，他们最多会说一下孩子的高考分数，却不会提及孩子的兴趣与专长。当前的实际情况是：高中毕业生报考大学，首先是根据分数选择尽可能“好”的大学，其次是在可能被录取的大学中选择尽可能“好”的专业。至于学好该专业对于同学们有哪些要求，似乎很少有人关注。

因此，上大学前根据自己的兴趣爱好填报专业的同学并不多，这些人中仍有一些其实并未真正了解自己选择的专业，进入大学后发现选错了专业。请大家来看几年前笔者收到的一封学生邮件：

> 老师，您好！
>
> 我叫李静雯，是材料科学与工程学院的一名大一新生。选修了您的职业生涯规划课之后，我受到很大的启发。
>
> 在高考填报志愿时，我并不清楚自己的喜好是什么，也不清楚自己未来的生活应该是什么样的，只是根据高考成绩的估分报考了北京航空航天大学，并被录取到材料科学与工程学院材料科学系——这也是我的第一志愿。
>
> 我报考这个专业的原因如下：
>
> (1) 家人认为这个专业前景不错，将来大有发展，航空航天事业急需人才，以后就业有保障。
>
> (2) 妈妈是化学老师，她很希望我学化学。
>
> (3) 浏览北航的招生网时，发现这个专业排在第一位，就报了（后来才知道这是因为材料科学系是一系才排在第一位，并不是因为材料科学系是最好的专业而排名第一）。
>
> (4) 与自动化等专业相比，我认为这个专业比较轻松，所以同意报考这个专业。
>
> 但是上了大学之后，我发现自己并不是十分地热爱化学。虽然我可以将自己的专业课学好，但并不是因为喜爱，只是因为需要学好。

其实我从初中就开始思索自己将来要从事什么样的职业，但一直都没有较明确的方向，和许多人一样，只是单纯地希望将来的收入能够丰厚，福利不错，工作轻松。

我本人没有特别的兴趣爱好，但是对所有事物都非常感兴趣。在上次的课堂测验上，在关于霍兰德职业兴趣测试这个环节，我的答案是AES，属于创意/艺术型又喜爱人际交往的人。

我确实是一个充满创意的人，经常能够想到非常有意思的一些点子，而且喜欢团队协作、大家亲如一家的那种氛围。

从性格方面来说，我是一个内向又有点外向的人。初中时，我是一个不会交际的人，沉默寡言；在高二时，终于学会了结交朋友，但交际能力仍然不强。跟我熟识的人都说我很活泼、很积极；与我结交不深的人则认为我很腼腆、很文静。但我相信，在大学里，我的交际能力会有进一步提高。

以上就是我的情况简介。总的来说，现在困惑我的是：我不是很喜欢我的专业，但不清楚自己真正喜欢什么，而且我认为自己有能力将每一个专业学好。

李静雯同学提到的报考大学专业的几个原因非常具有代表性，与第2章导入案例中孙洋的情况类似。《中国教育报》2015年5月刊登的《“学非所愿”的根到底在哪儿》也讨论了这种现象：

《中国教育报》某记者在高考报志愿期间接到好几位朋友的电话，让对他们的孩子如何选专业提点建议。当记者问及孩子的兴趣爱好时，有家长回答：“没什么爱好，也没什么特别兴趣。”这种回答有一定的代表性。在记者看来，比“学非所愿”更可怕的是“学无所爱”。如果学生不仅对所学专业不感兴趣，对其他专业也不感兴趣，这样即使转了专业也徒劳。对这些学生而言，不管选什么专业都是“学非所愿”。

由此，记者认为，“学非所愿”虽然直到高等教育阶段才集中表现出来，但病根主要出在基础教育阶段。其实，幼儿园孩子们往往好奇心很强，兴趣广泛。可上了小学后，随着课业负担加重、个人兴趣开始萎缩，不少中学生基本上就没什么兴趣了，因为他们几乎把所有精力都用在了应试上。好的教育应该维持并强化人内心的求知欲和好奇心。然而，如果基础教育违背人的成长规律，“重分轻人”，就有可能磨灭学生的兴趣，透支学生的未来。对于“为什么我们的学校总是培养不出杰出人才”这句著名的“钱学森之问”，许多人都在试图破解，但有些人给出的解决之策令人瞠目。比如，有人主张孩子在幼儿阶段就要学奥数、做习题、背古诗，认为这是培养未来杰出人才的妙招。殊不知，正是这种违背规律的学习方式耗尽了孩子的兴趣和好奇心，这种超前、过度的教育方式，恰恰是培养不出杰出人才的重要原因。

像李静雯这样不喜欢自己专业的同学该怎么办呢？是否应该申请换专业呢？

选专业，在一定程度上就是在选行业、选事业方向。如果一个人能够把自己的兴趣爱好与所学专业结合起来，就能在积极的投入中充分释放潜能，往往就能在所从事的领域表现优异。因此，那些喜欢所学专业的同学是非常幸运的，但还需要进一步探索自己真正的职业兴趣。

事实上，大中专院校所设置的专业对应的并非一个固定的职业，而是一组职业，甚至是一组职业群。比如目前热门的计算机专业，同学们毕业后既可以从事编程、网络维护等技术工作（职业兴趣类型为 CIR 或 CR），也可以从事技术支持（职业兴趣类型为CRS）、网络编辑（职业兴趣类型为 CRA）、互联网企业管理（职业兴趣类型为 CRE）等职业。再比如，机械工程专业的学生，根据不同的职业兴趣倾向及能力结构，毕业后既适合担任机械工程方面的设计工程师（职业兴趣类型为 RA）、技术支持工程师（职业兴趣类型为 RS 或 SR），也适合担任机械工程企业的销售人员（职业兴趣类型为 RE 或ER）。具体从事哪种职业，一方面取决于同学们的职业兴趣，另一方面取决于同学们所具备的职业素质与能力。

在明确了自己的职业兴趣后，同学们还须了解自己毕业后希望从事的职业及用人单位对新员工的素质与能力要求。不太喜欢本专业的同学，可根据自己希望从事的职业的任职资格要求来对照找到自己的差距，以此判断自己能否在未来几年通过努力满足那些要求。

3.4　岗位任职资格要求及职业发展轨迹

现实社会中，每种职业都对任职者有相应的任职资格要求，这是由各类职业所处行业、行业所处的发展阶段、组织结构、工作内容及操作流程等因素决定的。管理完善的组织会对每个岗位进行工作分析，编写出岗位说明书，以明确组织中各个岗位的定位、所属部门、工作内容、职责权限、工作关系、人员要求、职业通道等基本信息。表 3－1 是一份较为标准的岗位说明书。

表 3－1　岗位说明书

定岗人员：××　　　　　　　　　　　编号：

<table>
<tr><td colspan="4">一、岗位标识</td></tr>
<tr><td>岗位名称</td><td>IT 工程师</td><td>岗位编号</td><td></td></tr>
<tr><td>所在部门</td><td>人事行政部</td><td>薪资岗级</td><td></td></tr>
<tr><td>拟定/日期</td><td></td><td>版　　本</td><td>V1.0</td></tr>
<tr><td>审核/日期</td><td>/</td><td>批准/日期</td><td>/</td></tr>
<tr><td colspan="4">二、岗位使命</td></tr>
<tr><td colspan="4">依据人事行政部管理职责和目标，在人事行政经理的领导下，制定、完善计算机系统管理方案，拟定相应的技术方案，并具体组织实施，以确保公司计算机系统安全正常运行</td></tr>
<tr><td colspan="4">三、岗位职责</td></tr>
<tr><td>工作领域</td><td colspan="3">具体工作职责</td></tr>
<tr><td rowspan="4">1. 计算机软硬件管理和维护</td><td colspan="3">1.1 维护、修复计算机、网络设施，以保证网络设备处于良好的状态</td></tr>
<tr><td colspan="3">1.2 建立更新公司各岗位计算机硬件及软件配置档案</td></tr>
<tr><td colspan="3">1.3 申购公司所需的计算机、周边配套硬件及耗材，建立有关台账；对办公耗材的使用进行监督管控</td></tr>
<tr><td colspan="3">1.4 负责公司员工电脑享受公司补贴审查过程中技术部分的审核</td></tr>
</table>

2. 网络平台建立、维护	2.1 组建、维护内部局域网、公司 VPN 专网的建设和安全管理
	2.2 网络资源分配、权限设置，网络资源使用监督，确保信息安全
	2.3 确保公司电子办公系统、公司办公电话系统、视频通信系统的维护和保养，保障公司各部门的正常使用
	2.4 维护公司服务器正常运行并确保服务器数据安全
3. 培训和支持工作	3.1 制作信息系统使用的培训课件，并开展培训
	3.2 公司大型活动中提供设备运行支持
	3.3 配合集团信息中心的各项系统升级等
	3.4 负责公司信息系统的招标采购
4. 信息流程的管理	4.1 负责公司流程制度体系信息化的建设与维护
	4.2 负责公司流程制度体系信息化的变更
5. 其他	完成上级交办的其他工作

四、汇报关系

层级	岗位名称	人数编制
直接上级	人事行政经理	1 人
直接下级	无	

五、工作联系

内部联系	公司管理层、项目事务部、采购管理部、营销管理部、设计管理部、成本管理部、工程管理部、人事行政部、财务管理部
外部联系	集团公司信息中心、通信运营商、IT 设备服务商、信息系统服务商

六、岗位权限

1. 对计算机及周边设施处理有技术评估权
2. 对违反公司计算机管理规定的员工有处罚建议权
3. 对计算机、信息系统、耗材采购有建议权

七、职业通道

晋升岗位	信息中心主任
轮换岗位	/
接任岗位	网络管理员
降级岗位	网络管理员

八、任职资格要求

学历及专业	本科以上，以计算机、信息管理或者信息系统类相关专业为主
工作经验	1. 3 年以上工作经验 2. 2 年以上本职工作经验 3. 1 年以上管理岗位工作经验

知识要求 (■表示选中)	计算机维护知识 □精通 ■熟悉 □掌握 □了解 网络维护知识 □精通 ■熟悉 □掌握 □了解 房地产知识 □精通 □熟悉 ■掌握 □了解 信息系统管控知识 □精通 ■熟悉 □掌握 □了解
专业技能	熟悉房地产行业的信息系统建设、维护的常用工具；具备房地产公司流程管理的经验及能力；具备大型信息化系统实施能力；具备管理供应商、和公司各部门对接需求的能力
资格证书	具备思科（华为）工程师证或者大型软件厂商（SAP/用友/金蝶）高级顾问资格，或担任房地产公司信息工程师3年以上
电脑水平	熟练掌握常用办公软件
素质与能力要求 (不超过五项， ■表示选中)	□督导能力 ■倾听与反应 □以客户为本 □培养人才 □监控能力 ■判断能力 □影响力 ■创新能力 □积极主动性 □诚实正直 □坚韧性 ■专业学习能力 □分析能力 □关系建立 □自信 □领导能力 ■团队精神 □收集信息能力

九、工作环境

工作场所	80%工作时间在室内工作，20%工作时间需要出差					
工作设备	笔记本电脑					
出差频率 (√表示选中)	从不		不超过2天/月	√	3～5天/月	
	6～10天/月		11～15天/月		15天以上/月	
加班强度 (√表示选中)	从不		1天/月		2～3天/月	√
	4～5天/月		6～7天/月		8天以上/月	

课堂上探讨理想职业时，很多同学的理想职业都是大学教授、公司高管、自由职业者等。这些要么需要专业的知识和多年的实践经验积累才可能获得，要么对专业技能有特别高的要求；而大部分同学写下理想职业时，并没有考虑职业相应的专业知识与技能。因此，同学们在确立高远的职业目标时，还须了解达成目标所需的基本素质与能力及需要付出的努力，了解这些职业的发展轨迹。比如，大学教授这一职业的入职岗位是助教，目前几乎所有大学招聘教师岗位（科研/教学岗、助教）都要求应届毕业生具有博士学位，首先考察毕业生的专业及研究能力，在此前提下考察其他素质与能力。因此，以大学教授作为未来职业目标的同学首先要努力学习，考取博士研究生。如果一位大学生的职业理想是成为一名成功的营销专家，他不仅要知道营销人员应具备什么素质与能力，还要知道成为营销专家要付出哪些努力，经历哪些过程即职业轨迹。

同学们还需要了解：对除了互联网之外的绝大部分行业而言，企业的任何一个职位都设定有基本的工作年限，一般为2～4年，少数为1～2年或4年以上。对于提供较高职业安全度的国有企事业单位，首次晋升的年限往往超过5年。图3-2中所列出的各个职位也都遵循这样的规则：一般而言，一名本科毕业生进入一家大中型企业，从基础的岗位做起，成为一名中层管理人员需要6～9年的时间，成为高管则往往需要10～15年甚至更长的时间。因为岗位每提高一个层级，都对任职者的能力与资历有更高的要求，这需要经验的积累和实践的检验。

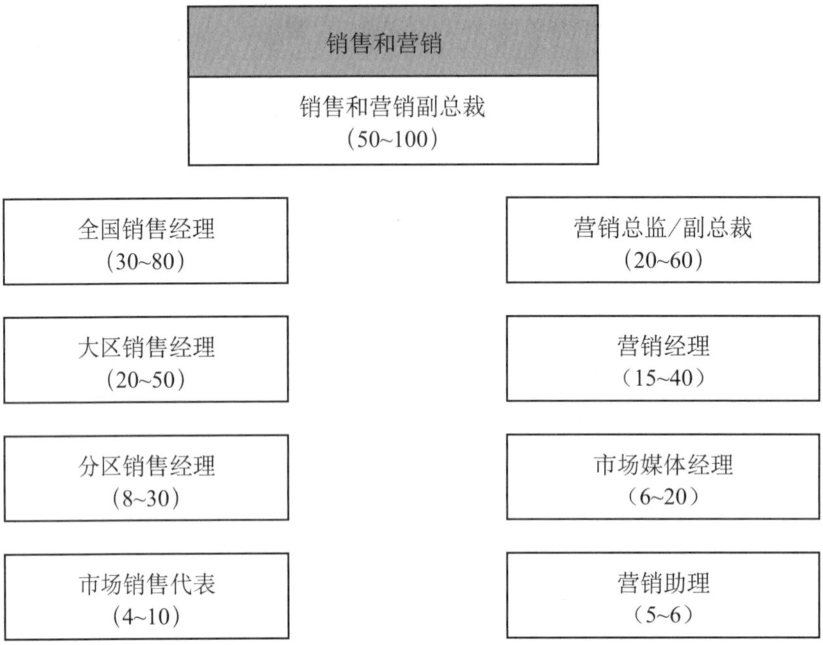

图3-2　典型的职务名称和年薪范围（以营销业务为例，单位：万元）

当然，近年来情况有些变化。在快速发展的互联网行业，一些年轻人成长得非常快，其晋升速度远非上述“规则”所能解释。比如字节跳动的创始人、前CEO张一鸣，2005年从南开大学毕业，2006年加入了酷讯公司，从事技术岗位。他是最早期加入的员工之一，一开始只是一个普通工程师，但在工作的第二年就成为四五十人团队的经理，负责所有后端技术，还同时负责很多产品相关的工作。

其实，张一鸣并非公司中表现特别突出、技术最好的，而是工作时从不分哪些工作是该做的、哪些工作不是该做的。他做完自己的工作后，对于大部分同事的问题，只要自己能帮助解决，就都去做。当时，Code Base中大部分代码他都看过。新人入职时，只要有时间，他就都给讲解一遍。通过讲解，张一鸣感到自己得到了成长。

工作的前两年，张一鸣基本上每天都是深夜12点、凌晨1点回家，回家后也编程到挺晚。这么做并不是公司有要求，而是自己有兴趣。因此，他很快从负责一个抽取爬虫的模块到负责整个后端系统，从带一个小组到带一个小部门，再后来带一个大部门。

当时他是工程师，负责技术，但产品上有问题时也会积极参与讨论，思考产品的方案。参与产品开发的经历对他后来转型做产品有很大帮助，参与商业活动的经历对他后来的创业及管理工作有很大帮助。

张一鸣的经历说明：在快速发展的互联网行业，年轻人的责任心和希望把事情做好的动力，会驱动他做更多事情，得到很大的锻炼，因而成长会特别快。希望同学们关注到：这是与传统行业不同的成长逻辑，同时也意味着较高的风险和不稳定性。

了解了自己所希望进入的行业的发展趋势及从事职业的发展轨迹，同学们可以明确未来的发展，同时也能够清楚自己未来职业发展的各个阶段，既不会在刚入职时就好高骛远，也不会因暂时停滞不前而感到沮丧或郁闷，还可以在一定范围内调整自己的职业发展方向。

3.5　职业信息的获取与分析

有句话说得好："你的决定正确与否取决于所获取的信息。"因此，选择合适的渠道了解职业信息尤为重要。因此，在对职业进行了一定的探索后，还需要搜索和分析有关各类职业前景的信息。职业信息的来源包括从出版物到实际的工作经历。

俗话说："三百六十行，行行出状元。"这句话在今天仍然具有现实意义。大学生一旦结束校园生活进入职场，便要从事某种职业。通过职业，人与人之间建立起广泛的社会联系，这种联系对社会的存在和个人的发展都有重要的意义。社会就是依靠职业分工使各行各业的人从事一定的职业，承担各自的社会责任。无论从事哪种职业都是社会的需要，都能成就一番事业。因此，每个行业、每种职业都可以成就同学们的人生。当前，重要的是了解各种职业的从业要求，选择适合自己的职业。

刚进入大学的同学们应该怎样选择职业呢？哪些职业是你感兴趣的？哪些是你适合从事的？哪些能够成为你的事业呢？这就要求大家在做出决定之前对职业信息做详细的了解，真正明白职业名称意味着什么，否则可能看到的只是你臆想中的概念。

近年来，随着商业领域职场竞争日趋激烈，黑天鹅事件不断出现，越来越多的大学生希望毕业以后做公务员，认为这是一个稳定并且拥有社会地位的职业。然而，不少年轻人通过严格的选拔考试，终于实现了梦想后，发现事实并非如此，每天单调的工作令他们非常失望。事实上，公务员的管理体制决定了，员工的贡献换来的往往不是即时的回报，而是长期的职业保障；对非常看重职业保障的人而言，这种职业是很有吸引力的，但对希望自己的努力能够得到即时肯定的人而言，工作的积极性可能会受挫。

要判断一种职业是否具有自己想在工作中找到的特点，就需要了解从事该职业的普通工作者日常所做的工作、工资水平、所需的技能和训练、工作条件、典型的工作环境以及晋升机会等。人们在工作中所做的事情决定了他们正式的职业角色、职能以及事务，职业名称就是以这些为基础确定的，通过收集这些信息可以加深了解。

大学期间，可以通过互联网搜索招聘广告，了解一些职位对任职者的要求。

课堂活动

分享招聘广告

活动要求

根据同学们完成的作业"我的理想职业"，小组成员评选出"最靠谱"的职业，各小组成员分别从招聘网站上搜寻一则针对这个岗位的招聘广告，要求列出该岗位的岗位职责、任职资格要求、工作待遇、职业发展前景等内容，在课堂上分享。

请同学们阅读几则从招聘网站上下载的针对应届毕业生的招聘广告。

岗位名称：行政助理实习生

岗位职责：

1. 协助项目主管建立客户档案，制作和整理相关资料。
2. 协助配合项目主管做好项目运营工作。
3. 接待学员与授课讲师，了解客户培训需求，并整理反馈。

任职资格要求：

1. 热爱培训事业，有良好的语言表达能力、团队精神和协调能力。
2. 有良好的职业形象，工作用心和细心，为人谦逊，有亲和力。
3. 大学专科及以上学历。
4. 善用移动互联网工具，擅长新媒体制作与推广。
5. 熟练使用办公软件，具备图片编辑能力。

岗位名称：销售工程师

岗位职责：

软件咨询服务（通过电话、网络、上门），参与协助销售、软件测试、工程咨询等工作。

任职资格要求：

1. 大学本科及以上学历，英语四级。
2. 熟练使用计算机，熟悉 PKPM 软件，了解结构设计规范，结构设计相关专业知识功底扎实。
3. 具有良好的沟通能力和团队合作意识，综合素质较高。
4. 有实习、实践经历者优先。

岗位名称：综合柜员

岗位职责：

1. 负责按照本行各项规章制度和操作流程办理各类本外币业务。
2. 负责各类柜台业务，包括对公、对私业务的经办，当日账务的核对、结账等。
3. 完成领导交办的其他工作。

任职资格要求：

1. 大学本科及以上学历，应届毕业生。
2. 具有良好的客户服务意识，吃苦耐劳，语言表达能力强。

岗位名称：理财规划师

岗位职责：

1. 负责客户开发与存量客户的维护工作。
2. 销售公司指定金融产品以及开拓多样性的营销服务。
3. 根据客户的资产规模、投资意向、预期收益和风险承受能力，制定针对性的投资理财方案。

4. 负责名下客户的日常维护工作，确保客户接受充分的投资者教育辅导。

5. 根据营业部的营销规划和营销策略，完成既定的销售指标和营销目标。

6. 完成营业部规定的其他事项。

任职资格要求：

1. 大学本科及以上学历，经济、金融、财务、管理相关专业应届毕业生。

2. 有工作热情，喜欢金融行业，性格开朗，做事细致认真。

3. 具有良好的计算机操作能力，熟悉办公软件。

4. 通过证券从业资格考试者优先。

岗位名称：电商美工

岗位职责：

1. 对产品进行美化，挖掘卖点，熟悉页面的排版布局，对色彩搭配有自己独到的见解，具备较强的审美意识。

2. 负责公司运营网店（淘宝、天猫、京东）的店铺设计装修、推广图设计（直通车）、产品详情页设计（有一定的文案功底）、产品主图设计等。

3. 善于沟通，具有良好的团队合作精神和高度的责任感，工作效率高，学习能力强，具有创新精神。

4. 踏实肯干，富有责任心，学习能力强，思维活跃；工作认真、负责、高效，有较强的沟通能力和团队合作意识；工作有激情，能接受工作压力和挑战。

任职资格要求：

1. 平面设计、美术设计、广告设计等相关专业优先。

2. 精通 PS，AI（CDR），DW 等常用软件操作。

3. 有 3C 数码类产品设计经验者优先。

4. 有很强的审美和创意能力，有很强的学习能力和敬业精神，对自己的设计和作品精益求精，力求完美。

通过阅读、分析招聘广告，可以了解各种岗位对任职者既有专业知识的要求，也有技能方面的要求，同时还有个性特征方面的要求。这些分别属于第 2 章介绍的内容性技能、功能性技能和适应性技能。

如前面几则招聘广告所示，各类招聘广告中都有较为简洁的岗位说明及相应的任职资格要求。任职资格要求是根据组织特点、工作内容及岗位说明书提炼出来的对各个岗位任职者的素质能力、经验等的要求，是用人单位在长期的人力资源管理实践中总结出来的。对缺乏工作经验的大学生来说，了解各类职业的素质与要求尤为重要，因为工作能力主要是在工作中培养和锻炼的，而工作经验更是只能通过实践来积累。很多知名跨国公司在招聘应届毕业生时，重点考核的也是个人的素质与能力。有些职业需要专门的资格证书才能上岗，这更需要大学生尽早了解，以便提前考证。

近年来各地都会组织针对高校应届毕业生的招聘会，很多用人单位的招聘会就在大学校园中举办。这些招聘会大多是向所有在校生开放的，并非限定毕业生参加，而且也不限于本校学生。建议同学们在大三甚至大二期间参加招聘会体验一下，了解用人单位对岗位有哪些要求；如果能够趁招聘者不忙时聊几句，听听他们对应届毕业生的具体要求，收获会更大。

除了上网看招聘广告、到招聘会现场外，了解职业信息的渠道还有很多，较为便捷的有阅读专著、论文、工具书等出版物，以小组为单位进行角色扮演等情景模拟活动，通过实习、兼职工作获得实际的工作体验等。在此，介绍一种对大学生非常有效的了解自己将来希望从事职业的信息的方法：生涯人物访谈。

生涯人物是指那些已经从事某种职业较长一段时间、熟悉该职业的具体情况及发展前景，并确定自己将该职业作为长期的职业发展方向的职场人。同学们可以通过家长、老师、学长学姐的帮助，设法联系上这些生涯人物，向他们咨询工作方面的问题。访谈可以帮助你发展关系，获取有关知识，引导你更多地接触特定领域的人。这些人际关系的开发可让你了解和掌握更多的工作机会。通过访谈收集信息和发展人际关系还有助于你掌握求职面试所需要的技巧。

访谈的前提应该是你已经掌握了有关某项具体工作的详细信息，希望通过访谈向该行业的从业者证实你所了解的信息。访谈中，你可以获得除工作技能要求及工资报酬之外更多的信息：一方面，可以了解你是否喜欢将来工作中的同事，工作环境是否让你感到舒适，这些人是否友好和乐于助人；另一方面，也可能发现没有人有时间与你交谈，让你长时间等待或不时地接听电话打断你的访谈，或者一群人挤在嘈杂的小空间里工作。所有这些信息只有当你亲临现场才有可能了解。因此，访谈的根本目的不仅是收集信息，还包括发展新关系和决定这份工作是否适合你的个性和职业目标。

当你找到访谈对象、定好具体的访谈时间后，还要考虑用最短的时间、最愉快的方式获得最多的有用信息。因此，需要提前设计访谈提纲，可先从诸如业务类型、职务分类、职责描述、工作环境、福利待遇和录用条件等概括性问题问起，再转入具体问题。

课外活动

生涯人物访谈

指导语：请依据你自己的生涯目标定位去采访3～5位生涯人物。下面是访谈时的提问清单：

1. 您最喜欢目前工作中的哪些方面？为什么？
2. 您最不喜欢目前工作中的哪些方面？为什么？
3. 您是怎样决定进入这个行业的？采取了什么步骤？还有什么其他途径可以进入这个行业？
4. 想要进入这一行业需要接受什么样的培训？现在需要有什么样的技能或教育背景才可以进入这个行业？
5. 这一行业从新上岗人员到最高层管理人员的工资范围是怎样的？
6. 哪些个人品质对从事这份工作是最重要的？为什么？
7. 您每天都做一些什么样的工作（业务）？能描述一下吗？
8. 在工作岗位上您感受到哪些类型的压力？
9. 您觉得哪类人可以在这个岗位上生存和发展？

10. 这个行业有哪些升迁或加薪的机会？有哪些新的发展趋势？

11. 还有哪些相关的职业是我应该去了解的？

12. 您是否能够帮忙介绍两三位像您一样对这一工作有热情的人？能告诉我他们的联系方式吗？

13. 还有哪些有关这一行业的有用信息是我应该去了解的？

需要提醒的是：在校大学生进行生涯人物访谈，访谈对象不必是特别资深的行业专家或高级管理者，最好能够采访到与自己年龄相差不大、进入职场3～5年的学长学姐，受访者对进入职场前后有关职业/职场的认知差异还记忆犹新，其初入职场时印象深刻的一些事件能给人一些启发。

总之，对职业世界进行探索是职业生涯规划的关键步骤。大学期间，同学们可以通过多种方式了解自己感兴趣的各种职业的信息，对照各种职业对任职者的要求和自身的个性特征，确定适合自己的专业方向。希望同学们通过多元化的职业探索，全面了解自己感兴趣的职业的情况，以便及早确定自身职业目标，根据理想职业的要求提升自己的素质与能力。本章末“推荐阅读”中的几篇文章，分别是大一、大二的同学在生涯人物访谈、暑假社会实践活动中了解职业/职场的总结，他们的做法可供同学们借鉴。

综上所述，了解各种职业的工作内容、任职资格要求及职业发展路径，对照自己的性格类型、兴趣倾向、价值观及能力，可以及早确定自己喜爱并适合的职业，在离开校园进入职场前，有针对性地培养、提升自己的素质与能力，在毕业时顺利地获取工作机会。

本章小结

本章希望能够帮助同学们在校园内了解职业及职场，了解自己大学所学专业与未来可能从事的职业的关系。通过一系列方法，同学们可以在大学期间了解职场的宏观环境、社会和职场的微观环境、各类用人单位的特点及其对员工的不同要求，同时对照自己的职业理想，获取更详细的信息，为明确自己的职业目标做好准备。

课后思考

填写《工作世界调查表》。

工作世界调查表

你的理想职业是：A. ________ B. ________ C. ________

请从中挑选一个你最希望了解的职业，试着回答以下所有问题：

1. 职业名称：________

2. 它与下列哪项内容关系较密切？（可多选）A. 文字 B. 数字 C. 人际 D. 事物

3. 其主要工作内容是________________________________

4. 其主要工作场所是：A. 室内 B. 室外

5. 其工作时间是：A. 固定 B. 可自行调配

6. 起薪标准是：A. 计时 B. 计件 计薪方式是：A. 月薪 B. 年薪

7. 从业者所需的教育背景（专业及学历）是______

8. 从业者所需具备的素质与能力主要有______

9. 从业者所需的人格特质是______

10. 从业者是否需要专业资格？______

如果需要，是______

11. 从业者的收入水平如何？______

12. 从业者的工作稳定性如何？______

13. 从业者的就业市场如何？______

14. 从业者的发展机会怎样？______

主要升迁路径是______

15. 从业者的主要压力来源是______

16. 你所了解的与此职业有关的其他任何信息：______

______

推荐阅读

外贸业务员访谈报告

了解生涯人物访谈的相关信息后，我不禁感叹这是个很好的学习平台。为了更好地实现自己的职业规划，我认真考虑后选择了两位人物进行交流、学习，分别是有5年多工作经验的厦门外贸业务员林宇和在内陆城市实习的外贸业务员刘阳。

访谈过程简介：收集外贸业务员资料—罗列问题—邀约—通过新浪微博、QQ、电话等进行访谈。

访谈人物1：林宇，男，福建师范大学英语专业毕业，现任厦门某宠物用品进出口公司外贸业务员，工作5年多。

问题1：林哥，您在大学时专业成绩如何？

答：每年拿二等奖学金，掌握了一些专业术语、贸易流程。但工作两年后再看，只能说刚入门。

问题2：您现在工作的这家企业同事间竞争如何？

答：起初压力很大。因为一起进来的有两位厦门大学本专业的毕业生，他们为人比较低调，各方面能力都比我强。现在工作快6年了，对业务熟悉了、自信心增加了。竞争还存在，但没有最初那种压抑感了，算是挑战及格吧。

问题3：好棒啊！我看您的朋友圈都是工作趣事，从中学习很多，非常感谢。现在很多人说报关员考试取消了，国贸专业不吃香了，您对厦门外贸发展前景如何看呢？

答：吃不吃香，还是要看你对这个行业的兴趣。你看到我展示的是工作趣事，但其实每天跑来跑去很辛苦，有时还要低声下气，体力、心理都要强大。现在各国经济发展关系愈加密切，外贸交流趋势更强，存在商机。厦门外贸发展较早，中小型外贸公司也多，有一定实力。当然，全球经济不稳定，厦门对外贸易依存度很高，行业有一定风险。

问题4：您当初是如何找到这份工作的？

答：通过网上招聘。

问题5：您认为做好这份工作应具备哪些知识、技能？

答：外贸函电、国际贸易理论、各国文化认知；英语听说写，计算机二级，较强的沟通交流能力、市场敏锐力；工作过程中多向前辈学习。

问题6：目前行业内要求从事这份工作的人应该具备怎样的教育和培训背景？

答：一般公司大专文凭即可。我们公司外贸业务员的要求是本科，每隔一段时间有培训，外销部是一年一次，多在3月，一般各方面都会涉及，主要针对新人。

问题7：平常工作时，您每天都做些什么呢？

答：参加各种交易会开拓市场，面对电脑发盘、上传公司产品。

问题8：方便告诉我您的薪水吗？

答：现在每月底薪3 500元加提成。

问题9：外贸业务员领域初级职位和略高级别职位的薪水一般是什么水平？

答：起初每月底薪1 500元（不包括其他收入），转正后2 000元，有两三年工作经验后3 500元左右。

问题10：我想在工作两三年后考研，您有什么建议？

答：你是大专生，工作两三年后积累了相关经验，正是事业发展有点起色的关键点，如果去考研弊端较大。建议延迟到工作五六年再考。

访谈人物2：刘阳，女，南华大学国际经济与贸易专业大四学生，现在衡阳市新创立的一家外贸公司实习。

问题1：阳阳，实习压力大吗？怎么找到这份工作的？

答：我一直想早点儿工作，所以压力是让我兴奋的挑战！找实习就要到处投简历啊，这份工作是在58同城找到的。

问题2：上岗前有培训吗？

答：实习就是边学边上岗，老板带。因为老板从事很多年外贸工作，刚自己创业，公司包括他就5个人。

问题3：你每天主要干什么？

答：专业术语叫外贸业务员，主要传产品、发邮件、接单。

问题4：实习中遇到哪些主要阻碍？

答：接电话纯英语交流还是有点困难，邮件还好，可以利用翻译软件。

问题5：一个月的生活有保障吗？

答：包吃包住，底薪1 200元。这个月接到单了，工资有1 500元，不过没包“五险一金”。转正后1 800元＋提成。

问题6：做好外贸业务员工作需要具备哪些能力？

答：最基础的就是英语口语交流能力和熟练应用办公软件，再就是抗压、团队协调能力。我的底薪低，要靠提成，但接单不是天天有。公司小但业务多、市场广，同事间配合好，效率高。

问题7：衡阳外贸发展状况怎么样？

答：这半年实习，我了解到的情况是还行。虽然处于内陆，但各地经营产品不同：广上地区主要是服装、电子、科技等产品，厦门主要是石材，衡阳主要是工艺品。

问题8：通过实习，你觉得学到了什么？

答：除了对专业知识有了深层次了解外，还有为人处世经验的积累。公司5个人天天面对面，不能像在学校生活那样随性。要学会包容。做事效率要高，还要积极配合协助同事。

问题9：将来想到哪里工作？

答：想去大连。实习积累了一定经验又是名校毕业，去外贸发展快的地区对我更有利。

问题10：你对我即将面临工作有什么建议？

答：趁现在还在学校，利用空闲时间多练练英语口语，提高计算机应用能力。心态要调整好，工作没我们想的那么可怕，只是另一个阶段，做好准备迎接它，你会发现这个阶段自有它的美丽。

访谈小结

对于外贸行业发展前景，即便有经验的人也给不出明确的答案。从事外贸业务员工作，良好的英语、电脑办公应用技能是必备的。中国不同地区外贸发展情况不同，但相较而言，沿海地区外贸发展资源更多，机遇更大。薪酬主要由底薪和提成两部分组成，保障生存前提下迎接工作挑战，从而获得收获——提成及个人成长。

自身认识的变化

通过访谈，我对外贸业务员的职业目标选择有了更深了解。访谈前以为外贸业务员文凭要求门槛高，其实一般会要求大中专毕业有工作经验，或者是本科毕业。外贸业务员的薪酬不如外界认为的高，有不同档次，收入主要靠提成，极具挑战性。一旦工作，就要有不断提高个人能力、创业绩的心态。

对目标职业的分析

中国外贸行业随着经济全球化、电子商务的发展而发展。外贸业务员所需专业知识是英语和国际贸易理论相关知识的结合。统计资料显示，各公司的工作要求往往是：具备较高英语水平，沟通能力强，市场开拓能力强，吃苦耐劳，学习能力强。我所选的职业目标发展地厦门有地理优势和国家政策优势，外贸发展历史久、资源多，但受外贸转型期冲击更大。我过了英语四级，听说读写尤为擅长读，普通话标准、粤语流利，已取得国际商务单证员证。社团和社会实践经验丰富，沟通能力、学习能力等得到锻炼加强。我花了三年时间和精力在专业上，恰好专业是我的兴趣所在。经过三年专业化学习，我可以在此基础上从事专业相关职业。

对自己就业和将来职业发展的帮助

通过前辈看世界，看的更真实，才会发现这个世界的美。通过访谈，我对外贸行业多了一份了解、少了一份担忧。这无疑对我的职业生涯规划是有利的。

我选择的两位访谈人物都是熟人，不仅从他们那里获得了职业目标相关的真实信息，使我对外贸业务员更进一步了解，发现自己的差距，而且我和他们将来还会是同行，可以在职业发展的道路上给予我指导与支持。经过这次生涯人物访谈，对准毕业生的我而言，为坚定外贸业务员的职业生涯发展提供了能量。这些来源真实可靠的信息，缓解了我面临就业的压力，也感受到职业生涯发展道路有友人相伴的幸福。

（作者：金琼，厦门城市职业学院国际经济与贸易专业大三学生）

大二暑假实习：事业单位内的体验

大二暑假，我作为实习生在中国电子工业标准化技术协会社会责任工作委员会（简称中电标协社责委）工作了三周。有些小小体会，这里与大家分享一下。

实习动机

这是一次“说走就走”的实习。得知这个实习工作机会是在8月初，当时觉得在家歇够了，开学还远，正巧看到了中电标协社责委招聘实习生的信息，于是打电话联系了一下，第二天就去上班了。

工作内容

三周的工作只围绕一件事：组织“第四届中国电子信息行业社会责任年会暨SJ/T 16000—2016《电子信息行业社会责任指南》发布会”。主要内容是邀请电子信息行业一些在社会责任方面做得比较好的国内外企业（中国电科、中国电子、大唐电信、华为、英特尔、微软、AMD、三星、NEC……）发布其年度社会责任报告，同时发布一套新标准，也就是针对电子信息行业的、评价企业社会责任做得好不好的“评分标准”。

我的工作有一种把学校学生会的活儿搬到办公室里来的感觉。

一是发布通知。传统的邮件与新兴的H5并存：邮件至少发了300封，没啥技术含量，就是需要耐心；不过，学到了一些发邮件的格式、礼貌用语，尤其是英文邮件的客气说法，感觉挺有用。微信平台在学校操作得比较多，没有费力我就接管过来，翻历史消息想看一下风格，发现全是黑底白字、红头文件截图做封面，于是试着整合了封面、排了个MAKA动态的邀请函，领导挺喜欢，修改几次后顺利通过。

二是做PPT。领导知道我会一点点PS后，将做PPT的任务交给了我，这对我而言比较轻松。

三是打电话确认参会人员。联系人没有回复邮件，则需要逐一打电话确认，并邀请其参会。这个我比较怵，总有一种怕说错话的紧张。于是给自己写了个电话对话术，对着电脑读，感觉良好。开始几个电话我还小心翼翼，打了几十个感觉自己已经变成了公交车售票员，嘴比脑子快了。

四是完成年会现场中控室的工作。彩排加班到很晚，第二天还是很紧张怕出意外。在中控室做个幕后工作者，感觉也挺好。

工作体会

- 学生工作没白干。PS、排微信、做PPT这些基本的技能还是很有用、很必要的。
- 交流沟通很重要。开始工作时因为不太熟悉，很多不懂的地方我不好意思问，导致做了一些无用功，后来跟同事交流得比较好，工作效率也大大提升。
- 团队的力量很重要。从零开始策划准备一场年会，尽管我只在其中负责了很小一部分工作，但是当最后效果呈现出来时，还是十分自豪的。

工作收获

这次实习虽然技术上没有什么难度，可我借机阅读了多家企业的社会责任报告、聆听了领导开会讲话等，更加深入了解了这个行业，挺有收获。企业社会责任包括责任治理、技术创新、员工权益、资源节约与环保、诚信运营、社区参与与发展等多方面内容。

从联系的企业来看，一般大型企业，如英特尔、AMD、阿里巴巴这样的公司都有专门的企业社会责任部门，每年会发布社会责任报告。小型企业基本没有专门的部门，有的将相关工作划归到政府事务部之类的部门分管。公司效益属于企业社会责任的一部分，但除此之外的很多工作项目都带有一些公益性质，这也导致了企业社会责任工作质量与企业规模直接相关。也有一些规划较好的项目可以盈利，国内还存在许多专门的咨询机构为企业策划社会责任项目。个人认为企业社会责任既然称为责任，就是企业的义务，但是如果能够挖掘适合的商业模式，在服务社会、提升企业社会形象的同时还能给企业创造经济价值，无疑会让社会责任工作变得更有活力、可持续。

最后一点是不同企业的社会责任工作都有各自鲜明的特色，比如这次实习接触的电子信息行业企业有许多项目都结合了技术创新这一角度，所以我觉得作为工科大学生了解了解很有必要。

几个小插曲

● 迟到。一共实习仨礼拜，我还迟到过。家离单位很近，从踏出家门到坐在办公室只需半小时，但是那天1号线地铁信号系统出了故障，我只能坐公交车。天上下着雨，在长椿街堵车堵到“爆炸”。下车之后一路狂跑，一身雨一身汗还是迟到了半小时。

● 时差。因为时差还差点闹出了乌龙。邀请的嘉宾中有一位身在美国的EICC常务董事罗布·莱德勒（Rob Lederer），是会议的重要来宾。给他发邮件时北京是白天而美国是黑夜，基本上隔天才能收到回复，沟通缺少了即时性，但没引起重视。直到会议开始前5天，突然接到通知说罗布订的机票是北京时间30日下午到达，但是会议时间是在30日上午。我这才意识到可能是时差闹的，于是赶紧重新沟通。

● 中控室低温。年会当天我负责中控室内的工作，看着自己做的PPT串下来整个流程非常高兴。唯一的“烦心事”就是中控室的空调太冷了！为了给设备降温，不足10平方米的小屋子空调开到了20度。好在一上午熬过来了。

写在最后

与这次实习算得上“不期而遇”，时间相当有限，没想到有这么大的收获！我明白了工作都是由一件件小事组成的，但做好每一件小事并不简单。了解了企业社会责任这个重要课题，体会到学生会工作锻炼的素质与能力真的会对工作有帮助，感受到事业单位的组织文化，也培养了职场人的责任心。特别建议学弟学妹们寒暑假都尽快争取参与一些实习工作。

（作者：周思齐，北京航空航天大学交通科学与工程学院2014级本科生，目前博士在读）

大学期间兼职真的有必要吗？

高中期间，我一直幻想大学生活会是什么样子呢？也许是充满了书香气息，也许是大学室友一起通宵玩游戏，也许是参与各种社团活动。高中生活，除了睡觉外，绝大部分时间是在学习。当你在玩的时候，别人在学习；当你在学习的时候，别人在努力学习；当你在努力学习的时候，别人在坚持学习。一直被灌输的思维就是，珍惜现在所有的时间学习，才能进自己理想的大学。

我对大学生活一直充满着渴望、憧憬。

2016年我真正踏入大学校门，开始离家的校园生活。一入学，我就对这个陌生而又憧憬的环境做起了打算，思考如何度过大学这几年，虽然不用像高中那样夜以继日地坐在桌子前看书做题，但总不能荒废这大好青春吧。

青春是用来奋斗的，我相信越努力越幸运，将来，青春也是满满的回忆。

所以，除了专业课学习的时间外，我也在谋划课堂外的空闲时光，于是，班委竞选我去了，学生会社团招新我去了，志愿者活动我去了，校外兼职我也去了。大一上半学期我把日程安排得满满当当。经历了一个学期的忙碌和奔波，我对自己的大一上半学期进行了总结，比较所得所获，比如英语考级、学习成绩、专业比赛或学生活动比赛，整理头绪使之杂而不乱。

最终我决定：第一，周一到周四以专业学习和校园实践活动为主，在兼顾学习的基础上锻炼综合能力；第二，选择周末、寒暑假参加社会工作，这样更有利于毕业后的发展，更容易毕业后上道。

大学的周末永远是空闲的，心想每天闲着都要花钱，为何不出去赚点零花钱呢？这样不仅可以节省开支，还可以赚生活费，何乐而不为？我非常喜欢电影，经常会约朋友看电影，也一直梦想去电影院工作，这样就可以免费看各种大片了。所以，我开始朝着这个方向寻找兼职。

一个普通的周末，我和室友一同去杭州来福士看电影，在影院现场看到了招聘海报，从此我与大地影院集团的故事就开始了。一开始，我只是在周末去影院上班，主要负责检票、巡场工作，时间长了，也负责收银、炸爆米花等工作。大一结束放暑假，我留在影院继续工作，此时已经掌握了影院所有的基础岗位工作，并且开始协助值班经理完成新员工带训工作。整个大学时光，我在一家影院工作了三年，见证了它的快速发展，工作业绩也得到了领导的充分肯定。

以上社会工作经历为我毕业后的就业选择奠定了基础、创造了条件。一晃大学时光已逝，到了毕业季，将要面临人生中非常重要的事情：就业。我大学的主修专业是旅游管理（中澳合作），大学期间也成功考取导游资格证书，拥有导游从业资质，理应从事旅行社相关工作，但是大学期间在兼职单位（大地影院集团）发展一直很好，毕业后的提升空间非常大，晋升路径很明确，领导也对我非常认可，希望我可以留在企业继续发展。我开始了长时间的纠结，巨蟹座的我到底该怎么办？

于是，我找到了职业规划老师，请她帮我出出主意。经过深入探讨后，老师指导我对自己面临的就业现状做了非常理性的分析，做了360度评估、职业兴趣探索、职业人格探索、职业技能测试、SWOT分析等。通过以上测试和全方位分析，最终的各项指标都指向影院行业——应当留在影院做职业经理人，所以最后我入职大地影院集团，与其签订了劳动合同。

理性分析的结果很快在我的工作上得到了印证：选择没有错误。由于大学期间一直在影院工作，对公司岗位非常了解，毕业后的第一个月我就被破例提前转正，担任集团旗下某影院运营经理。时隔半年，因单店指标完成较好且岗位基础知识扎实，获得区域总监的充分认可，再次被破格提拔为城市营运总监，负责全省31家门店的营运工作，主要负责标准化培训、服务监督、区域督导等。

大学期间的社会工作经历给我的就业带来了非常大的帮助，在面临就业选择的时候我已经有了充足的准备。

（作者：周智海，浙江旅游职业学院旅游管理（中澳合作）专业2016级学生）

在线阅读

生涯人物访谈：护士/护理师

生涯人物访谈：软件开发工程师

大二暑假实习：获得关于职业/职场的一手信息

关注职业，从大一开始

04

第 4 篇

生涯目标决策、行动规划与实施

第4章 生涯目标与职业决策

黄沙百战穿金甲，不破楼兰终不还。

——王昌龄《从军行七首·其四》

锦城虽乐，不如回故乡；乐园虽好，非久留之地。归去来兮。

——华罗庚

学习目标

本章内容是CIP金字塔中间部分的“一般信息加工技能”（见图4-1），建议同学们通过CASVE循环法来了解目标的分类及生涯目标的内涵和重要性，掌握制定目标的方法，掌握职业决策的基本理论，了解职业决策困难及其影响因素，掌握职业决策的步骤和方法。通过课堂讨论、案例介绍，同学们可了解大学毕业的几条基本出路并开始思考自己可能选择的道路，有针对性地制定职业生涯规划方案。

图4-1 生涯决策CIP金字塔模型中的一般信息加工技能

导入案例

那个心怀执念的“学霸”，坚定地走着自己的路

初入大学

曾经以为，我的大学可以弥补高中的遗憾，可以做真实的自己，可以无所顾忌地说自己想说的话、做自己想做的事，可以过得很炫酷，可以活得很洒脱。结果却是：我未能给高中时代的自己交上一份满意的答卷，也使我的大学欠缺了一份本该有的精彩。

不愿意遵守固有的规则、不愿意违心像大多数人一样做事的我，高中时学习不踏实、不坚定，上课经常睡觉、下课喜欢玩耍，最终未能在高考中取得满意的成绩。父母倒没觉得我令他们失望，但是我真的无法原谅自己。

很清楚地记得开学第一天，我把妈妈送上返程公交车，在回宿舍的路上看着周围陌生的环境和陌生的人，从未离开过家的我感到特别无助。以往我肯定会难过地哭泣，但是那次我竟然十分淡定、充满力量地一步步往前走。我暗暗告诉自己：是时候收心了，是时候做一次乖乖女了，大学期间我要变得坚强、独立、不后悔。

后来与朋友交流发现，刚入学时你内心的规划基本上就决定了你的大学生活：我的规划是当一次高中没当过的“三好学生”，所以我的大学生活与大部分同学刚好相反。

大一时，同学们参加各种社团以锻炼自己，周末出去玩耍以释放压力。我虽然也加入了社团，但将更多的时间花在了学习上，早上6点多起床去读英语，晚上去教室上自习，室友们都开玩笑说我不像是刚从高中堆里跳出来的。我心里说自己高中玩儿够了，大学更像是自己生活的一种“回归”。大二、大三，我读着自己都不知道有什么用的专业书，忙着考取各种证书。

“书呆子”生活

我固执地走着自己的路，扮演着他人眼中的“书呆子”角色，一切干扰学习的事情我一律不做。大学前两年，我上课几乎一直坐在教室前排认真听讲，无论课程多么无聊都不逃课；无论有多少想去做的事情，我都坚定地克制住，将时间花在学习线性代数、经济学上。我取得了“国家励志奖学金”“校一等奖学金”和“河南省三好学生”“校三好学生”“校优秀团员”等荣誉，拿到了英语四六级证书、会计从业资格证书、三级企业人力资源管理师证书等。

然而，物极必反，这些该有不该有的坚持和执拗，在大三上学期末引发了问题。我一直都把追求高平均分看作目标，却没有关注现行的大学教学和考试制度不像高中那样，而是有很大的灵活性。大三上学期结束时我有一门课挂了，那个学期创造了我入校以来最低平均分；但我也明白了什么是正确的学习之道、什么是真正的学习。

回首大学生活，我不再像高中那样后悔，只是有些心酸、无奈和遗憾：没有去参加我喜欢的社团活动，没有花时间去结交朋友，没有去做我喜欢的事。我对闺蜜说，如果大学再来一次，我要找到一个平衡点，多去融入社会；闺蜜却说，如果再来一次，她什么也不多想，就想死心塌地地学习专业课知识。

“岔路口” 上的选择

大三下学期是一个岔路口，有考研、考公务员、就业、创业等多种选择。我从大二下学期就开始纠结自己究竟要选哪条路。一开始我打算考工商管理硕士（MBA），后来知道需要三年以上工作经验才能考，便开始思考选择其他的路。这时家人提出了不同的意见：走技术之路的老爸希望我考研深造；走商业之路的舅舅希望我毕业后回县城到他的公司工作；老妈则希望我按照内心的想法往前走，但是能感觉到她更希望我有一份稳定的工作。

自己的路只有自己选择才不会有遗憾，别人的声音你只能听听做参考，决定权还是在自己手中。我上大学以来听老爸的话，坚持学习专业课理论知识，而内心很渴望与社会实践接轨，没有考研的动力；大学寒暑假期间我一直在舅舅那里工作，但该工作与我的专业关联度不高。

一方面，我喜欢自己的专业，希望可以从事人力资源管理相关工作并一直往上发展；另一方面，我从小就特别羡慕国家机关事业单位的工作人员，喜欢他们工作的标准化和制度化，喜欢那种朝九晚五的规律生活。

所以，我选择了考公务员这条路。我知道这条路不好走：相比考研，我没有任何优势，反而处于弱势，同学以及亲戚都觉得我不考研有点可惜，考公务员没有很大的发展空间。虽然这些我也明白，可是如果现在就让我放弃，我舍不得，那是我的一个小小的梦想，我不想在别人的声音中就直接扼杀掉它。

大四： 执念前行

通过一段时间的准备，我确实发现了自己的欠缺：由于中小学没有踏实学习，地理、历史一窍不通，感觉自己选择了一条“赎罪”的道路。只是去学习自己不懂的知识比死磕无聊的理论课要有趣，带着兴趣坚持走喜欢的这条路，本身就是一种幸福。

这学期我是一边准备公务员考试，一边为找工作做准备，有机会就会去听讲座或去参加面试，课下还会看一些管理、商业方面的书籍。但我逐渐意识到自己难以同时走好这两条路，所以决定暂时放弃实习，静下心来只准备公务员考试。

我不知道这个选择是否正确，只是我觉得应该听从自己的内心，这样，无论结果是什么我都接受，都可以不遗憾、不后悔、不抱怨地去为自己的选择买单。认定一个目标，在大学的最后这段时光里再去好好地专注一次，尽全力一次，扎实走好每一步，先尽其必然，后顺其自然。

也许人总是越没有什么就越是渴望什么，与其反复担忧与恐惧，不如直接开始行动。人不可能每一步都走得很正确，会在岔路口前选择一条不那么正确的路；那条路尽管很曲折，但如果用心去走，风景依旧精彩。其实决定没有绝对的对错之分，只是经历不同、收获不同、遗憾不同，仅此而已。认定一个核心目标，选择一条关键道路，依靠自己的力量坚持走下去。无论以后走到哪种高度、在哪个地方过着怎样的生活，我都希望自己能够拥有独立担当的强大力量，让自己幸福快乐，带给周围的人阳光。

（作者：木子，河南工程学院人力资源管理专业 2017 届毕业生）

木子同学进入大学后，学习比高中阶段还努力，取得了优秀的成绩，获得了很多荣誉。然而，她并没有意识到大学期间的评判标准与中学并不一样，大三时成绩下滑甚至出现了不及格。于是她重新调整目标，继续努力。

4.1 目标——学习动力的来源

前面三章分析了职业生涯对每个人的重要性。几乎每个人的生涯目标都需要通过从事某个职业来实现。然而，如何选择一个自己满意的职业，又如何才能获取这个令自己满意的职业呢？这是困扰很多人而不仅仅是大学毕业生的难题。

2013 年“史上最难就业年”以来，全国高校毕业生不断迎来更加严峻的就业形势；2019 年的中美贸易争端、2020 年的新冠肺炎疫情，加剧了就业形势的复杂性。2021 年全国高校毕业生人数达 909 万，再创历史新高；2022 年应届毕业生人数突破 1 000 万。国务院总理李克强在人力资源和社会保障部主持召开就业工作座谈会时强调，稳定就业必须突出重点，重点有两头，其中一头就是大学生。

智联招聘持续关注大学生就业。近年来的调研结果显示，大部分毕业生在求职过程中关注的首要因素并非薪酬水平，而是着眼于知识获取、个人价值实现等方面的高层次追求；对 95 后求职者而言，“待遇好”固然重要，能够得到学习进步的空间、更好地实现个人价值才是理想中的工作状态。智联招聘发布的《2019 应届毕业生就业力调研报告》显示，2019 年应届毕业生对就业压力的感知较上年更加明显，认同就业形势有难度的比例为 88.10%，同比上升 5.30%。毕业生最看重的是“能够学习新东西”，其次是“待遇好，能挣钱”；求职关注时间有所提前，求职态度更加积极主动，大二和大三开始关注求职者占比 54.49%；大四才开始关注求职者比例稍有下降。不少大四学生对未来比较迷茫、职业规划不清晰、在等待考研成绩或直接选择慢就业等。

通过对比岗位供需数据，可见大学生求职存在较为明显的供需不匹配现象：销售类岗位实际吸纳的人才量仅次于技术类岗位，但毕业生就业意愿明显低于实际就业比例；生产/加工岗位和客服岗位等均呈现供不应求的状态。行政/后勤/文秘、人力资源等偏向于企业职能类的岗位，招聘需求低于求职供给，呈现较为明显的就业偏差。

2020 年全面暴发的新冠肺炎疫情给社会、经济、生产都带来了冲击，也一定程度上影响了大学生的求职心态。智联招聘发布的《2022 大学生就业力调研报告》展示了毕业生的就业方向、就业期待、求职心态与行为、求职进展等情况。

（1）就业方向。2022 届高校毕业生中，仅一半选择单位就业，自由职业、慢就业比例进一步提升。选择读博的硕士生增多，双一流院校学生比普通本科生、专科生更爱深造。

（2）就业期待。本届毕业生主动降低就业期待，求稳心态有增无减，对国企的热衷度继续上升，更多人愿意去小微企业就业，对 IT 互联网、房地产行业的热衷度微降。

（3）求职心态与行为。本届毕业生求职最关注薪酬待遇，对生活平衡、稳定性的偏好明显提升。74%的找工作人群有实习经历，招聘网站成为主流求职渠道，视频面试渗透率达 64%。超七成毕业生认为可视化求职效率更高。

（4）求职进展。截至2022年4月中旬，46.4%的毕业生获得录用通知，其中硕士生签约率下降、专科生签约率逆势上升、理工科毕业生签约率领先、八成毕业生签约工作与专业对口。

在校大学生可参照上述调研结果，根据当前的社会经济形势和自身情况，提前做好职业生涯规划、设定生涯目标。

前面谈到，不少同学将“考上理想的大学”作为自己中学时期苦读的目标。进入大学后，一下子失去了目标，因此学习没有了动力。这样的结果虽然令人遗憾，却是可以理解的：没有目标，何来动力？

目标是什么？目标首先是梦想。

韩寒是拥有众多粉丝的80后作家。在谈到自己的梦想时，他这样写道：

> 我小时候有好多的梦想。
>
> 一开始我想做联合国主席；后来我妈妈告诉我，联合国只有秘书长，我觉得我不能做秘书事业。
>
> 接下来，我很想做一个售票员，因为售票员可以每天都坐车。
>
> 再长大点儿想做个记者，做一个文字工作者。
>
> 还好现在已经达到了售票员和一个文字工作者比较高级的状态。但是我还有好多梦想要去实现，比如我想做一个摩托车车手。
>
> 当我老了的时候，可以对自己的孙子说“孙子你看，爷爷以前做过……”，而不仅仅是一个房东。

一个人的梦想往往是其遥远的目标。然而，目标能否实现取决于个人对这个梦想的认知及自己为实现梦想付出的努力。

无数成功人士的经历告诉我们：目标对人的作用是巨大的。

2017年2月24日，“顺丰控股”在我国A股上市。按照持股数量及五个交易日交易均价估算，顺丰控股市值约为2 300亿元，一举成为深市最大市值公司，创始人王卫身价超过1 400亿元。

王卫是位白手起家的创业者。他没有受过高等教育，23岁创办顺丰，25岁公司初具规模，赚到了第一桶金。那时，他曾是一副标准暴发户做派，有点目空一切。

不过很快，在亲人的提醒劝告下，王卫有了真正的事业目标。以“工作狂”著称的他带领团队不断地拓展业务，终于业务遍布全国，公司也上市了，他成为一个有影响力的行业领袖。

这一切，除了归功于勤奋努力、抓住机遇，还有目标一直引领着王卫不停地奋斗。

进行职业生涯规划，首先必须知道自己的生涯目标是什么。生涯目标也就是我们常谈的人生目标，就是探讨你要成为什么样的人，你的一生该如何度过才能有意义、有价值，怎样才能取得成功、拥有幸福生活。生涯目标是指引一个人成长和发展的导航标。

在生涯目标中，职业目标处于核心地位，贯穿人生的整个历程。孩提时代，人们就开始憧憬自己的职业理想。不过，由于少年时期对职业的理解过于肤浅，成长过程中往往会不断地调整、改变自己原先的目标，这些目标可能不切实际或者根本不符合自己的需求。前面提到了韩寒的梦想的变化，想必很多同学都有类似的经历。职业是实现人生目标的载体和基础。大学时代，人们要为将来走向社会，找到一份适合自己的职业而进行知识、能力、心理等方面的准备。

然而，生涯目标并不局限于职业目标，其内容更加丰富和多元化。人一生中要扮演多重角色，生涯目标其实是由人的一生中不同时期所扮演的各种角色实现的目标构成的，人生经历的每一个阶段所扮演的角色不是单一的。大学期间，除了学生角色，我们还要扮演子女角色、同学/朋友角色、社会人角色等。不同的角色需要完成的生涯目标也是不同的：子女角色要求我们建立和谐的亲情关系，学会感恩，学会尊重和理解父母等；同学/朋友角色需要我们建立良好的人际关系，学会如何分享与沟通等；作为社会人，我们的生涯目标是要成为一个有责任感的人，学会自尊和尊重他人，学会自强和敬业，学会帮助与关爱他人等。

大学阶段，同学们思考最多的应该是学习目标和职业目标。然而，职业目标是人生目标之一，不能孤立地看待。职业目标是在人生目标的基础上确立的，需要考虑个人的内因与外因，内因主要包括价值观、兴趣、能力、知识等，外因主要包括人脉关系、经济状况、父母期望、劳动力供求关系、岗位素质与能力要求、工作地点、企业文化等。

因此，寻找职业目标的过程并不是一蹴而就的。在每个人对自我和社会开展认知并实践的过程中，只有对二者都充分了解才能找到适合自己的职业目标；而且职业目标是动态的，需要不断地修正和调整。同时，职业目标并不是生涯目标的全部，在人生旅程中我们还需要扮演其他角色，实现其他角色的生涯目标。

青岛农业大学电气工程及其自动化专业一位大二的同学写道：

> 时光过得真快，我已从毛手毛脚的小孩子成长为大二学生，再过几年就要踏入社会了。回想这一路磕磕绊绊走来，面临很多岔路口，做出一个个选择，不断成为自己喜欢的样子。高中的文理分科曾让我很困惑，在意向征集时我选择了喜欢的文科，后来听了父母的意见“学理好找工作”，就成了“理工男”。我现在学的是电气工程及其自动化专业，其实我开始时并不了解这个专业，报考它是因为我在高三受不了理科的惨败选了春季高考，而这个专业录取率高。
>
> 进入大学后，我努力改变自己。因为不知道这个专业的发展方向如何，所以我要多加了解；因为大学生活对我来说已属不易，所以我要在大学活出不一样的自我；因为我想挑战另一个自己，所以我要不断改变、突破自我。当我进入新的环境时，感到很多的不适，不知道怎样与他人交流，怎样学到更多的知识，怎样让我的大学四年不荒废……
>
> 还记得曾找班主任给我指点迷津，找学长学姐求经验，想了很多办法去获得我想要的东西，去突破自我。大一下学期，我知道了职业生涯规划大赛，我了解之后对自己说：这就是我想要的。

有了目标，这位同学开始了一系列的积极行动，最后在老师的指导下，通过参加职业生涯规划大赛明确了自己的努力方向，让自己的大学生活也变得充实、有意义。

综上所述，确定目标主要有以下几方面的意义：

（1）首先能够使自己有方向感。目标是职业生涯漫漫旅途中的灯塔，指引我们走向成功，让我们主宰自己的命运，而不是随波逐流、枉度一生。

（2）目标明确后，能够促使我们保持积极的人生态度，不断激发成就动机，遇到挫折不气馁。

（3）设定目标使我们能够着眼于未来，更有远见，从而更愿意为现在的事负责。

（4）根据目标，可努力缩小理想与现实间的差距，使自己不至于眼高手低、好高骛远。

（5）可以专注于目标，根据目标调动和整合自己的资源；能够在资源有限的情况下，集中精力完成有丰富资源但没有目标的人所无法完成的事情。

总之，目标是一切行动的指南。有了目标，就有了行动的方向，但更重要的是督促自己去采取行动、实现自己的目标，在实践中逐步调整并找到真正适合自己的目标。

从中学生到大学生的转变，带来的不只是学习内容、方法的变化，还有生活方式等诸多方面的改变。在初步适应了远离家乡和父母的独立生活之后，大学新生面临的首要问题是学习目标的调整。可以说，适应大学生活，重新找到奋斗目标是同学们进入大学后的首要任务。

4.2　职业生涯目标分解

前面我们反复说明：要想在未来职业生涯中获得成功，首先必须确定自己的生涯目标和切合实际的职业定位，再把目标分解，设计出合理的职业生涯规划，并且付诸行动。如何制定目标呢？我们先看看一位学长小刚的目标：

- 18岁，高中毕业典礼上，小刚发誓要成为中国首富！
- 20岁，春节老同学聚会上，小刚想创立自己的公司，30岁时拥有资产2 000万元。
- 23岁，小刚在某工厂当技术员，第二职业是炒股。“在这里工作太没前途了。我会全力炒股，3年内将5万元炒到300万元。”
- 25岁，小刚炒股失意情场得意，开始准备结婚。小刚希望一年后能有10万元，风风光光地结婚。
- 26岁，在不太风光的婚礼上，小刚想到的是妻子生一个孩子，自己将来当个车间主任，别的不多想。
- 28岁，工厂效益下滑，正逢妻子身怀六甲。小刚希望这次下岗名单里千万不要有自己的名字。

小刚一直都有目标，而且目标都很具体。可是，他为什么会这样呢？

事实上，仅仅有目标是不够的，还需要对目标进行详细的分类、分析。

生涯目标可分解为长期目标、中期目标和短期目标。一般来说，短期目标服从于中期目标，中期目标服从于长期目标，长期目标又服从于人生目标——比如我们的梦想。要实现梦想，必须踏实地实施目标，通常从具体的、短期的目标开始，这就是所谓的梦想落地。

当然，在确定自己的人生目标和长期目标时，要综合考虑社会因素和自身特点；制定中期目标和短期目标时，则要更多地考虑社会经济环境、工作条件和任职资格要求等职业因素与自身特点的匹配。通过自我认知和职业探索，制定符合自身特点的短期目标、中期目标和长期目标，进而制定完整的个人生涯目标体系。

首先看看长期目标的制定。长期目标是指时间为5年以上的目标，主要受个体人生目标的影响。常言道，“人无远虑，必有近忧”，尽管如此，在生活中人们最容易忽视的就是长期目标。很多同学认为，5年后的事情太遥远了，考虑那么多、那么远没什么用。果真如此吗？当然不是。近年来，大学生就业困难，很多大学毕业生找不到满意的工作，可也有一些大学生毕业前就被名企高薪聘用了。这些被聘用的学生几乎都是在大一、大二时就树立了长期的职业发展目标。他们立大志、立长志，在志向的牵引下制定并实现了自己的短期目标和中期目标，有了一个好的职业生涯开端。

设定长期目标一般要考虑几个因素：目标非常符合自己的价值观；对自己的目标有足够的兴趣；目标具有一定的挑战性；目标是自己能够实现的。

再看看中期目标的制定。中期目标一般为3～5年的目标，也就是大学期间应该达到的目标。中期目标在长期目标的基础上确立，如毕业后直接进入职场、找到一份满意的工作；考上理想的学校和专业的研究生；到自己所梦想的国家去留学；选择创业，实现当老板的理想；等等。

中期目标相对长期目标更具体，具有如下特点：通常与长期目标保持一致；结合自己所学专业、能力、兴趣和掌握的社会资源来确定；用明确的语言来定量说明；对目标实现的可能性做出评估；有比较明确的时间，且可做适当的调整。

最后看看短期目标的制定。短期目标通常是指每日、每周、每月、每季、每年的目标，是中期目标和长期目标的具体化、现实化和可操作化，必须清楚明确。其主要特点有：目标切合实际、具备可操作性；明确规定具体的完成期限；目标有把握实现；目标还需要适应环境、服从于中期目标。

对大学生来说，短期目标是十分重要的，短期目标设定是否合理，决定着中期目标和长期目标是否可以实现。相对而言，短期目标的分类更复杂，依据不同的标准有不同的分类。

大学时期的目标可以按年级来制定，分为一年级目标、二年级目标、三年级目标、四年级目标。根据年级制定目标的建议如下。

1. 大学一年级——自我认知及对专业初步了解阶段

在大学这一独立人格形成的重要阶段，进行自我认知是同学们最重要的任务。挣脱了高考桎梏的大学生也许目前并不知道自己今后想要从事什么职业，然而，了解自己的人格特质，找到自己真正的兴趣所在，厘清自身价值观至关重要。所以，在适应了大学学习生活之后，首先需要花一些时间尽可能地了解自己的特长、生活爱好、兴趣和价值观。这些信息将帮助大学生选择感兴趣的专业和职业发展方向，并开始探索丰富多彩的工作世界。因此，大一新生应有意识地主动开展自我认知，了解所学专业的特点及发展前景。具体需要做的工作如下：

（1）发展自己现有的兴趣和能力并不断发现自己潜在的兴趣和能力，通过参加学生工作、社团活动、通识教育课堂和课外活动等，抓住校内外一切尝试和锻炼机会。

（2）关注关于不同行业和职业的介绍材料，对行业和职业有基本的认识，比如了解某行业是否有发展前景、各种职业应该具备的技能。

（3）与家人、朋友、老师以及周围所有可提供信息的人（包括网上结识的人，他们大多很坦诚地跟你谈论自己的工作以及对工作的认识、感受）谈谈你的职业兴趣。

（4）通过职业倾向测试，更多地了解自己，确认自己喜欢的职业和自己的特长。

（5）认真学习，尽己所能地争取得到好成绩，至少保证每门功课都能通过，以期顺利地获取毕业证书及学位证书。

大学一年级的一个重要任务是确认自己所学专业。由于不少同学高考填报志愿时有较大的盲目性，进入大学后因为对专业不满意而产生迷茫甚至厌学。然而，正如第 2 章有关“职业兴趣”一节中讨论的：高中生谈到的兴趣往往不同于本书中讨论的职业兴趣，因此一些同学根据“兴趣”换了专业，可能还会有困惑。下面是一个典型案例。

王彬高考后被聊城大学法学院录取了。但他一直都有成为作家的梦想，考虑再三，他决定转专业到文学院。跨院系转专业的要求很高，其中的艰辛自不必多说。但他坚持下来了，一年后成为文学院的一名学生。

确认对自己所学专业的兴趣，是保证同学们融入大学生活非常重要的前提，建议同学们全面了解信息，及早做出决策。

2. 大学二年级——生涯扩展阶段

通过大一新鲜的尝试之后，同学们对自身特质有了一定了解，同时对职业概况和工作世界有了初步认识，但还要继续深入探索和收集有关生涯发展领域的信息，可以通过暑假实习、社会实践和志愿者活动掌握第一手材料。在这个阶段，需要了解你所感兴趣的职业群的有关信息，了解就业市场；通过实习实践、兼职和志愿者活动获得工作经历，更多地了解自己的工作偏好，主动参加相关的生涯发展项目，增加对整个就业领域的了解。在实践和比较全面地把握信息的基础上，逐步明确专业和职业发展方向，并做出初步的职业选择。

转专业的同学大二将面临重新适应专业学习的难题。我们接着看王彬同学的故事：

当王彬真正进入文学院学习后，各种问题接踵而至：一方面课业压力大，作为一名转专业的学生，不仅要完成大二现阶段的学习任务，还要补修大一一年未完成的学业，这是一项极其艰巨的任务；另一方面，王彬发现文学院的专业课与其预期有很大不同，这让王彬对自己选择转专业产生了怀疑，感到了前所未有的迷茫。王彬为坚持自己的梦想付出了很大努力，却在奋斗的路上承受着梦想与现实的巨大落差。这些压力正在消减王彬的热情，慢慢吞噬着他实现梦想的动力。

事实上，不论转专业的原因是什么，很多同学在成功地转入自己梦寐以求的专业后或多或少会有一些心理落差和心理压力，这是很正常的。幸运的是，王彬的辅导员注意到他的情况，运用职业生涯发展理论帮助他进行分析和疏导。

辅导员根据王彬喜欢现代文学的特点，积极与文学院现代文学专业任课老师联系，从王彬最感兴趣的学科入手，解决他学习热情不高的问题。通过辅导员的分析，王彬认识到，自己对新专业失去信心的关键是压力过大，加上学习方法不得要领，导致学习热情降低。他从最喜欢的学科入手调整学习方法，再逐渐扩展到其他学科。

随后一年中，辅导员鼓励王彬参加中国大学生作文征集大赛并最终获得了一等奖，这让王彬重新确认了自己的专业选择。

3. 大学三年级——整理与评估你的选项

社会实践和暑假实习会帮助你获得一些能力，这时你需要对自己的能力进行重新认识和评估，了解在哪些方面还有潜能。在大三这一专业课最为集中的学习阶段，可以进一步明确自己的方向。为明确你的专业和学术方面的目标，现在你需要再次问问自己："我是谁？""我到底想要什么？"

这个阶段需要逐步明晰：从大一开始你的兴趣是否有变化，对现在的行为有什么影响？你本科毕业后是直接找工作、攻读硕士研究生还是去留学？如果选择攻读硕士研究生，你是继续学习本科专业还是换专业？是在本校读还是换学校读？如果希望留学，你想去哪个国家？最希望去哪几所学校？你需要为此做哪些准备？如果想尝试创业，你需要评估自身的创业意向和创业项目的可行性、外部资源支持情况。

总之，同学们需要分析自己的选择是否合理，需要通过哪些渠道、具有什么知识结构和层次才能达成。

要研究相关的工作单位和工作环境，寻找你与这些职业相吻合的能力。开始建立专门的联系渠道，以便能帮助你实现求职战略计划。

在王彬同学获得中国大学生作文征集大赛一等奖后，辅导员又将他的文学作品推荐给聊城某报社的编辑。在作品的几轮修改中，王彬展现了极高的领悟能力和较为深厚的文学功底，让编辑十分欣喜。半年后，王彬成功地成为报社的撰稿人，并有了和报社资深作家交流的机会，也得到了他们的支持和好评。王彬逐渐加深了对作家这一行业的理解和认识，不再迷惘，学习热情也提高了，继续为实现梦想而努力。

4. 大学四年级——就业决定阶段

这一阶段要为自己提前规划和确定生涯目标。面对从学校到职业人的转变，你应提前准备好求职申请信、简历和成绩单。通过校园招聘会、人才市场和网络等确认自己的就业岗位。

这一阶段需要思考的主要问题有：

- 在你希望生活、工作的地区/城市，哪些职位可能提供给你这样的应届毕业生？
- 你怎样才能找到适合自己的岗位？

● 你已经尝试寻找了几个职业，哪一个最适合你？

所要做的准备有：通过你的各种可利用的联系渠道寻找工作机会，并争取被推荐；尝试所有的机会；参加招聘会和用人单位的介绍活动；阅读提供就业职位的目录，参加各种校园面试；与已有职场经验的校友联系，了解他们在工作第一年面对的挑战、困惑和感受体会。

大四是很多毕业生的就业恐慌时期，找工作让大部分学生很辛苦，可能备受挫折，且结果不一定尽如人意。这种情况下，同学们需要学会缓解自己的不安、焦虑、自卑等情绪。要知道，通过找工作，我们能不断地发现自己的不足，也会更加了解职场和职业，这些都是帮助我们在未来的职场成功的重要因素。能够主动地认识到这些，相当于同学们提前进入了职场。

一般来说，大学四年的规划应该在大二结束前完成，然后根据规划安排接下来几年的学习生活。当然，随着年龄与知识的增长，我们的认识会发生变化，需要不断地对自己的目标进行调整，但总体规划应该较早完成。

制定年级目标的同时，同学们还可以细化自己的短期目标，比如制定上学期目标和下学期目标，按假期来制定暑假目标和寒假目标等。此外，我们还可以按内容来制定学习目标、生活目标、社团实践目标、兼职目标、实习目标等。

本科四年的学习过程中，是否考研是很多同学面临的一个抉择。不少同学可能在获得大学录取通知书时就已将考研定为本科阶段的目标。殊不知，这样的决定是缺乏科学依据的。是否考研，应取决于你未来的事业发展目标，取决于你将来从事的职业对职场新人的素质、能力及学历要求。我们先看看下面这个 CCTV-10 报道的真实案例。

2004 年，中国农业大学大四学生杨峥深思熟虑后决定放弃考研，自主创业。然而，考研是父母为儿子进入大学后设定的唯一目标。在得知杨峥的决定后，父母强烈反对。杨峥专门请了三天假回家与父母沟通，希望说服父母同意自己的做法。

杨峥的家乡是安徽桐城，清代桐城派散文让这一古镇闻名全国，至今桐城人仍以这里曾经出过闻名全国的美文而自豪，“敬学识、出才子”是桐城多年来的文化传统。

杨峥成长在一个典型的严父慈母的家庭中，父亲一直督促儿子将全部精力放在学习上，母亲则给了儿子很多的宠爱和呵护。让父母骄傲的是，杨峥的学习成绩非常优秀，中学时期考入了全市最好的学校，高考时又以高出重点线 50 多分的成绩考入了中国农业大学。拿到录取通知书时，杨峥就和父母约定：四年之后，他要攻读硕士研究生，继续深造。

几年前杨峥的父亲就下岗了，虽然他不懂电工技术，却在一家餐馆学做电工。父母的工资加在一起不到 2 000 元，但每月都会按时给儿子寄来 800 元的生活费。母亲给杨峥打电话时说：“家里已为你攒下几万元钱，留着你上研究生时再用。”杨峥不考研对他们来说是很没有面子的事情，如果让邻居们知道，他们会觉得很丢人。

杨峥自己有着明确的职业生涯规划：在 30 岁时达到较为成功的职业状态。他计划先用两年的时间尝试创业，如果成功了，30 岁前会有一份自己的事业，那时还可以继续深造；即便失败，两年后自己才 23 岁，同样可以通过读研去寻求发展。杨峥认为，现在研究生毕业后去大公司应聘，用人单位都要求有两年的从业经验，自己先尝试一下创业，即使失败了，也可以从中获得经验。

在和母亲的交谈中，杨峥拿出了他的生涯规划图，看到儿子的职业规划，母亲的态度有所转变。然而，在儿子暂缓考研的问题上她仍有疑虑。原来，在外公家的四个孩子中，杨峥的舅舅和姨妈都有大学本科文凭，在广州、武汉等大城市有了比较好的工作和生活，只有杨峥的母亲没有走出桐城。母亲一直认为是大专文凭限制了自己的发展，让儿子有一张过硬的文凭是她最大的心愿。母亲告诉杨峥：她在工作后也有过继续深造的机会，但是工作的时间长了，学习的想法就慢慢淡了，最终放弃了学习机会。所以，对于儿子暂缓考研的想法，母亲是有担忧的。

最终，母亲对杨峥的想法还是表示了理解，同时对杨峥提出了两个条件：首先，他必须完成好本科学业；另外，如果第二年5月杨峥和合伙人还没有找到创业资金，那么他必须找一份工作，一边就业一边创业，更加踏实地面对生活。谈话结束时，杨峥再次向母亲做出承诺：无论创业成功与否，两年之后他都会回到学校继续深造。

本案例中，杨峥起初决定考研主要是为了达成父母的心愿；杨峥的父母认定研究生文凭比本科文凭过硬，会令杨峥在毕业求职时更有优势，却并未想到这样的比较过于简单。实际上，学历在求职中的作用最显著地体现在简历筛选等环节，真正决定一个人能否得到一个职位的是其素质与能力和岗位要求的匹配程度。如果一定要比较，不应该单纯地比较本科生与硕士生的职场竞争力，而应将研究生毕业时杨峥的素质与能力和其本科毕业参加工作、努力工作两三年后相比。孰强孰弱，很大程度上取决于他所从事的职业。有些职业其成败与学历有很大的关系，如研究人员、研发人员等；有些职业其成败与工作经验的关系更密切，如营销人员、管理人员、程序员等。

然而，杨峥在决定暂缓考研、准备尝试创业时，并未认真分析自己的个性特征是否适合创业，对创业环境、创业项目、资金支持等因素未做科学考量，将两年作为衡量创业成功的期限也显然没有科学的依据。他提到的“研究生毕业后去大公司应聘，用人单位都要求有两年的从业经验”的说法也很片面：要求有从业经验的职位往往是在社会招聘会中发布的；而应届毕业生首选的求职渠道应该是校园招聘会，校园招聘是不会对同学们的工作经验提出硬性要求的。此外，杨峥向母亲承诺的“无论创业成功与否，两年之后他都会回到学校继续深造”也很难实现。因为如果他本科毕业两年后读研，根据目前教育部的规定，他只能报考学术型或某些全日制专业硕士，他一边创业一边准备，胜算不会很大。而对笔试成绩要求不那么高的MBA联考、工程硕士联考等，对报名者的工作年限要求至少是三年。

杨峥的案例提醒同学们：进行职业生涯规划不仅需要勇气和决心，更需要科学的方法与必要的知识和信息储备；既要对自我进行充分认知，也要对环境进行全面了解。

总之，目标的制定一定要考虑可行性。如果目标太过宏大、难以实现，就可能如前文的小刚那样，规划最终沦为一纸空文。目标的制定应该分阶段完成，同时必须结合自己的个性特征，考虑实施的可能性等因素。大学期间制定职业目标，最好能够根据所学专业的特点与自身性格、兴趣、能力等因素的匹配程度，按照所处学习阶段来进行。

4.3　大学阶段的职业决策

在明确了生涯目标，初步制定自己的短期及中长期目标后，就要为实现目标而行动了。这时，同学们将面临新的难题：职业决策。

决策，就是做出决定，指为了达到一定的目标，从两个或两个以上的可行方案中选择一个合理方案的分析判断过程。管理学家西蒙（Simon）指出："决策是管理的心脏；管理是由一系列决策组成的；管理就是决策。"决策对于目标的重要性不言而喻。决策正确与否决定着目标行为的成败。正确的决策能指引个人沿着正确的方向、合理的路线前进；错误的决策会使人走上错误的道路，导致失败。

实际上，我们每天都要进行很多次决策。早晨醒来，第一个决策是"马上起床"还是"再睡个回笼觉"；起床之后的决策是"去食堂吃早饭"还是"在上课铃响前进入教室"；上课感觉老师讲得没意思或听不大懂时的决策是"努力跟上老师的节奏"还是"自己刷会儿微信"……

以上决策似乎都不是特别重大。然而，职业生涯规划过程中的决策非常重大，需要同学们做出审慎的决定。事实上，决策是连环发展的过程而非单一事件，整个生涯发展过程都会不断面临决策问题。

职业决策是综合了个人对自我的认识以及对教育与职业等外在因素的判断，面临生涯抉择情境时所做的各种反应，其构成要素包括：决策者个人的目标、可供选择的方案与结果以及对各个结果的评估。决策的过程与结果将受到机会、结构等社会因素以及个人价值观与其他内在因素的影响。

著名社会心理学家克虏伯（John Krumboltz）是斯坦福大学教育与心理学博士，全球著名的职业规划大师。他根据班杜拉社会学习理论，主张个人的人格与行为主要受到独特的学习经验的影响，应当由日常生活事件来解释生涯决策及其过程。他认为，对个人生涯决策具有影响力的因素包括以下四类：

（1）遗传天赋和特殊能力。如性别、体能、外表、人格特质、智能、音乐能力、艺术能力等。

（2）环境条件和事件。如工作性质和训练机会、社会政策、社会影响、科技发展、劳工法令、社会组织的改变、物理事件（如地震、水灾）、家庭特质等。

（3）工具性学习经验（如生涯规划技巧、职业或教育表现等）和联结性学习经验（如观察学习等经验）。

（4）任务取向技巧。如问题解决技巧、工作习惯、心理状态、情绪反应和认知历程等。

克虏伯认为，在个人与环境事件的互动中学习得到的新经验，以及个人的兴趣、价值观与人格特质等均可改变与拓展，每个人一生中的独特学习经验会影响个人的职业决策。他将人的生涯决策阶段分为七个步骤：界定问题，制定明确的目标；拟定行动计划，规划达成目标的流程；澄清价值，界定个人的选择标准；收集资料，找出可能的选择；

依据自己的标准评价各种可能的选择；系统地删除不适合的方案，挑选出最合适的选择；开始执行行动方案。

虽然有理论做指导，但决策过程十分复杂，职业决策困难一直是备受学者关注的问题。职业决策困难意味着个体在特定的时间里无能力做出一个特定的决策。学者龙立荣等将其定义为：个人在职业选择（进入阶段或职业改变）过程中，面临最后决策时，不知道要从事什么职业或从几个职业中挑选一个时发生的困难。

人的一生过得幸福与否，与其对所从事职业的满意度有相当大的关系。然而，选择一个适合自己的职业并非易事。人一生中可能会有多次职业改变，面临多次选择，因此很多人都会感到职业决策困难。尤其在大学时期，缺乏必要的关于职业或个人职业特征的信息，当个人意愿与父母立场对立时，当个人喜好与社会供给不一致时，在面对多种得失冲突的情况下，同学们往往会面临职业决策困难。

职业决策困难是个人在面对职业决策问题时，由于缺乏自我了解、信心不足、兴趣与能力冲突等内在阻力，以及生涯资料的提供较少、他人的支持不足等外在阻力而产生的决策上的困难。生涯不确定的程度越高，个体面临的困难越大。

决策不是结果，而是一个过程，所以职业决策困难表现在整个决策过程中：职业决策意识的困难、决策开始阶段的困难、决策过程中的困难、执行生涯计划的困难等。表4－1是职业决策困难分类表，同学们可以由此发现自己的职业决策困难集中表现在哪个阶段；发现职业决策困难的具体表现后，可以进一步寻找解决方法。

表4－1　职业决策困难分类表

困难类别	判断条目
职业决策意识的困难	A. 未觉察到做决定的需求
	B. 不知道做决定的过程
	C. 知道要做决定，但逃避承担做决定的责任
收集信息的困难	A. 不充分、不一致的信息
	B. 过量的信息带来的困惑
	C. 不知道如何收集资料，例如：在何处收集、如何组织、如何评估等
	D. 因信息与个人的自我概念不一致而不愿意接受信息的有效性
产生、评估、选择替代方案的困难	A. 由于面临多重生涯选项而难以做决定
	B. 由于个人的条件限制，如健康、资源、能力、教育等，而无法产生足够的生涯选项
	C. 由于害怕失败、害怕社会不赞许、害怕承诺或投入行动等焦虑情绪，而无法做决定
	D. 人际关系、冲突、情境、资源、健康等因素局限个人的选择
	E. 不知道评估的标准（价值观、兴趣、性格、能力、资源、健康、年龄、个人环境等）

续表

困难类别	判断条目
计划执行中的困难	A. 不知道形成计划的必要步骤
	B. 不知道在未来的计划中需要完成哪些事情
	C. 不愿意或无能力获得必要的信息以形成计划

职业决策常常受到自我因素、专业因素、家庭因素、社会因素、职业因素及资源因素等的影响。

1. 自我因素

自我因素包括本书在自我认知部分讨论过的个人性格、兴趣、能力及价值观等多种因素。自我认知是人们进行职业决策的基础，对自我越了解，决策时失误就会越小。因此，既要了解自身的优势，也要了解自己的不足；确定自己的职业目标时，应扬长避短，选择与自我特质相匹配的职业。

由于缺乏社会经验和独立思考意识，目前很多大学生在选择职业时存在一些误区。

（1）误区一：热门的职业就是好工作。陈峰的本科专业是电气工程，毕业后在一家公司任电气工程师。他有位高中同学学的是工商管理专业，毕业后从事人力资源管理工作，经常出差去外地招聘及组织新员工培训。陈峰很羡慕，也想成为一名管理人员，工程师工作做了不到一年就辞职了。然而，由于性格内向、沟通能力不强，又没有相关经验，陈峰花了大半年时间也没有找到管理类职位。陈峰自我反省了一阵子，觉得是所学专业限制了自己的发展，于是决定考管理类专业的研究生，却因专业课成绩差而失败。

热门职业一直是大学生理想的好工作。待遇好、工作环境好、社会地位高等优势为热门职业披上了美丽的外衣。事实上，看起来很美的热门职业未必对谁都适合，热门职业因为其热门必然会成为众多人争抢的对象，对从业者的要求也会很高，最终能够成功地找到热门职业的人是有限的。如果不顾自身的素质、能力等条件而盲目地选择热门职业，择业失败的可能性会很大。

（2）误区二：别人认为好的工作就是好工作。李璐同学在咨询时说："我修了经济学与英语双学位，但不知道自己毕业后该从事经济方面还是英语方面的工作。老师，您是生涯咨询师，帮我指条道吧。我相信您，您告诉我怎么做，我就怎么做。"

李璐同学的观点有一定的代表性。很多同学习惯或愿意把关系到自己人生前程的重大决策交给别人来决定，这些人包括父母、家人、好友、同学、老师等。

人生道路的选择真的可以交给别人来做吗？当然不能。父母、老师以及职业咨询专家的建议和职业测评的结果只能为你提供参考，职业决策必须由自己做出，因为别人认为的好工作不一定适合你，任何人都不能代替你自己做决策，你的前程由你自己负责。

（3）误区三：薪水高的工作就是好工作。刘强同学在咨询时说："我是一名计算机专业的大三男生。在周围同学沉浸在网络游戏、谈恋爱时，我一直在思考是出国深造还是工作。我喜欢汽车，我的目标是挣足够的钱，在 30 岁以前开上宝马。为了实现我的'宝马'人生，必须奋斗，我该怎样做呢？"

很多大学生毕业时都想找一份薪酬高的好工作。智联招聘开展的应届毕业生调研中，对“已获取录用通知尚未签约”的原因进行了分析：“薪水/待遇未达到期望值”仍是毁约首要因素，比例为38.23%；然后是“职位/工作内容不喜欢”和“离毕业还早，还有机会拿到更好的录用通知”，比例分别为35.59%和31.36%。2021年9月《中国青年报》发布的一份调查报告显示，00后对自己进入职场的薪酬待遇非常乐观：“超过20%的大学生预期自己毕业后月薪过万；此外，67.65%的大学生评估自己毕业10年内会年入百万。”在相关新闻的评论区中，点赞最高的是一位职场资深人士的留言：“想太多了！10年后可能将面临失业。”

这里，提醒同学们在期待高薪的同时了解某些职业薪酬高的原因：1）岗位责任重大、任职资格要求高、能够胜任者少。这类职位显然不是为应届毕业生准备的。2）岗位工作强度大、投入时间长。如投资银行的分析师、管理咨询公司的咨询顾问，每周平均工作时间动辄七八十个小时，薪酬策略往往是“雇一个人，干两个人的活儿，付三个人的薪酬”。这类职位对任职者的能力与体力要求都非常高，只有极少数人能够承受这样的压力。3）行业风险高。“三年不开张，开张吃三年”，从长远看，收入水平不稳定、职业安全性不高。4）属于垄断行业。如我国的电力、移动通信、石油、石化等行业，因为垄断经营而获得高额利润，员工收入水平普遍偏高。但随着我国社会主义市场经济的深入发展，这种垄断行业会越来越少；其员工往往缺乏市场竞争力，一旦企业丧失垄断地位，员工可能面临非常尴尬的境地。20世纪90年代国企改制时大批员工下岗就是类似的情况。2019年网上广泛转发的有关“36岁唐山高速公路收费口下岗女工哭诉自己什么也学不会了”的视频，也形象地展示了这一现象。

因此，选择职业不仅需要考虑是否有“钱”途，更要考虑这份工作是否有发展前途；工作的目的不只是挣钱，更不是只顾当下挣钱。有的工作从眼前看起薪很低，但如果这份工作非常符合自己的兴趣倾向，你又具备相应的能力，这样的职业对你的发展是十分有利的。所以，选择职业不能只追求眼前利益，更要看长远的发展。

由此可见，关于好工作似乎是见仁见智的。

大学生想找到好工作，就必须知道什么才是自己心中的好工作。好工作的标准因人而异。雇主在招聘时并不是招聘最优秀的人才，而是招聘最适合自己的人才。同样，对求职者来说，并不是要找社会公认或者他人认为的好工作，而是找最适合自己的工作。事实上，工作并没有好坏之分，但对每个人来讲，工作有适合与不适合之分。与自己个性特质相匹配的、对个人长远发展有利的工作才是适合的工作，适合别人的工作未必适合自己，适合自己的工作才是好工作。

2. 专业因素

大学生进行职业决策时，常常将自己所学的专业作为一个非常重要的因素加以考虑，也就是人们常说的找工作要看是否专业对口。因为几年的学习时间都投入某个专业领域，同学们不仅积累了专业知识，而且受到了相应的思维训练；如果毕业后能够从事与专业对应的职业群，这些知识和训练会对工作非常有帮助。

不过，现实情况是，近年来应届毕业生初次就业的专业对口率仅约60%，有些专业毕业生的专业对口率不足10%。

现实生活中，有些同学发现自己并不喜欢所学的专业，想调换专业或者在本科毕业后找一份与所学专业不一致的工作。这并非不可能。不过，一个人选择的职业群离所学专业越远，需要的自我学习和自我提高的能力越强。

宇轩是北航高等理工学院本科生，但他本人擅长与人沟通、组织活动，不喜欢理工科的专业课程，考试成绩也不太理想。在与生涯咨询师沟通后，宇轩积极参加院校组织的各种职业生涯规划讲座、工作坊活动，明确了自己的职业兴趣，着力培养组织协调、人际沟通等方面的能力，最终本科毕业入职华为成为一名客户经理，实现了自己毕业后从事管理工作的梦想。

3. 家庭因素

父母的受教育程度与职业、家庭经济收入及父母的价值观等家庭因素与一个人的成长有很大的关系，对一个人职业决策的影响也非常大。同时，家族成员的职业也对我们个人的职业选择有一定的影响。因此，建议同学们在进行职业决策前先充分了解家族成员的职业发展状况，最好画一下家族职业谱（见图4-2）。

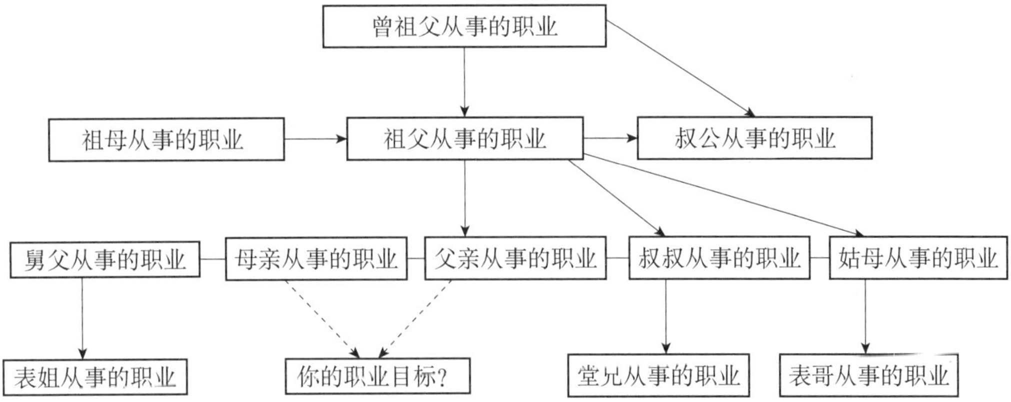

图4-2　家族职业谱

父母及其他与我们有血缘关系的亲属的职业对我们自身的职业选择可能有很直接的影响。职业兴趣、素质与能力等个人特质不同程度地受到先天遗传等因素的影响；同学们的职业兴趣、素质与能力倾向等很有可能与父母某一方或有血缘关系的近亲类似，同学们的职业选择与他们的职业选择是有关系的。同时，如果他们的事业发展顺利，不仅可以为你提供实习、求职的信息，还可以为你入职期间及职业发展各阶段给予指导。

此外，由前面杨峥的案例可知：做决定时，一定要考虑父母的意见和感受。杨峥不考研的决定，对他自己仅是一个选择，对父母却是一个打击，打碎了父母多年来的一个梦。因此，同学们在做决定时一定要与父母充分沟通，相互理解。

2019年，一部国产动画片《哪吒之魔童降世》上映后引起了轰动，造就了国产动画片的票房神话。片子的导演“饺子”原名叫杨宇，是毕业于四川大学华西药学院的80后。

酷爱画画的杨宇，高中毕业后遵从父母的意愿报考了医科大学。然而，他一直没有放弃自己的爱好。大三时他接触了MAYA，开始学习动画创作。大学毕业后他到一家广告公司上班，一年后辞职，开始《打，打个大西瓜》的创作，获得大奖。其间，他一直与父母交流，最终获得了父母的理解与支持；《哪吒之魔童降世》的剧情也体现了他对父母的感激。

另一个例子是青年漫画家白茶的成长经历。白茶的插画绘本《就喜欢你看不惯我又干不掉我的样子》系列漫画在互联网倍受热捧，漫画主角“吾皇”逐渐成长为受大众喜爱的国内原创现象级卡通IP“吾皇万睡”。在创作吾皇之前，白茶在家人看来整日“游手好闲”，作为一个自由职业者收入不稳定：“我爸想让我去当美术老师，因为我爸是老师。家里人希望我能有稳定的生活、稳定的家庭。”不久，在与父亲的“最终”谈判中，他声泪俱下地说：“让我再坚持一年，我一定会做出点儿成绩。”终于他打动了长辈，创作出一系列受年轻人喜欢的动漫形象。

近年来笔者指导的一些学生案例也表明：只要同学们掌握了相应的背景信息、专业知识和沟通能力，与父母心平气和地讨论、协商，而且用实际行动来证明自己的决心，最终说服父母支持自己的选择并非不可能。只要使对巧力，“胳膊”也是有可能扭得过“大腿”的！

4. 社会因素

社会文化环境与经济技术的发展对职业选择的影响很大。

一位同学谈道：选择职业时，我只知道自己要什么，却不知道社会需要什么、社会能为我提供什么，我常常感到困惑，不知道自己的决定是否正确。正如本书第1章所探讨的，同学们应明确自己上大学的目的，不能仅停留于理论知识的学习，还要学会运用知识，通过自己所学的知识来解决实际问题。上大学的目的有很多，其中一个重要的阶段性任务是找到一份自己满意的好工作。什么是自己满意的好工作呢？你需要花时间去了解社会与职业，否则，你心中的好工作将永远停留在空想状态。

然而，大学生获取职业信息存在一些障碍。虽然各种媒体每天都提供许多职业信息，但这些信息并不一定真实有效。大学生职业生涯规划论坛上一位在校生的帖子说：“市场上供求双方的信息是不对称的。作为工作职位的需求者，在没有得到岗位前永远都不会知道供给方的真实情况：我们不知道单位到底需要有什么才能的人才，不知道工作环境，甚至不知道它到底是不是在招人。寄出去的简历大多数都石沉大海。”

现在很多用人单位抱怨大学生不了解职业，职业化程度低。然而，社会上有什么有效的渠道来帮助大学生了解职业呢？哪些职位适合毕业生？哪些职位适合社会人？很多同学都抱怨找实习机会很难，其中一个重要原因是大型企事业单位提供给在校生的实习机会太少。对没有职业经验的大学生来说，了解这些职业信息、区分信息的真实性和有效性确实有一定困难。

此外，人力资源市场供求信息对大学生选择职业也有很重要的影响。由于缺乏有效的信息，大学生很难了解到他所学专业对应的职业群或者他想选择的职业的人才供求关系，很大程度上造成了其决策困难。

最后，人、财、物等各方面的资源因素也对职业决策影响很大。这个问题将在下一节详细阐述。

除了上述因素外，国家的政治、经济和社会发展状况，所就读学校的教学状况和地位，社会对职业的评价，以及周围人（包括老师、同学、校友等）对职业的评价等社会因素对大学生选择职业也有很大影响。

智联招聘发布的《2022大学生就业力调研报告》显示：55%的毕业生因经济环境等外部因素影响降低期望；平均期望月薪6 295元，比2021年下降约6%；降低月薪期望值具有普遍性，毕业生愿意降低薪酬要求以适应就业市场。

《2021大学生就业力调研报告》则显示：过半2021年应届毕业生就业期望受疫情影响，23.9%降低期望薪酬；应届毕业生期望薪酬较2020年有所提高，但仍低于疫情前，主要集中在4 000～6 000元。

相比之下，2019年应届毕业生的期望月薪与实际月薪都比2018年上浮一档。调研结果显示，2019年应届毕业生期望月薪集中在6 000～7 999元，占比32.39%；而从实际签约月薪数据来看，35.22%的应届毕业生签约薪酬为4 000～5 999元，低于求职预期。这说明，大学生们也逐步学会根据社会环境的变化调整自己的期望值。

2020年的新冠肺炎疫情进一步加剧了就业难度，对大学生的就业影响延续至2021年：2021届接受调研的毕业生中，表示“期望薪酬下降”“大环境不好，稳定最重要”以及看中“落户、补贴等人才政策”的占比均比2020年上升，体现出后疫情时代毕业生对未来规划更具现实主义色彩，发展稳定性与实际利益至上。

职业决策是同学们在大学时期面临的重大课题。由于决策对我们未来长久的职业发展都有深刻的影响，因此，同学们要严肃对待。同时，决策本身又受到自我因素、专业因素、家庭因素、社会因素、职业因素及资源因素等的影响，需要同学们掌握了解多方面的信息，采用一定的科学方法。

4.4　大学生职业生涯规划方案的制定

1. 职业决策的步骤与生涯目标的制定原则

根据前一节的介绍，大学时代将奠定我们未来事业发展的基础，那么，我们如何进行职业生涯规划才能有正确的开端呢？

事实上，由于个体差异和个人偏好，很难对职业生涯规划建立一个精确的按部就班的程序。一般来说，职业决策有以下步骤：

（1）认识问题，承担责任。你意识到自己对职业前景的困惑，并决定采取行动来努力解决这一问题。职业决策的首要步骤是界定目标，例如：选择主修专业及辅修专业，选择职业或雇主。

（2）了解自己。你需要做一个非常全面的自我分析。如果你现在还没有完成，请回到本书第1章，认真完成自我探索。它将帮助你从自身的性格、兴趣、能力、价值观等方面了解你自己。

（3）了解外部环境及职业。一方面，了解所处的社会、经济、政治、地理环境，衡量可能影响你职业选择的环境因素；另一方面，收集、研究感兴趣的职业的准确信息。

（4）找出可能的职业选择。了解职业，你需要全面地研究可供你选择的职业选项，筛选出可供自己选择的目标。

（5）运用人职匹配、SWOT 等方法进行个人与职业的对比分析。一般来说，将三个候选目标职业进行比较分析，个人特质与职业特征最匹配的就是最适合自己的职业。

（6）做出决定。根据你对自己的特点和职业前景的判断确定一个目标职业。

（7）执行决定。通过求职活动将你的职业决策付诸实施。

（8）获得反馈。评估你的职业决策，如果有太多的负面反馈，请重复以上步骤。

制定生涯目标有一个“黄金准则”——SMART 原则（SMART 是五个英文单词首字母的缩写），好的目标应该符合 SMART 原则。

S（specific）即明确的，指要用具体的语言清楚地说明要达到的目标。拥有明确的目标几乎是所有成功人士的一致特点。很多人不成功的重要原因之一是目标定得模棱两可。比如，一位同学的目标是找一个管理方面的工作。这里对目标的描述不太明确，因为管理是很笼统的概念。具体说到管理岗位，首先可以分为工商管理和公共管理，前者主要的雇主是企业，后者则是国家机关。工商管理又分为很多职能，如战略管理、销售管理、市场管理、财务管理、物流管理、人力资源管理、生产管理、信息管理等。人力资源管理又包括招聘管理、绩效管理、薪酬管理、培训管理等。如果你本科学的是人力资源管理或工商管理专业，希望进入企业工作，又对人力资源管理比较感兴趣，那么招聘专员就是一个非常明确的目标。

M（measurable）即可衡量的，指目标应该是明确的，而不是模糊的，应该有一组明确的数据，作为衡量是否达到目标的依据。如果制定的目标没有办法衡量，就无法判断这个目标是否实现。比如，“提高自己的写作能力”，怎样才算提高呢？坚持每天读书，每周完成 2 篇微信公众号文章，本学期公开发表 3 篇文章，这就是可衡量的目标。

A（attainable）即可实现的，指要考虑是否具备帮助自己实现目标的外界条件。有的大学生锁定了本科毕业后月收入 6 000 元的职位，但他低估了达到目标所需要的条件，这些条件包括基本素质、知识、能力、经验、外语水平等，到毕业时，他才发现没有人愿意每月花 6 000 元雇自己。设定目标时，大学生需要考虑自身的实际情况，确定通过努力可以实现的目标，避免设立过高或过低的目标。

R（realistic）即实际的，指在现实条件下是否可行、可操作。一位大四学生开了一家餐厅，他准备定一个目标——本月早餐时段的销售额在上月的基础上提升 15%，但要增加一笔不小的投入，结果实际上是个亏账。投入了金钱、时间、精力，最后还没有收回投资，因此这不是一个好目标。订立目标一定要考虑可操作性，根据自己的实际条件和掌握的资源来确定，不要好高骛远。

T（timed）即有时限的，指订立目标必须有时间的限制。例如，一位 2020 级本科生计划在 2023 年 12 月 31 日之前参加 10 场校园招聘会，当面递交 20 份求职简历，2023 年 12 月 31 日就是一个确定的时间限制。没有时间限制，很可能让目标无法实现。现在，有很多在校学生做事情没有时间概念，上课经常迟到，不按时交作业，养成了不良习惯；总觉得自己也很忙，却没有压力和做事的紧迫感，今天的事情推明天、明天的事情推后天，结果一事无成。所以，订立目标一定要有时间限制，一定要养成良好的习惯，做到日事日毕。

笔者开设的职业生涯规划课中，第一讲后请大一新生简单写出了各自本科阶段的 3～7 个目标。其中一位同学是这么写的：（1）学精专业，发展特长。（2）考研，争取保研。（3）锻炼身体，强健体魄。（4）早睡早起，天天向上。（5）拥有融洽的人际关系，提升沟通、实践能力。（6）好好学英语。（7）课余时间争取多读些书。

在介绍了 SMART 原则后，笔者请同学们对自己的目标进行修改。这位同学的目标调整为：（1）学精专业，专业课成绩不低于 85 分，争取大三参与专业课老师的项目，同时继续练习书法。（2）认真学习，总成绩保持全班前 20%，如果大二结束时明确本专业方向，争取保研；如果发现新的专业方向，准备跨专业考研。（3）每周至少 4 天去操场跑步，每次不少于 3 000 米（8～10 圈）。（4）周日至周四，每天不晚于 23：30 睡觉，周一至周五，不晚于 7：00 起床。（5）不与同学发生激烈的冲突，保持融洽的人际关系；课堂上老师提问时积极发言，每门课最少代表小组到讲台上发言一次，以锻炼沟通能力，大三前参加两个学生社团以提升实践能力。（6）周一至周五，每天记住 5 个英语生词的用法，大二过英语四级，大三过英语六级。（7）每周读 1 本人文类或经管类的书籍，寒假至少读 3 本，暑假至少读 5 本，以丰富自己的知识。

请同学们记住：制定好目标后通过一定的努力能够实现才是有意义的。

2. 个体职业发展资源分析

制定职业生涯规划首先要对个体职业发展资源进行分析。下面介绍一种简单易行的分析方法。

全球知名的麻省理工学院斯隆商学院终身教授沙因博士将个体的职业发展资源分为素质和外部资源两大类。其中，素质可以分为流体素质与晶体素质。流体素质与生理遗传或早年经验有关，难以改变，如一个人的智力、外貌、性格、气质、职业兴趣、价值观等。在进行职业生涯规划时，所选职业最好符合自己的流体素质的特点。晶体素质则与后天教育、培训有关，可以在短期内改变和提高，如专业知识的掌握程度、沟通能力、求职技巧等。确定了职业目标后，我们可以有针对性地提升自己的晶体素质。

外部资源是个体职业发展资源的另一重要组成部分，包括个人经济条件、家庭背景、社会关系等。

对经济尚未独立的在校大学生而言，个人经济条件几乎不必考虑。家庭背景由家庭的人脉资源和经济资源组成。如今，越来越多的大学生已意识到求职过程中人脉资源的重要性，可是很多同学理解的人脉资源是指家庭的人脉资源，即通过父母及其他亲属所积累的人脉资源；经济资源对大学生而言主要是指家庭的经济条件。

不论是选择读研、留学还是创业，几乎都需要家庭经济方面的支持。有些本来想读研或留学的同学，因为家里经济条件欠佳，不得不放弃原定目标而选择就业，这是非常理性的选择，同学们不应该因此抱怨自己的父母。父母生养了我们，但是没有义务为我们未来的职业发展提供全部的物质条件和社会支持，同学们应该根据自己的家庭背景和经济条件来选择职业、安排生活。前些年网上流传很广的《我奋斗了18年才和你坐在一起喝咖啡》的作者，就对这个问题有非常理性的认识。

事实上，抱怨自己无法改变的事实是没有意义的。一个人要在社会上立足，非常重要的是建立自己的社会关系——人脉关系。曹德旺、王传福、俞敏洪都出身于贫寒家庭，但他们经过多年的奋斗成为人脉关系极广的成功人士。

有同学认为：上述名人都是在特定历史阶段产生的，现在"寒门难出贵子"。对此，很多社会学家及有识之士已在呼吁建立更加公平的社会制度，促进社会各个阶层间的流动。与此同时，平民子弟职场成功的实例仍然不断涌现。

2015年11月19日，"互联网＋"教育创新高峰论坛暨慧科教育集团五周年战略发布会在北京举办。论坛就"互联网＋"时代共享经济下教育模式的创新、产教融合面临的新机遇、高校创新创业的体系建设等"互联网＋教育"热点话题进行了深入探讨。同时，公司正式宣布获得千合资本王亚伟先生领投的3亿元的B轮融资。公司的两位创始人方业昌、岳喜伟是北京航空航天大学2004届本科毕业生，2000年分别从河南和山东的乡村考入大学。虽然是没有任何家庭背景的年轻学子，可诚实待人、踏实做事的淳朴个性成为他们最宝贵的财富。为了减轻家庭负担，他们在本科求学期间就勤工俭学，在此过程中结下了深厚的友谊，毕业后一人读研，另一人直接就业。五年后，他们一个在美国攻读博士学位、一个准备进入清华大学经济管理学院攻读MBA，但一直保持着密切联系，最终在2010年共同创办了公司。

两位创始人曾获得"2016中国互联网教育领军人物""2018中国年度经济人物""2020中国经济十大领军人物"等荣誉。2021年12月召开的"2021年教育部产学合作协同育人项目对接会"上，慧科携手百度阿波罗（Apollo）发布智能网联汽车专业方向，面向全国遴选50所高校共建大学生职业成长中心，助力大学生高质量就业。

这两位农家子弟是如何脱颖而出的？在教育领域创办公司，人脉（客户关系）非常重要，而这两位北航学子在读本科时就很注意积累人脉资源。他们靠着自己的勤奋努力获得了老师们的青睐，在勤工俭学及创业过程中，学校很多专业课老师和行政管理部门的老师都给予过他们很多帮助。随着公司规模和业务范围的扩大，他们还借助各种业务关系建起了更大的人脉网络。

因此，千万不要质疑"我一个一文不名的大学生，能认识的只有老师和同学，这些能成为我的人脉吗？"事实上，世界上任何两个素不相识的人，通过一定的方式都能够产生必然联系或关系；所有互不相识的人只需要很少的中间人就能建立起联系。1967年，哈佛大学心理学教授斯坦利·米尔格拉姆（Stanley Milgram）据此做过一次连锁信件实验，结论是：世界上任意两个人之间建立联系，最多只通过5个人。这就是六度分隔理论，又称六度空间理论。

进入大学后，同学们有很多机会去积累自己的人脉资源，包括师生关系、同学关系、校友关系、朋友关系、师徒关系（实习单位）等。一名新生如果有积累人脉资源的意识，首先可与辅导员及任课老师建立良好的关系，请他们在个人成长及专业能力提升方面帮助自己；同时，与一些成绩好、能力强的同学保持良好关系，也可向学长学姐请教有效学习或参加社团、兼职实习的经验。这样下来，在申请实习及毕业找工作时，很容易了解这些朋友所在单位的真实情况，甚至由此获得实习或工作的机会。

课堂练习

我的社会支持系统

请仔细思考后填写表 4-2。

表 4-2　________的社会支持系统

姓名	性别	年龄	与你的关系	联系频率	帮助你的主要事件	对你的帮助（程度等）

填好后请思考：毕业前准备找工作时，你认为上述人物中谁会帮到你？

尽管如此，很多大学生在做决策时并没有好好考虑自己所掌握的人脉资源、经济资源。有些大学生不顾家里的反对，执意考研；有些工薪阶层的子女为了实现自己的出国梦想，坚持让父母把房子卖掉以供自己的学费、生活费，留学回来后却成了“海待”；有些大学生为了实现自己做老板的梦想，在经济条件不成熟的情况下匆忙选择创业，结果创业失败。这些令人遗憾的结果都是对个体职业发展资源认识和分析不足造成的。

因此，大学生在选择职业时需要考虑所掌握的人脉资源和经济资源，做出理性选择。前面提到的慧科教育集团共同创始人、董事长兼 CEO、北京航空航天大学经济管理学院本科毕业生岳喜伟，虽然大学期间成绩优秀，但考虑到家境不富裕，父母务农、妹妹还在读高中，大四时放弃了保研资格，进入了一家知名的 IT 企业从事销售业务。工作后他积极主动、踏实做事，又善于团队合作，短短三年就成长为一名主管。2009 年，他在咨询了大学导师后全面思考，报考了清华大学经济管理学院 MBA 并于 2010 年获得录取通知书。2010 年，他经过慎重考虑，辞去了工作，与好友共同创业。10 多年来，公司持续发展，他个人也获得了长足的进步。

进行个体职业发展资源分析时，还有非常重要的一点是对素质-资源的互偿模式有所认识。这里既包括内在素质间的互偿如“勤能补拙”——后天努力对智商不足的弥补，又包括外在资源间的互偿如“穷人的孩子早当家”——自主建立的社会关系对家庭经济条件和背景不足的弥补。素质-资源间的互偿十分重要。不少同学认为家庭经济条件有限，无法实现自己的留学或创业梦想。事实上，每年都有一些成绩优异的同学获得全额奖学金去留学，还有一些同学通过参加创业大赛等获得创业基金的支持，实现了创业梦想。也有不少同学认为家里没有"关系"，难找工作，难考公务员；事实上，很多同学是通过校友、老师提供的信息获得面试机会，找到了满意的工作。

3. 确定生涯目标的定向与定位法

由于没有工作经验，在校大学生要确定一个非常清晰的目标职业不太现实。这里介绍一种先定向再定位的职业目标确定方法。

先定向，就是根据现在所学的专业来确定未来的职业方向。你需要回答一个简单的问题：你对自己的专业感兴趣吗？你毕业后会选择专业对口的单位就业吗？如果回答是肯定的，就可以基本确定你的职业方向了。比如你的专业是软件工程，自己很喜欢编程，你就需要了解软件工程专业对口的职业群有哪些。职业探索时，你会发现软件工程专业对应的职业很多：软件开发工程师、网络工程师、网络管理员、系统维护员、网站开发工程师，等等。你可以在学习期间了解这些职业的任职资格要求，提前考取一些专业证书，参加老师的课题以获取实践经验，到大四时求职就会比较顺利。如果你的答案是否定的，就必须找到自己感兴趣的专业。你可以通过转专业或辅修、选修专业课程及跨专业考研来调整和确定自己的职业方向。比如一位机械工程专业的大一同学对本专业没有什么兴趣，对金融工程比较感兴趣，于是从大二开始自学金融工程专业的相关课程，坚持自学两年后，大四报考了金融专业硕士研究生并被录取。

一旦确定了职业方向，接下来就可以考虑职业定位问题了，你需要对已确定方向的职业群进行更深入的探索。定向时需要尽可能地扩大自己的职业选择面，定位时则需要逐步缩小职业的选择范围。定位并不比定向容易，因为定位不仅需要了解职业的基本要求，而且需要通过提前参加招聘会、兼职和实习等方式进行社会实践和工作体验，感受有意向的职业是否适合自己，是否与个人的主观想象一致。

在定位的过程中，还需要注意一个重要的问题：定位的目标不宜过于具体，应该有一个选择范围。比如你从小就想成为一名检察官，学的是法律专业并争取到了去检察院实习的机会，你发现做检察官非常适合自己。可是，如果检察官这一职业在社会上趋于饱和，求职竞争非常激烈，你若只锁定这一个目标，一旦报考公务员失败，将给你的择业带来很大的风险。所以，定位的职业不宜仅限于个别职业，可以有几个职业供自己选择。要关注岗位的实际内涵与自身特质的匹配，而非岗位名称本身。

大学生在定向与定位的过程中，不能完全依据个人的兴趣进行职业决策，还必须考虑自身的其他特质、职业状况、人才供求关系、家庭因素、所掌握的资源等相关因素。先定向再定位的决策方法是指在大一、大二开始定向，在大三、大四定位。即使在对职业进行探索后仍然不能定位，也必须定向，因为如果没有方向，你就不明确在大学期间应如何努力和准备。

先定向再定位的方法，不仅解决了大学生综合素质与能力的培养问题，而且解决了专业技能和素质的准备问题，是一种行之有效的大学生职业生涯发展和规划方法。

4. SWOT分析法

SWOT分析是战略管理、市场营销管理等工作中经常使用的分析工具，也是职业决策中一个非常有用的工具。这里，S代表优势（strength），W代表劣势（weakness），O代表机会（opportunity），T代表威胁（threat）。其中，S和W是内部因素，O和T是外部因素。

如果对自己做一个细致的SWOT分析，你会很清楚地知道针对某一职业，个人的优势和劣势在哪里，还可以仔细地评估自己感兴趣的不同职业道路的机会和威胁。

一般来说，在进行SWOT分析时应遵循四个步骤：

（1）评估自己的优势和劣势。每个人都有自己独特的性格、兴趣、价值观和能力。在当今社会分工非常细的环境下，每个人可能只擅长某些领域，几乎不可能样样精通。有些人不喜欢整天坐在办公桌前写文件，有些人则一想到不得不与陌生人打交道就惴惴不安。请填表4-3，列出你自己喜欢做的事情和你的优势。

表4-3 个体职业决策的SWOT分析表

优势（S）	劣势（W）
机会（O）	威胁（T）

同样，通过列表，你可以找出自己不是很喜欢做的事情及自己的劣势。找出你的劣势与发现你的优势同等重要，因为你可以基于自己的优势和劣势做两种选择：一是努力改正你常犯的错误，提高你的技能；二是放弃那些对你不擅长的技能要求很高的职业。列出你认为自己所具备的很重要的优势和对职业选择产生影响的劣势，然后标出那些你认为很重要的优劣势。

（2）找出自己的职业机会和威胁。不同的行业（包括这些行业里不同的公司）面临不同的外部机会和威胁，所以，找出这些外界因素将帮助你成功地找到一份适合自己的工作，因为这将影响你的第一份工作及今后的职业发展。经常受到外部不利因素影响的行业及企业，所能提供的职业机会必然较少，职业升迁机会更少；而充满积极的外部因素的行业将为求职者提供广阔的职业前景。请列出你感兴趣的一两个行业，然后认真地评估这些行业所面临的机会和威胁。

（3）列出今后五年内你的职业目标。仔细地对自己做一个SWOT分析评估，列出你从学校毕业后五年内最想实现的三个职业目标。这些目标可以包括：你想从事哪一种职业，或者你希望自己拿到的薪酬属于何种水平。请时刻记住：你必须竭尽所能地发挥出自己的优势，使之与行业提供的工作机会完美匹配。

（4）提纲式地列出一份今后五年的职业行动计划。这一步主要涉及一些具体的内容。请列出一份实现上述每个目标的行动计划，并详细地说明为了实现每个目标你需要做的每件事，以及何时完成这些事。如果觉得需要一些外界帮助，请说明你需要何种帮助和你如何获取这种帮助。例如：你的SWOT分析可能表明，为了实现理想的职业目标你需要选修更多管理课程，那你的职业行动计划应说明你何时选修这些课程。请拟定详尽的行动计划以帮助你做决策。虽然开展SWOT分析需要花时间，但接下来还得认真地对待；做完分析后你将拥有连贯的、实际可行的个人生涯策略可供参考，是值得的。在当今竞争白热化的社会里，拥有一份挑战和乐趣并存、薪酬丰厚的职业是每个人的梦想，但并非每个人都能实现这一梦想。为了使你的求职和个人职业发展更具竞争性，请花一些时间界定个人的优势和劣势，然后制定一份策略性的行动计划，务必保证有效地完成它，相信你的职业成功将不会遥不可及！

课堂活动

SWOT分析法

活动目的

了解自我，了解职业，了解自己与职业的差距，从而找出自我学习改进的最佳方法。

活动过程

建立一个5～7人的小组，给每位组员一张SWOT分析表（见表4-3），请组员把自己的优势、劣势、机会及威胁填在SWOT分析表中，再与小组的其他成员分享。

分享与思考

（1）当你为自己做了SWOT分析之后，是否对自己的认识更加深刻了？

（2）与小组的其他成员分享后，你学到了什么？

5. 平衡单法

平衡单是职业咨询时决策中常用的问题解决模式，用以协助咨询者系统地分析每一个可能选项，判断分别执行各选项的利弊得失，然后依据其在利弊得失上的加权计分排定各选项的优先顺序，以执行最优先或偏好的选项。职业咨询中实施平衡单法的主要步骤如下：

（1）列出可能的职业选项。咨询者首先需在平衡单中列出有待深入测量的3～5个潜在职业选项。

（2）判断各个职业选项的利弊得失。平衡单中提供需要咨询者思考的重要得失，集中于以下四个方面：自我物质方面的得失、他人物质方面的得失、自我赞许（精神方面）的得失、他人赞许（精神方面）的得失（见表4-4）。咨询者可依据重要得失，逐一检视各个职业选项，并以11点量表（＋5，＋4，＋3，＋2，＋1，0，－1，－2，－3，－4，－5）来衡量各个职业选项。

表 4－4　平衡单中的重要得失

考虑因素	具体内容
自我物质方面的得失	A. 经济收入 B. 工作的困难度 C. 对工作的感兴趣程度 D. 选择工作任务的自由度 E. 升迁机会 F. 工作的稳定、安全程度 G. 个人兴趣爱好所花的时间（休闲时间） H. 其他（如社会生活的限制或机会、对婚姻状况的要求、工作上接触的人群类型等）
他人物质方面的得失	A. 家庭经济收入 B. 家庭社会地位 C. 与家人相处的时间 D. 家庭的环境类型 E. 参加公益组织活动 F. 其他（如家庭可享有的福利）
自我赞许（精神方面）的得失	A. 为社会做贡献而获得自我肯定 B. 工作任务合乎伦理道德的程度 C. 工作涉及自我安全的程度 D. 工作的创意发挥和原创性 E. 工作能提供符合个人道德标准的生活方式的程度 F. 达成长远生活目标的机会 G. 其他（如乐在工作的可能性）
他人赞许（精神方面）的得失	A. 父母 B. 朋友 C. 配偶 D. 同事 E. 社区邻里 F. 其他（如社会、政治或宗教团体）

（3）各项考虑因素的加权计分。对于各个方面的利弊得失，咨询者会因身处不同情境而有不同的考量。因此，在详细列出各项考虑因素之后，须再进行加权计分。即对个人而言，重要的考虑因素可乘以 1～5 计算分数。

（4）计算出各个职业选项的得分。咨询者须逐一计算各个职业选项在“得”（正分）与“失”（负分）上的加权计分与累加结果，并计算各个生涯选项的总分。

（5）排定各个职业选项的优先顺序。依据各职业选项的总分高低排定优先次序，职业选项的优先次序即可作为咨询者职业决策的依据。

平衡单法是帮助我们决策的工具。不过，需要提醒的是，表中各项指标的打分是主观的。各项指标的分值实际上取决于个体的价值观。

总之，进行职业决策有很多操作性强的方法。如果能够本着积极的态度、遵循一定的原则，按照生涯规划专家的建议分析个体职业生涯发展的素质与资源，制定符合自身个性特征和所学专业特点的职业目标，将对自己未来的职业发展有非常大的帮助。

本章小结

大学阶段是非常特殊的学习阶段，同学们的学习目标与未来职业发展目标紧密结合。大学生制定自身的职业生涯目标应该分阶段完成，根据自身个性特征和所学专业特点的匹配程度，同时考虑实施的可能性。在具体目标的制定过程中，同学们需要分析个体职业生涯发展的素质与资源对自身职业发展目标的支持程度，以增强目标的可行性。

课后思考

填写目标活动单。

我在哪里？ 我已经得到什么？	
↓	
我要去哪里？ 我想要得到什么？	
↓	
我需要什么才能到达那里？ 我需要什么才能成功？	
↓	
我要采取哪些具体行动？	
↓	
有关的时间限制是什么？	
↓	
我如何知道已经达到目标了？	
↓	
我应该与哪些人讨论我的想法？	

推荐阅读

汽修“宝藏女孩”古慧晶

——凭兴趣选择专业

我叫古慧晶，是深圳市第二职业技术学校汽车运用与维修专业的一名女生。2021年，我代表学校参加广东省职业院校学生专业技能大赛，成为广东第一个参加此类大赛并夺冠的女生。

很多人听到我学汽修，看到我纤细的身材，都会表示很诧异甚至不解。我的专业选择之路，还得从初中说起。我初中就读于深圳一所普通私立中学，最开始成绩在班里中等偏上，语文和英语稳定在七八十分；但随着时间推移，我出现了严重的偏科现象，数学从七八十分降到三四十分。初中毕业时面对普通高中和职业学校的分流，我想如果考普高，以我的偏科状况，上大学的机会非常渺茫；假如选择职校，反而有机会发展兴趣。

我的爱好普通又很特别：普通在于我像大部分女孩一样喜欢芭比娃娃；特别在于我还喜欢汽车，尤其是银幕上的改装车，让我觉得特别“酷”，甚至大家“闻而远之”的机油味我还特别喜欢。我仍然记得第一次向父母表示要读汽修专业时妈妈惊讶的表情。在父母的规划里，我自然是要上普高，上大学，将来成为一名老师、护士或是医生。但我有自己的想法：深圳中考时只有大约60%的学生可以进入普高读书，即使幸运地考上普高，较差的成绩也会让我充满挫败感。我觉得汽车是人们衣食住行的一部分，将来也一直会是刚需。而且物以稀为贵，汽车领域的女生少，女生会更受欢迎，就像我们家附近幼儿园里一样，男老师比女老师更抢手一些。就这样，我最终说服了父母，选择报考了汽修专业。

2019年4月，我参加了深圳市第二职业技术学校的自主招生考试，拿到了汽车运用与维修专业的预录取资格。一入校，我就加入了本专业的集训队。这是学校专门为广东省职业院校学生专业技能大赛准备的队伍，我是全年级加入集训队的唯一女生。集训队的学生跟其他学生一样，周一到周五住校，周末放假回家。每天早上6点起床，共上7节课——上午4节课，下午3节课，日常上文化课和专业课，集训则利用每天放学后的社团活动时间和晚自习时间。高二起，我还主动周末留校加训，回家次数从一周一次变成两三周一次。刚开始集训队有二三十人，但最终坚持下来的只有两三人。

汽车机电维修赛有4个赛项，分别是汽车定期维护、车轮定位、机械拆装和汽车故障诊断。其中，前三项涉及个人力量，汽车故障诊断则会考查汽车电路图，这是我的弱项。在实际维修中，能够熟练诊断并排除汽车故障的绝大多数是经验丰富的老师傅。我是队内年纪最小的，刚开始训练时无法建立关于汽车的思维体系；入学时间短，课堂里的专业知识太浅，基础知识不足，对汽车故障诊断一窍不通。高一一整年，感觉自己完全没有学懂，学习进度很慢，只能一点点请教老师，做针对性训练。高二的一天，我突然感觉开窍了，在脑海里构造了一个完整的思路，形成体系。

2021年3月，深圳市教育局要求我们学校组队参加广东省职业院校学生专业技能大赛汽车机电维修赛项。正式组队前，校内对集训选手进行了一次内部选拔比赛，将4个赛项按照规定的比例进行整合，名额只有一个，比赛总分数最高的就会获得参赛资格。

出乎众人意料的是，力量远不及男生的我拿下了内部选拔比赛汽车机电维修赛项的第一名，成为学校有史以来第一位参加广东省职业院校学生专业技能大赛该赛项的女选手。

为了准备比赛，我开始了为期一个多月的正式强化训练；固定训练时间从早上8点到晚上10点，但凌晨一两点回宿舍是常有的事。我总觉得自己拿下名额，有运气的成分，校内赛时发挥得特别好，但感觉还是有很多不足。另外，因为身材瘦削，在拆装、装拆、卸装这类环节，力量和体能仍是我的弱点。

这是对我的挑战，也是对两位带队教练的考验。李世川和李海两位教练带了十几年的比赛训练队，我是他们带的第一位女选手。教练们专门针对我的个人弱点，制定了相应的训练方案。训练方案主要围绕如何采用技巧，做到借力用力和用巧力。比如拆卸汽车的下摆臂，下摆臂部件有十几斤，拆卸加安装，耗费的力气远超平时的简单拿举。安装下摆臂、紧固螺栓，连熟练的老师傅都会感到吃力，需要借力。因此，我在规则允许的范围内选择采用工具来协助、配合、再安装，合理地利用物理原理借力。再如拆一个弹簧，我真的拆不下来，所以不会用蛮力，而是拿着一个很长的扳手，胳膊下撬就撬起来了。我也有自己擅长的部分——小范围维修、拆装发动机、准确读取测量数据，对做事仔细的我来说都不在话下。但最让我有成就感的还是曾经最苦恼的汽车故障诊断：只要能把教练出题考核的故障全部排查完毕，我就会觉得像顺利解出一道数学题那样舒服。

一次完整的训练需要2小时，我常常早上就每个项目先来四遍，下午走个六七遍。这样的流程强度特别大，走完一遍流程后喝一口水，休息5～10分钟；休息时教练会给我一些提醒，然后再继续做，一直到吃饭时间。训练说不枯燥是假的，整间宿舍只有我在集训队。伴随着挫败感，孤独感也常常来袭。深夜回宿舍时，大家正谈笑着趣事，我插不上嘴。我有些迷茫：生活不是追求快乐吗？自己的坚持有那么重要吗？

不过，到了第二天我还是继续集训。孤独感在这次比赛上放大到极致。面对棘手的任务和只有自己一名女生参赛的压力，我偷偷哭了很多次，但庆幸最终坚持了下来，并付出了百分百的努力。我想：我赢的机会很小，但还是要努力去争取。

4月8日广东省职业院校学生专业技能大赛比赛当天，我和其他市的33位男性选手同场竞赛，最终获得了广东省赛一等奖，并获得广东省教育厅拟定的参加国赛的评选赛资格。虽然最终无缘国赛资格，但这已足以激励我和更多的女生沿着这条路走下去。

凭借比赛成绩，我获得了深圳职业技术学院这一被称为职校中的“小清华”高职院校的免试入学资格。未来，我还将继续自己的梦想，在新学校攻读汽车专业。

（本文摘编自“三联生活周刊”微信公众号，2021-08-06）

兴奋、迷茫、行动

——小白的人生历险记之大学篇

我想，90%的大学生都是激动地入学，平淡地毕业。

我的毕业也很平淡，到现在都还没有毕业的实感。

毕业后很多人问我的一个问题都是：“学姐，大学有通关秘籍吗？”

每次我都很笃定：答案很简单，概括一句话——“满怀希望就会所向披靡！”

接下来将以本人亲身经历，对此答案进行论证。

刚入学的生活是激动、兴奋又迷茫的，对一切未知都充满好奇心，对一切事物都充满新鲜感。基本上大一生活每天只有四件事——上课、吃饭、睡觉和八卦。

“隔壁班的那个女生好像高中就考过一级证了！”“你知道吗？那个学长好像跟那个学姐是一对儿啊！”“你们看热搜吗？快看快看！谁和谁又官宣了！”这就是大一女生宿舍的日常。

我也一样。稍有不同的就是我阴差阳错地当选了班长，需要处理部分班级工作，加上对学生会的好奇，又加入了学院纪检部，在忙碌中度过了大一。

大二的生活是在迷茫中做了很多事情，比如半推半就留在了学生会成为副部长，在老师的推荐下得到了去公司实习的机会，周末去辅导班做兼职，参加很多志愿者活动，认识了更多朋友。虽然每天24小时连轴转，但每天都会失眠，因为不知道自己在做什么，也不知道为什么去做这些事情，好像仅仅是周围的人都这么做我才去做，而不是因为自己喜欢。

结束这场迷茫的关键点是大二下学期一个突如其来的电话。团委书记问我想不想到学工部做学工助理。不错过任何一个机会的我，在身兼数职的情况下毅然决然选择去！

正是这个选择，让我命运的齿轮开始朝着正确的方向转动。

大三这一年，我同时担任班长、院学生会副主席、纪检部部长、学工部学工助理，课余时间还去企业实习，当翻译志愿者，以及去教室上自习、考证看书。在老师的指导下，我找回了自己，每天忙碌而充实。

这个充实，不是因为每天忙到充实，而是心理开始变得强大。我逐渐变得自信，不在乎其他人的看法；我相信自己做的每一个选择，并且不对任何一个选择后悔或进行抱怨；我开始对未来生活进行规划，并付诸实践；我开始珍惜当下发生的一切，坦然接受，无论好事还是坏事。

我开始去热爱生活，不再让外界信息影响自己的喜怒哀乐。这种改变使我的大四生活有了一个不错的起点和结局。

经过了无数的纠结后，我选择公务员作为毕业的首选出路。其实我不喜欢考研，也不喜欢考公务员，只是当时周围人都在做选择，大势所趋，我并不想成为人群中的异类，因此才不得已选择其一。

做了选择就要拼尽全力。和大多数考生一样，我开始一个人吃饭，一个人上自习，一个人走路，每天从早晨 5 点学到凌晨 1 点，沉浸在考试复习中无法自拔。国考、事业编、选调生等大大小小的考试我都参加了，结果却不尽如人意，每次都以几分之差失败。

不幸又幸运的是，因为疫情，我们这一届毕业生的省考无限期延后。

复习时间变长，意味着对未来的选择也要延后。疫情最严重的那段时间，我在家里大门不出，二门不迈，每天只有一件事——做题！

做着做着我就焦虑了。因为疫情开始得到控制，人口流动渐渐开始自由，有工作的人准备回岗了，学生也要返校了，只有我无处可去、无路可走。省考考试石沉大海、迟迟得不到消息，是继续复习等待考试还是另寻出路，成了当时我最难做的选择题。

父母的叹息和街坊邻居的问东问西压得我喘不过气，甚至每晚的噩梦都是对未来的恐惧。考不上公务员怎么办？找不到工作怎么办？工资低怎么办？租房子怎么办？对未来的太多未知让我恐惧，我怕自己承受不了职场生活的压力，每天都要加班。

坠落到黑暗深渊，会有两种结局：涅槃重生或自暴自弃。大学的经历让我不假思索地选择了前者。

我做了职业性格测试，了解自己的性格到底是怎样的、适合哪些工作。客观分析了自己之后，我开始寻找自己喜欢的事。我很喜欢追星，从他们身上得到的正向力量能让我快乐，于是我在追星的基础上，学习了 PS、PR 和写文章。

每天 7 点去晨跑，8 点半开始复习考试，下午 4 点开始追星，晚上看纪录片。这样简单又快乐的生活让我度过了最难熬的那段时间。然后，经过综合考量和全面准备，我正式开始求职。

通过 BOSS 直聘，我前后过了三轮面试，最终得到了竞争正大集团管培生项目的机会。大学的经验让我在工作上受益匪浅，踏实认真、不怕吃苦同时会多项技能的我被领导看中，先是成为店长，然后被选中加入正大项目未来领导者（FLP），成为正大集团的一分子。

工作后最深的感受是：可惜大学期间没有学会更多技能，没有去想去的地方旅游。虽然工作后也可以做这些事，却再也没有那么轻松又自由的氛围了。

最后简单总结一下我的大学生活吧。很多毕业生都会抱怨和后悔：为什么不早点确立人生规划和目标，大学做了那么多无用功、走了那么多弯路，最终毕了业只是平平无奇、工资不高的打工人一个。可我不同：我坚信一切都是最好的安排，从未后悔过做过的每一个选择，从没错过任何可以使自己变得更好的机会，慢慢走到了现在。

所以，自律地去热爱生活吧！吹着晚风，看着夕阳，寻找生活中的浪漫好好活下去，你会成为你世界里的那道光，照亮奇迹的发生！

（作者：綦佳，青岛农业大学日语专业2016级本科生）

从民航爱好者到“准”民航从业者

——考研读研过程中的职业探索与初步承诺

我叫安多，本科毕业于北京语言大学金融学专业，2020年9月进入中国民航大学（简称中航大）翻译专业读研。个人性格比较外向，喜欢摄影，尤其喜欢拍飞机，可以说是重度民航爱好者。

“爱好＋调剂”的加持

人常说，如果能把爱好当职业，职业就成了事业。

在我看来，对大学生而言，在爱好和职业之间还有一个词就是专业。如果能把爱好通过系统化学习，从专业变专长，当真是幸事。这是我本科选择专业时的想法，也是考研时确定努力方向的依据。因为只有选择自己喜欢并擅长的专业，才能激发学习动力，并将未来的职业与专业优势更好结合。涉及就业，还要考虑行业需求和学校平台。

作为民航爱好者，我选择来中航大读研有些机缘巧合。大四选择考研方向时，因商科出身，学得也不错且对语言和翻译感兴趣，我考虑把专业优势和语言优势相结合，考研方向定在了英语翻译。

起初报考了对外经济贸易大学商务口译方向，遗憾没到初试分数线。考虑再复习考研要耗费时间成本，选择调剂时偶然发现中航大招收民航翻译方向硕士，加上自己从小就是民航爱好者，于是毫不犹豫选择了中航大，希望借机从民航爱好者转为民航从业者，将爱好变成职业。

调剂时可选专业范围有限，仅限于单一学科门类，所以学校区位优势、学科资源就成了首要考虑因素。中航大背靠滨海机场和空客厂区且有民航学科特色，自己又是民航爱好者，于是果断选择调剂来中航大。

“我思故我在”

来到中航大后，我越发重视职业生涯规划，对此做了很多思考，总体分三个阶段。

第一阶段是“初期的盲选”。考虑到本科阶段所擅长领域，研一上学期我设立了三个选项，依次是民航＋商务、民航＋外交、民航＋翻译，同时一直注意观察媒体行业的潜在实践机会。

我持续关注各类招聘微信公众号，向校内导师、任课老师和校外行业导师咨询有关信息。我尽管对民航各细分领域有了初步认识，但还停留在浅层次，所以对未来职业道路和选择还没有清晰认识，还因关注各类庞杂信息分散了精力，这一点请引以为鉴。

第二阶段是“中期的成长”。入校后，一方面随着民航概论、飞机与飞行等民航通识课及专业课的学习，我对民航有了纵向认知，从圈外旁观者转变成了圈内学习者，开始从业内角度了解和观察整个行业，整体认知有所提升。另一方面在导师指导下，有幸参与了大型民航翻译项目。通过对项目的查证、讨论、验证，以及向导师、行业专家请教，我开始接触民航运行支持工作团队（类似于互联网行业的“中台”概念）。在实践项目中了解了民航产业链，知道了各细分领域的关联关系，我心里就有了一个更为清晰的民航全景图。

课余时间，我开始有计划有针对性地自学民航类专业教材。自学时我借鉴了语言学习中的“精读”法，内容涉及飞机结构、空中交通管制、机场运营管理、飞行运行、航空法等领域。通过大量阅读，我初步做到了老师一直强调的“要想做一个好翻译，不能以其昏昏使人昭昭，要懂原理、能讲解，这样才有可能以其昭昭使人昭昭。比如要学懂弄通飞机发动机工作原理，飞行中飞行员如何与地面交通管制人员通话等”。

第三阶段我称为“平行时空里的反思”，即反思自身和职业要求的差距。第一，作为一名语言行业从业者，性格积极主动是优点也是缺点。因为易冲动，不能做到三思而后行，翻译质量不稳定，存在急躁冒进情况。第二，急于崭露头角。因缺乏沉淀，自我展示不够精彩，错失了一些机会。第三，语言输出不够高效简练，词语选择不够精准有力。通过反思，我告诉自己要主动调整，沉稳做事，积累能力，沉淀自我。

“绝知此事要躬行”

为了尽早熟悉职场，除了日常学习翻译、阅读专业书（当然还有去机场拍飞机），我还积极参与校内外的实践活动，主要聚焦于翻译、媒体、外交等领域。

大二开始我在央视国际频道实习，做陪同口译，之后在央视科教频道、水利部、国际出版公司实习，其中收获最大的是参与了中国-东盟东亚峰会清洁能源论坛的会议筹备和联络嘉宾协助工作。

因为喜欢摄影，我担任了学生会技术中心主任，负责组织筹划校园活动和文化节宣传片等；学习了金融与政治、外交、经济等相关知识，激发了我对模拟联合国的兴趣；后来我担任了校模联协会秘书长，负责策划会议、联系各国使馆来校讲座交流，还组织过社团成员参观联合国环境署驻华代表处并做了专题报道。

读研以来，我参与了一些翻译项目，目前正在为民航英语研究中心做飞机事故调查报告的翻译、审核和校对工作。暑假快到了，套用一句流行语“民航那么大，我想去看看”，我已做好暑假计划，打算去飞机制造企业或民航类咨询公司实习。

“模拟是最好的入门”

这里借用模拟联合国理念——“模拟是最好的入门”；而实习是认识职场、选择职业的最好入门。根据近两学期的摸索、实践，我逐渐对自己有了较为客观清晰的评价：语言表达能力还不错，统筹规划、分析判断能力较强，擅长中英文口笔译、摄影摄像和影视后期制作，具有一定的民航知识、金融和财务领域知识储备。

另外，通过对实习效果的反向验证，我也梳理了自己的职业价值观：希望发挥兴趣、特长，能够有所成长，利用一定的平台和机会使自己的专业和能力得以全面施展，从而实现自我价值。

基于这些，我想将未来的职业选择定为两个大方向。一个是民航技术领域的管理岗，例如空管、签派、飞行领域等。另一个是民航对外业务和商务拓展领域，因为对外业务符合最初自己定下的民航＋外交的职业定位，这个职业对民航知识储备、人际交往和语言能力要求较高，个人具备一定优势。

除导师和任课老师，在职业探索中对我影响最大的群体是飞友。因为航空摄影，我结识了一批热爱飞行的朋友。既有在校生，也有从业多年活跃在民航各单位的老校友。在他们身上，我看到了民航人的优秀素质：热爱本职、专业尽责、注重细节。通过和他们相处，我能感受到民航业是一个有着高度认同感和使命感的大家庭。受此影响和感召，我进一步坚定了自己的探索方向。

为了深化专业认知，我阅读了大量专业书籍，如《雷达管制》《航空器适航审定概论》《飞机构造与飞行》《民航运输经济学》《飞机租赁和融资》《航空公司运营管理》《航空法评论》，共计24本。2021年7月8日，我整理了自己研一期间的民航领域阅读清单，发在了朋友圈，算是向岁月致敬。

站在当下想象2023年毕业的自己，我制定了三项计划。第一，继续沉淀、塑造职业形象，行事要沉稳，语言表达要简洁精准。第二，夯实民航专业知识储备。下一阶段的学习重点是针对性突破，把精力放在民航法规体系和民航商务等与本科商科课程高度相关又具有民航特色知识的专业课程上。第三，坚持阶段性反思与总结，根据所学对职场所需做有针对性的提升和调整。

最后，祝每位努力探索的人都能“未来可期，此生尽兴”。

（作者：安多，中国民航大学外国语学院翻译专业2020级研究生）

在线阅读

大一女生的职业生涯规划

大二的职业生涯规划让我走出迷茫

第5章 大学生职业素质与能力提升

不积跬步，无以至千里；不积小流，无以成江海。

——荀子

不要把分数看重了，要把精力集中在培养分析问题和解决问题的能力上。

——毛泽东

学习目标

从本章起连续三章的内容均属CIP金字塔顶层的“元认知”部分（见图5-1），即生涯决策信息的执行加工领域。本章首先介绍大学期间较为深入地了解职场所需要的基本职业素质与能力及其对于大学生进行职业生涯规划的重要性，进而介绍培养职业素质与能力的多种途径及参加各种实践活动、实习工作的方法。

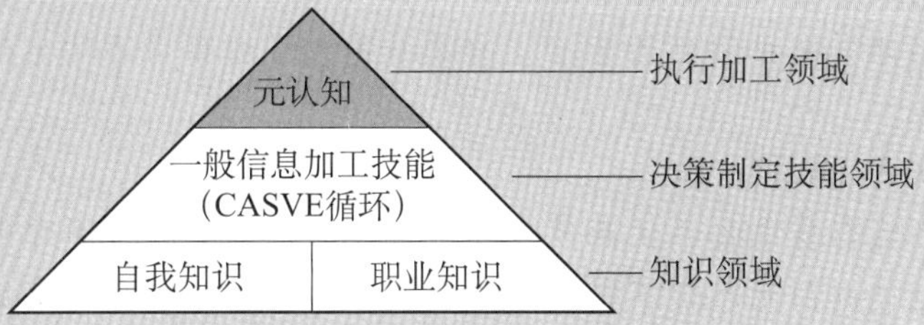

图5-1 生涯决策CIP金字塔模型中的元认知

导入案例

请让自己活得漂亮

大一上了职业生涯规划课后，不知不觉近三年过去了。因为叶老师，开始听许巍的歌，也让我更加坚定一个信念——人要活得漂亮，什么时候也不晚。

这个漂亮，是指独立自爱有态度地生活，不为旁人的眼光而活；享受忙碌的生活状态，不断地朝着自己的目标去努力。活得坦然，活得淡然，活得自然，希望感染身边人一同努力。下面，我用简洁直白的语言分享自己三年的大学生活，希望共勉。

忙碌是一种生活常态

入学初期，我十分不甘心。高考失利，名校情结仍很严重。高考前老师们和校长对我十分重视，我甚至接受过电视台采访；但高考结束后，我变成了“令人惋惜的孩子”。

于是我开始思考：大家高考结束后，无论好坏与否就是完成任务了吗？上大学就可以放松了吗？上大学就确定你的人生了吗？

我虽然失落，但仍然保持着快节奏的生活：下课后快速去餐厅，买好饭立马往回走，路上吃完饭，进教学楼去洗手间，然后回到教室。十分钟搞定琐事，之后继续学习。我每次都是独行而且走路比其他同学小跑都快，这种生活方式一直延续至今。

特别喜欢蔡澜先生的一句话——做，机会是50对50；不做，等于零。我们不能确定如此忙碌是否能换来所谓大富大贵的生活，是否能打好实现梦想的物质基础。但是，我们不朝着认定的方向努力，成功的概率就是零。

大二时，我兼任学校社团里的多项职务，忙得连轴转，一周中仅例行的大大小小会议就有近十场，同时要考虑活动的策划、近期的事务和问题，还有之后的安排。即便身体疲倦了，休息一个小时或者享用一顿美食就可以焕发活力。

个人认为，大学及之后的生活是一种多元平行的状态。半年前，我的考研计划是：从大三下学期开始减少一切娱乐活动，专心备考。但是，当我与各高校同学一同运营微信公众号及微博时便调整了计划。因为在这里有很多身兼学生组织要职，工作仍出色完成的同学；面临毕业依旧担任副队长的同学；即便课程紧张、工作繁忙也能写出优秀稿件的同学。大家在忙着“现实”的同时也在兼顾“理想”，坚持维护互联网安全，坚持青年为国家发声。

咬牙坚持的时刻不过是生活的常态，能不能成长为新的自己全看投入几分。选择的代价和收获也最终体现在我们自己身上。忙碌不是为了逃离当下的生活，而是为了迎接一个全新的自己。

在理想与现实之间调和生活

身边有同学因为需要准备考试而放弃去旅游，结果省下的时间却用来看电视剧或者发牢骚；因为专业被调剂而非常不喜欢，结果现有的专业知识和理想的专业知识都放弃了；因为想要在新的学年提高成绩或者做其他事情而放弃社团，结果却是越来越懒。

然而，也许理想和现实并不冲突，我们需要在两者之间权衡，调和自己的生活，自己喜欢且符合现实生活的那就优先做。其实很多时候大家都是想得太多，却没有执行力。如果真的没有那么多目标，那就活在当下。

进入大学后，我为自己制定了四年计划，简言之就是：大一体验、大二挑战、大三沉淀、大四坚持。

大一加入学生会，练习楷书，参加辩论赛，尝试所有短期兼职工作，考验生存能力。

大二兼任多职，热衷网络宣传，开始考证，练习口语，各处旅游，体验忙碌，广交朋友。

大三准备考研，尝试发表财政学相关文章，继续练习口语；参加教师资格证书、普通话证书、外贸会计证、六级口语等六种考试，练习爵士与瑜伽，听音乐会、演唱会。

如果足够幸运，大四做一次郑开国际马拉松赛的翻译志愿者。

在实践过程中不断地做调整、修正，会有不期而至的惊喜，也会有无奈与惋惜。到目前为止，我给自己制定的大学目标已经实现了绝大部分。学习心理学和日语这两个目标，由于时间紧张不得已放弃了。原本想潜心钻研的学问，由于和个人发展方向发生冲突也放弃了。但我也增加了一些目标，比如成为电台主播。

很多时候，我们想要追求的所谓现实经验，其实在追求理想的过程中就得到了。

大一兼职是很宝贵的一份回忆，那时要忙学生会还有辩论赛，周末才能挤时间去体验兼职。一开始什么都不懂，找到一个兼职公司交了180元成为会员，结果被骗了。我大热天穿了一天玩偶服，兼职负责人却说工作时间不足，工资减半。兼职的地方离学校很远，天黑了，没有车回学校，十分无助。回到学校，我给爸爸写了八页的信，感觉字里行间都是成长的味道。信最终没有寄回家，而是自己珍藏起来。那是第一次真正体会到每个人在城市中的渺小，第一次明白挣钱的艰辛不易，我用第一次挣的钱买了一个不加肉的月亮馍，那种珍惜的感觉现在还记得。

练习口语的初衷也很简单：并没想成为口语达人，而是想做郑开国际马拉松赛的翻译志愿者。大一、大二都因为忙学生会的事情错过了报名，2017年志愿者招募启动后，我再次报名。

待到自己的理想真正成为现实的那天，也许会明白所谓的理想与现实两者之间并不一定非要做出决绝的二选一。做了自己喜欢的事情，理想与现实其实早已融为一体。

不骄不躁，平淡自然

目前为止，除了各项职业等级证书，大学期间我已获得了包括河南工程学院“优秀标兵”称号、“优秀学生干部”称号、全国大学生英语竞赛优秀奖等在内的16个奖项。可这些并不是我骄傲的资本，总有比我厉害的人更加努力，总有我需要学习的地方。

常有人说：你真厉害，只要你在就感觉心里有底了。每次我都会用自己比较幸运来解释。有朋友说：幸运都是优秀者的谦虚。朋友的话不无道理，但是并不代表我认为自己多优秀。我一直比较努力而已，人总是需要不断成长的。

在探索生涯的过程中，我遇到了一个又一个惊喜：无意间跟随伙伴两次去北京开会，无意间参加河南省校花比赛并拿到名次，无意间接手网络文明促进会，无意间做电台主播……很多事情在没有刻意计划之时就完成了。一步一个脚印努力，一步一个脚印成长，只有这样才能不断提高平台，成全不服输的自己。

我的考研方向为财政学，既结合了自己的兴趣，也与大学专业及发展方向有一定联系，我大一从市场营销专业转到会计学专业也源于此。我并不认为考研和考公务员冲突，考研应该定位为人生学术目标。

时间是公平的，它会把你曾经付出的所有努力积淀下来，最终以惊艳的方式展现；同样，它也会把你虚度的光阴记录在案，以一种惨烈的方式让你顿悟。所以，幸运是一种努力的积淀，成长是一种向上的修行。

请让自己活得漂亮！我们一起努力！

（作者：彭托雅，河南工程学院会计学专业2018届本科毕业生）

第4章介绍了生涯目标的设定、职业决策的主要方法及大学期间职业决策的主要内容，接下来就要开始行动了。在大学的学习、生活中，同学们会遇到时间不够、经常拖延、学业压力大等诸多问题，如何正确面对这些问题，主动改进自我管理的策略，接纳与众不同的自己，并落实到高效的行动上尤为重要。

5.1 大学生的时间管理与压力管理

进入大学后，很多同学兴奋之余都感到了“忙”“茫”“盲”：忙碌、茫然及盲目。前面分析了因丧失学习目标、不喜欢专业等带来的茫然，有的同学盲目地参加了很多社团活动、学生工作等，加上课程难度骤增，变得更加忙碌。当然，忙碌还因为进入大学后生涯角色增加了。借助生涯彩虹图来分析：进入大学后，同学们大多“释放”出了中学阶段受压抑的“休闲者”角色，同时增加了“公民”角色，时间一下子不够用了，压力骤增。因此本节先讨论时间管理与压力管理。

先看几位同学在大学学习、生活中遇到的关于时间、压力和行动等问题。

学生1：刚上大学时总感觉时间特别不够用，每天都非常非常忙，忙着上课、忙着写作业、忙着参加各种班团活动，白天时间不够用，经常要熬夜甚至通宵，一周过去了却又不知道自己在忙些什么。到了学期末进入考期就更慌了，感觉每门考试都要挂。本来我觉得上了大学应该会轻松很多，没想到大学的课程都还挺难，身边的同学又都特别优秀，所以想要把课程都学好非常不易。有时压力大了，我就出去跑跑步，发泄一下。

学生2：我以前了解过一些时间管理的方法，所以上大学后会制定学习计划，课表之外的时间都安排好各种事情。但是在执行的时候发现：刚开始那两天还较好，可总没办法坚持下去。很多原本计划好的事情经常会变。有时是因为设定的时间不够，事情做不完，需要放弃其他事情；有时是学校一些临时的通知需要放弃原本计划好的事情；有时是自己干脆就不想做了。上大学后学习方面的压力还是挺大的，大一这一年一点儿也不敢放松。

学生3：我感觉自己时间管理上的问题还挺多。我是个夜猫子，一到晚上就特别精神，大家都说熬夜伤身体、掉头发，我自己也挺矛盾，可早上起来做事情效率特别低。还有就是现在上课经常需要上网查资料。我拿起手机本来是想干活儿的，但不知道什么时候就开始刷微博或朋友圈了，一晃半天就过去了；每每如此就特别自责和内疚，但又控制不住自己。我觉得学习方面的压力不大，因为进了大学，学习成绩不能代表全部。我的压力主要是未来发展方面的，不知道大学毕业后能做什么。父母对我的期望很高，希望我能继续读研；可我自己还没有考虑好，是继续在国内深造还是出国去看看。听说现在应届毕业生找工作都特别难，也不知道自己将来能不能行。压力大的时候，我会和高中的好朋友聊聊天缓解一下。

大学生为什么会遇到这么多自我管理问题呢？中学时，同学们身边有家长和老师的耳提面命，被规划、约束、激励、推动。时间、拖延、压力等问题，在他们的帮助下可以共同面对和解决。到了大学很多情况发生改变，自主时间变多了，想要做的事情变多了，诱惑变多了，家长和老师的约束反而变少了，这才真正要启动自我管理的按键。希望同学们通过对时间管理、压力管理的学习，有意识地培养和提升自我管理的能力，从以前的被动管理跨越到今后的主动管理，真正做到为自己负责，知道自己想做什么，通过管理自己、约束自己、激励自己，从而实现目标、成就梦想。

1. 时间管理

时间是什么呢？它是一个非常抽象的概念，从大家小时候学着认识钟表开始就在不断地感知、理解和认识时间。“一寸光阴一寸金，寸金难买寸光阴。”“时间就是生命，时间就是金钱，时间就是力量。”“世界上最快而又最慢，最长而又最短，最平凡而又最珍贵，最易被忽视而又最令人后悔的就是时间。”诸如此类的描述同学们每个人都可以脱口而出。很多中小学都会开展关于时间的主题活动，通过分享一秒钟能做什么、一分钟能做什么，帮助同学们去感受时间的宝贵，学会珍惜时间。其实无论科技如何进步、世界如何发展、我们处于哪个生涯阶段，每个人的一天都还是只有24小时，区别在于大家如何利用。

大学校园里经常听同学们感慨“时间过得太快了！”每一天都忙忙碌碌，感觉时间不够用，又不知道时间都去哪儿了。有些同学没有主动做计划的习惯，做起事情来没头绪，容易避重就轻；有些同学做了计划但执行力差，目标立了一个又一个；有些同学计划的制定和执行考虑不全面，忽略了一些重要而不紧急的事情。“时间管理”这个词既熟悉又陌生：熟悉的是同学们无时无刻不与时间相伴，陌生的是很多时候大家又都没有好好考虑过这个问题，又或者是大家经常会思考这个问题却又无法与行动联系起来。为了解决这些问题，我们需要了解时间管理的一些理论和方法。

（1）时间管理的相关理论。管理学家史蒂芬·柯维（Stephen Covey）提出了一个非常著名的时间管理理论——四象限法则。他将工作按照重要和紧急两个维度进行划分，分为四个象限：第一象限是既紧急又重要的事情，第二象限是重要但不紧急的事情，第三象限是既不紧急又不重要的事情，第四象限是紧急但不重要的事情（见图5-2）。

对大学生来说，第一象限既紧急又重要的事情可能是马上要交大作业、生病就医、即将到来的期末考试等，对于这类事情要立刻执行，但需要认真思考的是：被你列入这一象限的事情真的那么紧急和重要吗？大家应当尽可能避免需要做的事情因为没有处理好而从第二象限转变到第一象限。

第二象限重要但不紧急的事情可能是锻炼身体、读书、英语学习等，对于这类事情要有效规划并执行，持续推进，避免进入第一象限。真正影响同学们未来发展的事情很多都是这个象限的，所以一定要非常重视，“磨刀不误砍柴工”。

第三象限既不紧急又不重要的事情可能是刷剧、玩游戏、上网聊天等，对于这类事情要学会放弃、尽量少做或不做。

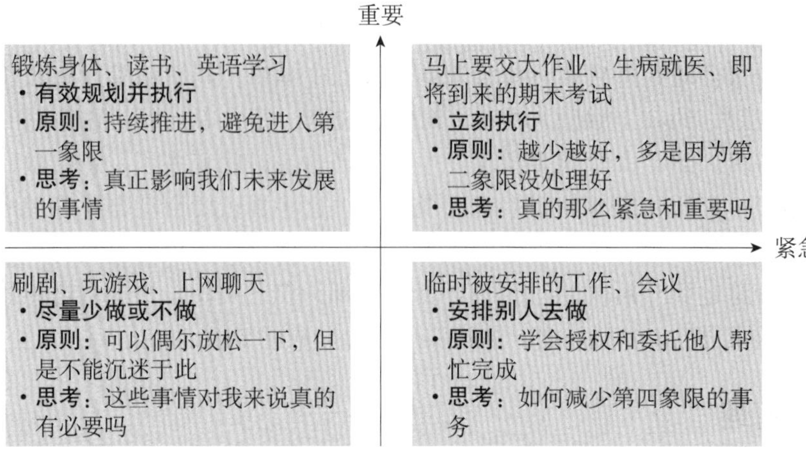

图 5-2　时间管理的四象限

第四象限紧急但不重要的事情可能是临时被安排的工作、会议，虽不重要但需要紧急完成。这类事情往往会因为它的急迫性被误认为很重要而放在第一象限。因此，在多重事情的困扰下，对于这类事情要学会授权和委托他人帮忙完成。

总的来说，四象限法则可以帮助大家学会亲自处理好紧急而重要的事情，坚持做好重要而不紧急的事情，请人帮忙做好紧急而不重要的事情，放弃不重要也不紧急的事情。这样你才会在有限的时间内变得更加高效，从而做到工作/学习和生活两不误。

19世纪意大利经济学家兼社会学家帕累托（Pareto）认为，生活中80%的结果几乎源于20%的活动，这就是我们熟知的“二八定律”或称“80/20定律”，即帕累托法则。一个人的时间和精力都是有限的，想真正“做好每一件事情”几乎不可能，要学会合理分配时间和精力，争取把注意力放在20%的关键事情上。因此要找到大学中那至关重要的20%，然后全力以赴。

那么，什么才是对你来说至关重要的20%呢？博恩·崔西（Brian Tracy）为我们提供了一种专注于最重要事情的方法，被大家称为“三只青蛙”时间管理法。“三只青蛙”指的是每一天、一周、一个月、一年、一生中最重要的三件事。上一章中，同学们根据SMART原则设定了发展目标，那些能够逐步帮助自己实现目标的事情就是重要的事情，即自己需要明确的那“三只青蛙”。因此在制定时间表时要回归到自己的大学发展目标，要和个人发展相结合，特别是要有意识地将对自己重要而不紧急的事情放进去。利用帕累托法则（见图5-3），每天留出20%的时间，集中精力专门对付这“三只青蛙”。坚持不懈，同学们的目标一定可以实现。

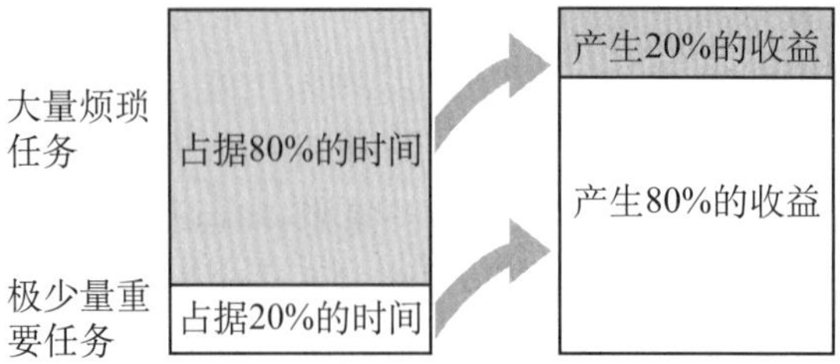

图 5-3　帕累托法则

随着年龄增长，我们会发现越来越多的情况下大家需要在同一时间面对多件事情，可能是多项工作任务，可能是工作和家庭事务交织在一起，但是人们的记忆和注意力的集中是有限的，很少有人可以同时处理多件事情。鉴于此，GTD（Getting Things Done）时间管理法诞生了，这是著名时间管理大师戴维·艾伦（David Allen）总结出来的一种高效处理事务的流程，是一个综合的时间管理系统，主要分为收集、整理、组织、回顾和执行五个步骤。它要求将你心中所想的所有事情都写下来，安排好下一步的计划，然后一步步按照设定的路线努力执行。周计划、月计划或者学期计划的制定和执行都可以尝试着使用GTD（见图5-4）。

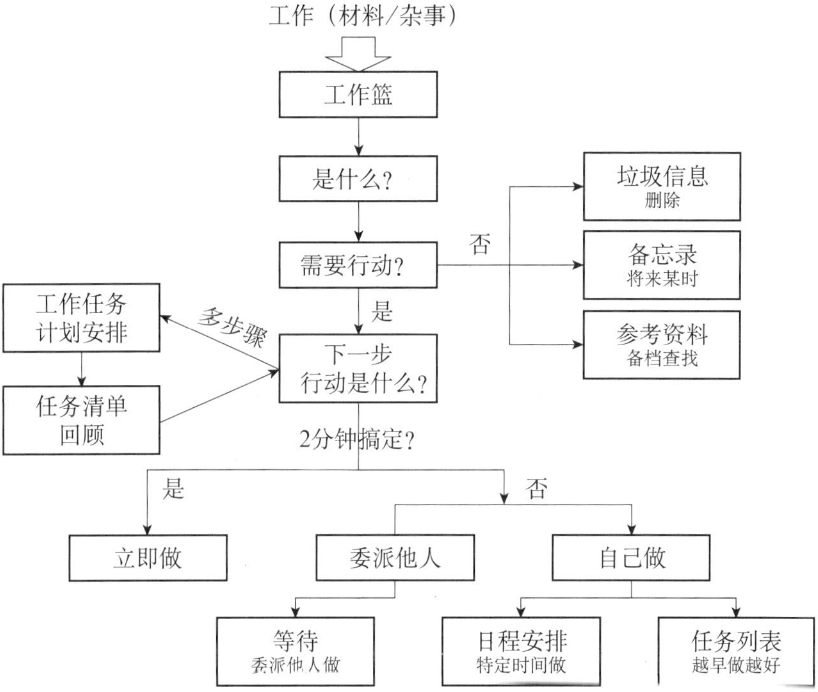

图5-4　GTD时间管理法

我们以周计划的制定为例了解一下GTD。每周末同学们要安排下周的学习工作计划，有太多要做的事情塞在大脑里会让大家烦躁不安，所以第一步就是收集——要清空自己的大脑。清空大脑，不是要把它们都忘掉，而是另外找一个“工作篮”，把那些想法从大脑中搬出去。最简单的就是在笔记本或者手机上把大脑里所有的任务、想法都记录下来。这时大脑平静了，工作篮里却放满了事务和想法。

第二步就是整理，为工作篮里的每件事务都分配一个合理的归宿；这一步的关键是问自己下一步行动是什么。对于无法转化为行动的事务，按照垃圾信息/备忘录/参考资料的原则分类；对于可以转化为行动的事务，按照立即做、委托他人、自己做来分类。

第三步是组织，关键是建立任务清单，将工作篮的事务分门别类，制定出一周的学习工作计划和日程表。大家制定计划时总会有一些顾虑，担心有遗漏或有一些临时安排突然冒出来。这就需要第四步回顾，即定期回顾、更新和完善周计划，以让清单变成行动而不是仅仅停留在纸面上。第五步是执行，即要按照周计划的安排一项一项去完成，具体做某件事时也可以结合番茄工作法，这样会更有效率。

（2）时间管理的实用小贴士。

● 记录时间。虽然学习了很多时间管理的理论，可面对实际问题时同学们经常不知道该如何入手。当大家苦恼、困惑于自己时间不够用时，先不要慌。可以客观记录一段自己的时间流向，事无巨细地记录每件事花费的时间。通过记录获得精确感知时间的能力，进而发现自己时间管理的问题，以此来改进学习方法和学习计划，从而提高时间利用效率。

● 自我认知。第2章自我探索中介绍了MBTI性格类型，大家已经了解到每个人在不同维度偏好的差异，这些差异在一定程度上体现了我们在思维方式、生活习惯和行动方面的差异，任何一种偏好都没有对错。J型者习惯于制定和完成计划，P型者则更喜欢改变计划。有些人喜欢集中时间做，有些人喜欢做一些事情后转换思路换成别的。有些人早上的能量最大，那就把重要的事情安排在早上；有些人晚上更能集中注意力，那就把重要的事情安排在晚上。时间管理的核心并非对时间本身进行管理，而是针对自己的性格与习惯进行管理；弄清楚自己的喜好、体力和学习方式，确认自己的学习动机和目的，以自己的方式去学习、生活。

● 能量守恒。针对时间不够用的问题，同学们经常使用的解决办法是什么呢？一般是熬夜甚至熬通宵。一天只有24小时，想要完美地平衡学业和生活确实不是件容易的事。学物理时大家都学过能量守恒定律，一个人的能量也遵循这一定律。经常熬夜透支身体，人的精神状态就会下降，逐渐感到疲劳直至精疲力竭。所以在大家消耗能量的同时，也要学会储备能量。每天保证七八个小时的充足睡眠；每周有三五次的运动；保持健康的饮食习惯；无论多忙，都要在时间表中安排休息时间来恢复能量。时间管理的意义在于尽全力让自己的生活变有趣。真正的时间管理更是精力管理，这样才能做到高效、健康、快乐地学习和生活。

●“真空”时间。大家在做事情时经常会被什么打断？一个突如其来的电话？一位不约而至的朋友？还是给你送水果的妈妈？一次次重新回到学习或工作中，会大大增加时间的浪费。想要有效率地学习，就需要每天为自己设置一个60～90分钟的整段时间，可以是清晨六七点钟，可以是夜深人静时，也可以在图书馆把手机静音，确保这段时间你状态很好且完全不会被打扰，把最重要的事情放在这段时间，去除杂念全身心投入，你会发现效率非常高。

● 学会停下。大家每天使用手机的时间是多长？有没有出现过这种情况：明明拿起手机只是想看一下时间、回个微信或打开网页查找资料，却不知道何时打开了抖音刷得欲罢不能，惊醒时才发现已经过去2小时了，这时你可能会觉得内疚、不安、恐慌和紧迫。玩游戏、刷抖音、追网剧……每一个诱惑都让人不自觉地乐在其中，如何才能摆脱这种上瘾、依赖的状态？首先要弄清楚自己是如何变得上瘾和依赖的，然后给自己制定一个适宜的规则。如设定计时器，限定娱乐的具体时间，到点就马上放下；或在手机上装Forest之类的软件，强制隔绝自己使用手机的欲望。

● 学会说“不”。大家时间不够用还有一个重要原因就是每天充斥了太多不重要却紧急的事情，让自己忙忙碌碌却毫无收获。在有限时间内做更多重要的事情，需要学会对优先级不高的事情说“不”。任何人都不喜欢被拒绝，所以让对方坦然地接受和理解很重要。说“不”应该有礼貌，拒绝的同时要给对方清晰的解释，还可以给一些其他的选择和建议。

● 即刻行动。进入学习状态最好的方式就是从“现在”开始，拖拖拉拉的代价太大了。摆脱选择困难症、加速决定时间，才能节约时间实施计划。思考和计划固然重要，但行动更重要。面对一个项目或一篇论文，冥思苦想没有思路时，可以先试着写一个开头或碎片的想法，哪怕写出来的东西不够好。先尝试迈出第一步，从简单的事务入手，慢慢地自然渐入佳境。

2. 压力管理

摆脱了高考的压力，同学们进入大学后是否感觉松了一口气？相信很多人的答案都是否定的。大学生活中，大家一边要在迷茫中不断探索和适应，一边要努力地拼绩点、争荣誉、考证书。越来越“内卷”的环境，让竞争变得更加激烈，学业、生活、人际交往、就业等各方面的压力，让很多同学陷入紧张、担心和焦虑中无法自拔，有时还会严重影响到身心健康。因此对同学们来说，正确面对各种压力、对自身的压力进行适当的管理就非常重要。

首先要正确认识压力。压力是人们去适应由周围环境引起的刺激时，身体或精神上的生理反应，这个反应是基于客观事实的，可能准确，可能过度，也可能不足，这取决于人们的主观态度。压力并不是一个人或一群人才会有的，基本上人人都会有，有压力是一种常态。压力不是只会带来坏的事情，也有好的一面。感受到学习压力时其实是一个非常好的信号，表明你重视学习并发现了自己在某些能力上的不足。这时需要正视问题和情绪，调整目标、规划和方法，重塑学习任务，将压力转变为武器，帮助自己成长。

压力也是无法避免的：越是回避就越容易感到不安和忧郁，进入负面情绪的恶性循环，最终被压垮。因此，可以试着用一种更积极的态度面对压力，和它成为相伴的朋友。学习压力过大带来焦虑和不安情绪时，可以通过改善时间管理、运动、冥想、与家人或者朋友聊天、做志愿服务等适合自己的方法降低压力感。需要强调的是，不要选择玩游戏、看网剧这种逃避压力的方式。因为只有通过做一些有意义的事情，才能缓解焦虑和不安的情绪，从压力中恢复。

面对压力不要总想着“摆脱”“消灭”，更需要的是学会如何更好地“应对”。这里介绍两个可以缓解压力的方法。

（1）专注当下，正念呼吸。在我们因为某些事物产生非常大的压力时，会不自觉地去关注给你带来压力的那些事物，即压力源。很多时候，越关注越会陷入压力的感受中无法自拔。专注当下练习法就是让大家尝试放下各种带来焦虑、痛苦的压力源，放空大脑、觉察自我，把注意力放在当下需要做的具体事情上，一般可以通过深呼吸、冥想等方式去练习。

正念呼吸的练习是任何人在任何时候、任何场合都可以进行的。停下正在处理的事情，找一个相对舒适的姿势，坐着或躺着都可以，闭上眼睛，将一只手放在腹部、一只手放在肋骨处，准备去感受因为呼吸而上下起伏的腹部。用鼻子慢慢吸气，从一慢慢数到四，让肺充满空气，腹部随着吸气慢慢向外扩张，胸腔尽可能保持不动；屏住呼吸，从一慢慢数到六；再用嘴慢慢呼气，让腹部向身体内部缩回，把空气全部排出来，同时胸腔依然尽可能保持不动。在反复吸气呼气中，让呼吸变得深且缓慢，让自己的注意力只放在呼吸上，提高对自己身体状态的察觉。5～10分钟后，睁开双眼，继续做该做的事情，比如正巧是午饭时间就去食堂吃个午饭，要复习就继续去复习等。这样的反复训练可以减轻自身对压力源的反应，不被思绪、情绪或者想法带走，而是回到具体的行动上。

（2）关注管理工具。关注管理工具AMBR是由查理·佩勒林（Charles Pellerin）博士在《4D卓越团队：美国宇航局的管理法则》一书中提出的。他认为要管理结果，首先要管理注意力。注意力放在哪里，能量就会流向哪里，结果就产生在哪里。四个字母的含义如下：

- A（attention）：关注点。
- M（mindset）：心态。
- B（behavior）：行为。
- R（results）：结果。

前面强调过压力是人的一种主观反应，面对同样的事物，不同的人所关注的点是不同的，从而也会有不同的心态。有了什么样的心态就会产生什么样的想法，进而就会有什么样的行为，导致什么样的结果（见图5－5）。

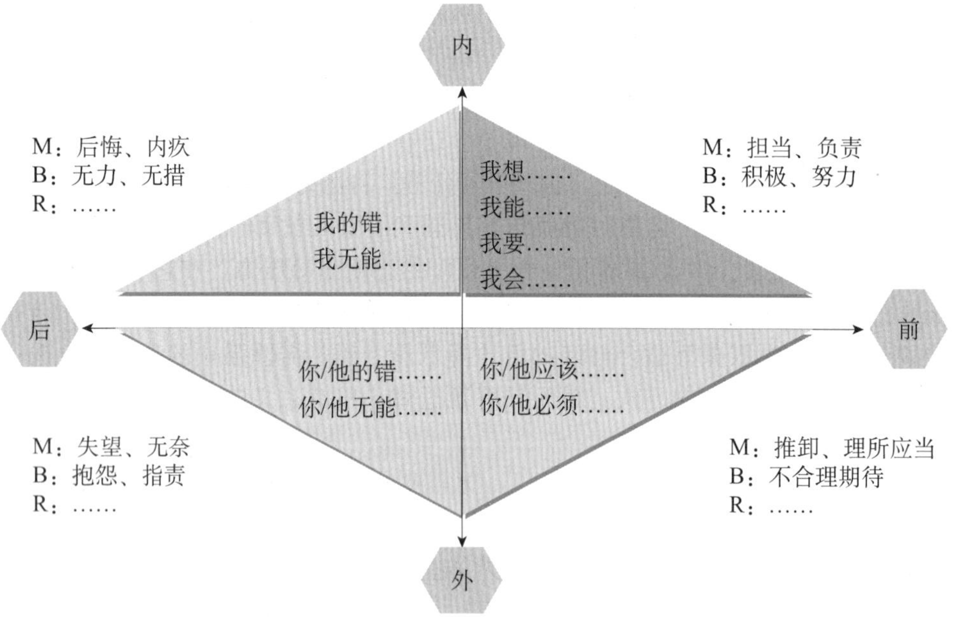

图5－5 AMBR管理法则

在面对压力时，同学们可以尝试着将自己的注意力进行转移，更多向前看、向内转。以下举个例子。

情境：马上要期中/期末考试了，课程很难，还有很多大作业没有动笔，同时担任班委/社团骨干，压力很大……

- 假如这个同学面对这些问题选择了向后看、向外转：

【A】担心老师/考试要求难，焦虑考试排名/成绩，担心自己没有某某同学优秀……

【M】纠结、慌乱甚至恐惧……

【B】总想拖延/复习低效/寻求“捷径”……

【R】复习时学习状态差，成绩不理想，没有掌握课程知识……不知道自己学了什么、为什么学、接下来怎么学……

● 假如这个同学面对这些问题选择了向前看、向内转：

【A】考试是学习的检验，我确实有一些地方掌握不扎实，学习是自己的事情，考期的有限复习时间我努力追求高效……

【M】沉着（复习合理规划）、冷静（学习有策略有条理），积极看待考试成绩与学习发展的关系……

【B】结合自己的学习风格和学习短板，制定计划和策略，聚焦课程学习重点和难点，努力做到省时高效……

【R】高效复习，正常发挥，准确了解自己的学习状态，为下一步学习确立新的目标，注入新的动力……

最后，希望同学们学会拥抱压力。因为压力能够带来学习的动力，磨炼意志、提高能力，推动大家不断成长。

总之，对于自我管理的一切方法和手段，适合自己的才最重要！从现在就行动起来，时间看得见，压力扛得住！

5.2　大学二年级的重要决策

第 4 章介绍了职业决策的主要方法及大学期间生涯决策的主要内容。本章第 1 节重点说明了大一新生普遍面临的忙碌、忙乱现象的应对方案，接下来要强调的是同学们在大学二年级面临的一个重要决策。先看一下一位大二同学面临的问题：

> 我是电气工程及其自动化专业即将步入大三的学生。刚上大一时我像很多人一样给自己定了个考研的目标，而且信誓旦旦。现在一晃就要步入大三了，我却对考研越来越犹豫。想当初给自己定下这个目标，很大程度上是跟风和老师的一两句话使然！再加上一想到找工作我就很茫然，选择考研更多的是想逃避现实。自己真正需要什么，哪条路才是适合自己的，很多现实问题我都没考虑清楚。经过这个假期的认真思考，我感觉自己真的不适合考研，尽管心有不甘。虽然选择了暂时放弃考研，但后面的路该怎么走，我还是一脸茫然……

这位大学生的困惑很有代表性。这一方面是应试教育对同学们的思维长期固化训练，使之产生从众心理；另一方面是由于大学生就业难，很多同学在接到高校录取通知书后就确立了读研的目标。然而，真正到需要开始行动时，有些同学又产生了疑虑。

通过前面几章的学习，同学们已经可以根据自己的个性特征及职业兴趣、价值偏好等，结合专业特点，初步确定职业方向。随着对专业特点、职业方向、职场环境的深入了解，不少同学明确了自己需要提升的素质与能力，并且通过参加学习、竞赛、实践、实习等活动提升自己。至此，同学们需要设定一个非常具体的目标：你希望进入职场的第一份工作是怎样的？如何才能获得一份满意的工作？

要找到这些问题的答案，大二是非常关键的一年：可以说大二暑假是大学生活的分水岭，很多决策都对同学们今后的生涯发展有重大影响，不论是计划毕业后直接找工作还是先读研或留学，都要多方了解信息，慎重地做出决定后采取相应的行动，为自己未来的职业发展奠定良好的基础。

大二阶段的这个重要决策要基于人职匹配的原则：一方面对自身的性格类型、职业兴趣、生涯价值观及素质与能力要有系统的认知，同时需要明确自己对好工作的标准，然后根据好工作的任职资格要求来决定自己本科毕业是直接就业、读研还是留学，再针对性采取行动。根据前文的探讨，好工作的标准因人而异，只有适合自己的工作才是好工作。尤其对初入职场的年轻人而言，衡量好工作应优先考虑职业生涯的发展。这就意味着在确定第一份目标工作时，薪酬待遇、单位名气、工作性质、岗位职务、城市户口等因素并非最重要的。从职业生涯发展的角度看，对锻炼自己、提高能力最有帮助的工作就是好工作。

在确定了自己的职业发展方向，并根据目标职业需求为提升自身素质与能力付出最大努力后，同学们须确定自己的潜在雇主的名单；毕业前的求职最好在这样一份名单的指引下进行，否则面对众多的用人单位，很可能会无所适从以至于苦不堪言。

调查显示，近年来应届毕业生中超过60%进入各类企业工作。实际上，企业之间也有很大的差别。首先，企业文化不同，决定了用人制度不同；其次，企业规模及所处行业不同，决定了企业的薪酬待遇差异。此外，企业又有国企、民企、外企之分，其人力资源管理制度有较大差异。这些差异既决定了聘用、选拔标准的差异，也对应届毕业生的职业起点有较大的影响。

与同行业外企相比，国企的起始薪酬往往略低，但职业安全性较高，工作压力比较适中，规模较大的国企对新员工的培训也较完善。然而，正是由于其职业安全性较高，员工的服务年限普遍很长，员工的职位升迁往往与其工作年限有较强的关联性，新员工常常会觉得自己的努力得不到应有的肯定。

大型企业管理规范，对新员工的培训较完善，但年轻员工往往只能接触到较为单一的工作任务。相比之下，小公司的部门分工并不十分明确，新员工有可能接触多种业务，自身能力的提升会很快。但是，小公司抵御市场风险的能力往往不强，员工的职业安全性得不到很好的保障。

近年来公务员颇受大学生的青睐，社会普遍认为这是一个稳定并且具有一定社会地位的职业。可不少同学入职后发现事实并非如此：工作比较单调，职位升迁要熬年头。

留在高校当教师也是不少同学的职业梦想：平时不必坐班，一年还有两个假期。实际上，宽松、自由的背后也有教学、科研以及教学管理等多重工作压力。目前在高校任教，拥有名校的博士学位已经成为基本的任职条件；国内一些研究型大学招聘青年教师，海外学成归来的博士及博士后往往具有更强的竞争力。因此，选择在高校任教的同学，通常要在本科毕业后直接攻读硕士及博士学位，并在打好研究基础的前提下，培养、提升自己的演讲、沟通能力等。

综上所述，同学们需要根据自己确定的生涯目标来决定毕业后选择什么样的职业领域，进而了解自己希望进入的企业/组织类型，根据其职位信息中对初入职员工的素质与能力要求，来决定自己本科毕业后是否可以直接求职，是否需要通过读研、留学来换专业，提升自己的学历层次。

对于那些在高考中未能发挥出正常水平、对本科学校不满意的同学，通过考研提升学历及学校层次是不错的选择。可参考第4章“推荐阅读”中安多同学的案例。

安多同学乐于思考，是个积极的行动派，属于ESFJ型。安多的职业价值观也较倾向于优势特长、自我成长、自我实现等内在维度。

纵观安多同学为职业选择所做的探索和努力，让笔者想起大学生职业生涯规划的六步骤循环图：生涯觉醒、自我探索、了解职业、职业决策、行动、评估。

安多从上大学起就意识到了生涯规划的重要性，开始积极思考日后的职业选择方向。认识到这一点后，他启动了自我认知，对性格特点、处事方式、职业价值观进行梳理，这些对于生涯选择都是非常有益的思考。同时，他先是结合自身专业和兴趣爱好，在口译、外交、媒体等方向广泛参与，然后逐渐收窄，把考研聚焦在翻译领域。进入民航院校之后，又结合学校特点，开启了第二轮探索。其中，了解职业、职业决策、行动、评估等环节，都借由课堂之上的学习研究、课堂之外的实习实践得到了充分体现。

进一步讲，这是舒伯生涯发展阶段理论中探索期的典型表现。这一阶段一般为15～24岁，基本涵盖了安多，也是绝大多数大学本科生和研究生的学习阶段。这一时期还可进一步细分为试探期、转换期，以及试验并初步承诺期。文中，安多经历了试探期（本科多领域实习）、转换期（从商务翻译转换到民航翻译）及试验并初步承诺期（初步确定了职业选择，逐渐聚焦民航技术或民航外交领域，通过学习民航专业知识，反向检验自己是否胜任，并准备通过暑假实习试探其成为长期职业的可能性）。

“谁的青春不迷茫？”大学生开展职业探索总是从雾里看花的迷茫期开始的。意识到迷茫是生涯觉醒的起点，可以此为信号，结合自身专业和优势，通过不断向内自我探索了解自己的人格特质、职业兴趣和职业价值观；同时，整合各方信息资源，先选定一些机会参与实习和社会实践。在专业学习和实习实践中，了解职位，了解职场，逐渐清楚自己的职业决策；通过行动和评估，尽可能主动做出自己的职业选择。

在2020年这个不凡之年中，关于“读研”的话题，一次又一次站在舆论的风口浪尖。2月28日，教育部副部长翁铁慧在国务院联防联控机制新闻发布会上表示，将着力扩大今年硕士研究生招生规模，比上年增加18.9万。而2020年新增的研究生报考人数达到51万。

当今社会，“万般皆下品，唯有读书高”的思维依然盛行，获得高学历仍属社会主流价值观，对很多同学来说本科毕业继续读研似乎是“理所当然”的选择，甚至有不少大一的同学在接到录取通知书的那一刻就已“不假思索”地决定继续读研了。

在笔者发起的“为何读研”的调研中，有成绩优异、“不想浪费保研机会”而选择继续读下去者；有将拥有高学历与高社会地位、高收入画等号者；当然，也有不少同学认为“本科生太多了，不好找工作”才决定考研。真正热爱科研并决定将其作为毕生事业的同学，并不占多数。

然而，还请同学们根据自身生涯规划来做决策，而非“为考研而考研”。事实上，无论是读本科、硕士还是博士，大学毕业的接口都是社会，最终寻找一份与自己相匹配的职业是每个大学毕业生要面临的挑战。不同的职业要求毕业生具备的素质与能力大不相同，假如我们未来理想的职业所需要的素质与能力在硕士阶段就已经具备，那么是否一定要读博士呢？进一步攻读学位所付出的时间成本会提高我们对未来工作岗位、薪酬等方面的期待，从而增加找到合适工作的难度。北京航空航天大学高等理工学院2015级黎宇昂同学本科毕业获得的工作岗位，就是本硕博毕业生都可以申请的职位；而根据华为的严格考核，他最终得到的评级是新员工中较高的，超过了不少硕士、博士毕业生。

在决定报考研究生之前，同学们还需要了解：当下高校培养的硕士分为学术型硕士和专业型硕士。如果是发自内心热爱研究工作，可以从研究过程本身获得快乐，这部分同学非常适合选择需要沉下心来做研究的学术型硕士。如果是单纯为了获得学历而选择读研，则可以选择相对侧重实践能力的专业型硕士。然而，有的同学人云亦云地认为“学术型硕士更正规一些”，或者觉得学术型硕士免学费且有津贴，往往是担心分数不够才报专业型硕士。殊不知：免去的学费及发给你的津贴并不是对你前三年优异成绩的奖励，其实更像是对你研究生/博士生阶段科研工作的报酬。

5.3 用人单位对新员工的素质与能力要求

由优秀的大学生成长为成功的职场人，应该是同学们接受高等教育的最重要的目标。那么如何达到这个目标呢？同学们需要了解通过高等教育培养社会需要的人才的原理与方法。

据此，笔者构建了我国大学生就业能力开发模型（见图5-6）。

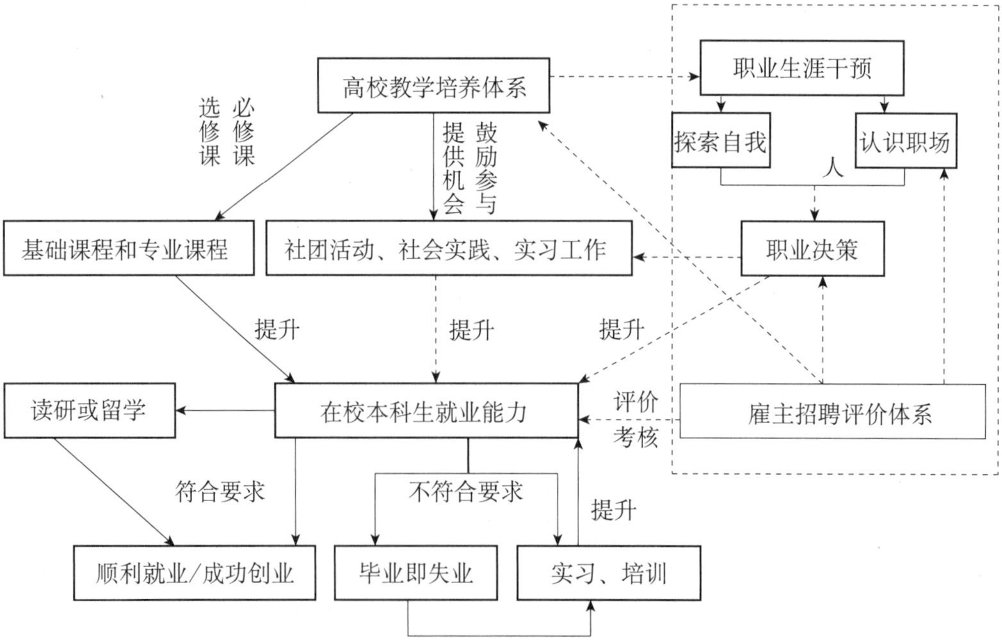

图5-6 我国大学生就业能力开发模型

首先，高校提供了以基础课程和专业课程为主的知识性教育，学生通过完成必修课和选修课，学习基础理论，掌握专业知识。由于传统的教学模式是以教师为中心设置教学内容的，教学方式以“填鸭式”的学科型教育为主，学生对课堂教学缺乏兴趣，培养出的毕业生普遍存在实践性、创新性不足等问题，难以满足社会经济发展的人才需求。

其次，学校通过鼓励学生参加社团活动、社会实践及实习工作，帮助学生提升职业素质与能力。高校对学生参加社会实践、生产实习等活动设有学分，一些学校还为学生参与这些活动提供机会。例如，有些高校在大三暑假由老师带队组织学生到专业对口的单位实习。然而，总体来看，学校和学生对这类活动的重视程度有限，学校布置的暑假社会实践、工作实习等活动对不少学生而言只是“走过场”，但这些活动恰恰是在校学生认识职业和职场、提升自身职业素质与能力的重要环节。

此外，职业生涯干预可以有效激发学生提升职业素质与能力的主动性。职业生涯干预是指通过职业生涯规划讲座、课程、个体咨询、团体辅导等方式，唤醒学生的生涯意识，帮助他们探索自我，认识职场，掌握职业决策的科学方法，根据人职匹配原则确定职业目标并采取相应的行动，最终获取职业成功的一系列职业生涯辅导活动。目前，国内仅有少数高校对部分在校生开展了较为系统的职业生涯干预活动，绝大多数高校只是在学生临近毕业时提供一些与就业相关的讲座或培训。

图5-6右上方大虚线框中的内容是大学生就业能力开发模型的重点。其中，以毕业生的雇主招聘评价体系作为高校培养和提升大学生职业素质与能力的重要依据，是笔者在对国外各种就业能力开发模型进行对比研究的基础上，根据多年高校教学、学生就业辅导及人力资源管理实践经验提出的，并自2005年以来在对本科生的教学、咨询、团体辅导中予以应用，很受学生欢迎。积极参加活动的同学，职业素质与能力明显提高，在求职过程中表现出色，一定程度上验证了其必要性和有效性。

职业生涯干预活动是培养和提升大学生职业素质与能力的重要渠道。从短期看，可以将雇主招聘评价体系作为高校课程改革的一个重要参考依据，使学生在大学学习期间及早了解不同雇主的要求，确立职业目标，有针对性地提升个人的职业素质与能力；从长期看，促使大学生提早进行职业生涯规划，可为其未来的职业发展和人生规划打下坚实的基础。

对于那些决定本科毕业后先读研的同学，有保研和考研两种途径。要想取得保研资格，不但大一至大三的平均成绩至少要进入班级前20%，而且所有的课程不能有不及格的；有的学校，大三暑假实习的成绩也要计入总成绩，千万不要轻视。获得保研资格的同学也面临本专业保研、跨专业保研及外推保研等多种选择。一般而言，本专业保研把握性较大，外推保研往往有很大的不确定性。万一保研不顺利，是继续考研还是放弃读研转而准备找工作，又将是个新的决策。因此，同学们需要全面了解信息，根据自己的实际情况做出最适合自己的选择。

对于那些决定本科毕业后先留学的同学，大三这一年非常关键。首先，留学对英语成绩有较高的要求，需要投入大量的时间备考托福、雅思、GRE、GMAT等。同时，要想取得知名大学的录取通知书及获得奖学金，大学成绩非常重要。此外，对于有些专业，要想取得研究型硕士及博士的录取信，参加学术活动、接受学术训练、撰写学术论文等也很重要。在做好这些准备后，应根据自己的情况选择一些国外的高校，有针对性地认真准备各种申请材料。

对于那些计划本科毕业后直接进入职场的同学，建议尽早了解职场的规则，尤其是自己心仪的单位及自己希望从事的职位对员工的要求；在大学期间，可以通过学习及参加各项活动，尤其是社会实践、实习、兼职工作，提升自己的相关素质与能力。

同学们要了解各种职位对任职者的要求，有的要求与个人的性格、兴趣等个性特征有关，不是靠自己短期内调整就能够达到的。如果认为自己难以达到某些苛刻的要求，最好及早忍痛割爱，寻找新的目标；实在割舍不下的，就痛下决心，调整自己。

在一次针对研究生志愿者的培训中，几年前读本科时笔者教过的优秀生陈蕾（她是被保送上本院研究生的）迟到了。课间休息时，她非常不好意思地来向笔者解释："苏老师，实在抱歉，我今天迟到了。我真的不是有意的：我知道是您给我们上课，还让同学帮我占个靠前的座位呢！可就在我准备按时出门时，物业来帮我们宿舍换锁。当时只有我一个人，只好等他们换好锁再出门，结果迟到了。"笔者笑着问："你们宿舍为什么只剩你一个人呢？"她答："她俩早早就出门了！"笔者又问："她们干什么去了？为什么先出门了？"她环顾四周，发现了室友，就把她们叫过来了。笔者又问了她们同样的问题，她们几乎异口同声地答道："我们怕迟到，就提前出门了。"

接下来的一节课上，笔者给大家介绍了性格类型，并引导同学们做了简单的测试。课间，陈蕾又过来找笔者："老师，我测试的结果是ESFP型。您课上讲了，P型者容易迟到，这下您可以原谅我了吧?!"笔者笑答："我当然可以原谅你。但重要的是，将来你工作了，你的主管能原谅你吗?"笔者至今都记得陈蕾惊愕的表情。

像陈蕾这样的优秀生，如果不及时调整，若是进入一家管理严格的大公司，刚开始上班时会痛苦不堪。同学们应尽量在进入职场前一两年就了解自己可能入职的单位对员工的具体要求，提早按照职场的要求安排自己的作息时间，调整自己的做事风格，这样在成为职场新人时才不会手足无措。

说到这里，回到本节开头提出的问题，我们可以这样认为：由于大学对学生的评价体系与职场对员工的评价标准有很大差异，优秀的大学生毕业后不一定能够成为职场中的成功人士；相应地，学习成绩平平的大学生进入职场后也有可能成为优秀员工。优秀的员工首先要符合岗位的素质与能力要求，同时有主动、负责、踏实认真的工作态度。要想将来进入职场后成为优秀的员工、获得职业上的成功，同学们在大学期间就应确定自己未来的职业领域，了解自己希望从事的职业对员工的素质与能力要求，并通过学习、实践以及休闲活动来提升自己的相关素质与能力，以便自己毕业前能够顺利求职，毕业后成为职场的成功人士。

大学时期是我们进入职场前的最后一站，同学们要充分利用大学所提供的学习机会提升自己。鉴于大学的评价体系与职场的评价体系并不一致，了解职场对优秀员工的评价标准是同学们大学期间的重要任务之一。

2014年，全国高校毕业生人数首次超过700万，其中本科以上学历者约400万，硕士及博士学历者达到53.6万；2015—2019年，毕业生总人数连年创新高，2019年更是高达834万人。2020年疫情全面暴发、经济发展放缓，催生了"史上最难就业季"。2021

年，我国应届毕业生人数再创新高，达到 909 万人，同比增加 35 万；而 2022 年应届毕业生人数更是首次突破 1 000 万。

21 世纪初，我国开始出现 100 万名当年未能就业的应届毕业生。虽然很多人将之归因于 1999 年开始实施的高校扩招政策。然而，对毕业生个体而言，没有找到工作的主要原因在于：工作经历缺乏、沟通能力差、动手能力与实际操作能力差、就业期望值过高。虽然可以从高等教育体制方面找原因，但抱着对自己的未来负责的态度，大学生必须尽早行动，通过实习实践锻炼自己的能力，增强就业竞争力。

调研表明：虽然大学生就业难有很多客观原因，但很大程度上也缘于大学生自身职业素质与能力不足。不少应届毕业生存在职业定位不清、对职场和职业了解不够、自身职业素质不高等问题，找工作时表现为职业意识缺乏、动手能力和实际操作能力差等。此外，我国大学教育基本完成了从精英教育向大众教育的过渡，但不少本科毕业生仍自视为天之骄子，就业期望值过高，难以找到满意的工作。

说到这里，有些同学可能觉得很委屈：老师，不是我要求高，在北京，月薪 8 000 元生活都很成问题啊！扣完税，拿到手里才 6 000 元多一点儿，交完每月房租就去掉了一多半。随便叫个外卖，每顿都得三四十元，一个月下来差不多得 2 000 元。平时上下班都挤地铁，偶尔着急才打车，每个月交通费差不多 600 元。话费、网费、日用品等开支 500 元不多吧。自己在北京打拼，有事儿还得靠朋友；与老同学一个月聚一两次不过分吧，聚会总要撮一顿，人均至少 100 元。您看，我这还没算买衣服呢，进入职场个人形象很重要，总不能太不讲究了吧。这么一来，真是“月光”了啊，总不能我上了四年大学，找份工作连自己都养活不了吧！

2013 年 3 月下旬，笔者到北航深圳研究院为创新创业型企业家培训班讲授人力资源管理课，听课的基本上都是创业公司的创办人及高管。课间，一位 35 岁上下的陈女士找到笔者诉说她的困惑：她 10 多年前来到深圳就职，8 年前创办了自己的公司，目前发展稳定。前些年这个时候，公司的新员工招聘已经顺利结束，但当年已组织了好几次招聘，都没有招到符合岗位要求的应届毕业生。通过最终面试的那些毕业生不约而同地谈起了待遇，最低要求是月薪 4 500 元。陈女士很意外：公司现有员工中，月薪 4 000 元以下的还不少呢，怎么可能给新入职的应届毕业生 4 500 元呢？在问到应聘者为什么要求这么高时，那些同学都振振有词：因为我算过了，月薪低于 4 500 元，在深圳活不下去！陈女士颇有些无奈地说：这些孩子怎么了？我 2002 年来深圳，每月 800 元的薪水，咬着牙也要做下去啊！租不起公寓，就与几位同学合租简易房，哪能以生活费高为理由要求高工资呢？

根据社会学家的调查研究：1993 年，新中国成立后启用的粮票正式废除，全国的粮油都实现了敞开供应，中国人解决了“吃饭问题”，生活逐渐富足。这种信息无形中传递给了下一代，90 后求职者们满足了马斯洛需求理论中的“低层次需求”，强调自我实现，对薪酬待遇的要求普遍偏高。他们并非为了追求高薪而提出高要求，而是认为自己生活上不能太受委屈：如果找份工作养活不了自己，何必要接受呢？大不了等一等，反正家庭有足够的经济实力供养自己。他们往往不愿降低自己的生活水准来迁就低工资。至于自己能否为公司创造出超过月薪两倍以上的价值（这几乎是公司确定岗位薪酬水平的基本条件），他们没有考虑过。

讨论到这里，有些同学已经意识到应该根据实际情况调整自己的就业期望值。笔者近年来在全国多个省（自治区、直辖市）组织了针对用人单位的调查，得出了非常相似的结论：面试时考察的应聘者的主要素质依次是敬业精神、责任意识、团队合作精神、道德品质、踏实肯干及主动性；面试时考察的应聘者的主要能力依次是沟通能力、解决问题的能力、灵活应变能力、专业能力和组织能力及创新能力；雇主认为大学生最欠缺的是工作、实习经验（54%）及吃苦耐劳精神（51%）；雇主认为毕业生就业难的原因依次是毕业生期望值高、缺乏工作经验、眼高手低、求职目标不清及社会实践能力弱。

在对用人单位进行访谈后发现，它们认为现在的大学生存在以下问题：首先，大学生社会实践经历不够，高校不注重学生社会实践与专业知识的结合，从而造成了大学生所学知识及工作理念与社会脱节，不能满足雇主的需要；其次，大学生综合素质不高，表现为责任心不强、职业道德水平较低、心理素质较差、沟通能力不强、创新能力弱、诚信意识差、眼高手低、缺乏团队合作精神等；再次，高校对大学生的培养脱离了企业需求，脱离了市场化的人才培养导向，造成了大学生的认识普遍过于理想化，对社会的认识不够；最后，高校专业设置不合理，专业不对口，课程多而不精，造成了大学生的专业知识基础不扎实。

以上问题的出现很大程度上与同学们进入大学之后没有及早进行科学的职业生涯规划有关。事实上，很多同学顺利地获得了大学毕业证书及学位证书，却并不能顺利地获得一份工作。要想解决这个问题，同学们必须及早了解用人单位需要什么样的员工，并通过学习、实践等活动提升自己，在毕业时达到用人单位的要求。

因此，在大学阶段，同学们在确定了自己的职业目标后，除了完成书本知识的学习，还要根据用人单位的要求努力提升，使自己在毕业时成为一个用人单位能够接受的职场新人。要做到这一点，就要事先了解用人单位需要什么样的人。

先看几则招聘广告。

岗位名称：出纳

岗位职责：

1. 负责银行账号的开立、关闭；第三方收款账号的管理、绑定和提现。
2. 负责日常报销单的付款。
3. 与业务人员沟通，完成银行到款的认领工作。
4. 对接银行完成结汇相关工作。
5. 结账期完成凭证录入，并在关账前完成银行余额核对。
6. 每月核对内部往来款项，完成清账工作。
7. 每周编制资金周报，每月编制直接法现金流量表，每季度编制预测现金流量表。
8. 根据公司的资金情况和使用计划，进行合理的安排。
9. 每月完成银行余额调节表的编制。
10. 完成部门领导交办的其他任务。

任职资格要求：

1. 大学本科及以上学历，会计学、财务管理、审计学或金融等相关专业优先。

2. 有出纳、资金管理相关实习经验者优先。

3. 能够熟练使用办公软件。

4. 工作认真负责，具有良好的职业道德。

岗位名称：平台运营（产品中心）

岗位职责：

1. 根据运营状况进行数据分析，输出有效的诊断分析报告，并依据分析结论输出可落地的运营方案。

2. 学习使用常用的运营工具，配合执行各类运营决策。

3. 洞察提炼用户/司机需求，独立撰写商业需求文档（BRD）文档。

4. 跨部门沟通对接工作，确认各项工作的进度，并推动项目完成。

5. 不断深入学习互联网平台运营方法论，并与实际工作结合。

任职资格要求：

1. 乐观开朗，善于沟通，具有优秀的学习能力、逻辑能力、数据分析能力。

2. 具备极强的执行力，敢于背负结果目标，主动跟进所负责工作进度并具备一定抗压能力。

3. 熟练使用常用的办公软件、Excel表函数、透视表、PPT等，最好熟悉SQL数据库。

4. 在校期间有丰富的实习或数据处理经验者优先。

岗位名称：房产经纪人——储备干部（新房/二手房/海外/旅居/万链综合业务方向）

岗位职责：

1. 负责线上渠道链家网的房产信息维护推广，打造个人的专业品牌。

2. 线下为客户提供优质的看房体验。

3. 促成买卖双方交易达成，协助双方签署合同、办理权属转移等工作。

任职资格要求：

1. 大学本科及以上学历，专业不限。

2. 有互联网思维，会深度使用APP；阳光，踏实，有梦想，愿意通过自己的努力付出实现个人价值。

3. 具有高度的工作热情和团队合作意识，有销售、服务、学生社团干部经验者优先。

4. 具有良好的沟通能力，积极，乐观开朗，具有良好的自驱力和进取心。

岗位名称：管理培训生

岗位职责：

1. 协助管理人员进行各级员工的招聘工作，确保在职人数符合实际工作需要，并满足现在及未来阶段时间的工作需要。

2. 协助管理人员进行项目分配、盘点工作。

3. 处理各种行政类事务。

4. 完成领导分配的其他工作。

任职资格要求：

1. 大学本科及以上学历。

2. 具备较强的学习能力，能积极学习部门业务，扎根业务。

3. 性格开朗，积极热情，有较强的沟通能力。

对比招聘广告中的职位要求描述，很多大一、大二的同学可能有些茫然：怎么没有提学校牌子、学习成绩、获奖情况这些条件啊？我怎么才能符合用人单位的要求呢？

2015年5月，一篇题为《大学生4年狂揽65个证书 毕业仍找不到工作》的文章被各大门户网站转载。文中的主人公安阳工学院文法学院准毕业生孙梦涛坦言：自己每天都很努力，获得证书水到渠成。在这些证书中，国家职业资格类证书6个，国家级荣誉证书5个，省级荣誉证书15个，市级荣誉证书8个，校级荣誉证书27个，奖学金证书4个。他还连续两年综合成绩位居本专业全年级第一。孙梦涛望着这些证书，有说不出的成就感，他觉得证书能证明他的能力。然而，专家指出：证书不一定等于能力。

根据目前外企及大中型私企、国企招聘新员工的筛选条件，同学们在求职时首先要明确求职目标。针对企业负责招聘的人力资源管理人员的调研发现：筛选简历过程中，用人单位比较注重的内容依次是求职目标、专业能力及社会实践经历。很多同学写了两三页的求职简历，却没有写明求职目标，暗含的意思是："您看看我在贵公司能干点儿什么？"这样的求职简历往往直接被淘汰。当然，明确求职目标并不容易，这实际上就是本书前面介绍的职业生涯规划中的职业决策。

本章导入案例"请让自己活得漂亮"的作者彭托雅同学在大一学习了职业生涯规划课，对自己的未来逐渐有了较为清晰的规划。她目标明确，因而有强烈的成就动机。彭托雅首先制定了大学四年的目标，并且愿意为了达到目标克服困难、不断实践，同时为了更好更快地达到目标而不懈努力。用人单位在筛选应聘者时，往往将求职目标、成就动机作为考量应聘者的首要指标。实践证明：目标明确、成就动机强的员工更能够取得优秀的业绩。

其次，彭托雅做事认真、责任心强。这也是用人单位对新员工优先考核的素质。根据人力资源管理经验，员工认真做事的态度、责任心与其敬业精神是相关联的。

再次，彭托雅有很强的学习能力，大二在社团组织中担任多个职务，培养了较强的组织协调能力。

同时，彭托雅注重培养专业技能，将发表财政学相关文章及参加教师资格证书、普通话证书、外贸会计证、六级口语等考试也列入自己的日程。

最后，彭托雅乐观、积极，还懂得取舍，放弃了学习心理学和日语这两个目标。这些都是非常重要的职业素养。

再看看同学们的疑虑：学校牌子、学习成绩、获奖情况能说明什么？所就读的大学是名校，能够说明这位同学高考成绩不错，大学期间所接受的教育比较规范，信息来源较多。学习成绩优秀、获得多个奖项，说明学习能力强。

如果同学们在低年级就能明白这些“门道”，提早做准备，毕业时就会从容得多。因为用人单位对新员工的这些素质与能力要求，基本上是可以通过参加实习实践等活动培养和提升的，并非一定要在全职工作中获得。

笔者根据多年大量的调研、访谈，总结出了大学生职业素质与能力指标（见表5-1）。

表5-1 大学生职业素质与能力指标

指标	项目				
一级指标	个人属性	专业素质与能力	通用技能	实践经历及解决问题能力	成就动机与心理素质
二级指标	性别	所学专业/专业知识	学习能力	社会实践/社团活动	抗挫折/承受压力
	仪表礼仪	解决专业问题能力	团队合作	实习经历	责任感
	所毕业学校/学历	相关专业证书	人际交往能力	解决问题能力	主动性
	—	—	组织协调能力	—	敬业精神
	—	—	口头表达能力	—	成就动机

根据目前企业人力资源主管在招聘时筛选人员的标准，笔者将个人属性、专业素质与能力、通用技能、实践经历及解决问题能力、成就动机与心理素质五个一级指标的权重分别确定为10%，25%，25%，20%，20%。

二级指标的确定依据如下：性别在有些行业、岗位并不看重，有些行业、岗位倾向于女生，有些行业、岗位则倾向于男生，差异很大；个人属性中的仪表礼仪包括毕业生的外貌、穿着及待人接物等职场礼仪；所毕业学校/学历在初步筛选（尤其是网上申请）过程中起到的作用较大，不过在面试中并非关键要素。

在表5-1的基础上，笔者又对涵盖电子、通信、机械制造、房地产、物流、金融、咨询、电力、食品、餐饮服务、航空航天、民航等多个行业，规模不同的30家企业的资深人力资源主管进行了深度访谈，对企业雇主招聘应届毕业生时所看重的职业素质与能力进行了较为深入的探讨。下面简要介绍研究发现。

毕业生所学专业/专业知识、解决专业问题能力及相关专业证书均侧重专业与行业、岗位的匹配，不同行业、岗位有很大的差异。典型的职位如工程技术人员，对专业与岗位的匹配要求很高，几乎是非本专业毕业生不招；管理培训生，应聘者来自各个专业，对所学专业/专业知识没有特别要求。然而，几乎所有职位都要求应聘者具备解决专业问题能力。因此，本书根据实际应用情况将三者的权重确定为10∶12∶3。

通用技能即可迁移技能，其中的学习能力是几乎所有岗位都非常看重的，团队合作、人际交往能力等与情商密切相关，是新员工职业能力快速提升的重要前提，组织协调能力和口头表达能力也是很多岗位非常看重的，因此最终将这五项二级指标的权重分别定为8∶5∶5∶4∶3。

实践经历及解决问题能力是考量应届毕业生能否尽快适应岗位要求、由校园人迅速转变为职场人的重要指标，因而是用人单位非常看重的。依据深度访谈中企业人力资源主管列举的招聘评价标准可知，企业非常看重员工的解决问题能力，而社会实践/社团活动及实习经历等都有助于培养大学生的解决问题能力，因此这三项指标的权重分别定为6∶6∶8。

成就动机与心理素质决定了毕业生将专业知识与能力转化为实际生产力的程度。成就动机被认为是预测员工工作投入度的重要指标；能力水平相当的员工，成就动机强者会由于较强的投入感而获得较高的绩效；成就动机还与责任感正相关，成就动机强者往往表现出更强的责任感；同时，主动性、敬业精神也被认为与绩效正相关。此外，抗挫折/承受压力是新员工适应职场环境、尽快从校园人成长为社会人的职业素质，大学生抗挫折/承受压力的能力不足是近年来许多雇主的普遍看法，因此特别将之列为一项指标予以考察。

据此，笔者得出了基于企业雇主招聘评价标准的大学生职业素质与能力指标（见表5-2），可供同学们在大学期间进行职业素质与能力的培养和提升时参考。

表5-2 基于企业雇主招聘评价标准的大学生职业素质与能力指标

二级指标	一级指标（权重）				
	个人属性（10%）	专业素质与能力（25%）	通用技能（25%）	实践经历及解决问题能力（20%）	成就动机与心理素质（20%）
性别	2				
仪表礼仪	4				
所毕业学校/学历	4				
所学专业/专业知识		10			
解决专业问题能力		12			
相关专业证书		3			
学习能力			8		
团队合作			5		
人际交往能力			5		
组织协调能力			4		
口头表达能力			3		
社会实践/社团活动				6	
实习经历				6	
解决问题能力				8	
抗挫折/承受压力					3
责任感					4
主动性					4
敬业精神					4
成就动机					5

当然，有些同学希望毕业后到政府机关当公务员，或者到高校及研究机构工作，成为学者、研究人员。这些用人单位对求职者的要求与企业雇主有很大的差异，同学们在

学习期间所需培养、提升的素质与能力也有所不同。由于篇幅所限，本书不再一一列举其中的差异。建议同学们通过第 3 章介绍的各种职业探索活动了解自己心仪的职业及具体岗位的任职资格要求，提早进行相应的准备。

综上所述，如果同学们能够在进入大学后不久就进行职业生涯规划、确定自己的职业发展目标，在大学期间就可以根据自己的职业目标及目标雇主招聘、选拔新员工的标准，及早进行相应素质与能力的培养和提升，以便在毕业求职时能够受到心仪雇主的青睐，得到宝贵的录用通知。

5.4　从优秀大学生到合格职场人

现实生活中的很多现象令成绩优秀的同学感到非常不公平：比如一位一向成绩优异的同学，研究生毕业后到一家国企做技术员，月收入八九千元；他惊奇地发现，自己的一位只考上普通院校的高中同班同学，本科毕业后直接就业，在同一家企业已经成了主管，年收入至少有 20 万元！这是否太不公平了呢？读书好还有用吗？

这里与同学们分享北京师范大学于海波教授领导的团队的一项研究成果：从人力资本（human capital）、社会资本（social capital）和心理资本（psychological capital）三个角度来衡量大学毕业生的可就业性。其中，一个人的人力资本主要指其拥有的知识、能力、技能等，是其求职过程中必要素质与能力的综合体现。然而，在当今的经济环境下，大学生需要自己找工作，仅有人力资本是不够的，还需运用其人际网络、社会关系等社会资本，在就业难的大背景下，社会资本的重要性愈发凸显。同时，求职是个漫长的过程，前程无忧发布的《2014 高校毕业生就业状况》显示：应届毕业生平均参加 8.4 家雇主的面试获得第一份正式工作；这个比例近年来并没有显著下降。因此，积极心态、自我效能等心理资本逐渐成为大学生可就业性的核心内容。

由此，再来分析上面的例子。虽然那位成绩优异、硕士毕业的同学有比较强的人力资本，但也许他那位只考上普通院校的同学具有更强的社会资本和心理资本。这二者都没有体现在学习成绩上，甚至大部分课程中也没有专门介绍，需要同学们在课外活动、实习实践中去培养、提升。高校中的优秀大学生主要指成绩优秀者，即人力资本单项分高者；企业中的优秀员工则往往是人力资本、社会资本和心理资本三项总分高者。

2014 年，一篇名为《大学生，你不失业谁失业?》的博文在网上疯转，以下是摘录的部分内容：

> 上大学填报志愿时不知道自己的兴趣、特长，大学毕业找工作了同样不知道自己的兴趣、特长。自己都不认识自己，还有谁能认识你?
>
> 学技术不肯动手，学理论不肯动脑。等待你的除了失业还能是什么?
>
> 你说，你修完了计算机基础，但真实水平与小学生大体相当。你的竞争力在哪里?
>
> 你说，你修了两年英语，然而，你的水平还没有翻译软件水平高。有哪个用人单位需要你?

> 你说，你修了思修课，但你根本就没听。你敢说，除了在课堂上睡觉的抗干扰能力得到提升外，你在思想修养和道德品德方面还有哪一点比高中生强？如此德行，人家怕你都来不及，还会用你吗？
>
> 你说，你修过阅读与写作，但你读的是手机，写的是微信。对于语文水平，你自己都没信心，还想指望人家对你有信心？
>
> 你说你有专业，除了玩手机略显专业外，你能响亮说出自己还有什么专业特长吗？不论什么课，对你来讲都变成了手机操作课。拿笔的时间远没有拿手机的时间多，看黑板的时间远没有看手机的时间多，你让谁去相信你是一个有专业的人？

这篇博文的作者贾少华是一所高等职业技术学院的院长，他描述的各种情况在高校，尤其是普通高校及高职院校中普遍存在，值得同学们反思。博文中还犀利地指出了一些同学的消极心态："学无所成，怪学校；考试挂科，怪老师；犯错受罚，怪制度；人际孤独，怪同学；就业困难，怪时代……"希望同学们自我对照，有则改之，无则加勉。

也许有些同学感到委屈：我可一直是好学生，没有贾老师提到的这些问题啊！那么，接下来就要讨论另外一个问题了：大学中的好学生一定会成为职场的好员工吗？答案是"不一定"。虽然好学生和好员工有不少共同点，比如做事认真、勤奋刻苦，但成绩优秀的毕业生不一定能够成为优秀的员工。其中的原因，我们可以通过以下对比了解一二。

首先，大学中几乎每门课都有清晰的教学大纲，试卷都有标准答案，因此学生只要把握大纲、跟随老师的授课节奏上好课就能成为一个好学生；如果考试又能取得优良成绩，就是优秀学生了。然而用人单位对员工的要求是什么呢？虽然单位大多有岗位说明书，但很多内容都有一定的随机性。比如第3章IT工程师的岗位说明书中，有一项是"完成上级交办的其他工作"，这可能令一些职场新人很好奇："其他工作"包括哪些呢？在实际工作中，有可能是帮主管对其电脑进行软件升级及杀病毒，甚至有可能是帮他取一份客户寄来的快递！有一句流传很广的广告词："（产品质量/服务）没有最好，只有更好！"麦当劳有两条员工守则广泛流传：第一，顾客永远是对的；第二，如有例外，请参照第一条。这些"规则"常常令职场新人无所适从。因此，习惯于知道标准答案、擅长做选择题的优秀学生，在工作后可能会不知所措，无法顺利地成为优秀员工。

其次，大学里各门功课的成绩几乎都是以个人考试的结果计分的，然而工作后，很多情况下要按工作团队进行业绩评估，这令职场新人很不适应。近几年来，95后已成为就业市场的生力军，他们对就业的看法与80后、90后又有明显的差异。

智联招聘发布的《2022大学生就业力调研报告》显示：严峻的就业形势下，2022年应届毕业生的就业心态发生了明显变化，在年轻一代更丰富多元的就业观念下，自由职业、慢就业、学习镀金的占比均有提高。被调查的2022年应届毕业生中，求职时看中"工作和生活平衡"的占比达38.5%，同比上升4.5个百分点，绝对占比排在了整体第二位。年轻求职者在追求成长的同时，也不愿被工作挤压自我生活空间，因此也更青睐人性化的雇主与合理的工作制度。

最后，大学期间的课程安排往往有很大的弹性，不会周一至周五早八点至晚六点都排满课，而且，在近年来"必修课选逃，选修课必逃"风气的影响下，不少同学以自己"自学能力强、晚上学习效率高"为理由，上课迟到甚至缺勤。大部分情况下，这种做法并不会影响期末考试成绩。然而，绝大部分用人单位的工作时间安排是很固定的，这令大学四年已习惯晚睡晚起的新员工痛苦不堪，不少人迟到成为家常便饭且不以为然，认为自己把任务完成好就行了。很多企业将“不迟到、不早退”列为优秀员工的基本条件之一，这又令很多优秀学生与优秀员工产生了差距。

此外，目前大学评价学生的最重要的标准仍是学习成绩，多数院校仍然以学习理论知识为主，考试主要考核学生的理解能力、记忆力，而用人单位主要考核实践能力、人际能力、创新能力等。况且，有些学习成绩优秀的同学属于“考试型选手”，甚至有同学一学期不去上课，考试前两周才天天去通宵教室，凭着“临阵磨枪不快也光”，考试成绩也达到了优秀。然而，这些成绩优秀的同学与优秀员工的相关性就更弱了。

大学期间学习成绩一般甚至中等偏下的同学，也分几种情况。

第1章分析过，一些同学是抱着“考上大学后就可以尽情地玩了”之类的态度进入大学的，没有学习动力，经常逃课；另一些同学因为对所学专业没有兴趣，上课时看自己感兴趣的资料而不专心听讲。以上两类同学往往抱着“60分万岁”的心态，对学习成绩不是很看重。不过，他们的情况并不相同：前者会将很多时间用在打游戏等消耗性的爱好方面，大学几年下来，很可能除了成为“游戏高手”外，没有获得工作岗位所需要的素质与能力，即使拿到了毕业证书，也很难找到一份满意的工作。而那些对自己感兴趣的领域投入了很多时间和精力的同学，能够获得与所学专业不同的素质与能力，最终是能够在社会上找到适合自己发展的道路的。笔者的一位大学同班同学以高分考入北航，入学后却对文学产生了浓厚的兴趣，很快加入了文学社，在诗歌和小说创作方面投入了大量的时间，而且在大二期间完成了一部两万字的作品；不过，他的考试成绩一直平平。这位同学离开校园后不久就投身商界，本科毕业十年就是一名成功的企业家了。

有些同学由于选择的专业与自己的职业兴趣相去甚远，因此很多专业课学习起来很吃力，即使付出很大努力也难以取得好成绩。笔者大学期间的课程中有画法几何、机械制图及机械零件设计等，班上绝大部分男同学并没有觉得很难，考试都顺利过关了；八位女生中只有两三位学习不觉得很吃力，其余的都叫苦不迭，一位其他功课成绩都不错的女生的画法几何还挂了——那可是她学习生涯中唯一一门不及格的课程，当时备受打击。不过，这位女同学后来读了博士，成了一所名牌大学的教授，只不过研究的是她自己感兴趣的领域，与画法几何毫无关系。

有些同学因为家境贫寒希望经济上尽早独立，上大学后就将大量的业余时间用于打工、兼职。这些同学往往很自立，有很强的主动性和责任感，较早地培养了较强的社会能力，毕业后会很快融入职场，成为优秀的员工。

因此，优秀的大学生不一定能够成为优秀的职场人，学习成绩平平的普通大学生也不一定不能成为优秀的职场人。关键在于大学期间的投入能否获得职场中优秀员工的素质与能力。

根据前面的分析可知：由优秀大学生蜕变成优秀员工，不大可能在我们告别校园进入职场时自行发生，需要我们在大学期间就开始做功课。

一个优秀职场人的素质与能力需要从三个方面同时进行培养和提升：

（1）全面提升自己的人力资本，注重知识的学习、能力的培养、技能的掌握等。首先是基础理论与专业知识的学习：一方面是在课堂上跟随老师学习书本上的理论知识，另一方面是课余时间参加学科竞赛、参与老师的课题研究等。在这个过程中，同学们要有正确的学习态度，不能太功利。比如大学低年级开设的高等数学、大学物理、普通化学等基础课，貌似没有什么实用性，但对训练同学们的逻辑思维等非常重要。不过，单纯强调理论及知识的学习，很可能出现“高分低能”“眼高手低”的毕业生。依据我国大学生就业能力开发模型（见图5-6），同学们应在基础课程、专业课程学习之余，根据自己的兴趣、特长有针对性地参加社团活动、社会实践、生产实习等，全面提升自身的素质与能力；同时加深对职业的了解，逐步确认自己未来的职业发展方向。在此过程中，还建议同学们根据职业生涯规划的相关理论及方法，不断地厘清自己的价值观，深入了解自己的职业兴趣和性格类型，通过多种形式加深对职场和职业的理解，力求未来的职业目标同自身的个性特征、素质与能力相匹配。

（2）积极拓展人际网络、社会关系，有意识地积累自己的社会资本。本书第4章中介绍过分析个体职业发展资源的具体方法，同学们已经了解到个体的职业发展资源既包括素质，也包括外部资源；提升人力资本，主要是加强个体素质的培养。大学期间，同学们还需要分析个人的经济条件、家庭背景、社会关系等外部资源。对绝大部分在校大学生而言，经济条件都取决于家庭条件，自己能够有所作为主要是基于老师、同学、校友、实习单位的同事等拓展社会关系。如果同学们较早有这个意识，就可以从低年级开始拓展自己的人际网络，建立一些社会关系，以便在将来求职时寻求帮助。

从第4章介绍的六度空间理论可以知道：我们每个人都可以通过少数几个中间人联系到世界上任何一个名人。然而，联系到这些名人，我们就拥有人脉资源了吗？当然不是，因为只有彼此承认的社会关系才能形成人脉资源。如果你认识对方（某杰出校友），而对方不认识你，这种社会关系就是无效的，无法成为人脉资源。如何能够结成有效的社会关系，进而将社会关系变为自己的人脉资源呢？这需要同学们以积极的心态有所投入，因为良好的人际关系是需要时间、精力与情感的投入来维系的。即使是大学同班同学，如果两个人从未单独交流过，毕业后相遇，只会因为母校情结产生亲近感，很难成为彼此的人脉资源。

有些同学了解了以上原理后，大学期间在社交活动中投入了大量的时间，甚至同时参加多个社团以期尽可能拓展人际网络。然而，这样做的结果可能并不令人满意。英国牛津大学进化人类学教授罗宾·邓巴（Robin Dunbar）发现，“好友”上千的社交网站用户与“好友”较少的用户实际交流的“好友”数量并无明显差别：因为人的时间、精力是有限的，不可能无限制地维系好友关系；人们可以拥有1 500名社交网站“好友”，但只维持与现实生活中大约150人的“内部圈子”，即真正意义的好友。依照邓巴的定义，“内部圈子”指一年至少联系一次的人。虽然人们希望拥有大量好友，但实际上每个人的好友数量差不多。从某种意义上说，两位社交广泛的同学，其人脉资源的差异在于其社会关系的质量而非数量；与对方结成社会关系的前提是彼此能给对方带来价值。当然，这里所说的价值并非指物质上的，那样的话就成了酒肉朋友。朋友的价值可以是精神上的支持、情感上的慰藉等多方面的，真诚待人、真心投入是建立社会关系的原则与基础。所以，提醒同学们在建立社会关系时端正自己的态度。

（3）通过树立积极心态、提升自我效能等方式来开发与积累心理资本。国内外的教育研究与实验表明：心理资本是个体在成长和发展过程中表现出的一种积极的心理状态，是每个人心灵深处一股永不衰竭的力量，是人的潜能的根源，是实现人生可持续发展的原动力。心理资本包括自我效能、乐观、希望和韧性等四个要素。总体来说，心理资本是一个人的积极心理状态，包括自信地应对挑战性的任务；对当前和未来的成功积极归因；坚持不懈地追求目标，如果需要，及时调整目标以取得成功；在逆境中坚持不懈，直至成功达成目标。对一个人的职业生涯而言，心理资本代表了生涯资本的认知和动机因素，有助于形成生涯理想、生涯认同及生涯意义。

然而，传统的应试教育中对学生心理资本的建立与积累不够重视，甚至存在很大的缺失。近年来，媒体不时会报道一些骇人听闻的新闻，从北京大学、北京邮电大学等名校的优秀博士生、硕士生求职不顺跳楼自杀到复旦大学硕士生向室友投毒致其死亡等，令高校及家长们反思，我们的教育怎么了？

分析以上案例，事件的主人公往往是难以承受求职中的不确定性的压力、对同学及周围环境持消极态度等导致了自己的冲动行为。国内外的多项研究表明：心理资本方面的素质有助于理解个人适应多样化、不断变化的工作条件的动机，具有生涯资本动力方面的特征，对个体成功有重要的价值。因此，在大学期间，同学们的一个重要任务是通过读书学习、参与各项课外活动来保持积极心态，通过提升自我效能来增强自信，有效应对求职过程中可能遇到的各种挫折及不确定性。

以上从方法论的角度为同学们提出了建议：大学期间应有意识地逐步由从学生的角度要求自己转向从职场人、社会人的角度要求自己，全面提升自己。为提高求职阶段所需具备的素质与能力，同学们要尽早了解用人单位的需求。由笔者近年来组织的有关用人单位对应届毕业生素质与能力的调研可知，用人单位对高校及在校大学生提升职业素质与能力的建议有：

- 针对高等教育机构：学校应该加强学生的专业技能训练，尽可能做到理论与实际相结合，根据企业需求和社会需要及时调整专业和课程设置。
- 针对大学生：同学们应该尽早进行职业生涯规划，多参加社会实践、社团活动，提高综合能力，正确定位，提高沟通能力，要学会从基础工作做起，增强团队合作意识，培养创新意识和自信心，具有良好的就业心态和心理素质；应该脚踏实地，培养吃苦耐劳的品质，不要眼高手低；应该做到全面发展，多与社会接触，了解社会需求，努力成为符合雇主需求的复合型人才。

不过，高等教育体制改革是非常重大的社会课题，很难在短期内全面开展，而且也不是同学们所能决定的。在大学的环境没有发生根本性变化之前，同学们要自觉、主动地根据用人单位的要求进行自我转变。一位上了职业生涯规划课的同学写道：

> 上了这门课之后，我对职场的认识有了提高，对自己以后找什么样的工作有了一定的概念。我现在学的是飞行器制造工程专业，我想不出意外的话以后会从事机械类的专业技术工作。对现在的职场而言，专业能力是必不可少的，企业所看重的其他能力包括沟通能力、团队技能、人际关系能力、职业道德等十项。我对比了一下，觉得自己的专业能力还需加强，分析能力、计算机能力也需加强。

根据笔者从事人力资源管理及招聘工作的亲身体会，以及近年来与多位企业高管及资深人力资源管理者的交流，多数管理规范的企业招聘、筛选新员工会看重三个方面——基本职业素质、通用技能（可迁移技能）、专业知识与能力。

下面先了解一下企业所看重的基本职业素质与通用技能。几乎所有的校园招聘都由人力资源部门组织并进行初步筛选。筛选分两步：一是筛选简历，主要看求职目标是否明确、所学专业及实习实践经历是否与求职目标匹配；二是初步面试，主要考核应聘者的成就动机、职场礼仪及沟通能力、团队合作能力、学习能力、抗挫折能力等可迁移技能。

经过筛选，基本职业素质与通用技能过关的同学进入复试，由各部门主管来考核其专业知识与能力。此时，同学们所就读大学的牌子、自己的学习成绩、参与过的课题、学科竞赛成绩、毕业论文的选题、发表过的论文等才派上用场。

前面提到，工作经历缺乏、沟通能力差、动手能力与实际操作能力差、就业期望值过高是大学毕业生找工作难的主要原因。针对以上现实，高校学生应未雨绸缪，在校学习期间就设法积累工作经验，提高各方面的能力，以增强自己的就业竞争力。

近年来，由于学校的引导、媒体的报道等因素，越来越多的大学生了解到提前规划职业生涯及通过实习实践来提升素质与能力的重要性。智联招聘发布的《2019应届毕业生就业力调研报告》显示：2019年应届毕业生中，80.22%的大学生选择毕业后直接就业，8.00%选择“慢就业”，即毕业后既不马上就业也不继续深造，而是暂时选择游学、支教、创业考察，慢慢考虑人生道路。虽然绝大部分应届毕业生积极主动地投入到求职大军中，但选择逃避就业压力的毕业生占比也在缓慢上升。此外选择创业者占比为2.40%，同比下降2.38个百分点；1.05%选择出国继续学习，同比下降1.58个百分点。可见毕业生们对未来的职业规划更加趋于谨慎。

根据调研结果，55.18%的毕业生接受过与择业相关的培训，择业培训的内容包括职业生涯规划、简历制作、面试经验、职场礼仪、心态调整、邀请前辈返校传授经验、邀请公司人力资源管理者来校讲座等。其中，职业生涯规划占比82.57%，简历制作占比80.19%，面试经验占比62.93%，职场礼仪占比59.56%，心态调整占比44.16%，邀请前辈返校传授经验占比34.22%，邀请公司人力资源管理者来校讲座占比26.21%。

78.22%的参与调研者有实习经历，有一次实习经历者占比39.18%，有两次及以上者占比39.04%。实习可帮助大学生加深对公司的了解，确认喜欢或擅长的行业，稳固提升专业技能，为以后的就业做好铺垫和提供参考。“实习经历对毕业找工作是否有帮助”的调研结果表明：94.62%认为实习经历对毕业找工作是有帮助的。

以上调研数据显示，在校大学生在职业准备方面较之前有很大改进。然而，必须注意到：“超过八成大学生选择毕业后直接就业”意味着总数约700万人，其中超过四成尚未接受过与择业相关的培训，超过两成没有任何实习经历，这显然是毕业生就业难的重要原因，必须引起同学们的警醒。

综上，毕业后希望从事与自己所学专业相关的职业的同学们，在学好专业知识的同时，也需要培养、提升自己的通用技能。建议从以下三方面着手。

1. 培养和提高沟通能力

“找工作本身就是一种工作。”不少大四的学生说起找工作都是一肚子苦水，一大堆委屈。沟通能力是非常重要的一种通用技能，是用人单位在校园招聘初次面试中重点考核的一项基本素质与能力。沟通能力强的同学在面试中往往显得更自信，能够充分地展示自己的才能，赢得工作机会。然而遗憾的是，从目前我国高校课程设置与考核来看对学生沟通能力的培养不足，很大程度上需要同学们利用实习实践等课外活动来弥补。

沟通能力的培养越早越好。人际沟通是一种人与人之间的信息传递，是人与人之间的意识交流与情感沟通，人们通过语言、肢体语言来传递各种信息。成功的人际沟通有以下几个基本要素：空间距离接近、情感吸引、需求一致、特征相近和意识交流等。比如亲戚、同学、朋友很容易拉近双方的空间距离，同一运动的爱好者有较多的共同语言。在这几个要素中，情感吸引和意识交流是最基本的要素。

目前我国的大学生多是独生子女，从小几乎都是在长辈的过度关爱下长大的。尤其是那些极少担任学生干部、性格内向的同学，沟通能力的欠缺在面试中体现得尤为明显。因此，进入大学后，同学们要有意识地培养和提高自己的沟通能力。

沟通能力的培养和提高有几种渠道。首先是在日常的生活和学习中，注意与家人、老师、同学乃至商家沟通。性格内向的同学更要有意识地养成主动与人沟通的习惯。比如，在课堂上争取主动发言，遇到熟人主动打招呼，甚至可以通过买东西时讨价还价来提高自己的沟通技巧。同时，可以通过阅读有关人际沟通能力的书籍、文章及选修类似“沟通技巧”等课程来训练自己、提高能力。担任学生干部及承担社会工作的过程中，会有很多机会锻炼组织能力和沟通能力，因此，建议同学们在大学期间主动争取承担一定的社会工作，通过担任班委及学生会干部为同学们服务，通过参加一些社团活动结识更多志趣相投的朋友。这样做不仅可以提高沟通能力，还可以开阔视野，培养爱好，结交朋友，丰富自己的人生经历。

2. 锻炼和提高实践、动手能力

在上海进行的一项问卷调查中，研究人员在问卷中列出了大学生的各种求职条件，分为学校声誉、所学专业和学习成绩等学习因素，以及社会关系、工作履历、处事方式、个人形象包装等非学习因素两大类。被调查者认为，求职中学习因素占56.1%，非学习因素占43.9%。而这些非学习因素其实就是大学生将理论知识转化为实际工作能力的必要条件，提高动手能力是应届毕业生提高就业竞争力的有效方法。曾几何时，社会在将大学生视为“天之骄子”的同时，也把“书呆子”的雅号送给了他们。由于“食书不化”，很多大学生毕业后发现学习的很多知识用不上，用人单位也对招来的高才生动手能力差十分失望。因此，锻炼和提高动手能力也是大学生必要的就业准备。

大学生培养实践能力和动手能力，首先可以在学习理论知识的基础上多分析案例、参加科研竞赛及老师的课题等。比如，工程专业的学生做实验、设计，计算机专业的学生进行编程训练，会计专业的学生练习做账，金融专业的学生分析股票走势，营销专业的学生进行市场调研、促销活动的策划与实施，等等。其实，高校中也有一些实践环节的训练，如工科专业的实验课及生产实习、课程设计，工商管理专业通过社会调研、实践才能完成的作业。遗憾的是，有些同学把老师的要求当成负担，草草应付了事。那些非常认真地按照要求完成各项实践任务、在实践中发现问题再向老师请教的同学，通过完成作业真正掌握了方法，提高了实践、动手能力，在求职面试中也会更自信。

3. 增加实践阅历，积累工作经验

很多大四同学去招聘会找工作，回来后十分气馁："他们都要求有工作经验!"面对就业困境，一些大学毕业生甚至提出了"零工资就业"的恳求以积累工作经验，却被用人单位拒绝。由此可见，工作经验对大学生是何等重要。

实际上，积累工作经验的方法有很多。比如，现在很多高校都要求学生在大二进行社会实践，在大三暑假参加生产实习，这是积累工作经验的好机会。又如，在专业课程的学习中完成老师布置的一些需要实践才能完成的作业、练习，以及在大四下学期的毕业论文撰写阶段找到机会参与指导教师承接的课题，都有助于积累非常实用的、与未来工作密切相关的实践经验。此外，一些同学利用寒暑假及黄金周的时间做兼职，不仅能够赚些零用钱，而且可以锻炼自己的动手能力，提高沟通能力，更重要的是积累工作经验，为自己的求职简历添上浓重的一笔以顺利赢得面试机会，可谓一石三鸟。

以上方法已通过一些毕业生的亲身经历得以验证，有较强的操作性，建议同学们积极尝试，相信对同学们提升职业素质与能力、最终顺利就业有很大的帮助。

当然，要成功就业，端正择业观念、科学进行职业定位并充分拓展信息渠道、掌握一定的求职技巧也是非常必要的。

总之，由优秀的在校大学生成长为优秀的员工，需要同学们在大学期间就注重培养用人单位需要的优秀员工的一些基本素质与能力。幸运的是，这些可迁移技能并非都需要走上工作岗位后才能习得，大部分可以在大学期间通过学习和实践来培养和提升。

本章小结

通过本章的学习，同学们能够了解为了毕业时顺利达成职业目标，在大学期间需要清楚目标职位要求的素质与能力，注重培养和提升自己的素质与能力，并了解具体的提升素质与能力的渠道及方法。

课后思考

你目前设定的职业目标是怎样的？

你认为达成职业目标的最佳路径是怎样的？

为了最有利于达成你的职业目标，你认为大学时期必须做到的五件事分别是什么？

完成这五件事对你来说困难吗？你还需要哪些支持？

推荐阅读

在实习中提升自我

光阴似箭，日月如梭。随着毕业季的到来，我开始紧张自己的未来，于是利用空闲时间到东莞某报社实习。两个月的实习生活中，我学到了许多在课堂上学不到的知识，受益匪浅。

适应环境，适应工作

“天下英雄皆我辈，一入江湖立马催。”从学校到社会，环境变了，身边接触的人也变了，老师变成领导，同学变成同事，相处之道完全不同。到报社实习，对我来说是一个极大的挑战，在新环境没有我熟悉的面孔，新闻传媒专业不是我所学专长，而报社要求员工知识面广、基本功扎实、文字功底深厚。面对陌生的环境、全新的工作，唯有摆正心态，勇敢应对，接受挑战。我必须努力适应文字工作，学习新闻写作，进一步提高业务能力，因为新闻宣传是一个单位与外界交流的纽带，是树立单位形象的重要平台。经报社领导和同事的传帮带，以及自己不懈的努力，我很快适应了工作环境。

主动争取，虚心求教

主动寻求知识和帮助很重要，可以争取到更多的学习机会，进一步提高解决问题的能力。作为刚踏入职场的新人，我没有工作经验，因此要虚心向前辈请教，主动寻求帮助。第一次做会议记录时，我什么也不懂，不知道要记什么内容，便主动请教主编。经她耐心指导，我渐渐学会了做会议记录及撰写会议纪要。通过不断学习和总结，自己的工作能力有了较大提高。

勤快做事，锻炼自我

做事要积极主动，要勤快。作为办公室的新人，在新的工作环境里，勤快一点总是没错的。论辈分，办公室的许多同事都是我的长辈；论资历，我初出茅庐，没有一点社会工作经验。事情做得比别人多并不一定就是吃亏，有时恰恰相反，做得越多，得到的学习机会就越多，便越能锻炼自己。

友好相处，真诚待人

俗话说，朋友多了路好走。你对别人怎么样，别人也是同样地回应你。你对别人好，只要是会感恩的人，都会记在心里的。无论身处怎样的环境，都应该和身边的人搞好关系，不轻易交恶，真诚地待人。在工作中，经常会遇到很多人，即使他们只是合作伙伴，也要给他们留下最好的印象。

团结合作，互帮互助

只有完美的团队，没有完美的个人。一个人的力量终究是有限的，一个团队的力量更大。在团队里，每个人都可以有自己的主见，而要使这些主见变成现实，则需要团队成员齐心协力、团结互助。

小结

实习是每个大学生必须拥有的一段经历，它使我们在实践中了解社会，开阔视野，增长见识，为我们今后走向社会打下坚实的基础。很感谢报社为我提供了这样的学习机会，在此期间学习的很多东西都是我在学校没去接触且一直忽视的，对我认识世界并融入其中有很大的帮助。很高兴有那么多的前辈给予我悉心指导，促使我的思维和行为发生蜕变。

（作者：王平，广东科技学院英语专业 2017 届本科毕业生）

乐于尝试、勇于挑战、敢于出发，培养提升就业能力

我高中时并没有特别向往的专业，只求所学知识不要浪费，所填报的高考志愿均是与成绩匹配的较好科目，最终被浙江农林大学计算机科学与技术专业录取。上大学后，失去了高中时“再多考一分”的明确目标。刚进大学时，觉得毕业后干什么是件非常遥远的事情；作为一个“佛系”学生，职业规划基本上与我无缘。

若是没有目标，那就乐于尝试

若是没有目标，那就乐于尝试！无形中你将浇筑好专业知识以外的职业生涯基础。为了得到锻炼的机会，我随大流参加了学生会、社团等组织。当时仍缺乏职业规划的意识，只会按部就班；但对当初没有特定目标的我而言，这是一段不可或缺的经历。学生组织拓宽了我的交友范围，了解了其他专业；社团组织提升了我的活动策划能力。

我大一下学期就开始接触学科竞赛，虽然第一次参加仅获得校级三等奖，却为我后续的大学生活树立了小的目标：获得一次省级奖项。“不甘心”驱使我参加了更多的学科竞赛，且每次都是新的项目。我非常乐于尝试不同的项目，这可以培养我对当下热点的敏感度。比赛是越比越得心应手的，再次参赛我就获得了校级二等奖。有了积极反馈，我乐在其中。从校级奖项到省级奖项再到国家级奖项，在不同的团队中我不仅收获了友谊，也从竞赛中学到了：如何撰写文档阐述项目内容；如何为文档进行排版以符合参赛要求；如何制作演示文档简化长篇文字；如何在 5 分钟的答辩中引起评委的兴趣；等等。

若是无可借鉴，那就勇于挑战

若是无可借鉴，那就勇于挑战！无形中你将准备好求职面试时会遇到的必备问题。大二我参与举办了学院新生辩论赛，传来交接棒的学姐正忙于求学问题，这变成了一块难啃的“硬骨头”，也是一次极好的挑战机会。总有一些新的问题需要独立去解决，没有可咨询的前辈更能锻炼自己。举办辩论赛需要多少准备呢？答案是：寻找比赛场地需要填报教室借用表格、领取和归还钥匙、测试电脑和软件等；确定比赛时间需要错开新生参加其他社团面试招新、参加班会等时间；召集参赛者需要写好比赛文案、讨论比赛题目、挑选班级领队、提供获奖奖品、制作奖状等。从参与者到举办者的身份转变，让我拥有了从不同视角看问题的技能。

同时我留任校招生志愿者协会，策划拍摄“三位一体”招生宣传视频。由于协会成立不久且往届没有类似的活动，拍摄视频又是自己完全不懂的领域，这次我找了校通讯社的同学们帮忙。活动策划中，我学会了活动预案的编写，提高了与其他部门沟通的能力。不断的挑战让我在一次又一次的活动组织中积累经验，最终浓缩成为简历上“有组织能力”5 个字。

若是方向迷茫，那就敢于出发

大三其实是职业方向的大分水岭，考研、考公务员或是实习，我犯了选择困难症，于是给自己定下了一个期限：若大三暑假开始前仍找不到实习就选择考研。“我什么也不会啊”是我投递实习岗位时的真实想法。我将应聘要求和自己的专业牢牢结合，开始了

海投战术。开始时我认为找工作是一门技术活，先是在各种招聘软件中整理招聘信息，然后根据要求列表比对进行筛选，不停修改简历，但都石沉大海。后来，我发现投简历还是一项运气活：申请了一份以为自己不够格的工作却得到了面试回复。

面试了多家公司后发现：大公司比初创公司更有包容性，愿意零基础培养一个职场小白，且更注重你在学校中的素质发展。素质发展指的就是校园活动经历和项目经历，学生会、社团、竞赛等经验成为我实习的敲门砖。

实习工作与我在学校的幻想完全不同。起初我以为工作必定是转化所有课程中的专业知识，而现实是大部分任务都是简单的文档编写和表格制作，你需要耐得住寂寞，当一颗螺丝钉。另外，工作中可不仅仅需要课堂上学到的专业知识，更需要“不懂就问”“及时补课”来扩充业务需要的技能。实习经历让我懂得“将皆必有车辙马迹”，因此不必为自己所学未能得到发挥而自怨自艾，企业看重的不仅是你在大学生活中掌握的知识，更侧重于学习的方法。

若不是这份“敢于出发”的勇气，我也许仍困于职场和学校的信息不对称中。虽然并不很喜欢实习岗位的工作内容，但我在实践中感受到了一个项目的生命周期。它不再是课本上“需求”“设计”“开发”等冷冰冰的文字，而是鲜活的对接人员和实际的工作内容。实习能掌握课本上学不到的知识和经验，能看清预想的工作是否符合期待，能用“时间”这一最小的代价尝试不同的岗位，因此实习是职业规划中最容易拨开迷雾看见方向的工具。

回顾大学四年，自己虽然没有清晰的职业规划，但是乐于尝试、勇于挑战、敢于出发，为自己设立了一个个当下的小目标，也不断培养与提升了自己的就业能力。所以，迷茫时千万别原地踏步，只要不断前行，不知不觉中就能铺好职业道路。

（作者：李莎怡，浙江农林大学计算机科学与技术专业2020届本科毕业生）

当大学的青春散场，我从三棵树下悄然走过

2020年6月10日下午，当我从校园的标志景点三棵树下悄然走过的时候，心中感慨万千。每一次经历都是一种收获、一次成长，也是一种不一样的人生体验。

大学之初，我的第一个目标是当班长

2016年9月1日，我怀着对大学生活的憧憬来到河南工程学院，在学姐的带领下办理了入学手续，三棵树则见证了这一令我特别难忘的时刻。

从迈进学校大门的那一刻开始，我暗暗想：一定要认真过好大学生活，做好自己想做的事，抓住每一次成长的机会，趁年轻多多学习，不让青春留下遗憾。

我的第一个目标是当班长。同学们相识之初，我想多交几个朋友，也想锻炼一下自己的能力，去竞选班长无疑是一个不错的选择。从学长和学姐那里我了解到怎样才能从竞选中脱颖而出从而成为班长的门道，那就是做和说。

“做”是指认认真真去做，能够解决班级同学的迫切需要，帮助他们克服一些困难，并用真心去交流。你做的事同学们都瞧在眼里、记在心中，也会去衡量你会不会是一个好班长。

当然，还要会“说”，这不是指花言巧语地忽悠，而是对自己内心一个的美好愿景进行阐述并传递给大家，得到大家的认同，一起去为美好愿景的实现而持续努力。

理解了这些后，我在军训期间积极表现、勇于担当，认真为同学着想，考虑到他们的需要，给他们一些力所能及的帮助。

竞选班长之前我做了特别充分的准备，用心去表达自己的想法和愿景，渴望得到大家的认同和支持。不出意料，竞选中我以很大的优势胜出。同学们对我报以信任，我也以实际行动告诉他们，他们没有选错人。

在四年相处的时间里，我们一起努力、一起学习，收获了很多荣誉，也收获了很多快乐，友情的花朵终于结出了果实。

探索践行，发现职业世界的样子

我的第二个目标是开展职业规划的探索，丰富自己的履历，为未来就业打下基础。

刚上大一时，我对所学专业几乎一无所知，于是就询问学长学姐。有学长告诉我人力资源管理其实就是和人打交道，也有学姐告诉我说是公司人事部门的职责。

我总觉得这些都不能概括人力资源管理的真正含义，就想自己去探索、发现。大一寒假一个特别的机缘，我去了一位学长开办的人力资源服务公司。听名字就觉得这家公司应该和人力资源有关，可以在实习中对本专业有进一步了解。事实证明是我想当然了，最后我被忽悠到上海的一个电子厂做了一个月的流水线工人。

这一个月我了解到：这种人力资源服务公司就是一个中介机构，只负责简单的劳务派遣而已。不过也非常感谢这一个月的经历，让我对管理学中的一些理论知识有了最直观的体验与感触。

大一期间我也尝试过各种兼职，体验了不同的大学经历。大一下学期的一个晚自习，教室突然来了两位学长进班宣传，说是要招聘兼职的拓展培训教练。

刚开始对拓展培训教练不太懂，还请教了学长。学长解释说，是要对我们进行两天一夜的专门培训，之后我们就可以作为助教或后勤人员参与拓展培训。

当时觉得还挺酷，就跟另外一个班长商量了一下，我们一起参加了这个体验式培训。结束后觉得还挺有意思，就一直在参与。

做拓展培训教练给我带来了很多不一样的感受，拓展和提升了自身的能力与素养。无论是人际交往能力还是控场管理能力，对当时的我而言都是一个跨越式进步，也是一种突破式成长。

大二，我在拓展培训教练的路上不断精进。另外，2018年4—6月，我和本专业的三位同学在学院老师指导下参加了全国大学生人力资源管理知识技能竞赛，从校内选拔赛到区域赛再到全国总决赛，一路走来收获满满、感动多多。参加比赛的最大收获是我对人力资源管理整体框架以及各个模块有了深入系统的认识，也让我近距离看到了更多知名高校优秀大学生的样子。

对人力资源管理专业有了更为深入的认知和理解是在我考取三级企业人力资源管理师证书之后，这让我对本专业的学习和把握上了一个新台阶，对将来从事人力资源管理职业也有了新的期待。

研路修行，在专业领域探索更多可能

大三时，我在持续深入学习人力资源管理专业基础理论的同时，尽力将自己所学与实践联系起来。

2019年5月开始，我正式踏上了考研之路。其实考研的想法从上大学时就有，但刚入学时我对大学学习和生活认识不足，也导致了一些错误的判断。

从初中、高中到大学，经常会有人告诉我们考上大学就轻松了，就不用刻苦学习了。后来我才真正明白，学习是一辈子的事情。

研路修行的默默付出和坚守，局外人只能看到表面和那种所谓的忙碌，只有局内人才真正明白“研路漫漫”的那种感觉。

从2019年12月考研结束，到考研成绩的国家线公布，到参加云端面试，到考研的第一志愿未能如愿以偿、参加考研调剂，最终被沈阳航空航天大学工商管理专业录取，再加上疫情时期的困扰、毕业论文辅导与答辩在线进行，还有非常学期的“一天用来返校、一天用来离校”的特别毕业季……

2020年1月，我还参与了学院老师的企业咨询项目，真正将理论知识应用于企业实践。我的毕业论文《情绪劳动对组织公民行为的影响分析》，也是从实践中观察到的一些现象而产生的思考与探讨，最终很荣幸地获评河南工程学院校级优秀毕业论文。

告别之际，以精彩故事致敬绽放青春

在向我的大学、我的青春正式告别之际，将自己的一些心得体会与大家分享。

第一点是关于考研的。

我的第一志愿是首都经济贸易大学，但是复试时总分差了一分被刷下来、调剂到沈阳航空航天大学。一分之差、一声叹息，让我无缘首都，心中追悔莫及，只恨自己当初没有多考一分。在此特别提醒各位学弟学妹：一分真的能够改变人的命运。想考研的学弟学妹一定要好好努力，多吃一点苦，尽量提高初试成绩。复试只要正常发挥就没有太大的问题，毕竟初试成绩占比还是挺高的，复试最重要的是现场发挥。

另外，考研一定要以初心为根基、以目标为导向。我们不是为了体验过程而去考研，也不是为了自我感动而去考研。应当深入思考：我到底为什么而考研？找到自己考研的真正动机非常关键。是为了找份更好的工作，还是随波逐流、盲目赶潮，抑或是因为梦想、兴趣、热爱？不管你的考研动机是什么，最重要的是在职业定位明确的前提下找到适合自己的考研动机。强烈而持久的渴望才是持续努力、高效学习、全力以赴的源泉。

第二点是关于专业学习的。

在校时尽量系统学习专业知识，培养自己的专业思维和能力；要多读一些专业性的经典著作，增加个人知识储备，积累与专业相关的社会阅历。

你现在所读的每一本书、所学习的每一个知识模块、所累积的每一段经历，最终都将会以特别的方式在未来不经意的时刻回报你。

专业学习一定不要局限于校内的课堂、课本、教师，不要以所谓的考试、成绩、排名为导向，而要想方设法建立理论与实践、校园与职场、线下与线上的更多价值连接。要做到对自己的专业知识有深入系统的认识，一提起来不仅知道、能清晰表述，还能结合相关的职业实践和社会见习去探索实际运用，这样在解决实际问题时才能够做到统筹考虑和全盘规划。

第三点是关于社团的。

社团是一个小小的舞台，也有大大的可能。社团可以拓展丰富多彩的第二课堂，还可以搭建校园与职场之间的桥梁和纽带。对于品牌社团及其特色社团活动，深入参与其中的同学所获得的成长价值，相当于一次高质量实习。

如果你参加了一个感兴趣的社团，一定要积极参与活动，并在其中努力扮演一个重要的角色，长此以往一定会有不一样的收获。假如你在社团里仅仅是旁观者，稀里糊涂加入、随随便便退出，对社团的传承发展和重大活动表示无所谓，那么这个社团的所有荣光与你一点关系也没有，你注定只是一个过客。如果你是社团负责人，应努力协调好社团内外的关系，开展一些有价值、有意义的特色品牌活动，于己受益，也惠及他人。

第四点是关于身心健康的。

要做一个积极、乐观、主动、有担当，具有青春朝气的大学生。人活着一定要有一股向上的精神，也要有一股不吐不快的气，这是我们做事的动力所在。同时，要注意锻炼身体以保持旺盛的精力。

时代的风浪奔涌向前，未来的航行大海奔流。新冠肺炎疫情让我们的就业和升学面临更多不确定性。无论最终定位和选择是什么，唯一不可忽略的就是不断学习、持续精进。作为新时代的新青年，要始终潜心向下扎根，勇于向前迈进，敢于乘风破浪。

（作者：董越，河南工程学院人力资源管理专业2020届毕业生）

在线阅读

人生每一次经历都会带来收获

大学旅程，且行且珍惜

机会垂青有准备的人

第6章 职业生涯规划方案实施之就业篇

天下难事，必作于易；天下大事，必作于细。

——老子

一不为名，二不为利，但我们的工作要奔世界先进水平。

——邓稼先

学习目标

本章引导同学们在初步制定职业生涯规划方案的基础上，根据实际情况调整行动方案，确定具体求职目标，通过积极行动，按照科学的方法实施，并根据目标职位的任职资格要求撰写简历、应对面试。

导入案例

“伪”理工男毕业求职记

张傲宇是五邑大学计算机学院信息工程系网络安全专业2013级学生。

张傲宇小时候的理想是当一名作家。他高中时喜欢写作，文笔不错，先选了文科；他爱好音乐，微信公众号里有他和小伙伴们改编的歌曲。第一年高考失利，第二年转理科，考入计算机专业。大学里他学着纯理工课程，过上了“浪费生命”的生活。他注册了起点文学网，开始写小说，可架不住日更的压力，没坚持下来；跟一个朋友学起了“心理魔术”，玩了足足两年，遇到瓶颈结束了；组队玩游戏《英雄联盟》，参加了全国高校联赛五邑大学赛区的比赛，进入决赛，但心理压力过大，输掉了晋级机会；大四时开了微信公众号，想写写自己的心情，有一天没一天地更新……他是个典型的“不务正业”的大学生。可是有一件事——做辩手，他坚持了四年。他发现自己喜欢辩论，喜欢表达自己的观点，喜欢挑战一些看似理所当然的说法，也喜欢观察别人、了解别人的想法。

从大一入学只是为了挣学分去报名参加辩论赛，到后来成为校辩论队队员，带领计算机学院辩论队从传统“弱旅”变成五邑大学冠军队，他本人也在省级比赛中获得了“最佳辩手”。

大四来临，张傲宇开始思考自己的职业选择。他明白自己专业上不强，也不喜欢做技术性工作，所以他曾考虑过发挥自己的特长，与几个小伙伴去创业，专门做语言培训。但尝试了一段时间，感觉时机并不成熟，决定暂时放下。

他在大二时上了职业生涯规划课，对求职有过认真的思考。他决定要成为网络安全专业里最擅长表达的、擅长表达的人中最懂网络安全的。另外，考虑到自己不是名牌学校毕业生，他觉得第一份工作非常重要。家里的经济压力不算很大，收入不是他最看重的条件。

在这样的理念下，张傲宇找工作的目标比较明确：做跟网络安全技术有关的营销或者新媒体运营工作。他的求职过程没有太大的波折。借助一个校招机会，他投了两份简历，两家公司都在深圳：一家是做系统终端营销和维护服务的，另一家是做产品运营的。意外的是，两家公司都给他发出了面试通知。此时的张傲宇充满自信，因为学院这个专业有70多人，只有他拿到了两份面试通知。

强烈的危机感在正式面试之后袭来，虽然已经有心理准备，但他还是发现事情并不那么顺利。由于还没拿到毕业证书，尽管对方仍表示非常欢迎他的加入，但之前所承诺的条件却无法完全兑现。张傲宇有点失望，开始重新思考自己的求职策略。

既然已经有了保底的工作，张傲宇希望重新准备，去一些更有实力的大公司寻找机会，但是这一次需要吸取前两次面试的教训。前两次面试中，可能是对自己的沟通表达能力过于自信，对营销、运营等方面的专业知识准备不足，导致面试中对一些问题的回答不够专业。此外，不能盲目选择公司，要提前对公司的情况多做一些了解，尽量做到知己知彼，为自己争取机会。

（作者：荣悦，五邑大学经济管理学院国际经济与贸易系教师）

张傲宇的求职经历可以给非名校且非传统意义上的优秀毕业生一些启发：

第一，优势必须明显。张傲宇不是学霸，专业上也不强，但他的优势很明显，这是他能为自己迅速定位的重要原因。求职中的定位非常重要，职业定位明确了，求职的针对性强了，成功率就会上升。

第二，清楚自己的需求，适度降低收入预期。在张傲宇看来，职场新人最初的工资水平并不存在太大的差别，没有必要在这个问题上斤斤计较，更应该看重在这个工作岗位上未来五年、十年能否拉开差距。

第三，认真思考和有效总结。每个求职的人都会对找什么样的工作做一些思考，但不是每个人都能理性地分析自己的不足和优势。张傲宇在这个方面做得不错。在遇到挫折后，懊恼、失望都是自然的反应，但更重要的是认真反思自己的问题，总结经验教训，理性指导自己下一步的行动。

基于前面的经验，张傲宇回学校自我总结和调整了一段时间，在招聘网站上找了不少工作，然后整合时间去广州参加面试。他前后去了三次广州，面试了十几份工作后又拿到了几个还不错的录用通知。正式去工作是毕业后的 7 月，他入职了广州一家科技公司，任大客户经理，主要工作是与大客户洽谈、整理方案和制作标书等。公司规模不大，给了张傲宇很多锻炼机会。张傲宇一共做了近两年，进入了另外一家规模大很多的新三板上市科技公司任商务经理，工作内容与之前类似，也是大客户方向。如今张傲宇已成长为一位较成熟的职场人。

另外一个好消息是：张傲宇这几年没有放弃学习，最后终于拿到了毕业证书。

6.1　求职准备

做好求职准备的首要任务是做好心理准备。

通过前面的学习，很多同学已根据自己的个性及偏好，结合专业特点确定了职业方向，制定了职业生涯规划实施方案。随着对专业、职业和职场的了解不断深入，不少同学明确了大学阶段需要提升的素质与能力，根据所在地区和学习的具体情况，通过参加学习、竞赛、实践、实习等活动提升自己的素质与能力。现在，同学们需要设定一个非常具体的目标：怎样寻找毕业后的第一份工作？

根据前文的探讨可知，好工作的标准是因人而异的，适合自己的工作才是好工作。尤其对初入职场的年轻人，衡量好工作应优先考虑个人能力的提升及对长远发展的影响。这就意味着在确定第一份工作时，薪酬待遇、单位名气、工作性质、岗位职务、城市户口等因素并非最重要的；从职业生涯发展的角度看，对自己锻炼最大、能力提高最有帮助的工作就是好工作！

近年来针对用人单位的多项调研表明，用人单位最看重应届毕业生以下方面的素质与能力：工作动机、诚信与责任心、沟通能力与团队精神、社会实践及工作实习的经历、专业能力。以上几项，除了专业能力主要通过专业课学习进行培养以外，大部分都需要通过实践来培养和提升。从目前我国高等教育的现状来看，专业课大多是在大三开设的，因此大三学年对同学们就业能力的培养尤为重要。同学们要通过工作实习、社会实践等活动尽可能多地认识社会和了解职场、职业，确定未来职业发展方向；抓住各种机会提高职业技能，为就业做准备。除了尽可能利用寒暑假参加社会实践、兼职及实习外，还可以通过与职场人交谈、参加相关俱乐部活动或职业能力培训课程等来增加职场知识，更深入地了解职业；同时，还要学习和掌握自我管理、职场礼仪、职场人际关系等职场能力。

在寻找实习的过程中，同学们要善于借助一切人脉关系。目前，很多用人单位招收实习生主要是以内部推荐为主，因此，同学们要主动向父母、亲戚、朋友、校友等求助，以获得相关招聘信息。当然，有熟人推荐并不意味着就能拿到实习机会，不少单位会组织面试进行筛选。这就需要大家事先了解撰写简历、参加面试及职场礼仪等方面的知识并进行必要的训练。这些训练对同学们毕业前找工作也有很大的帮助。

一旦幸运地得到了实习机会，要认真把握，在工作单位好好表现，争取获得实习单位工作人员的认可。不少同学抱怨实习就是“打杂”，体现不出自己的水平。殊不知，几乎所有的职场新人都要从“打杂”做起。对于刚刚进入职场的大学在校生或毕业生，主管一般只会将比较简单的工作任务交给你，万一做不好，也不至于造成太大的损失，主管会通过新人做事的情况来考察工作态度。只有认认真真地将小事做好，才有机会承担比较重要的工作，体现你的专业水平。

明确了求职目标，同学们就要在大四上学期开始找工作了。在找工作的过程中要及时调整求职心态，争取做到以下几点：

（1）进行恰当的自我定位，不要好高骛远。正如前文所分析的，各类工作单位各有利弊，绝对的好工作是不存在的。在现实生活中，很多人有从众心理，认为没找到热门的、公认的好工作就是失败。其实，只要找到适合自己的工作，能够在工作中充分发挥自己的优势，从长期的职业发展来看就是有利的。因此，只要求职过程中尽心尽力，不出现大的失误，把握住各种机会，找到的工作都应该是不错的。

（2）求职是持久战，要保持平和的心态。一本著名的求职宝典中有句很经典的话：找工作就是一个别人不断地跟你说“不行！”而最后终于说“行，来吧！”的过程。对于这一点，很多已经走上工作岗位的毕业生都深有同感。所以，同学们要保持平和的心态，做好打持久战的准备。

（3）培养抗挫折的能力，做好接受“失败”的准备。由于同学们的求职目标是一长串潜在雇主的名单，而且往往本着“取法其上，得乎其中”的想法，确定的求职目标比较高远，只有在自己能力发挥到极致的情况下才能够达到，因此很多同学在求职中都体会到了挫败感。你事先要告诉自己：失败并不可怕，失败是成功之母。

（4）及时总结经验教训，灵活应对变化。其实，“找工作本身就是一份工作”，你不会一无所获，即使一时拿不到录用通知，你也将收获求职经验。同学们应该在求职过程中不断总结，发现自己的不足，以调整、提升自己，一步步接近目标。求职中还有可能出现新情况，比如最理想的雇主因故停止招聘新人，你发现了非常接近自己理想的新雇主。很多同学最终接受的最满意的录用通知来自自己不太关注的公司。

（5）一步到位是理想，多步到位更现实。获得自己最理想的职位的同学是极少数，大部分人有些遗憾地接受了次优的录用通知。只要同学们获得的职位与理想职位不是南辕北辙的，所要求的任职素质与能力交叉比较多，那么，通过在工作中不断地积累经验、提升能力，在不久的未来，很多同学都能抓住机会，接近自己的理想职业状态。

所以说，同学们应抱着积极乐观的心态收集详细的求职信息，选择合适的求职渠道。目前，大学生常用的求职渠道有：

（1）网申。可以通过智联招聘、前程无忧的“校园招聘”渠道获取信息、投递简历，也可以通过各用人单位自己的网站提交申请。

（2）校园招聘会。这是对在校大学生而言最有效的求职渠道。从每年9月开始，有应届毕业生聘用计划的用人单位就会分期分批进驻各大高校，开展招聘活动。其中，既有多家用人单位同时进驻的校园招聘会，也有一家公司单独举办的招聘宣讲会。不论形式如何，这类招聘会都会有实际的用人需求，不要求应聘者有工作经验，还省去了交通成本，对同学们而言是非常有效的求职渠道。还有一点要提醒：参加校园招聘会不限于本校主办的，其他高校（包括外地高校）举办的校园招聘会往往会对所有应届毕业生开放。

不少同学是在其他高校举办的校园招聘会上投递简历，最终通过层层筛选被录用的。

（3）社会招聘会。社会招聘会比校园招聘会规模大，动辄有上百家用人单位同时参加，工作机会也多得多。不过，社会招聘会上的职位可能强调工作经验，会令没有工作经验的在校生感到“很受歧视”。因此，同学们前往求职要做好心理准备。

（4）学校就业指导中心及学院指导办/职业发展中心。各高校就业指导中心与很多用人单位保持着密切联系，有些有招聘应届毕业生计划的用人单位，由于种种原因不能前往校园举办宣讲会，会将招聘需求发给学校就业指导中心或者学院指导办/职业发展中心。一些学院的指导办/职业发展中心也会不定期接到专业对口的招聘信息。因此，求职的同学要经常关注学校就业指导中心及学院指导办/职业发展中心发布的信息，以免错过机会。

（5）人脉求职。根据近年来的调查数据，通过人脉关系获得招聘信息及推荐，最终顺利通过面试、获得录用的比例逐年上升。出现这种现象的原因是很多用人单位为了节约招聘成本、提高筛选效率，会请内部员工推荐应聘者；被推荐者需要参加各种考试、测试及面试，而并非有些人想象的“走后门”。因此，在找工作期间，同学们要尽可能将自己大致的求职目标告知亲戚、朋友、校友等，争取更多的面试机会。

近几年来，大学生求职首选在线招聘平台，线上投递依然是求职主流行为。调研数据显示，在2019年参与求职的大学生中，选择通过招聘网站线上平台求职的占比最高，达到86.14%。线上招聘平台使用方便快捷，随着移动APP产品市场占有率的不断扩大，平台自身亦不断发展优化，在线投递已成为求职主流行为。选择通过招聘会、宣讲会、企业官网等渠道求职的占比也相对较高，分别为48.47%、45.02%和37.63%。此外，25.38%通过人力资源部邮箱投递了简历，12.20%通过内部推荐投递了简历。“其他”选项中，主要有招聘公司APP和微信等渠道。

大学生的求职准备并非到最后一学年才开始，学本书第5章的导入案例“请让自己活得漂亮”的作者彭托雅同学进入大学不久就制定了职业生涯规划方案并逐步实施。

6.2　锁定求职目标

大学期间的努力决定了毕业时同学们所拥有的知识与技能。如果同学们能够提前设定目标，并按照目标的具体要求采取适当的方法去培养、提升能力，在毕业时基本上满足这些要求，就能较为顺利地找到满意的工作。

为了提高自己的就业率，“广撒网”是很多应届毕业生的求职策略之一。正在找工作的大四同学小妍说：“投了简历的很多岗位都与专业不相关。就业形势那么严峻，能找到工作就不错了。”不过，也有些毕业生找工作特别顺利。比如，北京航空航天大学经济管理学院工业工程专业2011级本科生彭超同学，仅于2015年8—11月投递了8份简历，就获得了6个面试机会及3份令人羡慕的录用通知。

本书第3章介绍了大学期间探索职业职场的主要思路与方法。由于大学的终点是社会与职场，同学们适应了大学生活后，应该有意识地依据职业生涯规划理论进行自我认知与职业职场探索。随着自我认知与职业职场探索的深入，毕业期限也日益临近，大家可以逐步锁定求职目标。具体可以遵循以下步骤：

（1）确定将对哪些职业进行研究。随着社会分工的日益细化，职业类别早已超越“三百六十行”的概念，如果没有侧重地对职业进行研究，工作量就太大了。

在决定对哪些职业进行研究时，建议重点参照几个因素。一是选择那些与自己职业兴趣类型相近的职业。首先按照第2章介绍的探索职业兴趣的方法来评估自己的职业兴趣，根据自己倾向的职业兴趣代码锁定需要进一步研究的职业范围。二是根据生涯人物访谈，筛选自己感兴趣的职业类型中适合应届毕业生应聘的岗位类别。三是结合自己所学专业及所在院系推荐的应届毕业生的岗位类别进行筛选。此外，还可以对任何自己感兴趣且具备基本任职资格的职业进行研究。

（2）确定研究行业和功能范围。职业指导畅销书《你的降落伞是什么颜色?》指出：职业＝职位＋领域；在对职业进行研究时，你应该明确自己感兴趣的职位所处的行业及其功能范围。比如，一位同学的职业兴趣代码前两位是SA，其感兴趣的职业是教师。他应该进一步厘清是大学教师还是中小学教师，因为大学与中小学对教师这一职位的任职资格要求差异很大。在确定是大学教师后，还要进一步确定是在大学里做承担教学、研究工作的教师还是承担教学管理、行政管理工作的教辅人员，因为二者的任职资格要求相去甚远。

（3）了解感兴趣的职业的最新动态。近年来，随着社会经济及新技术的迅速发展，不断有新的职业涌现出来，原有的职业的任职资格要求也不断变化。以大学教师为例，20世纪90年代中期之前，具有学士学位者即有任职资格；到了90年代中期，绝大部分高校要求新晋教师具有研究生学历及硕士学位；进入21世纪以来，越来越多的高校只接受博士毕业生申请教师岗位，有些高校行政岗位的任职者也需具有博士学位。一些发达地区的中小学教师，不仅需要教师资格证书，也优先录用名校的硕士、博士毕业生。这些都是同学们在正式求职前要了解的。

（4）收集有关的行业或专业协会的信息。为进一步了解具体的职业信息，同学们可以通过互联网，借助一些行业协会及专业协会来查询相关职业信息。这些协会往往能够提供一系列职业信息，包括新入职者的任职资格、在行业或专业内发展的机会及所需要的资格证书、培训课程等，有助于同学们进行职业准备。同学们可以通过实习来获得第一手资料；也可以“实习”为关键词，搜索微信公众平台，比如“实习僧”“实习问”等，获得更多实习信息。

（5）开列雇主清单，发现关键雇主，即你特别希望加入而且自己的素质与能力等个人特质与其招聘岗位要求匹配度较高的用人单位。在正式求职前半年或一年左右，同学们最好能够开列出雇主清单，从中发现关键雇主。计划进入企业工作的同学，可以提前一年参加校园招聘会以了解用人单位的基本需求。当然，目前网络信息非常快捷丰富，应届生求职（http：//www.yingjiesheng.com/）、智联招聘（https：//www.zhaopin.com/）、前程无忧（https：//www.51job.com/）等都是应届毕业生获取求职信息非常好的渠道。近几年来，“实习僧”“应届生求职”“拉勾”等越来越受到青睐，移动互联网的普及催生了一些求职小程序，如“猎多多”等。

此外，还可以发动所有的人脉关系提供招聘信息。利用以上各渠道的信息可逐步缩小范围，锁定关键雇主。

接下来，根据彭超同学的求职经历简单分析一下上述过程。

来自湘西贫困地区的彭超同学是以预科生身份进入北京航空航天大学经济管理学院的。大一上学期学习了职业生涯规划课后，他树立了规划自己大学生活和未来职业发展方向的意识。

> 大一暑假我分析了自己：经历了大一的各科考试，我发现不管怎么复习，考试总是拿不到高分，但是我对做项目、做数据产生了浓厚的兴趣。所以大二以后我的重心几乎就放在做项目上，努力学习数据分析以及比较实用的数据分析软件，尽量使自己具备未来工作所需的初级能力。当然，在学习方面，我也确立了一个原则——无论如何都不能挂科。直到现在我也确实没有挂过科。
>
> 确立了大学的重心和学习原则以后，我的任务就非常明确和清晰了。平时只要实验室有项目任务，我都会投入极大的精力。一旦在做项目的过程中发现自己的能力有所欠缺，我就会有的放矢地去学习，把实践和理论知识相结合，让自己以最快的速度积累工作能力。后来发现这样做效果非常好，我也坚持了下去。
>
> 大三，我们从郊外的沙航校区搬回了北四环内的校本部，这给我参加实习提供了很多便利条件。由于已经有了职业规划，因此我在大三期间选了两家公司实习，它们是：一家管理咨询公司——和君咨询，一家互联网公司——搜狐。这两家公司的工作性质不一样，公司类型也不一样，却有几个共同点：都是正规公司，平台好，管理规范。从中我学到了很多东西，比如做事情必须细心认真，要有耐心，有一颗强大的心脏等。大三暑假实习，我去了一家航空类公司——中国航空规划建设发展有限公司。在那里我知道了什么是体制内的公司，如何在公司里做事做人。
>
> 以上三段实习经历让我明白：做任何事情都不要原地待命，一定要未雨绸缪，提前准备。所以大三暑假一结束，我就开始关注各大招聘网站上的招聘信息。准确地说，我从8月初就开始关注信息，对感兴趣的公司进行分析和研究，然后修改简历。

彭超同学之所以求职不到4个月获得3份高质量的录用通知，是因为他前面几年积极思考，不断实践积累，付出了大量努力。

调研显示：95后求职目标更加精确。在参与智联招聘调研的2019年应届毕业生中，投递简历数11份及以上者占比39.48%，与2018年同期相比下降。大学生在求职时选择“海投”行为的人数下降，主要和95后的求职特性有关；相对于为了提升面试概率的“海投”行为，大部分95后更加关注自己真正喜欢的岗位。

调研发现，参加过宣讲会的毕业生比例为74.63%，面试比例有所提升。37.48%的毕业生参加过1～2场校园宣讲会，23.24%的毕业生参加过3～5场校园宣讲会，7.83%的毕业生参加过6～10场校园宣讲会，6.07%的毕业生参加过11场以上校园宣讲会。

大三暑假，一些备考研究生的同学以考研为由，“理所当然”地放弃了社会实践及暑假实习等活动。殊不知，这些同学将来找工作时很可能因为缺乏实践经验，职业能力没有得到培养和提升而处于不利的地位。再加上大四上学期是用人单位招聘毕业生的高峰期，各类校园招聘活动也很频繁，复习考研的同学往往没有精力参加这些活动，因而错过了找工作的最佳时机。这就使得大部分考研失利的同学找工作也不顺利，颇有“赔了夫人又折兵”的尴尬。

因此，虽然求职看上去是大四上学期才开始的，但如果没有前几年的知识学习、素质与能力的提升及实践、实习经验的积累，同学们在求职时很可能感到无所适从。在培养能力、积累经验时，选择往往比努力更重要。如果不了解目标职位的要求，很可能投入了许多时间和精力，对达成自己目标的帮助却很有限。

特别要提醒的是：近年来越来越多的大学生选择毕业后进入政府部门工作；其中，选调生越来越受到同学们的青睐，具有利他主义、成就满足、安全稳定等生涯价值观的在校生，可以重点关注一下。

选调工作是近年来干部人才引进工作的一个新突破，是一条吸引高层次人才的绿色通道。目前定向选调大致看三点：学校、学生干部经历以及考试（笔试、面试）准备。本章“推荐阅读”中的何炅同学出于回报家乡的考虑，把参加选调作为职业生涯的第一步，是结合了自身的基础与未来规划的。何炅同学在大二有一年的学生干部经历，在选调上具有优势；本科专业以及相关科研经历，与工业和信息化局匹配；选调回家乡，具有优势。基于这几点，加上考试的充分准备，最终他选调成功。他的经历应该能够给一些学弟学妹以借鉴。

在校大学生找工作，如果能够像彭超和何炅同学那样，从大一开始认真思考，大二、大三抓住各种机会实习实践、培养各种素质与能力，大四阶段锁定求职目标、有针对性地投递简历，求职效果就会好得多。

6.3　求职的必备法宝：简历与求职信

同学们都知道：求职是从投递求职简历（resume）与求职信（cover letter）开始的。简历与求职信是求职的必备法宝。如何撰写吸引人的简历与求职信呢？课堂上，笔者请同学们做了练习：写简历。结果10分钟过去了，大部分同学只在一张A4纸上写了四五行字，主要介绍自己的姓名、性别、年龄、就读院校及所学专业。由此，同学们明白了一句话：简历是“做”出来的，不是“写”出来的。大学四年，前三年做了些实实在在的事情，到大四时才有内容可写。

写简历前，首先要进行自我对话，这一点非常重要。同学们要问自己两个问题。第一个问题是：招聘单位“图”什么？如果你是招聘者，想想为什么要招聘没有工作经验的大学生。

一般来讲，公司招聘新员工有几个目标：

（1）公司规模扩大，需要人手。如果需求首先来自公司高层，是为了满足来年扩大再生产的计划，往往会先培训再使用，会考虑没有经验的毕业生。但如果需求来自业务一线，往往是急于让新人上岗，缺乏工作经验的应届毕业生的机会就小得多。

(2) 储备人才，以备不时之需。每年都有老员工升迁、调动、退休、离职，这些岗位需要人手补充，公司也希望不断输入新鲜血液，没有工作经验但学习能力很强的应届毕业生是一张白纸，培养一段时间后正好可以顶上空缺岗位。

(3) 提高公司知名度。这样的公司可能并没有真实的用人需求，即便你很认真地投递简历也得不到回复。

第二个问题是：你自己“图”什么？分析你去一家单位的原因：是因为待遇好吗？是因为能够留在大城市工作吗？是因为这个行业将来的发展前景好吗？抑或是因为对方要求不高，自己能够顺利通过面试吗？

回答了这两个问题，才好确定简历的内容。由于人力资源管理者浏览应聘者简历的时间非常有限，因此简历的内容一定要简明扼要，同时要能将自己与职位任职资格相关联的闪光点展示出来。

简历的制作应遵循五个原则：

(1) 真诚原则。简历中所有的信息都应该真实可信。提醒同学们不要无中生有，将自己没有做过的事情写在简历上，同时也要避免夸大其词，如将一次普通的课程设计包装成一个正式的项目。这样做的后果是：即使侥幸通过了简历筛选，也很可能在面试中露馅儿，给面试官留下非常负面的印象，以至于早早出局。

(2) 具体原则。简历中应提供具体的信息：比如提及自己成绩优秀，最好说明自己的平均成绩在班级的排名及班级同学的人数；谈到自己的爱好时，写清楚是“喜欢打篮球/排球/乒乓球/网球”，而非简单地写“喜欢运动”或“喜欢打球”。

(3) 简短、漂亮原则。目前求职简历的格式以美式为主，一般建议所有内容都浓缩到一张 A4 纸上，这就要求简历一定要简短，格式要整齐、美观。有同学说“一页纸写不下啊！”这实际上是内容不够简洁造成的。

(4) 强调优势原则。在有限的篇幅中，要强调自己针对应聘企业及岗位的优势，而不要面面俱到地介绍自己各个方面的情况。

(5) 量身定制原则。每个人都是独特的自己，不可能适合所有的岗位。撰写简历时，一定要写明求职目标，根据求职目标强调自己的优势。

求职简历的结构及主要内容如下：

● 姓名和联系方式：写明自己的电子邮件、联系电话及通讯地址。

● 求职目标：写明希望进入的工作单位的性质或名称及应聘职位。

● 教育背景：写明就读学校及学习时间、所学专业、主要的专业课程（如果专业与求职目标相关联）、学习成绩在班级的排名、获奖情况、参与学生工作情况等。

● 实习/实践经历：说明大学期间参与的与目标职位相关的实习/实践经历，以及个人的表现（如态度、能力、角色、成果、过程、困难、方法和培训等）。

● 个人技能：电脑使用技能及获得的专业证书、认证情况等；所获证书要具体说明国别、公司名、证书名称等。

● 个人信息：所获奖励、兴趣爱好、其他个人优势等。请注意，所获奖励及兴趣爱好等最好与应聘职位任职资格要求有一定的相关性，否则，用人单位无法获得与任职资格要求有关的信息，这项内容就无效了。

在上述内容中，最好能够说明下列问题：你是否有什么建议被实习单位或学校采纳？你有什么特殊的兴趣吗？你是否处理过紧急或危险情况？你培训过其他人吗？你做过哪些给你带来满足感的事（如募捐、志愿者工作等）？这些问题都能从不同方面体现应聘者与所应聘职位相关的素质与能力。

在求职过程中，与求职简历几乎同样重要的是求职信。求职信不必很长，一般为A4纸的1/2～2/3即可，主要内容应说明下列问题：你是谁？你怎么知道目标企业的？你要申请什么职位？你了解目标企业吗？你为什么适合这个职位？最后，表明你很希望得到面试机会，并注明你的联系方式。

下面看一封简短的求职信：

北京××配电自动化设备有限公司人事经理：

您好！

我是北京信息科技大学2022届本科毕业生林超。我从本周三的校园招聘会得知贵公司正在招聘助理销售工程师一职，且了解到贵公司的配电设备在国际上处于领先水平，产品具有广阔的市场，特写信向您自荐。

我学的是机械设计制造及其自动化专业，专业知识扎实，学习成绩良好，平均成绩在大班前30%左右。我性格活跃，责任心强，办事认真，不怕吃苦，担任过学生干部，组织能力较强。而且特别善于与人沟通，班里男生间发生矛盾，经我调解后双方很快就缓和了关系。大三暑假，我参加了专业实习，参与了销售系统的设计工作，专业能力和社会实践能力都得到了很大的提高。业余时间我喜欢打篮球，还喜欢旅游，每个假期都会外出自助游一次。

我自信符合贵单位所招聘岗位的要求，感谢您在百忙之中阅读附件（我的简历）。

我非常渴望能够得到贵公司的面试机会；如有可能，请以落款联系方式通知我。谢谢！

林超

2021年11月16日

求职信要言简意赅，将前文提及的几个方面说清楚即可，详细信息以信后所附求职简历上的内容为准。

撰写简历与求职信时，请同学们注意以下事项：

（1）确保无错别字，语句通顺，版面整齐，空间合理，标点符号正确，行距统一。

（2）没有时间上、经验上的逻辑错误，所列举的信息从最近发生的事件开始逐一描述。

（3）最好使用中性词汇陈述事件，用词不要太富有感情色彩，言辞不要过于华丽。

（4）最好不要写上对薪酬的要求。简历是用于赢得面试机会的，所有对赢得面试机会没有帮助的信息都属于无用信息，不必写在简历上。

（5）少说废话，多讲有用信息，反复阅读，直到满意为止。

除了简历与求职信，求职材料还应该包括成绩单（尤其是目标职位与所学专业相关时），各种获奖证书、聘书及专业证书等的复印件，实践活动/实习工作证明等，都附在简历后面。准备好简历、求职信及各种材料后，如何送达也是需要注意的细节。

如果你要参加招聘会，不论是校园招聘会还是社会招聘会，都不要将简历直接放在招聘单位的展台上就离开，而是要等待机会与招聘人员沟通几分钟，否则你投递的简历很可能泥牛入海，得不到任何回应。

如果你是通过发送电子邮件投递简历与求职信，请务必将邮件的题目写为“××大学机械工程专业××应聘助理工程师”，让对方一目了然；文件名也应注明类似的内容，以使你的邮件不至于被当成垃圾邮件，也使收件人方便保留你的简历。

如果你是通过招聘网站投递简历，请严格按照网站要求的格式完成所有内容；另外，不少招聘方除了自己的网申系统外，还经常将招聘外包给智联招聘、前程无忧等，而这些招聘网站本身也有专门的校园招聘信息，其格式要求可能有所不同，请同学们加以关注。

如果你选择的是邮寄的方式，请务必以挂号信或快递的方式递送给用人单位负责招聘的人员，否则很难保证文件会递交至相关人手中。

如果你是经人脉关系推荐、请他人递交简历，最好将简历、求职信及各种证书的复印件一起放在一个大信封中，信封上列出材料明细。

下面分别是一位软件工程专业本科毕业生应聘 Java 开发工程师和一位人力资源管理专业本科毕业生应聘人事/行政助理的求职简历，供参考。

林宏

联系电话：135×××××××× 电子邮件：linhong××@××.com

通讯地址：河南工程学院学生宿舍×号楼50×室

求职目标：Java 开发工程师

教育背景

河南工程学院软件工程专业2018级本科生

主修课程：高等数学、概率论、线性代数、离散数学、高级语言程序设计、计算机导论、数据结构、算法分析与设计、计算机组成与体系结构、数据库系统原理、软件工程导论等

掌握技能

1. 熟练掌握 Java 面向对象编程语言，有良好的编码习惯。

2. 熟练使用 HTML，并了解 Ajax，JavaScript，jQuery，能使用 DIV＋CSS 进行页面布局。

3. 熟练使用 JSP，Servlet，JavaBean 进行 Web 应用开发。

4. 熟悉 MySQL 数据库，熟悉 SQL 语句。

实习及实践

- 2021.6—2021.9 郑州垂直网络科技有限公司：实习生

参与项目：企业展示。

系统环境：MySQL 数据库、Windows7 系统、IntelliJ IDEA 工具。

项目技术：SpringMVC，Spring，Hibernate，MySQL，JSP，JSTL，zTree。

项目模块：

1. 前台主要功能：(1) 会员中心：可在后台进行管理；(2) 用户在线留言：用户可以在线对公司提意见和建议；(3) 下载中心：用户可以下载本站提供的资料；(4) 产品中心：用户可以浏览公司产品，查看详情，并进行购买；(5) 新闻频道：用户可以浏览本站新闻，并可以进行评论、留言，可按照新闻类别进行选择性浏览。

2. 后台主要功能：管理员进入后台的菜单，可以完成对前台信息不同的操作（对产品、新闻、用户等信息的增、删、改）。

● 2020.6—2020.8　郑州垂直网络科技有限公司：实习生

参与项目：在线考试系统。

项目描述：主要包括登录考试、成绩查询、修改密码、考生信息录入、课程和题目录入及系统维护六个功能模块。另外包括权限管理模块，用于管理系统的用户、角色及相关权限。

职责描述：基于 MVC 思想的在线考试系统，主要有题目随机抽取、随机生成试卷、分数计算、考生登录等功能。

小结：整个系统采用 MVC 设计模式，我在参与项目的过程中掌握了 Socket 通信技术，了解了项目开发流程，项目描述能力和技术沟通能力得到了很大的提高。

● 2019.7—2019.8　郑州方圆电子科技有限公司：实习生

参与项目：学友教育内部人事管理系统。

项目描述：该系统提供完整的人事档案保存方案，全面记录员工个人、家庭、合同等信息以及管理企业相关信息，使用 ECSide，可以根据企业实际需要提供多种形式的员工信息报表。

项目技术：Tomcat＋MyEclipse＋MySQL 开发构架，Spring＋Hibernate 开发模式，其中也使用了 Ajax 使系统具有较好的用户体验。

职责描述：负责员工个人信息管理、简历合同信息管理、后台权限管理以及前后台登录模块代码编写。

自我评价

● 性格开朗乐观，积极上进，对待工作认真负责，善于沟通协调，有较强的集体荣誉感与团队精神。

● 吃苦耐劳，能在较大的压力下保持良好的工作状态，善于自我调节，责任感强，工作踏实。

● 非常热爱编程，喜欢钻研新的技术，喜欢接受各种挑战。热爱学习，具有很强的自学能力和良好的学习方法。

陈雯

联系电话：136××××××××　电子邮件：chenwen××@××.com

通讯地址：河南财经政法大学学生宿舍×号楼 30×室

求职目标：人事/行政助理

教育背景

河南财经政法大学公共管理学院人力资源管理专业 2018 级本科生

主修课程：会计、管理学、企业战略管理、人力资源统计学、劳动政策与法规、劳动关系管理、薪酬管理、薪酬与福利、绩效管理、绩效管理案例分析、管理沟通

实习及实践

● 2021.10 至今　在郑州东大学城高科技孵化及产业园实习，任行政助理，协助行政主管处理园区行政管理事务。

● 2021.7—2021.8　在郑州昌南通讯科技有限公司从事销售工作，业绩突出，在实习生中名列前茅。

● 2020.7—2020.8　在苏州达方电子有限公司工作 40 天，主要整理公司电脑键盘车间的生产日志档案及公司的人事档案。

● 2019.7—2019.8　在新郑富士康工作两个月，工作内容为安装手机零部件，无差错。

● 利用课余时间做过美团、大众点评 APP 的推广，做过蜜雪冰城、伊利饮品的促销。

学生工作

● 大一、大二担任班级生活委员，尽心为同学服务，受到好评。

● 2018 年 9 月加入社团大学生训练营，2019 年留任社团组长，带领大一新生组织社团活动，对社团成员的资料进行整理和存档，并与校社团联合会做好对接。

● 组织学校 100 多人参加的包粽子大赛，负责策划、宣传、经费的筹集等。

获奖情况

● 2020.12　与小伙伴创立的“益笑园”项目获得校第四届大学生创新创业大赛二等奖。

● 2020.10　参加校园模拟应聘大赛，获得二等奖。

● 2020.5　参加校职业生涯规划大赛，获得优秀奖。

个人技能

● 英语四级证书（473 分）；三级企业人力资源管理师证书；驾照。

● 熟练掌握 Word，Excel，PowerPoint 等办公软件。

自我评价

性格开朗，积极上进，大学期间做过多种兼职来锻炼自己，有亲和力，容易与人相处，富有责任心与爱心。

求职简历的内容一定要与求职目标相匹配。经常听到同学抱怨自己去招聘会投了三四十份简历只得到了两三个面试机会。其实，这是非常正常的现象：如果你带去的简历是一个版本，针对的却是几十家公司，往往只有 10%的岗位需求与简历内容比较吻合，因此只得到少数用人单位的回复。建议同学们针对不同类型的岗位准备求职简历，投递时要有针对性。否则，浪费了很多纸张，你的自信心也受到了打击，得不偿失。

求职过程中，简历与求职信发挥了重要作用。不过要切记：简历是“做”出来的，不是“写”出来的。如果自己没有在学习、社团活动、社会实践、实习等方面有所投入，简历将无内容可写。因此，首先要在“做”上下功夫，最终简历才能吸引人。

6.4 面试：获得工作机会的“高考”

1. 面试准备

投递简历与求职信后，就要随时准备迎接面试了。面试前请做好以下准备。

第一，做好心理准备。递送求职材料后应时刻保持积极的心态，随时准备接受面试邀请。在接到不熟悉的电话时，应热情、自信地问候，因为这很可能是通知你参加面试的电话。不要在教室、图书馆或嘈杂的环境中接听电话，以免信息沟通不畅影响面试信息的获取。最好在手机中设定留言信息，以免错过任何一个重要来电。

第二，准备好面试可能用到的材料，最好列出清单，以免出发前遗漏。这些材料中，除了前面提到的各种求职材料，应该带好学生证及各种证书、证明的原件，一方面体现你的诚意，另一方面便于招聘单位核查。此外，一定要带上签字笔及纸质笔记本。

第三，进行面试问题的准备。常规面试程序中都会请应聘者进行自我介绍，用时以一分半钟至三分钟为宜（总字数少则三五百字，多则七八百字）。自我介绍的内容主要是应聘者的基本信息，学历背景、实习经历和优势，应聘该公司该职位的主要原因等。面试中，面试官往往会就应聘者自我介绍中的某项描述或者简历上提到的某个经历进行提问。因此，同学们应提前就可能被问到的各种问题做好准备。

面试前充分了解企业和业务非常有必要。建议提前了解：（1）企业的使命和价值观；（2）企业创始人；（3）企业发展的关键大事记；（4）企业的当前战略重心；（5）企业的核心产品或服务；（6）竞争对手、竞品、优劣势；（7）企业动态或热点新闻。

如果要面试互联网或媒体公司等，一定好好使用对方公司的产品，提出这个产品最关键的痛点，并且思考出一个解决方案。这是一个训练思考模式的过程（发现问题、拆解问题、制定解决计划、优先级排序），而非真的让你能够解决某个问题。

除了要准备一些面试的经典问题，比如“个人的优缺点”“为什么想应聘这个岗位”“个人优势在哪里”等，还要准备以下问题：（1）为什么想来我们公司？（2）我们公司去年的营业额是多少？（3）你能说出我们公司的五种产品吗？（4）你觉得我们应该怎么做才能击败竞争对手？（5）看过我们创始人写过的书吗？

为提高面试效率，越来越多的用人单位会通过电话进行初步筛选。有的公司会事先约定电话面试的时间，但更多的电话面试可能随时进行。因此，同学们接听电话时要注意时间和场合，切忌在不适合交谈的情况下勉强应对，应主动说明自己当时所处的环境不方便沟通，请对方等待几分钟，换一个安静的通话地点或者更改通话时间。

近年来，结构化面试成为企业招聘考核的一种重要形式，一般包括以下六大类问题：自我认知、价值判断、经历阐述、材料解读、专业知识、即兴演讲。

应对结构化面试，同学们应在以下几方面做准备：（1）梳理自己的优劣势、核心优势、性格特点和职业规划；（2）结合求职简历丰富自己的成就故事，回顾和总结自己在团队合作、人际关系等方面的典型经历；（3）牢固掌握专业知识，并对专业知识进行一定的拓展；（4）养成博览群书、关注社会新闻热点的好习惯，多思考；（5）提升自信，训练多维辩证分析能力、提出解决方案的能力。

目前面试中经常用到情景面试（situation-task-action-result，STAR）。应对此类面试，首先要明确你的任务是什么类型的、怎样产生的及当时的情况是怎样的；其次要说明你针对这种情况做出的分析并据此决定采取的行动；最后要告诉面试官结果如何，这种情况下你学到了什么。在招聘销售、管理等岗位的面试中，还常采用压力面试以考察应聘者的抗挫折能力和情绪稳定性。这些都需要同学们提前了解，做好准备。

无领导小组讨论是近年来群体面试常用的一种方法。这种面试形式的特点在于“小组”与“无领导”：小组意味着团队协作、陌生团队成员的融合，考察面试者的协作能力、协调性、人际融入能力（性格倾向、情绪稳定性）、活跃度（有效发言次数）；无领导意味着团队角色的分工，这种分工是建立在团队成员的自知力的基础上，不是任命的也不是指定的，考察面试者的自我认知、自我定位和扮演特定角色的能力（领导团队能力、掌控局面能力、时间掌握能力、协调团队能力）。应对这样的面试，要从以下几方面做准备。

（1）提升活跃度，实现有效表达。在给定的讨论时间内，要勇于表达自己，亮出自己的观点。在倾听小组成员的观点时，可以进行一定的补充或者深化，不要做只关注自己观点的“低头族”。表达观点时，要吐字清晰、抑扬顿挫，具有一定的感染力；通过断句、间隔、强调等方式，有侧重地表达自己的观点；避免音量过小、声调过平。

（2）具有一定的协调能力和较强的掌控力。讨论过程中，要关注队友，关注整个讨论的进程，对队友的观点要理性、辩证地看待，避免极端否定、进行人身攻击等。当讨论陷入混乱、僵局时，要注意适时掌控和引导，促使团队讨论朝预定方向发展。

（3）有独立观点，有逻辑思维与层次。一定要有自己的观点，避免在讨论过程中进行“碎片化”的表达。要有自己的逻辑假设和推理过程，有创新性，包括切入点、论据等的创新。学会用逻辑层次来规范自己的语言组织，例如使用“首先、其次、最后”及“第一、第二、第三”等表述。

（4）注重展示思辨能力，多角度发散思维。分析面试题时，要尝试找出面试题本身所包含的若干假设，据此做出你的逻辑假设和推理（建立你的逻辑推演模型）。避免就事论事、眼光局限于题干本身。建议在自己的逻辑假设的基础上进行推理。在分析问题时，要注重发散思维，多联想、多类比，要有全球化的视野和眼光。

面试结束前，面试官往往会让应聘者进行自我评价、提出问题。这也是面试中非常关键的环节。大家要结合用人单位的组织文化及应聘职位的任职需求，尽量客观、全面又简洁地进行自我评价，不可夸大自己的优势，也不要忽略自己的劣势；提出的问题要既有针对性又有前瞻性，避免询问工资待遇等问题。

除了准备面试中可能被问到的问题，同学们还应认真学习面试礼仪，既要注意仪表礼仪，也要注意行为礼仪。除穿着整洁、尽量着职业装外，准时到达面试地点、对应聘公司的工作人员和参加面试的竞争者有礼貌都很重要。面试中，要关闭手机，轻敲门，得到应允后再进入，开、关门要轻；坐姿要端正，态度要热忱，使用敬语，保持目光接触；回答问题声音要适中，表述简洁清楚。面试结束时，要感谢公司给予面试机会，说明自己的收获，强调信心和热情，问清楚后续事宜，确认进一步联系的方式，离开前整理好物品和座位，带走所有物品（包括纸杯等杂物）。

完成以上四项准备工作后，还请同学们进行模拟演练。简便的方法有对着镜子练习，或用手机录下来，看视频找问题；还可以请一两位同学帮忙进行角色扮演，彼此指出问题。此外，练习用英语进行自我介绍、自我评价以及回答问题也很有必要。

总之，要想顺利通过面试，要靠平时扎扎实实地付出努力，同时，自我总结和反思也非常重要。

2. 面试常见问题及其应对

准备面试时，同学们一定要清楚：面试官设计面试的形式、提出的问题都是为了考察应聘者与其所申请职位的匹配程度，因此，应围绕这一点来准备。一般而言，用人单位招聘新员工的面试主要考核五个方面：一是面试者对自我的了解、定位、价值观以及职业规划，这些都与其求职动机相关；二是面试者的成就、经历及其体现出的能力、性格和品质；三是面试者对专业知识的掌握；四是面试者对社会的关注以及对社会现象的认知；五是面试者的表达能力、逻辑思维和分析能力等。

下面，分享应届毕业生面试中的常见问题及其应对方法。

学习能力是绝大多数用人单位要考核的应届毕业生的基本能力。下面看一个实例：

面试官：你的简历中介绍了你在××大学经济管理学院学的是国际贸易专业，你能介绍一下该专业学习的主要内容吗？

求职者：我们这个专业属于应用经济学的范畴，专业课程主要包括宏观经济学、微观经济学、国际贸易、国际金融、国际营销等。

面试官：你的学习成绩如何？（考察学习能力和逻辑思维能力）

求职者：我的专业课平均成绩是85.3分，位于班级前30%。

面试官：很多人认为大学本科的专业对未来的工作没有什么帮助，你怎样看待这个问题？

求职者：我觉得这个问题没有标准答案，需要根据具体岗位进行分析。对于工程设计、机械制造、财务管理、法律咨询等岗位，本科阶段的专业学习可以说是基础，没有这个阶段的学习和基本训练，根本无法承担相关的工作；对于行政管理、市场销售等岗位，本科阶段的学习更多地体现在提高学生理论学习、知识应用、思考问题、解决问题的能力方面。当然，任何岗位都需要有学习能力和认真的态度，我认为这是新员工进入职场后所需的基本素质与能力。

面试官：你如何看待自己的失败经历？请举个例子。（考察应变能力）

求职者：我在校报做记者时，有一次要采访一个全市创新创业大赛的一等奖获得者。不料，获奖者不愿意接受采访，我真的特别沮丧。因为那期报纸主题都定好了，就差采访稿了，结果影响了报纸的出版进度。后来我反省了自己，发现前期准备不足，获奖者可能觉得我没有诚意。在全面了解获奖项目之后，我又多次去找他协商，最终他答应接受采访。

了解所要应聘的公司及岗位非常重要，这不仅能帮助你确定自己是否真正适合此岗位，以便做出正确的选择，而且能帮助你应对面试官提出的有关岗位的问题。面试官问此类问题，是为了考察求职者的专业度、忠诚度、岗位关注度及提前准备的能力。下面看一个实例：

面试官：你为什么来应聘这个岗位？（考察求职动机）

求职者：首先我非常认同公司的企业文化（可简单举例说明自己对该企业文化的理解），同时特别看好公司的发展前景，一直很向往加入贵公司。应聘这个岗位是因为我对这方面的工作感兴趣，能够实现自我价值，同时我也具备胜任这一工作的基本能力，希望能够在工作中进一步提高。

应对这类问题，预先掌握一些资料会让面试官认为你加入企业的诚意毋庸置疑。要想收集有关企业的资料，你可以参考企业发布的年报或业绩简报，如果能向该企业的员工咨询则更有利。

创新能力是雇主看重的应届毕业生的基本素质与能力之一，在很多岗位的招聘过程中都会考察。一个具备创新能力的人会表现出思维的灵活性，有新颖的理念，并能使之转化为切合实际的计划。具备创新能力者往往会表现出以下行为：有理智的好奇心；对于解决一个问题常常有很多想法和建议；对于非常规的想法抱有很大的热情；能够不断挑战自己的想法和做法；能够打破思维定式，为老问题寻求新的解决办法。下面看一个实例：

面试官：从你的简历中看到，你曾担任校学生会文艺部部长。你认为担任这个职位最大的挑战是什么？

求职者：我认为最大的挑战是要不断地提出新的创意。无论是活动的内容还是形式，都需要不断地创新，只有新点子才能吸引更多的同学来参与活动。

面试官：请说说你最成功的一次创新活动。

求职者：我最成功的一次创新活动是去年学校的元旦晚会。之前学生会每年都组织元旦晚会，基本上由每个学院出几个节目，形式单一，主动前往观看的同学很少，各个学院都会“摊派”一定的人数参加，去的同学反应也不热烈。于是，我广泛听取了同学们的意见与建议，最后决定以游园会的形式庆祝新年。在取得主管老师的支持后，我们向每个社团和班级发出了邀请：大家可以通过规定程序申请设立自己感兴趣的项目，每个学院都可以搭建自己的舞台来表演节目，最大限度地调动了大家的积极性，同学们的反响十分热烈。

前文提到，团队合作能力也是用人单位重点考察的可迁移技能之一。作为团队的一员，其团队合作能力表现为采取合作的态度工作，关注团队的整体目标而非个人利益。具有较强团队合作能力的人的具体表现为：作为团队成员，积极参与团队活动，认真完成团队任务；对团队表示认同，支持团队的决策；愿意公开坦诚地与团队共享信息；能

够为了团队的利益调整自己；重视他人的看法、专长及所提供的信息。下面看一个实例：

面试官：你认为在以往的学习及工作团队中，你主要扮演的是什么样的角色？

求职者：我在团队中主要扮演智多星的角色，为团队献计献策。我的创造力比较强，能够从不同角度看待事物，经常提出新主意。有时，我还充当临时的协调者，以团队领导的身份做协调工作。

面试官：你认为如何才能有效地进行团队合作？

求职者：我认为对一个团队来说，最重要的是每个成员都关注团队的整体利益而不是自己的个人利益。团队的整体目标关系到团队中的每一个人，只有基于实现共同目标的意愿，大家才能开诚布公地有效沟通、分享经验、贡献所长，才能有效地进行合作。

大学期间的兼职经验和社团活动也是面试中常被问到的方面。下面看一个实例：

面试官：你的简历中提到你在学校的学生超市勤工俭学，这个过程中你有什么收获？

求职者：首先，我通过勤工俭学获得了一份收入，可以贴补我的生活费用，减轻了父母的经济压力；其次，我增强了独立意识，培养了独立生活的能力。此外，学生超市在我们学校也是一个学生社团，加入这样一个组织，和许多同学一起努力，给了我很强的集体归属感，也培养了我的团队合作精神。

面试官：兼职会占用很多时间吧，你是如何平衡兼职工作与学习之间的关系的？

求职者：您说得对，这份兼职的确占用了不少时间，但我并没有因此放松学习，毕竟学习是学生最重要的任务。我做事一向认真努力，不论是在学习中还是在工作中。为了兼顾工作和学习，我牺牲了很多娱乐和休息的时间，因为我非常清楚，既然选择了兼职，就必须放弃一些娱乐活动、休闲时光。因此，我总体上做到了学习、工作两不误。

另外，同学们应做好自己的职业规划。很多面试官都会问到未来规划方面的问题，希望借此了解应聘者的求职动机、求职态度和中长期职业发展方向。下面看一个实例：

面试官：你未来五年的职业规划是什么？（潜台词是“能在我们公司干多久？”）

求职者：我希望在这一工作领域得到长期发展，现在我只有一个大致的计划。第一阶段，我希望从现在开始，两年之内能够在我申请的这个职位上沉淀下来，完成从学校人到社会人的转变；第二阶段，我希望成为一个深入了解业务的人，能发现问题、解决问题；第三阶段，我希望能全方位掌握该领域业务，在工作中有所创新，为公司带来更大的价值。

求职过程中，同学们还要关注职业态度。可能涉及的问题包括：“跟公司同事意见不同产生矛盾怎么办？”“如果工作中需要加班、出差、外派，你能胜任吗？”等等。面对这类问题，求职者一定要根据自己的实际情况真实作答，不要因为迎合面试官而做出违背自己意愿的回答。面试快结束时，面试官一般都会问一句：“你还有什么要问的吗？”不

要小看这个问题，这是面试官在考察应聘者的思辨能力和职业态度，以及对公司、职位的理解。你可以围绕公司、职位提问，让面试官觉得你确实关心这份工作。以下问题可供参考：(1) 公司对这个职位的期望是什么，哪些是我需要特别努力的？(2) 公司是否有正式或非正式培训？(3) 公司是否有外派或轮岗的机会？(4) 公司的升迁渠道是怎样的？若回答“没问题”，不仅放弃了面试加分的机会，苛刻的面试官可能会认为你对职位漠不关心或思维不够灵活，因此，要把握好最后一问。

总之，面试中的问题虽然千变万化，但都是为了了解应聘者的求职动机及与招聘职位相关的各种素质与能力。只要能够将所申请的职位理解透彻，并根据自己的实际情况诚实地回答，就应该算是成功的。同学们千万不要将精力都放在提高面试技巧方面。事实上，一旦面试官发现应聘者在包装自己，并未实事求是地回答问题，就会认为他们缺乏诚意，甚至会怀疑他们对所有问题给出的答案。

课堂活动

模拟面试——无领导小组面试实战演练

讨论内容

某公司招聘总经理，应聘者有曹操、诸葛亮、刘备、孙权四人。如果你是人力资源管理者，请问你的招聘意向是谁？请排序并说明理由。

活动说明

分组（六人一组），每两个小组进行无领导小组面试实战演练，并进行总结评议。

活动内容和过程

(1) 模拟面试在两个小组间进行。一个小组的成员扮演面试官，另一个小组的成员扮演应聘者。

(2) 招聘小组成员商议无领导小组讨论的内容与形式。

(3) 应聘小组成员根据招聘小组的要求进行无领导小组讨论。

(4) 招聘小组成员负责观察、记录应聘者在小组讨论中的表现，在小组讨论结束后进行评议，选出无领导小组讨论中表现最佳的1～2名应聘者。

(5) 大家共同交流模拟面试中的心得体会。

3. 面试预约、面试心理及面试时的注意事项

参加面试前，一定要确认面试的具体单位、地址及联系人。不少同学高密度地递交了几十份简历，接到面试通知时又没有听清楚，以至于忘记或混淆应聘单位、岗位、面试时间和地点等重要信息。

接到面试通知时，要问清面试时需要携带和准备的材料及物品。

确认了面试时间和地点后，须认真计算所需的交通时间，安排好路线和交通工具。对于自己特别重视、不熟悉面试地点的公司，建议同学们提前去“踩点儿”。

要记住求职单位的联系人及其电话，一旦有意外可及时联系，切忌迟到又没有事先告知对方。

面试成功与否，心理状态至关重要。面试时，认真、诚恳的态度是关键，也是取得面试官好感的基本条件。面试中紧张是正常的表现，同学们不必太在意。但面试前要尽量放松心情，以免因为过度紧张影响睡眠，进而影响面试时的表现。为放松心情，面试前可以适当地参加体育活动。此外，面试前保证充足的睡眠、适量进餐也很重要。

建议提前10分钟到达面试地点，面试前去一趟洗手间；进入房间前，尽量调整自己，进行深呼吸。

面试中要让自己有心理优势，要告诉自己这次面试双方均有机会成本、双方都是有选择权的，千万不要觉得自己是“任人挑选”甚至“任人宰割”的。

面试时应注意：

（1）不要急躁，遇事冷静。

（2）遇到没有准备的问题，自己怎么想的就怎么说，因为面试官的问题通常没有正确答案，而是看你对问题的反应。

（3）没有回答清楚的问题，接下来应找合适的机会澄清，以免造成更多的误解。

（4）没听懂问题时一定要先问清楚再回答，切忌“将错就错”。

如果你在面试过程中得到了面试官的名片，面试结束后应该发送邮件表示感谢，邮件内容要简洁，篇幅最好不超过一屏。面试结束后，不要过早打听面试结果，同时要注意接收面试通知，以免错过下一轮面试。如果感觉面试不错却没有在规定时间内收到进一步的面试或录用通知，也可主动查询结果；查询面试结果时，一定要注意礼貌。

总之，影响面试结果的因素非常多。其中有些因素是个人无法控制的，如应聘者太多，用人单位的人力资源政策改变，面试官有偏见，等等。同学们要关注那些可控制及可预防的因素，比如：填写马虎的职位申请表，糟糕的仪表，面试迟到却自以为是，不能清楚地自我表达，缺乏目标及职业生涯规划，缺乏热情或自信，过分强调薪酬水平，好高骛远、不愿意从基层做起……

面试就像考试一样，平时的修养和累积非常重要。虽然面试有一定的偶然性，但应聘者在面试中的表现基本上能够反映出其真实水平及其与岗位任职资格要求的匹配程度。因此，同学们尽量表现出真实的自己就行了。事实上，即使由于表现超常获得了录用通知，进入工作岗位后仍有可能因为不符合岗位需求而感到工作压力过大，甚至无法顺利通过试用期。建议同学们在学习理论知识、参与实践活动及实习工作的过程中，学习形象塑造方面的知识和技巧，了解不同场合的着装常识，使自己拥有良好的职业形象及行为举止。掌握各种场合的礼仪礼节将有助于你尽快成为一名职业人士。

综上，本章通过介绍求职及面试流程，使同学们初步掌握了找工作的基本方法。同时，通过介绍一些应届毕业生找工作及参加面试的实例，使同学们认识到找工作的过程是实现人职匹配的一个关键环节。

本章小结

本章引导同学们在明确求职目标后了解目标雇主看重什么，了解用人单位招聘员工的程序及渠道，同时学习收集信息、选择求职渠道的方法。针对自己希望获得的职位，应首先完成有针对性的简历与求职信，同时了解面试的基本流程及面试中可能面临的主要问题，还要掌握顺利通过面试的基本方法。此外，同学们在大学期间就应该注意塑造良好的职业形象。

课后思考

你希望自己的职业生涯从哪里正式开始？希望从事的具体岗位有哪些？

你之前参加的学生工作、社团活动、实习/兼职等经历，为你积累了哪些职业素质与能力？

你了解应届毕业生找工作的程序吗？打算何时第一次参加校园招聘会？

你写过求职简历与求职信吗？请试着写一写，一定要针对具体的职位。

关注有关求职、面试的电视节目，对应聘者的回答进行评判，并尝试给出更好的答案。

推荐阅读

我的大学：持续开展生涯探索带来的职业红利

大学四年对于我们今后的人生发展起到至关重要的作用。回顾我的本科四年，虽然专业成绩一直处在中游，但幸运的是：我利用四年时间进行了各种生涯探索，最终确定了自己喜欢并擅长的校园招聘的从业方向，毕业前收获了一年半全职从业经验。大四尚未毕业，我就凭借着自己之前的积累，在公司里担任校园招聘校企合作区域负责人，负责山东地区的校企合作工作。

大一：充满好奇，尝试各种活动

大一刚入学时，我跟大部分同学一样，对一切新鲜事物都充满好奇。当时虽然不知道自己未来会干什么，不知道自己毕业时是考研还是就业，但是面对一切的可能，我的选择是都去试一试。得益于高中做学生工作的经历，入校不久我就加入了很多学生组织。首先是参与了班干部竞选，同时加入了两个校级组织和一个院级组织。因为自己对科创比较感兴趣，还想尝试一下办公室的工作，我加入了校科创办公室。因为对生涯这个新颖的概念感兴趣，也向往与人沟通，想积累更多的人脉资源，我加入了校生涯协会的外联部。因为想锻炼一下自己的艺术细胞，我还加入了院学生会的文艺部。后来为了实现自己的军旅梦，在大学期间有个好身体，我又加入了学校的军事化社团——翼虎军团。充实的学生工作填满了我的课余生活，每天课后都在忙碌之中。各种工作看似杂乱，但提升了我的综合能力，扩展了我的知识面。

在各种社团、组织的工作中，我逐步发现了自己真正的兴趣。虽然刚加入时都是兴趣使然，但真正接触过后才知道：实际的工作内容跟想象的还是有差距。对于我这种外向开朗的性格，会更适合做与人沟通、打交道的事情。大一时我的成就导向比较强，在一项工作上获得了成就感，就会更想去做这项工作。经过半年多学生组织工作的磨炼，我发现自己更喜欢与人打交道、与人接触的工作，更适合在校生涯协会做外联工作。后来做霍兰德职业兴趣测试发现，我是 SEC 类型，也验证了这一点。

我真正接触职场，是在大一下学期加入了智联招聘创建的校园团队“智联盟”。加入智联盟之后，我开始接触全国的校园市场，深入了解校园招聘这个行业，逐渐积累了我受用至今的人脉资源。大一刚加入智联盟时，我负责本校的业务，组织了多项校园活动，同时学习了很多公司教给我们的知识。我第一次学习到职场人的职业素养，第一次学习到职场思维与学生思维的不同，第一次意识到校园市场的规模有多庞大。大二时，我成功晋升为山东地区负责人，接触更深层次的工作。

大二：选定方向，聚焦职业兴趣

大二时，相比大一刚入学，我少了些迷茫，有了大致的方向。那时我就清楚意识到自己不适合考研、走学术路线，明确了毕业直接工作的目标。为了能够尽早积累实习经验，大二一开学我就规划了选课目标，要求自己在大三上学期修完所有除必修学分之外的学分，给自己腾出时间实习。我开始有意识地聚焦自己的兴趣方向，拒绝了其他学生组织的留部邀请，只留在了校生涯协会担任外联部部长，希望能把自己的兴趣、特长更多激发出来，带领组织成员拓展业务、拓展人脉、打造品牌，为组织成员提供成长空间。

同时，我在校园市场的各个行业展开探索，与校内的伙伴一起创业，在大学生餐饮行业进行尝试，也拿到了相关的“融资”，有了一定的外部支持。和其他省份做校园市场的伙伴一起做校园传媒，承接了各个公司的校园推广工作，还赚到了第一桶金。与校外的公司合作做大学生必需消费品和快消品，探索校园消费市场，积累了市场经验。自己也在智联盟继续担任山东地区负责人，慢慢接触甲方公司的校招，承接了部分名企的校招工作，在校园招聘领域积累了一定的资源。

探索校园市场一年，有成功也有失败。我开始认真思考自己最适合的方向是什么，决定聚焦一件事即做减法。宏观上，目前我国的人才市场已经由“人口红利”转变为“人才红利”，未来校园招聘将成为企业招聘的主流。微观上，自己的兴趣特征和性格特点更适合做与人打交道的工作，更倾向于校园招聘方向。结合这两点，我将自己的发展方向定为校园招聘，并开始聚焦，进行相关经验的积累。

大三：实习实践，确定职业目标

大三时，我升任智联盟华中大区负责人，负责三个省份的工作，后升任全国北区负责人，负责全国13个省份的工作。职责的变化开阔了我的眼界，也让我积累了更多的经验。大三上学期我开始独立承担企业校招工作，为自己今后的全职工作打好了基础。同时，我在校内担任了校生涯协会主席，开始对协会进行公司化改革，精简组织、对接职场，让组织成员有转换角色的意识，也想把自己所学教给学弟学妹。

大三下学期我已基本完成了所有课程。寒假时我加入了一家在线教育公司，开始全职做校园招聘业务。全职工作对我来说，是一个全新的挑战。公司的校园招聘团队刚刚起步，也是一个从0到1搭建的过程。凭借我大学时期的实践经验，在工作中也逐渐承担了更多的责任。从刚开始春招负责部分学校，到秋招负责一块区域的招聘工作，工作中带来的进步也让我更加坚定了自己的选择。

大四：自我挑战，收获职业红利

在公司工作近一年时间，我选择继续挑战自己，跳槽加盟XS网校，大四下学期就在XS网校负责山东省的校企合作工作。自己当时尚未毕业，能够获得教育行业龙头企业的信任，承担更多的责任，与我在大学期间明确自己的方向，确认自己的发展目标，开展更多相关的有效实践是分不开的。

目前，我已本科毕业，成为公司的正式员工。进入XS网校半年多来，我从零开始搭建山东省校企团队，从零开始铺设省内的校企渠道关系，目前已形成了完整的校企合作体系及标准化框架，顺利完成了公司的秋招和春招任务，取得了较好成绩，得到了集团认可。负责一个省区的校企合作工作，对我来说既是一个机会，也是一个挑战，需要我对自己有更高的要求。得益于自己大学积累的经验及锻炼的可迁移技能，我在工作中得心应手；提前确立好职业方向及职业经历，也让我在真正接手更高难度工作时有了一定的经验和思考。回顾大学的经历，非常庆幸自己的选择能够提前一步、领先一路。面对国家最新的政策和指示，公司与我都积极拥抱变化，努力转型，继续在教育行业发光发热。

大学给了我们充足的时间去认知自己、了解专业，给了我们充分的机会去尝试、去发现。大部分同学在大学期间会感到迷茫。其实，迷茫是好事，说明自己在思考。迷茫的真实原因是天马行空的想象和对未来的恐惧，破除迷茫的最佳途径就是立即行动。大学期间会有很多试错的机会，校园中的试错成本要比毕业后低很多。毕业后的试错需要考虑生活成本，考虑职业生涯及职业稳定性等；而大学期间，我们只需要多探索一点、多行动一点，说不定就能够发现适合的道路。

机会都是留给有准备的人，我特别喜欢巴菲特的老伙伴查理·芒格说的一句话："想得到一件事物，先让自己配得上它。"同样，自己想成为什么样的人，先确定好目标，从现在开始去尝试、去探索、去执行，你一定会收到努力给予你的回报！

（作者：张悦宁，济南大学信息科学与工程学院通信工程专业2017级本科生）

我不再寻找好运，我自己就是好运！

——文科生本科毕业如何入职互联网名企管培生

大学成长经历

通俗意义上讲，我算是一个立志比较早的人：刚刚进入大学我就确定，未来四年学习和成长的唯一目标就是就业。所以我从来没有过方向上的迷茫，从来没有过在读研、出国或就业三个不同方向上的纠结。读到这篇文章的你们，如果有可能的话，可以尽早确定自己未来的方向，这样可以在之后的学习生活中多一些确定性。

一直以来，我的座右铭都是"人生在世，美在尽力"。我希望自己做的每件事情，无论结果怎么样，都可以骄傲地对自己说一声"无愧于心"，当然也会有些许遗憾。这里分享自己大学四年的经验，希望可以提供一些参考。

大一刚刚入校，我选择加入了学校的秘书部。秘书部主要配合校学生会做好会议纪要、场地布置、协调其他部门等事情，工作比较烦琐。刚入校时意气风发，觉得终于可以施展自己在高中无处施展的才华；可我却碰了壁，因为发现自己连曾经看不上的琐碎工作也做不好。我很感谢那段经历：只有抱着一种什么都不会的心态向别人学习，放下自以为是的尊严才能更好地融入集体和工作。这也让我在后来第一份实习中受益无穷。

因为深知自己心态不是特别好，容易怯场，所以刚入校时我就积极参加为大一新生举办的各种演讲比赛、辩论比赛、朗诵比赛等。比赛给我带来的不仅是荣誉，更重要的是让我学会了如何在舞台上落落大方地对着很多人表达自己的观点，如何让更多的人信服你。

大二这一年对我意义重大：我成功竞聘了学院学生会主席、辅导员助理和学校青年新媒体中心策划主任。

担任学院学生会主席期间，我组织了学院大大小小近100场活动，与校内外50多个部门合作。这个过程中我学会了如何站在他人的角度思考问题，如何把话说得更加令人接受，如何让更多人理解并认同你的想法，更重要的是如何保证这些想法真正落地并达到预期效果。成功的活动或创新的形式绝非靠一个人就能想到，团队协作的力量非常大。

因为资金匮乏，我需要不断争取校外企业和机构的合作，获得更多的商业赞助，这个过程很磨人。与职场人沟通、进行资源置换，怎么才能让对方相信你、认可你的数据，应该拿什么为自己做证明，如何去谈判……真的很庆幸，很多人工作后才有机会接触到这些，我在大二时就收获了宝贵经验。

辅导员助理这个工作，我是有遗憾的，因为自己这一年的学习和学生工作太忙碌，没有时间把所有经验全都传授给学弟学妹；也因为自己只是大二，在个人选择方面没有办法给予他们更多的指导。这是我最大的遗憾。

"新媒体"一词当时非常火，因此我担任新媒体中心策划主任还是很开心的。可做了之后才发现真的不容易：必须做数据分析，要看每一篇推文的阅读量、每一天粉丝数量的变化，通过这些来挖掘用户的喜爱点，还要在"官方媒体"和"学生喜闻乐见"两点之间寻找平衡。用户的黏度怎么提升？活动的曝光率怎么增加？用户如何吸纳？这些听起来非常枯燥的数据问题，是工作给我带来的最大挑战，也教会我如何抗压、如何进行多任务处理、如何转变身份。

经历了非常忙碌的大二，我做了一个决定——大三这一年放弃学生工作。因为前两年一直处于忙碌的工作状态，我忽略了一个非常重要的事情：学习。

大三这一年我过上了人文楼、图书馆、寝室三点一线的生活，重考了六级，还考了托业并准备商务英语证书（BEC）考试。我还阅读了《金字塔原理》《非暴力沟通》《刷屏》《管理者而非MBA》《华为工作法》《以客户为中心》等书籍，尽可能吸收知识，弥补之前的遗憾。这些付出让我在求职时有了更多选择权。有时，让自己沉下心去才能真正脱颖而出。

个人求职经历

2019年5月，我确定了自己的职业方向，开始寻找实习。我的长处是沟通能力、学习能力和抗压能力，短板是英语、电脑技术和创新思维。所以我确定的职业方向是在非快消类的大企业做客户管理或销售类工作。

于是，我在想去的公司官网及实习僧APP上广撒网，投了很多简历，不过都石沉大海。印象最深刻的是腾讯第一轮群面，面对6个北大大佬，我连自我介绍都是战战兢兢完成的，心理上已一败涂地，可想而知面试最终只能是铩羽而归。回校后我也茫然了一段时间，第一次开始怀疑自己。非常感谢身边的朋友那段时间里给予我肯定和帮助，让我振作起来，把更多的时间、精力投入到修改简历中。这一次，我根据不同的岗位匹配了侧重点，制作了不同版本的简历，并尽量用数字量化过往经历。渐渐地我开始收到一些回音，我选择了最符合自己预期的一份实习——小米的销售助理。

实习生刚刚入职时如果没有特定的师傅带可能会经历一个尴尬期：同事不知道你能

做什么，你也不知道自己要做什么。这时要抓住时机展示自己的能力并尽快学习，努力跟上大家的步伐。

入职后好几天几乎是没有工作的，恰好赶上我的领导出差，我在部门的存在感几乎为零。起初我觉得非常尴尬，甚至有点儿后悔为什么把重要的第一份实习浪费在了这么没有存在感的职位上。还好我等来了一个契机：部门的一个组长外出拜访客户，在群里急要一份资料，恰好赶上大家手里都没有，云盘又需要公司内网才可以登录。我抓住机会马上下载了资料，并立刻同步给组内所有人。这是件非常小的事情，不值一提，但它让我在部门内刷了一波存在感，大家突然间意识到：部门来了个实习生，还挺机灵的。所以，要学会抓住每一个看似微小的机会展示自己。

不断学习也是很重要的能力。之前我从来不知道广告该如何售卖，就连每时间段成本（CPT）、每千人成本（CPM）、搜索引擎营销（SEM）这些基本术语都不懂，更何况"人群定向""广告排期"，例会对我来说就是听天书，连记录都不知道怎么做。我只能不断学习，一看同事稍微有空就跑去问问题，要不然就上公司内网学习产品通案，阅读《计算广告》，自学数字营销知识，我还偷偷在家学着同事的样子做PPT演示。

此后我主动包揽了会议纪要、拷屏、数据监控、DMP、老板日程安排、业绩汇总上报、定期与其他代理公司邮件沟通等工作。这些大多是我主动要求的：职场上不要谦虚，要抓住一切机会表现自己。很快我就和同事们熟了，大家主动带我去拜访客户、给客户做演示，这对实习生来说很难得，在我之后的面试中发挥了非常重要的作用。

在小米的实习总体非常顺利，无论是工作内容、人际关系还是企业文化，都让我觉得非常融洽，离开时万般不舍。第一次实习可以在这么好的公司、这么好的部门，遇见一群这么好的人，我很感恩。没有这段经历可能也没有我之后加入字节跳动的契机。

8月我决定参加秋招。有了找实习的经历，秋招就比较有章法了。我做了一张Excel表，列上了想投递的所有公司，并随着这些公司的招聘安排不停更新网页的链接、招聘的岗位以及自己的进程。经历过网申的人都知道：每次网申都要输入很多的信息，一次网申需要将近1小时。我归纳了三个有代表性的公司网申页面，把需要的信息都写在一个文档中，之后每次网申直接复制粘贴。这两项内容基本上耗费了一整个周末，不过磨刀不误砍柴工。

8月到11月，我的时间安排是：白天工作，下班之后进行网申，每天投递三五个公司，大概需要2小时。然后开始做一些公司邀请的笔试，最少做一个，最多的一晚上做了三个。为了更好地完成笔试，我还做了公务员的行政职业能力测验（行测）题，上了行测课并在慕课上学习了数字营销的课程。每天都在凌晨2点才睡。

令人崩溃的是经常在早上醒来时收到一封拒绝信，这种糟糕的经历几乎每周都要来一次。当你疲倦不堪又充满希望地睡着了，早上醒来以为又是元气满满的一天却再一次被否定了。不过还好，很多好友的陪伴让我度过了那段时间，无数次想要放弃时他们给我的鼓励是我一辈子的财富，感谢！

那段时间我看了很多面试视频，学了很多面试经验，简历可以倒背如流，就连自我介绍都准备了5个版本。我面试了深信服、TP-LINK、联想等公司，全都挂在了最后一面上。

终于有一天我接到电话邀请参加字节跳动两天后在哈尔滨的招聘，我毫不犹豫地订了票，在漫长的失败道路上我学会最多的一点就是抓住每一个机会。第二天晚上我坐了10小时火车连夜赶去哈尔滨。途中，我不停查看字节跳动的公司信息、产品通案、企业文化、产品用户群，下载了我从未使用过的抖音和快手做了一个竞品分析。在火车的过道里，我一人分饰两角做了一整夜的面试对答。到了酒店后先是一个宣讲环节，问答时宣讲官问大家有没有问题，我知道机会来了，马上举手做了个自我介绍，问他觉得我是否符合字节跳动的需求。如果是，我愿意现在就和他走，说完还拿起了包做出要走的样子。全场都笑了，宣讲官说他记住我了，期待我能走到最后。我知道我抓住了机会。

凭借自己长久以来的准备和对公司的了解，我成功通过了群面、一面和二面。在最终环节，我果然见到了宣讲官，他只问了我一个问题就当场给了邀请。我的心放下了一半，因为还有视频面试在等着我。回来后我也没有放松，接连参加了美团、京东的招聘。经过一个多月的等待，国庆节假期后我收到了字节跳动的录用通知。可能是之前的努力终于到了收获季节，我又陆续拿到了美团、科大讯飞等的录用通知。

最后我想强调的是心态。找工作时最焦虑的是那些“以为自己还不错，一点点准备都没做就被拉上场，结果被现实毒打”的朋友。提前认清就业形势、及早做好准备的人，是没那么慌张、焦虑的，因为他们已经有了一个合理的预期；那些匆忙上场的朋友，往往还没调整好心态就下场了。

努力带给了我好运，也希望看到这篇文章的各位在求职的道路上都能一帆风顺！

（作者：马薇，东北大学秦皇岛分校英语专业2016级本科生，2020年入职字节跳动管培生）

投身国家建设，放飞青春梦想

——物联网工程专业本科毕业考取家乡选调生

步入大学，我的人生迎来一段美好的旅程。东北大学秦皇岛分校的四年是我求学十几年收获最大的一个人生阶段。来到东北大学秦皇岛分校之前，我是一个内向、安静、不爱说话的自闭青年。为了锻炼自己，大学期间我克服困难，积极参加班委竞选和多个学生部门的纳新面试。在一次次的面试中锻炼了胆识、提高了能力，我相信自己所走的每一步都是值得的。

大二，我走上了学生会干部岗位。我一直认为，大学是一个能全方位提升自己的平台，不应该只有学习，你所做的每件有意义的事一定会为人生留下绚丽的一笔。从干事到部长，意味着我将面对更大的挑战、承担更重的责任，向上对主任负责，向下对干事负责。职位改变的同时，我也有了更大的、施展才能的舞台。在学校学生代表大会召开期间，我和部门同学默契配合，加班加点整理大会提案，认真做好每项工作，组织能力、抗压能力得到进一步锻炼。慢慢地，我从一名青涩的干事逐渐成长为可以独当一面的学生会干部。

大三，我开始了自己的科创竞赛之旅。作为一个工科生，总是对机械和代码抱有浓厚的兴趣，于是我加入了学校智能车实验室。做智能车需要投入大量的时间和精力，更需要队友之间默契的配合，这段备赛、参赛的经历也让我们在朝夕相处中建立起牢不可摧的友谊。正好这一年智能车竞赛的规则大改，对车的机械设计要求更高。为了取得好成绩，我们在一次次试错中不断修改车的机械结构，而这也意味着之前一遍又一遍才调好的参数都要重新调整。时间紧，任务重，为了争取更多的时间，我们买了一张简易床放在实验室里。大家采取接力的方式，前半夜他调车，后半夜我调车，很辛苦，也很累。但是看到自己的成果在赛道上飞驰，内心的成就感和满足感让我们看到了坚持下去的意义和价值。已经记不清有多少次在科技楼通宵后看到秦皇岛的日出，只记得当时的景色很美。

大四，到了人生的十字路口，这是一个新起点。实验室的队友们纷纷拿到了科技大公司的录用通知，一线城市的高薪无疑是充满诱惑力的。我内心也在不断追问自己：你所追求的到底是什么？

坚定信念，建设家乡

我来自少数民族聚居的贵州省黔东南苗族侗族自治州，这里一直是中国脱贫攻坚战的主战场。“我所接受的教育，不是为了摆脱贫困的家乡，而是为了让家乡摆脱贫困”这一句话深深触动了我，几十年来我们少数民族受到了党和国家的关怀，老百姓日子越过越好，我也是高考中享受了少数民族加分政策才得以来到东北大学秦皇岛分校。家乡的发展、基层建设对人才的渴求、国家的需要，我似乎看到了自己的未来——利用所学，融入地方，报答家乡，报效祖国。一番信息收集之后，我报名参加贵州省2021年定向部分重点高校选调优秀毕业生考试，希望加入公务员队伍，用自身所学奋斗在一线，扎根在基层，贡献自己的一分力量。

选调生备考经历

（1）准备笔试。贵州省的定向选调考试只考申论，不考行测，相比公务员考试来说是比较容易的。复习期间，我一开始非常迷茫，因为这是第一次参加公务员考试，连什么是申论都不知道，后来联系了一个考公务员的同学，在他的推荐下购买了申论入门的基础教程，研究了近五年的国考申论真题，结合贵州省最近的脱贫攻坚战、美丽乡村建设等省情进行大量训练，逐步摸清了申论的答题方法。最后取得了72.5分，以笔试第一的成绩入围面试。

（2）准备面试。组织部公布面试名单后，我发现两个竞争对手分别来自中国人民大学和武汉大学，这着实给了我不小的压力。我开始中午边吃饭边看主持人大赛，学习大佬们的入题话术，升华角度，还有神情语态；充分了解公务员面试题型、考察重点、回答思路等；坚持看新闻联播，了解时政热点。有一段时间我感觉自己已经走火入魔，洗澡的时候、穿衣服的时候、照镜子的时候，只要周围没人，我就会念叨一些东西，比如创新、乡村振兴等话题，我会按照意义、现状、问题、对策等一一说出来。功夫不负有心人，最后我取得了79.5分，以面试第一名的成绩进入签约环节。

如今，我即将以定向选调生身份入职贵州省黔东南苗族侗族自治州工业和信息化局。我将自己本科四年所学用于家乡的信息化建设，也对个人的未来发展充满希望。

小贴士：了解“选调”

（1）什么是选调？选调工作是省干部人才引进工作的一个新突破，是一条吸引高层次人才的绿色通道。选调生招录由省委组织部统一组织，分为定向选调和集中选调。比如我们贵州省，定向选调面向部分一流大学建设高校、个别一流学科建设高校等重点高校，毕业生被安排到省市直机关公务员岗位；集中选调面向省内外高校招录，安排到乡镇（街道）公务员岗位。新录用人员试用期1年。选调生在贵州省最低服务期限为5年

（含试用期1年），在录用或试用期满后，安排到基层锻炼2年。定向选调生符合工作地有关人才引进条件的，由当地相关部门，按程序评审认定后，享受当地相应层次的人才优惠政策。

（2）报考条件。报考2021年贵州省定向选调考试的本科毕业生，还须满足下列条件之一：1）中共党员（含中共预备党员）；2）担任学生干部一学年以上；3）获得过校级以上奖学金；4）获得过院系级以上表彰；5）具有参军入伍经历。

（3）如何准备面试？

相对于其他省份，贵州省选调考试内容比较单一，备考起来更有方向，平时可多关注人民时评、半月谈、学习强国等。历年国考和本省省考真题都是练习重点。申论备考不在于拉长战线，主要是练习，言语精练，注意格式。

如何去练呢？

一是练习历年真题，阅读材料，写答案。注意，一定要买格子本，严格按照答案的要求落到纸面上。也不要在心中默念后去核对答案。三个字："写下来"。

二是认真核对答案，找差距。查看自己的答案与答案要点之间的差距，比如语言的精练程度、踩点是否准确，并做好标记，为下一步复习打好基础。

三是总结答案要点，梳理材料的逻辑。申论考题中一般有六七则材料，有时可能觉得材料之间一点联系也没有，有时材料之间的联系性却很大，其实材料之间都是有共通之处的。如果你没有发现，那么还是要多做、多看、多练，提高自己阅读材料以及抓住问题本质的能力，学会提炼材料所反映的主题，总结要点。

（4）关键词。一是心态。以坦然的心态面对考官，将自己对题目的理解，用考官认可的方式表达出来，就已成功了一大半。

二是逻辑。逻辑的作用就是让自己说的话有条理，当然最重要的就是让考官清楚地知道你要表达的是什么。面试就是要好好说话，横向是多主体、多角度、多要素，纵向是是什么、为什么、怎么办，将各种题型用这几方面展开。比如应急应变侧重"怎么办"以及反思，组织管理侧重"为什么""怎么办"等，用简单几句话把一类题型精准概括，使我们在考场高度紧张状态下保持思路清晰，这点非常重要。

三是储备知识。这是答好面试题目的根基，"根基不牢、地动山摇"。其实面试本身就是考察知识储备、对社会热点问题的看法，因此建议学弟学妹平时要多留意新闻和时政评论，做好日常积累。

（作者：何炅，东北大学秦皇岛分校物联网工程专业2017级本科生，大四考取贵州省黔东南苗族侗族自治州工业和信息化局定向选调生）

在线阅读

HR学姐谈求职投简历、面试的技巧及入职的注意事项

职场小白回顾大四秋招季求职经历

勇敢闯上海的女大专生

在威海毕业，到北京工作

第7章 职业生涯规划方案实施之创业篇

锲而舍之，朽木不折；锲而不舍，金石可镂。

——荀子

高筑墙，广积粮，缓称王。

——朱升

学习目标

本章引导同学们在初步制定的职业生涯规划方案的基础上，根据自身的个性特征、职业价值观等评估创业这一特殊的就业选择，通过积极行动，积累创业知识，培养创业技能，最终把握创业机会。

导入案例

创业生涯无止境，更多可能在路上

输掉的起跑线，决定不了你的人生

我是山沟沟里长大的孩子，小时候生活艰苦，学校离家远，每次上学要走1小时山路，上学路上没有手电，只能举着火把照明，冬天要凿冰取水，夏天有时要在暴雨中赶路。

按世俗的标准，我的起跑线简直输得一塌糊涂，但又有什么关系？只有短跑才拼起跑线，而人生是一场马拉松，你见过哪场马拉松是拼起跑的？我们无法改变出身，但可以尝试改变在社会中所处的层次和位置，虽然很难但值得一搏。

从小到大我都是传统意义上的“好孩子”——爱学习，成绩好，从小学到高中一直名列前茅。学习并不是社会群体跨越、进阶与跃迁的唯一途径，但绝对是最有效、最靠谱的方式，庆幸的是我从小就明白这个道理。

军事一直是我最喜欢的内容，所以高三时我萌生了当飞行员的想法。抱着试一试的态度参加了空军招飞，经过层层选拔我成为全县唯一一个获得空军拟录取通知的报名者，可以说半只脚已经迈进战斗机了。

2013年高考，我距离一本线相差15分；当年空军招飞的分数线是一本线，我落榜了。人生第一次与梦想失之交臂，那种突如其来的失落感，我至今记忆犹新。

但是输掉的起跑线决定不了我的人生，我决定在大学期间证明自己。

别人能做到的，凭什么我不能？

做人就是要不服输，这是我的一大特点。别人能做好的事儿凭什么我不能？别人做不到，我做到就是赚到。找到自己喜欢的事，虽然很难，却很重要。

很多励志的鸡汤文一直在鼓励我们“做你想做的事”。其实不少年轻人都很迷茫，他们并不清楚自己想做的事是什么，鸡汤文也从不会告诉他们该如何找到自己想做的事。不妨静下心来思考一下：你真正想做的事是什么？是做个心安理得的咸鱼吗？是来一次说走就走的旅行吗？是在游戏的世界里相爱相杀吗？……

在自以为是、自娱自乐的世界待久了，就会习以为常。这些事情会让人沉醉、痴迷、上瘾，但无法让人获得持续增值的成长、良性循环的发展、更多可能的突破。你需要找到自己真正喜欢，能为你带来成就感、帮你改善生活的事，这就是目标。

大学期间作为黑苹果青年社团的社长，我带领社团成员组织了跳蚤市场、企业家大讲堂、城市生存挑战赛、高管一日助理等创新性活动。这些活动以前没人办过，也没有学长学姐传授经验，只能摸着石头过河，靠着一股不服输的劲头，结果活动在全国赫赫有名。

迷茫是不少大学生的常态。想知道自己真正喜欢什么、适合什么、该做什么，就利用好大学时间多去探索与尝试，将脑中无数种可能践行后，就会清楚地找到人生目标。

趁年轻，多折腾

大学是你走近社会的预备役，也是试错成本趋近于零的阶段。这个阶段你要敢想、敢说、敢做，趁年轻，多折腾！

我是一个爱折腾的人，刚进大学时一心想加入校学生会，但初试就被淘汰了。那时年少单纯，没有接到校学生会的通知便觉得是他们漏发了，就跑到校学生会询问；学长看我人太实在，就让我进了第二轮面试。结果第二轮面试我依旧被淘汰，傻傻的我依然以为是学长漏发了信息，又跑到校学生会去询问，就这样我加入了校学生会。

做了校学生会办公室主任后，我开始在社团策划各种活动。没有赞助就去拉赞助，与电影院洽谈成功拿到500张票，还成功举办校内外各大赛事活动。

做事情首先不要考虑面子问题，因为面子是虚的，既然想到了就去做，张开嘴大大方方地说。就拿做活动拉赞助来举例：即便没有拉到赞助，也没有损失什么，这种稳赚不赔的方式为什么不去试试呢？

当时我和身边志同道合的小伙伴，让黑苹果青年社团在全国都有了一定的影响力，还邀约到零点有数董事长袁岳博士为河南工程学院的青年学子做专题报告。

大学期间我担任过校学生会办公室主任、黑苹果青年社团社长、大学生创业孵化园负责人，还尝试过形形色色的各种兼职……这些还远远不够，2016年、2017年我相继成立了郑州米创文化传媒有限公司、河南米萌电子商务有限公司。大学四年，我特别充实。

创业者要有打不死的小强精神

“自强不息 博学精艺”是我们学校的校训；当面对创业人生的更多不确定性时，我们更需要这种精神。创业生涯的探索之旅，失败一定是常态，成功是小概率事件。

2017年4月，朋友给我打来电话谈合伙创业的事，只聊了3分钟我便做了决定，5月办完离校手续后便飞到了成都。我们成立了觅途科技成都有限公司，做线上旅游，一年时间赚了差不多50万元，算是毕业后的“人生第一桶金”。

2018年3月，考虑到交通便利性，我们把公司迁到了武汉，做了针对C端客户的旅游分享APP“足迹全球”，这一次直接亏得底儿朝天，亏了近80万元。

我常对自己说：要有打不死的小强精神。2018年下半年，公司转型做B端旅游，慢慢又把亏掉的钱赚回来了，还有了点结余，因为做旅游，我走遍了全国几乎所有城市，也去过10多个国家，为后面的职业规划打下了基础……提起这段过山车式的经历，我只有感恩。

2019年，深度考虑自己未来的发展方向，我决定要做未来更有前景的事情而不是仅仅考虑盈利。在人工智能越来越发达的未来，很多工作可以用机械替代，那未来什么最宝贵？我认为是创意。到底未来决定消费者购买的是什么？我认为是品牌。消费者的购买需求已经从“我需要”变成了“我喜欢”。基于以上思考，2019年我在武汉成立了鲸创传媒集团，回到了学校创业的老路子——品牌策划。因为对行业的前瞻性思考与预测，2019年公司就实现了盈利，员工规模达到了近20人。

创业路上，95%的时间是在枯燥、单调、具体、辛苦的事情中度过的……不要老想着明天天一亮就做一件惊天动地的事情，因为那不可能；不要老想着去做别人倾尽人脉、资源、资本、时间去做的事情，轻率进入大概率会失败。别人看到的是创业者的成就和成功，只有创业者本人知晓背后的艰辛。没有伤痕累累，哪来皮糙肉厚！

生活真的会拿你开玩笑

2020年，面对非常之年的非常疫情，我们遭遇了前所未有的挑战。但是我相信“没有销售的淡季只有淡季的销售”。面对外部大环境的不确定性，机遇与挑战并存，机会与风险同在。在经济下行的环境下，不少公司在业务下滑甚至倒闭的时候才会意识到品牌的重要性。这一年，我全码押注，公司逆势扩张。到2021年初，相比较2020年初，公司规模扩大了3倍，营业额翻了4倍。

秉承“科技化服务、标准化创意”的经营战略，2021年2月，公司旗下集合了更为丰富多元的媒体资源的科技媒体网站鲸准媒正式上线。公司已收获了10多项软件著作权，正在申请成为国家高新技术企业，争取早日掌握核心科技，目前已有资本向我们伸出了橄榄枝。

我基本上每年有1/3的时间在路上，要飞30多个城市，阅读20多本书，有时候觉得真的很辛苦，但是谁让我选择了这条充满挑战又硕果累累的创业旅途呢！

创业是一种生活方式，所有的一切都是荒野求生式的体验和挑战。作为一个连续创业者，从大三时第一次创业到毕业时第二次创业再到第三次创业，每一天都如履薄冰。对创业者来说，一年365天，没有一天是休息日。根据有关方面的统计数据，创业的综合成功率不足1%。年轻人创业不能仅仅凭一腔热血，一定不要脑袋一热，用幸存者偏差的观察角度，匆忙踏上创业之路。

有人说，作为一个95后创业者，你已经超越了很多人，开上了很多人一辈子买不起的车，住上了很多人一辈子买不起的房，没必要那么拼。可是我觉得，一件事要么不做，要么做得足够好！曾经的那个少年一心向往着诗意远方，如今我从故乡到郑州、从郑州到成都、从成都到武汉，已悄然走过八年青春时光。创业之路，进无止境。

对学弟学妹，我想说：做了不一定会成功，而不做永远不会成功，趁年轻，折腾吧！对未来，我祝愿：永远怀着希望，时刻准备着，也许机会在下一秒就到来了！

（作者：张明明，鲸创传媒集团CEO，河南工程学院建筑环境与能源应用工程专业2017届毕业生）

随着国家教育主管部门不断推出一系列鼓励、扶植大学生创业的政策，越来越多的大学生尝试校园创业。很多大学生创业凭借的是一股热情，由于缺乏人脉及经验，校园创业浅尝辄止者众，真正意义的创业需要同学们掌握更多的知识、进行更多的磨炼。

7.1 校园创业：机会与风险

2012年8月，教育部印发《普通本科学校创业教育教学基本要求（试行）》，提出：在普通高等学校开展创业教育，是服务国家加快转变经济发展方式、建设创新型国家和人力资源强国的战略举措，是深化高等教育教学改革、提高人才培养质量、促进大学生全面发展的重要途径，是落实以创业带动就业、促进高校毕业生充分就业的重要措施。文件要求高校开设“创业基础”必修课，对普通本科学校创业教育的教学目标、教学原则、教学内容、教学方法和教学组织做出了明确规定。

2014年12月4日，2015年全国普通高校毕业生就业创业工作网络视频会议在北京召开，会上提出“要加强创新创业教育，强化学生创业实践和分类指导，建立健全创业成果和学分转化教学管理制度，实行弹性学制，支持大学生休学创业”。

2015年5月，教育部召开发布会，再次提到实施弹性学制，放宽学生修业年限，允许调整学业进程、保留学籍休学创新创业，并设立创新创业奖学金。会议提出：为鼓励学生创新实验、发表论文、获得专利和自主创业等，各高校要设置合理的创新创业学分，建立创新创业学分积累与转换制度，针对以上情况可折算为学分，将学生参与课题研究、项目实验等活动认定为课堂学习。为有意愿有潜质的学生制定创新创业能力培养计划，建立创新创业档案和成绩单，客观记录并量化评价学生开展创新创业活动情况。优先支持参与创新创业的学生转入相关专业学习。

至此，国家教育主管部门对大学生创业已提供了较充分的政策支持。

年轻人在大学期间接受了高等教育，学到了知识和技能，处于个人特质趋于成熟的关键时期。事实上，大学生作为未来的创业生力军，具备了创业所需的基本能力和知识、扎实的专业功底和综合的思维能力。从当前的社会经济环境来看，大学生创业得到了全社会的大力支持。

创业就是创办自己的企业。创业成功，不仅利己，而且利国利民：个人在拥有一份工作的同时，还能激励与开发自己的潜能；对国家来说，自主创业意味着减轻社会就业压力，同时还能为他人提供就业岗位。

然而，创业是一项非常艰苦且充满挑战的活动，创业者可能会遇到很多挫折与风险。因此，很多同学及其家长甚至高校老师都心存疑惑：大学生能创业吗？学生的主要任务是学习，大学期间创业难道不会影响学生的学习吗？事实上，到2014年，我国大学生总体创业比例仅约1%，远远低于我国总就业人口的创业比例。

本章导入案例中的张明明同学在大学期间就尝试创业，敏锐发现商机、积极行动，取得一定的成效。临近本科毕业，他飞到成都，决定与朋友一起创业，业务拓展顺利，赚到了“第一桶金”。为了更好地发展，公司搬到了武汉，但经营并不顺利。不过，张明明没有气馁，在新冠肺炎疫情持续、经济下行期间，公司逆势扩张，规模扩大、营业额大幅增加，并继续坚定地走在创业之路上。

为了更加具体地分析大学生校园创业的特点，帮助同学们了解校园创业可能遇到的问题，本章将介绍几位本科女生的校园创业经历。

2011年12月，北京航空航天大学校园内发生了一件颇为轰动的新闻事件：经济管理学院三位刚刚入学三个月的大一女生组织的团队，力挫清华大学、浙江大学、复旦大学的硕士、博士团队，赢得“高通公司Snapdragon大学生创想大赛”的金奖。

2011年，大学生创业还不是一个很火的概念。然而，获奖的三位女生受到了一些媒体的关注，被多次邀请参加创业大赛及相关的电视节目，逐渐将一个“创想”点子发展成一个创业项目，两年后成立了公司，2014年底获得了南京市政府100万元投资和3年免费办公室使用权。

下面，我们看看当初“创想”的发起者陈盼对自己团队创业过程的介绍。

大一上学期，10月末的一天，我和同学下课回宿舍，路过高通摆的一个小小的外场，宣传单上写着“高通公司Snapdragon大学生创想大赛”，“想”字特别醒目。当时我还处在对大学十分憧憬的懵懂状态里，精力充沛且颇具雄心壮志。我和同学拿过传单，被上面“冠军可以获得国外一周游”的奖励深深打动，于是琢磨起参赛这件事，不料竟然误打误撞地开始了之后四年的创业实践。

参赛的主题限定在移动互联网方面（毕竟高通是世界一流的手机芯片公司）。其实那时智能手机普及率并不高，主要的功能还是社交，所以突破点很多。刚好不久前我在淘宝上买了双不合脚的鞋，于是在拿着传单往寝室走的路上，我跟一个同学顺口提道：如果用手机拍几张照片就能给用户建个足部模型该有多好，只要和鞋子的内部模型一比对，在线试穿就很简单了。该同学认为这是个好主意。于是，回到寝室，我们俩就确定好方向，开始查找相关的技术文献。同寝室的另一个同学也很感兴趣，加入进来，我们便组成了三人小组。

很快，我们发现这个想法涉及的图像处理技术已经基本可以实现。之后我们设计了一个随机抽样，通过对热销鞋款的买家评价（当年的评价还是很真实的，没有太多的做假和水军）进行文本分析，发现令顾客不满意的原因中，鞋码不合适占了53%，板型不合适占了28%，而这些都是可以通过在线试穿解决的问题。

之后的两个月，我们一点点完善了整个想法，从市场背景、技术可行性到商业模式、财务预算等，几乎都是零基础自学完成的。这个过程中遇到不少问题，好在学校老师都很热心，不厌其烦地回复我们的邮件，指导我们该查阅哪些领域的书籍，如何修改 PPT 以使它更加专业化，如何清晰又有感染力地进行表述。

比赛的日期一天天临近。一天晚上我突发奇想：不如做一个真实的足模进行演示，这样更有趣，也更能说明我们的想法。于是我们买来铁丝网和老虎钳，花了一个周末做了一个充满抽象风格的足模，外面用细软的棉布包裹，是一个靴子的形状。

决赛是在中关村的一栋高层写字楼进行的，底下几层是一个商场。正值年末，我们搬着这个巨大的靴子模型尴尬地在人群中等电梯，围观的人们纷纷猜测这是用于商场活动的，最后由于靴子太大，我们不得不坐了货梯上楼。到了现场我们才知道，原来我们是成员年龄最小的一个团队，其余的团队有复旦大学、浙江大学的硕士团队，还有清华大学的博士团队等，阵容十分豪华。

演示在密闭的小会议室进行，每个团队单独演示，我们幸运地抽到了5号签，刚好在整个比赛的中间。整个演示过程都很顺畅，惊喜发生在我们把棉布揭开露出里面的铁丝网足模的那一刻，评委们都忍不住笑了。我们抓住机会围绕足模进一步说明了技术实现的可行性和市场机遇，小小的会议室里气氛十分融洽。

最后的结果在众多媒体前发布，前三名依次揭晓。宣布冠军时，高通总裁的目光投向了我们。我们是冠军，得到了梦寐以求的国外一周游！

但当时陈盼等人尚未意识到：那次获奖的项目是她们创业的起点。其实拿到冠军后，最初她们关注的是国外一周游的奖励。不过，她们也想到了要与备赛过程中帮助过她们的老师们分享自己的喜悦。没想到，其中一位老师将获奖的消息写成新闻稿投到北航新闻网，恰好被当时的北航校长怀进鹏院士看到了。怀校长一向关心学生的成长，看到这则新闻特别高兴，马上给时任经济管理学院院长王惠文打电话表示祝贺。在接下来的学院新年晚会上，怀校长率学校相关领导专门前往参加，并且给陈盼团队颁发了证书，以示鼓励。之后陈盼团队顺利获得了北航的创业大赛冠军，获得了5万元的资助，并在北航孵化器获得了免费的办公场所。

从创想到创业，最难的一步在于找到对的人一起实现这个想法。一开始，陈盼等人以为技术的实现相对简单，结果遭遇无数挫折。有几个很关键的问题是她们几个非技术人员无法预料的，比如技术的适用性、面向的人群、已有技术在细分领域的成熟度等。为了实现技术的复杂性与用户操作的方便性之间的平衡，她们投入了大量的精力，也换了一批又一批技术人员。对此，公司发起人之一孙婉莹深有感触：

创业过程中非常关键的是组建团队。由于获得高通大赛及其他创业大赛的金奖，又参加过电视节目，我们团队有了一些知名度。于是，有很多人来找我给他们介绍人员，其中最缺乏的就是程序员。如今学计算机的人这么多，怎么创业团队还是找不到人呢？这就是所谓的资源不对等。大家都知道，一个好的合伙人很大程度上决定了产品的质量，因此我们要做的是找到视线范围里最适合的人，并且想尽一切办法吸引他加入。如何找到优秀的合伙人呢？这几年的经验告诉我：首先，可以通过拥有诸多人脉的辅导员来找人，有了他们，你和技术大牛的距离就变成了你—你的辅导员—他的辅导员—他；其次，可以通过学长学姐让人脉呈指数级扩张；再次，挑个好时机做个外场，只要你的项目足够有吸引力，“男神女神”都会走过来；最后，不妨大胆开个宣讲会，也许会有意外惊喜。另外，一定不要忽略百度和电子邮件的功力，我们就是靠这些钓到大牛的。

然而，真正成立了公司，要面对的问题就更多了。对此，陈盼深有感触：

2013年，我们正式注册公司。当年注册是一个相当麻烦的过程，涉及公司名称的解释（这困扰了我们好几个月），还要有办公地点（我们使用的是位于世宁大厦的北航孵化器），必须有足够的耐心。其实也可以找一个中介，会省心得多，时间上也更有保障。注册完成后，除了一位教授，我们的团队里还有负责后台、用户界面设计、动画制作、网站制作等工作的人员，最多的时候有十几个人。这给我们带来了又一个麻烦，就是股份分配。开始合作时，大家完全是帮忙，想不到我们的项目跌跌撞撞一年多后，居然还能奇迹般地往下走。在给了教授股份后，我们几个核心人员就考虑如何分配剩余的股份：有些人能力强、负责任、投入的时间多，我们就给得多；有些人兴趣广泛、投入的时间少，我们就倾向于不给股份，通过奖金形式按劳计酬……在此期间有不少困扰，最后考虑对方的个人意愿，留下了几位技术强且时间充裕的人，并正式分配了股份。

资金也是创业的一个瓶颈。团队成员孙婉莹现在回忆起当初的经历已经很坦然：

找到靠谱的队友之后，你会发现下一个棘手的问题就是资金。俗话说，一分钱难倒英雄汉。很多创业团队就因缺钱坚持不下去。我们发现有两招最管用：第一是省钱，第二是改变心态。在拿到投资之前不要盲目去做产品推广这种烧钱又不讨好的事情，而应该踏踏实实根据用户的反馈一次次修改你的产品，把省下的钱用在团队其他必要的开销上。更何况这年头免费的宣传途径有很多，比如通过百度知道“自问自答”提高搜索量，在免费的科技展会上接受媒体采访，等等。我们团队在成立之初的前6个月，总花销在2万元左右，后来一年将近10万元，还有过一个月开销12万元的心跳经历。日常生活中我一向很节俭，在商场里逛很少买正价的衣服，因为舍不得，可是服务器一买就是2 000多元，工资一开就是好几千元，我从来都是爽快地打钱。我感觉，创业以来，我在金钱观上最大的变化就是以前我觉得100元都是大钱，现在则觉得1 000元都是小钱，只要它花在了必要的地方。这种变化在每个团队都会出现，只是金额大小不同，所以你一定要调整好心态，毕竟创业就像是风险极高的赌博，而你的赌注就是你的人和产品。不过哪怕你极度缺钱，也不要随便找个投资者签合同，这有可能会把你套住。这里面的水还很深，在此不详细阐述，需要作为创业者的你慢慢去摸索。

之后，股份的多寡又带来了一个难题。当时陈盼等人并不知道初创企业一般是怎样分配股份、怎样衡量资金投入和技术投入的，并且大家都对这个话题很敏感。为了让老成员安心，陈盼很理想主义地把大头股份进行等分，给了老成员，新成员拿到的相对少。这个偷懒的办法看似民主，尤其是老成员一开始都很满意，但随后带来了无穷的烦恼：一是主导权缺失。没有拥有压倒性决定权的人，使得团队做决定时经常会产生分歧，最后确定的方向往往是相互之间忍让和包容的结果，在真正执行时会有层出不穷的问题。二是面子问题。大家心底里都把自己当作一把手，渐渐开始介意外界对自己的看法和待遇，这在公司刚起步且小有成绩时更为明显。媒体采访创业团队时往往只提陈盼的名字，这样的事情多了，其他人心里会犯嘀咕，觉得失望甚至不满。三是效率问题。股份相同，干的活儿却不同，有人多做一点心里会产生不平衡，觉得自己劳苦功高，应该有更好的待遇。

这三个问题都和心态有很大的关系。之后陈盼逐渐意识到股份合理分配的重要性，不能一刀切。但由于底子太差，补救的空间很小，最后采取的办法是在原来的基础上建立激励和惩罚机制，进行股份的二次分配。这样，既有助于团队的稳定，也有利于减少团队里的矛盾。在此过程中，团队还不断遇到成员退出的问题。对此，陈盼感受颇深：

> 成员退出的问题也是在组建团队初期就应该考虑的，对我触动比较大的是2013年初一个老成员要退出团队，幸好当时还没有注册公司，事情的处理相对简单。那个老成员由于家长不支持而打算退出，我们挽留无果，只能考虑如何进行退出清算。现在很多团队采取的是残酷的光棍法：没有股份，不给补偿。这种做法有一定的道理，毕竟创业初期资金少压力大，往往用股份留住人；而一旦有人决定离开，就回收股份，分给更有价值的人，这在创业初期是很重要的。老成员想在离开之后继续保留团队股份，我没有同意，尽管这样很伤感情，但这是对整个团队负责的做法。我把这一年内她投入的钱退给了她。只能说，双方都是输家：她投入了时间和精力，最后没有得到期望的回报；而我们也损失了一个合伙人，要承担更大的风险。到了这个时候，只能在商言商，亲兄弟也要明算账，不能将感情和创业混在一起。度过了一段调整期后，我很庆幸和这个退出的成员还是很好的朋友，她退出后也尽力帮助我们将项目做得更好。

2013年进入稳定发展期之后，陈盼团队推出了自己的APP，并且很受欢迎。这时陈盼等人开始寻找对接的商家来提供在线试穿服务。开始时，事情进展得不太顺利。由于缺少电商背景，陈盼等人起初只能通过网店客服联系对方，发出去的合作信息基本上都石沉大海。后来，她们在网上搜索很多品牌的市场合作邮箱，编辑合作邮件，也鲜有回音。无奈之下，她们在网上搜到了温州、广州商会的信息，一个个打电话过去，最后一些商会的秘书终于为她们安排了和秘书长见面的机会。于是她们不断地跑到外地，带上宣传资料和商会交流，并由他们介绍了不少制鞋企业的负责人。

> 2013年下半年，我们接到了定制企业的合作邀请，这对我们来说很重要。我们热情接待了对方的负责人，带他参观实验室，介绍我们最新的技术、目前的用户量等，对方是个商场老手，希望我们能出一个软件演示以便了解。当时我们急于拿下这单生意，没有要任何定金，自费做了软件演示，花了将近一个月的时间，投入好

几万元。好不容易软件演示出来了，可是对方却改了主意，想换一种合作方式，我们仔细看了他们给出的文件，发现风险高、收益小，最后没有答应。在那之后的所有合作，我们都很注意对方的真实意图，先签合同后办事，并且收取定金，就是从这个事件中吸取了教训。

2014年是最忙碌的一年，我们开始寻找天使投资，也开始不断地开发新产品。出差是很常见的事情，有时只来得及回寝室换个行李就走。临时的行程也越来越多，因为机会总是不期而至，多跑跑意味着多一份可能。到了2014年底，我们的新产品下载量十分喜人，硬件的研发也一步步成熟。这时接到一个好消息：我们团队拿到了南京市政府100万元投资和3年免费办公室使用权。

回首过去这四年，从最初参加高通大赛到获奖，从开始创业到两年后产品、团队各方面得到发展，其间的酸甜苦辣绝对是按部就班学习、就业的同学们难以体会的。而这个过程带给我们内心的满足和骄傲，更是其他东西无法代替的。

从一个点子到一家由专家评估后确定投资扶植的公司，这几位大一就尝试创业的女生在三年内获得了许多成年创业者都难以获得的成功。三年中，团队最初的三名成员留下了两名。陈盼大四被保送读研，边读书边参与公司的经营与发展；孙婉莹本科毕业后，到美国南加州大学读研。

不少同学可能觉得“这只是个故事”（虽然是个真实的故事），或者说是“小概率事件”，不具有推广性。不过，孙婉莹认为从自己的经历中还是可以总结出一些对有创业想法的在校大学生有参考价值的建议。

（1）不要为了创业而创业，也不要盲目去创业，先有比较系统靠谱的想法再去尝试创业，不然会走很多弯路。

（2）处理好学业与创业的关系。不能轻易翘课，只要去上课一定要往前排坐，这样更有助于集中注意力。对经济管理学院的学生而言，创业有助于学业，实践与理论相结合，更容易融会贯通。

（3）学会激励你的团队，把握好和队员的关系，他们决定了产品的好坏和能否得到投资者的青睐。

（4）虚心听取每一个前辈的建议，哪怕你不认同也要听到心里去，因为他们接触过的项目多得你无法想象。

的确，陈盼、孙婉莹团队的经历有其独特性及偶然性。不过，笔者希望同学们看到其中的普遍性：什么样的人适合创业？创业者需要哪些基本能力？如何寻找创业项目？创业过程中会遇到哪些主要问题？解决的主要思路是什么？我们将在接下来的两节中分析讨论。

7.2 创业者特征识别与潜力评估

毋庸置疑，创业是就业的一种形式。在当前大力发展社会主义市场经济的大环境下，李克强总理提出了“大众创业，万众创新”，创业更成为就业的一种重要途径。加上国家推出了一系列鼓励大学生创业的政策，使大学生创业成为一个热门话题。

然而，并非所有的人都适合创业，大学生群体也是如此。近年来，我国创业人口在总体就业人口中的比例为 10%～16%，且生存型创业者占较大比重，具有大专以上学历者相当少。高校开展创业教育，能够让创业意向强的学生得到相应的培训和支持，提高创业能力；同时，让创业意向弱的学生不要受外在环境的影响而盲目创业。一个人要确定是否参与创业，首先须评判一下自己是否具有创业者的基本素质。

在创业者的素质中，创新能力与创业意向是最基本的。

创新即开创与拓新，就是要在突破已有框架的基础上，以全新的方式去思考。与我们熟知的创造相比，创新更关注经济性、社会性影响结果，强调将创造结果的价值在社会上更大范围地实现。创新能力是一种可以训练、提高并最终习惯化的技能，然而，惯性思维、消极态度、缺乏自信、缺少灵活性等因素都制约着创新能力的发挥及培养。

创业意向是潜在创业者是否从事创业活动的一种主观态度，是对人们具有创业者特质的程度以及对创业的态度、能力的一般描述，是创业行为最好的预测指标。创业意向是大学生创业行动的起点，是大学生实践创业的初始动力和精神力量。在大学生创业活动中，国家政策、学校的创业教育是其外因，创业意向是最重要的内因。

大学生有不同的个性特质，也就具有不同的创业意向：有的人向往功成名就，有的人偏向安于现状；有的人喜欢冒险，不喜欢平庸，有的人喜欢稳定，愿意规避风险。一般而言，多数大学生最终会选择进入某个用人单位就业，只有少数人会选择创业。个性特质的差异直接或间接地影响了大学生对创业的态度。那些本身没有创业意向的大学生，如果受环境影响盲目跟风，在创业失败之后往往对社会失去信心，出现难以振作的严重后果，因此创业教育应具有一定的针对性，不能一味鼓励大学生去创业。

研究表明：个体对创业的认可度越高，其创业态度越积极，创业意向越高。在校期间，对学校创业环境了解和熟悉（包括对已创业同学的经验、创业指导中心、创业教育、创业基地、创业大赛、创业补助和创业讲座的了解和熟悉）程度越高的同学，其创业意向也越高。同时，个体人格特质与创业意向之间存在显著关系。以大五人格为测评工具的研究表明：外倾性、宜人性、责任心、想象力及情绪稳定性与创业意向正相关。本章末“在线阅读”中《“三流”学校毕业后逆袭人生》介绍了小苏同学毕业工作 4 年后与同学共同创业、几年后又独立创业的经历，同学们可以明显地看出小苏性格外向、容易与人相处（宜人性）、责任心强且情绪稳定性高。

笔者关于大学生创业意向的性别差异的研究结果表明：男大学生在创业意向总分、创业行为倾向维度和创业可能性维度上都显著高于女大学生。这和国内外的相关研究结论一致，即男性的创业意向普遍高于女性。在我国目前女性创业者在总体创业者中占 11%，与欧美国家的比例相当。

关于大学生创业意向的年级差异的研究结果表明：不同年级大学生的创业意向总分及其两个维度（创业行为倾向及创业可能性）存在显著差异。其中，大二学生的创业意向总分、创业行为倾向和创业可能性都显著高于其他三个年级。另外，从创业可能性维度看，除大二外，大一新生的创业可能性高于大三、大四学生；从创业行为倾向维度看，除大二外，大三、大四学生的创业行为倾向高于大一学生。

创业可能性是个体对自身短期创业可能性和长期创业可能性的判断，大一学生摆脱了高中时繁重的学业，刚进入大学时有热情，对周围的新事物（如创业）充满好奇心并跃跃欲试，因此对自身将来的创业可能性持乐观态度，认为自己创业的可能性较大。但大一学生毕竟对高校的创业环境、政策等缺乏了解，因此其创业可能性仍低于大二学生（大二学生在保持一定的创业热情和好奇心的同时，具备了一些创业资源和条件，对高校创业政策等较熟悉，同时也没有面临就业时的矛盾心态，因此其创业可能性较大）。而大三、大四学生在经历了创业、实习之后，对创业的困难等比较了解，同时面临就业、考研等现实问题，因此他们对创业可能性的认识更深刻，对创业可能性的判断也更谨慎，更多的大学生选择直接就业、考研后就业，而非创业，创业可能性反而低于大一和大二学生。

从创业行为倾向维度看，大三、大四学生的创业行为倾向之所以高于大一学生，是因为在大一、大二对创业已有所考虑，或者积累了一定经验，到了大三、大四时在创业计划、资金筹备、创业流程、创业的行业和产品等方面的考虑自然多于大一和大二学生。

总之，当前大学生的创业意向呈倒 U 形趋势发展。这就要提醒大家，尤其是大一的同学们，对创业的认识不是一蹴而就的，投身于创业要慎重。

关于大学生创业意向专业差异的研究结果表明：经贸类专业学生的创业意向最高，文科类专业学生的创业意向最低。不同专业学生的创业意向、创业行为倾向和创业可能性存在显著差异。经贸类专业学生的创业意向、创业行为倾向显著高于文科类专业学生，与理工类和艺术类专业学生没有显著差异；在创业可能性上，经贸类专业学生显著高于文科类和艺术类专业学生，与理工类专业学生没有显著差异。总体而言，经贸类专业学生的创业意向最高，而文科类专业学生的创业意向最低。

此外，研究结果还显示：父母职业会影响子女创业意向，即父母职业不同的大学生创业意向存在显著差异。父母为企业管理者、私营企业主或个体户的大学生，其创业意向总分、创业行为倾向、创业可能性都显著高于父母从事其他职业的大学生。这一研究结论也验证了国内其他研究者的观点：父母职业类型也是影响子女创业态度和创业意向的重要因素，如企业家群体的父母往往也是企业家或私营企业主。究其原因，父母职业对子女创业意向的影响体现在：一方面，子女能更好地利用家庭经济条件和人脉资源，这为创业提供了更多的机会和便利条件；另一方面，家庭商业背景对子女价值观、职业观、生活态度和行为等有深远的影响，从而影响创业意向。

了解了上述内容后，同学们可以做一些测验，评估自己所具有的创业者的基本特征及潜力水平。

课堂测试

创业者个性特征测验

请从下列 32 组句子中，选择最能够反映你个人观点的选项。

（1）A. 工作一定要按时完成。

B. 我喜欢与优秀的朋友在一起，这样我能够获得他们对我工作的见解与建议。

（2）A. 当我的责任增加时，我会感到更加快乐。

B. 我喜欢把什么事情都事先安排好。

（3）A. 我绝不做任何可能使自己遭受损失的事情。

B. 理解如何赚钱是创业的第一步。

（4）A. 不管是多好的事情，如果失败了可能使我受到嘲笑，我就不会冒险去做。

B. 除了工作之外，我还记挂着家人的安康。

（5）A. 我会为自己开创的任何事业而努力。

B. 我只会做那些使我开心并有安全感的事情。

（6）A. 如果我失败了，别人会嘲笑我。

B. 尽管对自己很有信心，但我还是需要别人的建议。

（7）A. 遇到困难时，我要找到解决的办法。

B. 如果在新开创的事业中失败，我会继续做目前的工作。

（8）A. 如果我觉得一个想法是好主意，就会去实践这个想法。

B. 我能够比现在做得更好。

（9）A. 工作时，我会注意维系良好的人际关系。

B. 不管发生什么事，都是我从经历中学习的机会。

（10）A. 即使我的努力失败了，我也能从中学到东西。

B. 我喜欢舒适的生活。

（11）A. 我会为比赛或彩票下注，总有一天幸运会落在我头上。

B. 如果我在工作中失利，我会努力找出原因。

（12）A. 我会尊重我的员工，并对他们一视同仁。

B. 如果有更好的工作，我会放弃现在的工作。

（13）A. 在实施一个新想法之前，我会慎重考虑。

B. 如果我的家人/近亲去世，我会参加葬礼，即使有可能导致公司订单延误好几天。

（14）A. 只有当我拥有资本时，我才能够发展一份事业。

B. 我希望自己能够做出重要决定。

（15）A. 当别人的好意和信任遭到背叛时，我不会坐视不理。

B. 如果事情没有按照我的想法发展，我会寻求其他替代机会。

（16）A. 我可以允许自己犯错误。

B. 我非常喜欢与朋友聊天。

（17）A. 我希望自己的钱能够安全地存在银行里。

B. 我很认可自己的工作，同时也了解其优劣。

（18）A. 我希望能够有很多钱，过上舒适的生活。

B. 做决定时我希望能够得到别人的帮助。

（19）A. 人们应该首先照顾好自己的亲人和朋友。

B. 我喜欢解决难题。

（20）A. 即使可能损害自己的利益，我也不会做让别人不开心的事情。
B. 钱是事业发展的必需品。
（21）A. 我希望自己的事业能够很快发展起来，这样我就不会遇到资金紧张的困境。
B. 不能因为不成功就去责备自己。
（22）A. 我应该能够独立地按照自己的想法去做事。
B. 只有为自己的未来积累了一大笔钱后，我才会幸福。
（23）A. 如果我失败了，通常主要是别人的错误造成的。
B. 我只会做那些让我感觉舒服且令我满意的事情。
（24）A. 在开始做一项工作之前，我会认真考虑它是否会对我的声誉造成不利影响。
B. 我希望自己能和别人一样，也买得起昂贵的东西。
（25）A. 我希望能够有舒适的房子住。
B. 我会从失败中吸取教训。
（26）A. 在做任何事情之前，我都会考虑其长期影响。
B. 我希望每件事情都能按照我的想法进行。
（27）A. 金钱能够带来舒适，所以我的主要目标在于赚钱。
B. 我喜欢在能够经常见到朋友的地方工作。
（28）A. 我了解自己正在做的事情，不怕受到别人的批评。
B. 如果失败了，我会觉得自己非常差劲。
（29）A. 遇到困难是常有的事情，我应该尝试去做一些好的新工作。
B. 在开始做新工作之前，我会采纳有经验的朋友的建议。
（30）A. 我的所有经历都会激励我前进。
B. 我希望能有很多钱。
（31）A. 我喜欢每天从容不迫、万事顺利，没有任何烦恼。
B. 不管遇到多大的障碍，我将努力达到目标。
（32）A. 我不喜欢别人干涉我做事。
B. 为了赚钱，我可以做任何事情。
测验的32组句子中，A，B选项的分值如下：

题号	选项及分值		题号	选项及分值		题号	选项及分值		题号	选项及分值		题号	选项及分值		题号	选项及分值	
1	A1	B2	7	A2	B0	13	A2	B0	19	A0	B2	25	A1	B2	31	A1	B2
2	A2	B1	8	A1	B2	14	A1	B1	20	A1	B1	26	A1	B1	32	A1	B0
3	A0	B1	9	A1	B2	15	A1	B1	21	A1	B0	27	A1	B1			
4	A0	B1	10	A2	B1	16	A2	B1	22	A1	B1	28	A2	B0			
5	A2	B1	11	A0	B2	17	A0	B2	23	A0	B2	29	A0	B1			
6	A0	B2	12	A1	B1	18	A1	B0	24	A1	B1	30	A2	B1			

将各选项分值相加可得到最终分数。

评分标准如下：

0～25 分，基本上不具有创业性；

26～36 分，中立；

37～47 分，具有一定的创业性；

48 分以上，非常具有创业性。

除了解自身的创业者特征外，同学们还须了解自己作为创业者的潜力状况。

根据共青团中央、中华全国青年联合会及国际劳工组织组编的《大学生 KAB 创业基础（试用本）》所总结的，创业者有以下 16 项主要特征：

（1）努力工作：创业者要具备必要时能够长时间工作、阶段性集中工作及适应睡眠不足的状况等能力。

（2）自信：创业者要具有“如果你非常想得到某样东西并为之奋斗，通常你就能得到它”的信念。

（3）构建愿景：成功的创业者通常将拥有一份靠自己能力获得的有保障的工作和收入作为自己的目标。

（4）以利润为导向：对赚钱的兴趣是衡量一个人是否适合成为创业者的最明确的指标。

（5）以目标为导向：设立目标并能够努力去实现目标的能力是创业者的基本条件。

（6）持之以恒：所有企业都会不断出现问题；能够持之以恒地解决问题是创业者成功的关键因素。

（7）应对失败：所有的商业活动都既有成功也有失败；成功的创业者在应对失败时会首先认清失败，再从中学习经验教训，并寻找新的机会。

（8）对反馈做出回应：创业者应该了解自己做得怎么样，清楚自己的表现。

（9）主动：成功的创业者会主动对成功或失败的结果承担个人责任。

（10）倾听：能够听从别人的建议也是创业者的重要特征；成功的创业者在依靠自己的同时会在必要时向财务人员、商业顾问、投资专家等外部资源寻求帮助。

（11）设定自己的目标：设定行为标准（如明确的收入、质量、销售额或资金周转率等）并为达到标准而努力，是判断成功创业者的又一指标。

（12）应对不确定性：创业比打工存在更大的不确定性；从容应对不确定性的能力也是创业者所必需的。

（13）投入：创办和运营企业需要创业者在时间、金钱及生活方式上的完全投入，即创业需要在创业者的生活中占据优先位置。

（14）发挥优势：成功的创业者会将所做的事情依托于自身的诸如动手能力、人际沟通能力、销售技能、对某种产品或服务的深刻理解、对某行业的深入了解等优势。

（15）诚实可靠：一个人在履行自己的诺言时所表现出来的诚信、公正等品质是成功创业者的又一重要特征。

（16）风险承担：选择创业要面对很多风险，创业者要有能力去衡量风险、评估自身承担的风险。

不过，即使具有创业者潜力，具备创业者特征，要成为成功的创业者，还需要掌握相应的知识和技能。成功的创业者所必需的主要能力包括：一系列知识；一套技能；一类特质。三者缺一不可（见图7-1）。

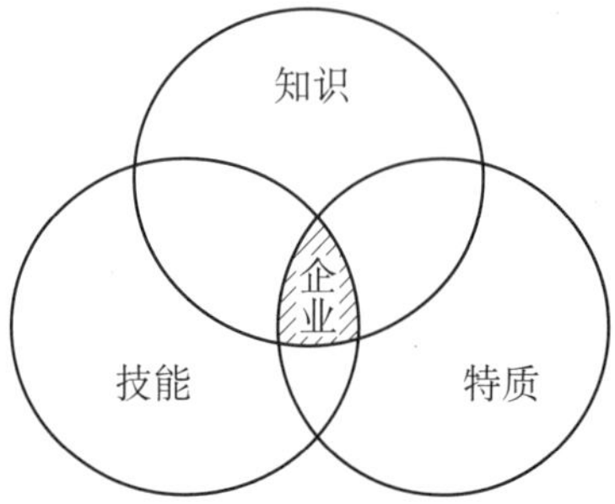

图7-1 成功创业者所必需的主要能力

这里所说的知识是由一系列能够在适当时候回忆起来的储备信息组成的，联系到商业上，就是知晓和熟悉有关商业机会、市场、消费者、竞争者、产品加工、技术方面的问题，以及企业管理和生产资料等多方面的知识。技能是应用知识的能力，联系到商业上，可以是诸如工程、计算、机械、餐饮等技术上的技能和诸如市场营销、财务管理、资源整合、组织领导等管理方面的技能；技能可以通过练习获得或发展。特质是一些个人特有的品质和特征的集合。美国国际开发署经研究总结出14种成功创业者的特征，分别是：积极主动，善于发现和利用机会，执着，善于寻找信息，关心质量，注重效率，掌握独创的解决问题的方法，能够预测风险，有说服力，善于系统地规划，履行合同，自信心强，决断力强，善于使用有影响的策略。

知识、技能和特质缺一不可。如果创业者只有知识和技能，企业就不可能生存太长时间；如果创业者只有知识和特质而无技能，将会发现因为缺乏技能，知识和特质没有应用价值；如果创业者只有技能和特质，缺乏或不熟悉相应的知识，最终将导致失败，因为企业成功的基础就是知识。

需要强调的一点是：知识和技能相对容易获得和增加，特质则不容易改变/获得，需要更多时间去发展。

智联招聘2016年一项针对近9万名应届毕业生的调查显示：应届毕业生选择创业的主要原因是理想、兴趣与自由。这表明90后应届毕业生在择业时更加关注自己的兴趣和追求内心的快乐，对梦想的认识更趋理性。

总而言之，创业是一种特殊的就业形式；大学生进行创业应以科学的个人职业生涯规划为前提。对潜在创业者来说，在进行职业生涯规划时接受创业教育和培训，有助于认识自己、完善自己，使自己更富有创业精神，更具有创业能力，从而实现成功创业。真正想创业的同学，首先需要了解自己是否具备创业者素质与能力，如果自己不具备某些素质与能力，在大学期间就要加以培养。具备相关素质与能力的同学，需进行知识储备，为将来成功创业创造条件。因外界影响产生创业冲动的同学，则应明确个人定位，重新规划职业生涯。

希望同学们通过个人职业生涯规划认清自己、了解环境，确认自己是真正具有创业意向还是对创业一时热情，根据实际情况综合考量自己的素质与能力，提前进行创业准备，既不要盲目投入创业，也不要禁锢自己的创新能力与创业意向。

7.3　商业机会的识别、评估与创业项目的产生

对成功的创业活动来说，一个好的创业项目或企业想法是基础及首要条件。

企业想法是指对个人或者组织识别机会或者发现市场或团体等的需求的回应。发现一个好的企业想法是创业者实现愿望及创造商业机会的第一步。当然，尽管企业想法是创业的首要条件，但它只是一个工具；无论企业想法本身有多好，对于创业成功还是远远不够的。这一点，在本章 7.1 节介绍的陈盼团队的创业经历中体现得特别明显。

成功的创业都是从好的创业项目开始的。全世界有数以千万计的创业者，说明有很多产生企业想法的资源。下面列出的是其中一些资源。

（1）兴趣爱好。很多最终成功的企业想法是在创业者追求兴趣爱好的过程中产生的。如果你喜欢玩电脑游戏、烹饪、运动、表演等，可能将其发展成一种创业项目。比如你喜欢旅行，就可能进入旅游行业进行创业，这是世界上最大的产业之一。

（2）个人技能和经验。全球一半以上的成功的企业想法都来源于工作经验，那些潜在的创业者的背景在决定创办企业及选择企业类型的过程中发挥了至关重要的作用。个人技能和经验是创业者最重要的资源，不仅体现在产生想法方面，还体现在如何利用这些想法方面。

（3）特许经营。特许经营是指特许者将自己所拥有的商标、商号、产品、专利和专有技术、经营模式等以特许经营合同的形式允许被特许者使用，被特许者在特许者统一的业务模式下，按照合同规定从事经营活动并向特许者支付相应的费用。20 世纪中叶以来，特许经营迅速发展，成为一种在欧美各国广泛使用的从事商业活动的方法。我国 20 世纪八九十年代也逐步开始流行这种商业模式，尤其是在餐饮、服装等行业。

（4）大众传媒。包括报纸、杂志、电视、互联网在内的大众传媒是大量信息、想法和机会的来源，其中会发表关于流行趋势、消费者需求变化的报告，也会发布很多关于企业转让的商业广告。大众传媒中蕴含着一些创业机会。

（5）（行业）展览会。参加展览会，不仅可以看到新产品和服务，还可以见到很多厂商、批发商、发行商和经销商，其中有很多的创办企业的信息；而且，展览会上也会有不少厂商、批发商等在寻找合作伙伴。

此外，市场调查、消费者的抱怨及头脑风暴等都是获取企业想法的重要来源。作为大学生创业者，尽管个人技能和经验不足，但可以尝试多种方式来寻求企业想法。

有了企业想法后，还需要评估商业机会。寻找、发现和利用机会是成功创业者的特征之一，也是成功创办和管理企业的基础；创业者不仅要产生企业想法和识别机会，还要筛选及评估它们，从而把握和利用最有价值的机会。

什么是商业机会呢？可以简单地将其定义为一个有吸引力的、使投资者能够收回投资的想法或主张。

一个好的商业机会必须是可实行和可实现的，并应该符合以下条件：

（1）真实的需求，即那些具有购买力和购买欲望的消费者有未被满足的需求。比如近年来大学校园内叫外卖很普遍，就是因为不少在校大学生生活费用宽裕，又经常想尝试一下新的口味，而学校食堂无法满足同学们的需求。当然，网络的发达也为外卖餐食的盛行创造了条件。

（2）能够收回投资，即在承担风险和努力工作后，可以带来经济回报及收益。比如，前面提到的外卖餐食物美价廉，很受同学们欢迎。可由于快递员薪酬不断上涨，最终网店要么提高价格（可能丧失“价廉”优势而导致顾客减少），要么处于收不抵支的境地。

（3）具有竞争力，即消费者认为购买你的产品或服务比购买其他产品或服务能够获得更多的价值。这里，强调的是产品或服务的性价比。仍以外卖餐食为例：大学生对它的要求是味美价廉，口味比食堂大锅饭好，价格又不能高太多，因为学生自身毕竟没有收入来源。然而，对于外企白领，同样是叫外卖，他们更强调食品安全且价格公道，因此大多选择一些品牌快餐，与大学生群体的消费就有所不同了。

（4）实现目标，即能满足那些冒险的人和组织的愿望。外卖餐食行业近年来商机不断。借助互联网平台，美团、百度外卖等打出了自己的品牌，使得传统观念中低端的外卖不断升级。这既满足了不同消费者的需求，也满足了各类富有冒险精神的创业者及其组织的愿望。

（5）有效的资源和技能，即创业者具备相应的资源、能力及法律方面的必要条件。各类外卖餐饮企业都需要有效的资源和技能。如丽华快餐最早提出“一份起送”，就是基于其密布全城的烹制及派送网点。

人们一旦产生了想法或发现了机会，就需要对其进行筛选和评估。人们是否进行了识别与评估工作，将决定他们赚大钱还是亏本赔钱。当然，并非进行了识别与评估工作就能够保证成功，但如果不进行这项工作，很可能会失败。

识别与评估商业机会包括以下几方面：

（1）行业与市场。这里的市场是由购买力、意愿及能够购买产品或服务的（潜在）消费者构成的，因此，要满足消费者的需求，必须考虑合适的价格与提供产品/服务的地点及时间。另外，要考虑市场的大小及行业增长速度的快慢。理想的情况是有一个巨大且快速增长的市场，在此情况下，企业哪怕只占有很小的市场份额也会有很大的销售量。

（2）“机会窗”的大小。机会经常被称为一个“窗户”，它是真实存在的，但并非永远敞开。市场会随着时间的推移以不同的速度增长；市场越大，确定市场的难度就越大。这就需要决定“窗户”打开的时间长度及能否在“窗户”关闭之前把握机会。

（3）创业者的个人动机和能力。个人动机是成功创业者的本质特征。对任何投资者来说，是否愿意承担风险都是一个首要问题。此外，潜在创业者还需要具备相关的知识、技能和特质；如果不具备某些必需的知识、技能和特质，就需要邀请具备此类知识、技能和特质的人加入团队。

（4）团队管理。在对创业项目的投资评估中，管理团队是非常重要的一个考量因素，因为团队在相同或相关行业和市场中的技能和经验通常决定了企业的成败。

（5）竞争力。竞争力指项目在市场中相对于同类产品或服务的优势，可能是质量更高，也可能是价格更低。此外，进入市场的壁垒问题，如需要大量的资金投入、专利权保护、合同优势等，也是决定投资者是否投资的重要因素。

（6）资金、技术和其他必需的资源。掌握可用的资金、技术和其他必需的资源将有助于利用机会。如果一个想法、产品或服务在某个地区有一定的市场，那么条件越难被满足，企业就越吸引人。

（7）外部环境。外部环境不仅包括自然环境，还包括政治、经济、地理、法律等社会环境。

（8）可行性研究及商业计划书。讨论与调查上述各因素的过程就是人们常提到的可行性研究，研究的结果一般以商业计划书的形式呈现。

上述都是识别与评估商业机会的典型问题。在平时的教学中，笔者经常听到同学们讨论创业问题。很多同学在谈到创业瓶颈时几乎异口同声地说："没有资金啊!"其实，资金只是创业项目成功的一个因素，甚至不是优先级别最高的因素；现实社会中，一个好的创业项目往往会有好几家投资公司愿意投入资金支持。因此，学会进行全面的商业机会评估，是成功创业的重要前提。

在识别与评估商业机会的过程中，一种重要的工具是七步决策法：定义主要问题；找出问题的主要原因；确定可能的解决方案；评估可能的解决方案；选择最佳方案；执行方案；检验方案是否正确。在具体使用这种方法时可以借助决策表（见表 7－1）。

表 7－1　决策表

备选解决方案	潜在优势	潜在劣势	方案的可能结果
备选方案 1			
备选方案 2			
备选方案 3			

需要说明的是，七步决策法不仅可以用于商业机会的识别与评估，还可以用于公司组建后的各项运行、管理工作。

创业项目可行性分析的成果是商业计划书。商业计划书的撰写有一定的规范，同学们需要提前学习。下面的商业计划书框架是比较常见的一个模板，供同学们参考。

1. 项目概述

 1.1 项目简介

 1.2 产品及服务

 1.3 股权结构

 1.4 盈利模式

 1.5 项目优势

2. 市场分析

 2.1 行业背景分析（PEST 分析）

2.2 市场容量
2.3 行业现状
2.3.1 行业沿革
2.3.2 行业市场现状
2.3.3 行业波特五力模型分析
2.4（潜在）消费者分析
2.5 竞争分析：行业的主要竞争者分析
3. 产品/服务介绍：具体产品/服务介绍及SWOT分析
4. 市场营销
4.1 客户定位
4.2 营销策略
4.2.1 产品/服务策略
4.2.2 价格策略
4.2.3 渠道策略
4.2.4 促销及公共关系策略
5. 运营管理
5.1 项目团队
5.2 组织结构图
5.3 产品/服务利润链分析
6. 财务计划与管理
6.1 股本规模与结构
6.2 五年预测收益表
6.3 融资计划
6.4 投资退出机制
7. 风险管理
7.1 安全风险分析及防控
7.2 法律风险分析及防控
7.3 经营风险分析及防控
7.4 竞争风险分析及防控
7.5 人才风险分析及防控
7.6 融资风险分析及防控
7.7 其他风险分析及防控
8. 结论

上述内容表明，创业的一个重要前提是对现有与潜在商业机会的分析及把握。有志于创业的同学需要对商业环境具有高度的敏感性，同时须学习、掌握识别与评估商业机会及撰写商业计划书（创业计划书）的方法。

7.4　公司组建及运营管理

在对商业机会进行评估、确定合适的创业项目后，就需要准备开办公司了。组建一家公司是件很严肃的事情，需要提前了解开办公司的程序，主要包括以下几方面。

（1）选择合适的市场。市场是一个我们耳熟能详的名词，这里指的是企业的市场，即某个地理区域内需要企业的产品或服务、愿意购买且具有购买能力的人群。每个企业都销售（或提供）某种产品或服务，企业的潜在消费者可以描述为：需要企业产品或服务的人群；买得起这些产品或服务的人群；愿意购买这些产品或服务的人群。

分析市场时还须考虑竞争因素。如果有竞争者，必须考虑该市场是否足以支撑另外一家企业，还须考虑你所提供的产品/服务应该如何与竞争者的产品/服务区别开来。

创业者在进行市场分析时首先要了解消费者。我们以开办外卖快餐店为例，就需要了解的消费者信息进行分析说明。

1）识别消费者。一般依据潜在消费者的性别、年龄、职业、婚姻及家庭状况、收入等人口统计学要素进行分类，也可以按照其消费意图进行划分。如果选择大学生为消费者，则上述信息较为明确，但生源地不同的学生及男女同学在口味等方面存在显著差异，需要分别调研、分析。

2）了解消费者的需求。通过细分市场，创业者比较容易把握各个消费群体对产品或服务的具体要求。大学生叫外卖与都市白领叫外卖的诉求是有显著差异的，因此需要分别进行市场定位。

3）了解消费者在何处购买该产品/服务。创业者需要知道目前消费者的购买渠道，并确定哪些因素可以使他们转而购买你的产品/服务。大学生基本上都住在校园中，目前网络发达，一般通过网上下单订购；同时，大学校园中有价格低廉的食堂，而大学生自身又没有收入来源，因此对外卖的价格较为敏感。这些都对创业者提供的餐食及服务提出了要求。

4）了解消费者何时购买。了解消费者的购买时间及购买频率有利于创业者就经营时间、广告宣传时间及各个时期的备货等问题做出正确的决策。大学生的主要活动是学习，基本上每天都要上课，而且对大多数同学来说，大部分时间还是会选择在食堂吃饭，因此，创业者需要进行专门的调查，既要了解目标校园学生餐厅的餐饮情况，也要调查学生对外卖餐食的口味需求及价格承受能力。

5）了解消费者如何购买。了解消费者的购买方式可以使创业者就企业销售中的信用政策及价格政策等做出正确的决策。由于大部分同学都拥有智能手机，如果创业者能够接受支付宝或微信支付，会极大地方便同学订餐，进而增加订餐量。

以上关于消费者及潜在消费者的信息，可以通过商会、政府机构、报纸及杂志、互联网等渠道获取二手数据，也可以对特定区域进行市场调查获得原始数据。

（2）企业选址。在传统的实体店经营中，企业选址非常重要，需要考虑经济因素、人口因素、竞争因素、个人因素、地理因素及法律法规等。随着互联网时代的到来，开网店成为大学生最便捷的创业方式。同时，各地及各高校都建立了企业孵化器，为新创企业提供足够的办公空间，使小企业能够以较低的租金灵活租用。

（3）了解企业的法律形式。在当今的经济环境下，企业的组织形式日益多样化，创业者可以个人独资企业、合伙企业及公司的形式开办企业。从目前大学生创业的实际情况来看，多为个人独资企业和合伙企业。

（4）计算所需资金。要想开办企业，首先需要明白：在产生收入之前，原则上需要一定数量的资金用于各项支出。企业开办资金有两种用途：一是运营前支出（又称投资资本）；二是运营前期支出（又称运营资本）。投资资本用于购买土地、建设厂房、购买机器、购置办公设备等，以及支付登记注册、通水通电、开业前的广告宣传等费用。目前大学生创业开办实体店，一般不用考虑购买土地、建设厂房等支出，但登记注册、购买机器、购置办公设备等方面的费用还是需要考虑的；开网店的前期费用更少。一旦公司开设运营，就会涉及原材料购买、人工成本、水电费等，这些需要提前计算以便决策。很多创办企业的年轻人只考虑了购买设备、工具等的投入，往往遗漏了诸如机器设备的安装费用、员工培训费用、证照费、保险费等费用，以至于开业后才意识到资金准备不足。

（5）筹措创业资金。企业的资金来源有三大类：首先是股权融资，包括创业者的个人积蓄、亲友借款及合伙人的资金投入；其次是投资机构的投资；最后是贷款机构的贷款。

（6）了解开办企业的途径。开办企业的正常途径有三种：购买现成企业，开办新企业，加盟特许经营。

至此，同学们已了解了一家企业的组建过程，接下来需要了解如何经营一家企业。

经营一家企业，涉及员工招聘与管理、员工绩效管理（销售管理）、供应商管理、技术应用、财务管理等多个环节。由于篇幅所限，本书对各个环节的具体操作不再一一说明。

对创业感兴趣的同学，可以提前选修“创业导论”“创业实务”等创业教育类课程，全面了解创业的基础理论知识；同时，可以参加校内外组织的创业大赛、创业训练营及成功创业经验分享等活动。随着对创业活动认识的加深，同学们可进一步结合自身的特质，留意可能的创业机会，尝试创业活动。

总之，成功创办一家企业是一项很大的工程，而成功经营一家企业更是困难重重。因为世界处于不断发展变化之中，竞争无处不在且愈演愈烈。比尔·盖茨有句名言：“微软公司距离破产永远只有18个月。”这句话或许有些夸张，但不无道理。百年老店柯达公司在倒闭前三年内市值蒸发了99%！这些都提醒同学们关注市场的不确定性及创业成功的不易。

不过，每个时代都有弄潮儿，“不易”并不意味着“不行”。本章介绍的陈盼同学及本章末“推荐阅读”中的三位创业者，都是大学生创业的榜样。关键是，同学们应根据自己的特征选择适宜的创业项目。

本章小结

本章引导同学们理性看待“大学生创业”这一当前热点现象。创业是一种特殊的就业形式，目前大学生创业虽然有很好的政策支持，但并非所有的同学都适合创业。大学生朋友在决定创业之前应该了解创业意向的真正内涵，科学地评估自己作为创业者的特征与潜力，掌握识别与评估商业机会、产生创业项目的基本方法与步骤，清楚创业行为的风险性，最终慎重地做出创业与否的决定。

课后思考

你如何看待目前社会及大学生的创业热潮？

你认为自己适合创业吗？为什么？

你认为与寻找实习机会或争取读研及留学深造相比，大学期间尝试创业有什么不同？对你未来的影响如何？

如果你打算大学期间创业，你已经做了哪些准备？还需要做哪些准备？

推荐阅读

从摄影爱好者开始的校园创业之路

我叫刘乾，是济南流映文化传媒有限公司创始人。目前公司主要为企业客户提供全方位的影像服务，包括企业画册、企业宣传片、企业公关拍摄、直播等。

我的创业实践是从大学时期开始的。作为一名摄影爱好者，我从中学时期就喜欢拍摄，当时只是当成一种爱好，更多的是使用手机和卡片机。2013 年我刚上大学，接我报到的学长中有一位喜欢摄影，跟着他我第一次接触专业的单反相机，从那之后就对这种可以记录影像的专业相机着了迷。我开始刻意去学习一些摄影相关方面的知识，认识了非常多爱好摄影的同学。大家在一块儿交流，一块儿学习，也会约着一起拍摄。

慢慢我的摄影技术不断提高，后来在摄影协会中成为技术比较好的学生摄影师，得到了大家的认可。大二，我开始有目的性地接一些摄影相关的工作。那时还没能力接难度太高的工作，只能接校园写真或者典礼跟拍等简单的拍摄工作，积攒经验。

这段经历让我发现摄影可以带来收入，可以成为一门生意，于是就有了以后从事摄影工作的想法。我和几位同学组建了摄影工作室，业务主要集中在校园内，利用空闲时间接拍一些校园写真和班级毕业照等。

开始时没有拍摄的服装，我就在阿里巴巴上和卖服装的店一家一家谈价格，谈好后把不同价格的衣服分别买回来一件比较质量。没有印刷照片和制作相册的供应商，我就把济南做印刷的公司跑了个七七八八，从济南西北角的时代总部基地，到北边的山东绿地婚纱摄影器材城，再到高新区的齐鲁软件园，全都去了一遍，比较每一家相册的质量价格、制作的难易程度和周期。最终确定了服装与相册制作的供应商，为工作室在校园的发展提供了稳定的保障。

2015 年我们开始做校园毕业季项目，第一年只做了 10 个班级，第二年做了 26 个班级，到 2017 年全校一半儿毕业班级都在我们这里拍摄。越做越好的原因离不开口碑的积累，而口碑的建立则是源于我们的优质服务。那时候有很多工作室都在做毕业季项目，但有些在学生交钱后不能将每个人的相册顺利送到，更有甚者收钱后就不见了人影，学生的钱也打了水漂。我们保证将相册送到每个人手上，对于提前离校的毕业生会将相册免费邮寄到学生家里。就这样我们赢得了信任，积累了良好的口碑。

毕业前夕，我思考着以后要去从事什么工作：是继续把工作室做下去，还是像其他同学一样去应聘一个本专业的工作？这时我听说学校和市中区政府共建了创业学院，支持校地青年的创业梦想，提供各种企业孵化方面的指导和帮助，于是我来到创业学院与老师交流了自己的创业想法。老师给了我一些创业上的建议与指导，让我准备好商业计划书，等待招募通知，做好路演准备。很幸运，我和团队经过精心准备顺利通过路演，入驻学校创业学院并在学院指导下注册成立了自己的公司。入驻后学院多次举办创业讲座和沙龙，组织新企业学习管理、营销、财税、法务等方面的内容，让我们对创业有了更加清晰和更加规范的认识。

创业伊始我们的业务量非常少，刚刚注册公司的那段时间里业务量几乎为零，我经常和合伙人一块儿想办法提高业务量。我们采取了线上宣传和线下拜访的方法。线上宣传是在微博和微信公众号进行广告推送与流量购买，线下拜访则是亲自去各个市场拜访小商品销售和制作公司进行宣传。但因为大家之间并没有建立互相的信任，这两个方法的效果都不明显。

后来我们认为最应该要做的是获取客户的信任、建立起自己的口碑，于是尝试通过给朋友免费拍摄，让大家先体验再决定后续要不要进行拍摄上的合作。拍摄之后，朋友们对我们的拍摄质量都非常满意。口碑一点点建立起来之后，朋友们也更加信任我们，他们身边遇到有拍摄需要的朋友或者公司时就会推荐我们，我们的业务量就这样一点一点增多。

在创业过程中，我们要感谢很多老师、朋友、同学的帮助。这几年大家不断为我们介绍客户，为工作室的发展提供了保障。我印象最深的是2018年也就是我毕业后的第一年，整个工作室一年的营业额很少，运行甚至到了难以为继的程度。就在这时，我武汉理工大学的同学打电话过来说他们老师带领的研究所需要拍摄制作宣传片，那个宣传片的报价不算高，从拍摄制作到后期完成大概用了半个月。交片后，老师对我们的服务表示高度认可。这个项目虽然数额不是很大，却让我们对以后的发展坚定了信心。

回想自己的创业经历，我感觉是从兴趣出发，不断锤炼与兴趣相关的技能，然后将自己的兴趣和技能与市场需求找到结合点，找到适合自己的商业模式。在这个过程中，努力磨炼技术很重要，主动寻求帮助很重要，面对困难时的坚持坚韧很重要。初创企业要想打开市场，通过诚信和高水准的服务建立口碑也很重要。让别人了解自己、信任自己是一件必须做好的事情。如果能够做到建立自己的品牌，抢占用户心智，提供高质量服务，同时想客户所想，急客户所急，相信你肯定可以将公司做好。

目前我们长期合作的客户有济南大学、山东世茂、齐鲁医院、天津银行、安居客等，6月刚刚与山东中烟和山东高速建立合作关系，相信在未来的发展上公司会越来越好。今后我们的规划是继续深耕影像市场，然后做专做精，做一家小而美的公司。就济南和整个山东市场来说，影像这方面的需求还是很大，但是并没有比较突出的公司，尤其是和北京、上海、广州、深圳、南京、杭州这样的城市相比，济南的影像服务还不够好。现在，一些大的制作项目经常需要从北京、上海请拍摄团队来完成。而我们的发展目标就是立足济南，然后服务整个山东市场，在此过程中不断提高服务质量，将影像市场不断往专业和精致来做，把这一块细分市场做大。

（作者：刘乾，济南大学材料科学与工程学院材料科学与工程专业 2013 级本科生）

从打工到创业：我的大学生活

但做工作，不问回报

读大二时，我加入河北学创商贸有限公司，成为“小猪快跑”校园速递项目的负责人。2014 年 4 月我接手时，需要负责经济学院南苑店和北苑店两个门店的日常运营；除了日常的收派工作，我还需要开展其他业务。

经济学院南苑店经营稳定，但是当我接手北苑店时，合作的快递方只有圆通速递，一个月亏损 1 000 多元。我拿着每个月不到 2 000 元的店长工资，做着异常多的工作。我认为门店是可以盈利的，所以去找了中通、申通、韵达。我采取各个击破的策略，基于自己送过快递的经验，以及对高效的收派方式的理解，最终打动了各快递方。仅两个月，北苑店的月盈利达到 3 000 余元。虽然极其疲惫，但是我知道，这些经验以及人脉必定会为我以后的发展打下基础。

天道酬勤，自强不息

真正的创业之路其实是从大一下学期开始的。进入大学后，我迫于家庭经济压力，开始做各种兼职，挣到的钱够我自己用。但大一暑假回家，我发现家已经搬到了一个小村庄的院子里，家徒四壁，满地狼藉；母亲佝偻着身体，又黑又瘦，父亲含着眼泪给前来要账的人说好话。我在家里待了不到一个星期就回了石家庄。在火车上我不停地掉眼泪，我舍不得父母，但我知道，爱这个家，我应该做的不只是取得优异的成绩，有出色的表现，更应该给予经济上的支持。

回到学校我就去了一家快递公司，因为送快递赚钱相对多点，别人一天送 80 件，我一天送 100 多件。为了能多为母亲买点药，即使冒着瓢泼大雨、忍受烈日暴晒也值得。

不过，我选择的快递客户群是学校附近写字楼里的公司，这样可以结识一些优质客户。一个暑假过后，我拿到 6 000 多元工资，瘦了整整 30 斤。此外，我对快递运营有了较深认识，发现了一些可以在高校开展的业务，建立起一定的人脉关系。从这时起，我开始为创业做准备。

学好理论，应用实践

2014 年 6 月，我顺利通过面试，进入创新创业教育学院第三期创业经理人实验班。学习期间，我在班级学习小组中表现十分突出，课堂上积极发言，思维活跃，得到了老师们的一致好评，顺利拿到了结业证书。除了认真学习相关课程，我还积极参加实践活动，在承办创业国际会议期间参与会议相关准备工作，得到了院办的肯定与认可。同时，创业理论的学习为我今后的创业实践提供了牢固的理论基础。

自主创业，自立自强

2015 年 3 月，我在校团委所辖的教二五楼学生活动园地值班，发现这里缺少一个供学生坐下来休息、交流及饮用饮品的地方。后来我又多次发现有同学会买一些奶茶、饮品带来喝，敏锐地察觉到潜在的商机。于是，我开始咨询身边做餐饮的朋友，了解开奶茶店的相关事宜，同时与校团委的老师进行沟通，得到支持。经过一番思考，我决定在这个地方开一家奶茶店。我与合伙人彭宇肖开始拜师学艺，在各种奶茶店做短期兼职，在朋友的帮助下与原料供应商进行接触与商洽。两个星期后，我和合伙人一起凑齐了8 000元——这都是我们兼职所得，开起了“空杯子”的第一家奶茶店。一开始经营很顺利，有不少同学来此消费。慢慢地我们发现这个地方人流量比较小，每天的营业额有限，于是开始思考如何增加人流量。我们举办了各种各样的活动，“好书分享”活动第一期就带来了50多名参与者，一天的消费额达到300多元。2015年7月，我们先后开设了金马市场店与经济北苑店。

我们以差异化的产品、新颖的经营理念迅速占领了高校周边市场，并且将互联网的营销方式用于传统餐饮行业。我们的门店在旺季的流水收入达4万余元。

2015年11月，我注册了石家庄空杯餐饮管理有限公司，设立了市场部、研发部、网络部、宣传部，有15名员工。我们注册了自己的品牌，凭借稳中求新的经营方式得到了同学们的认可。我的创业经历先后被校园网、河北广播电视台等报道，“空杯子”开始具有一定知名度，今后公司将更稳健地发展。

踏实认真，全面发展

我很清楚一个学生的本职在于学习，于是我比别人付出了更多的时间与心血。大一时，我经常半夜才睡觉，就为了能够多学习、得高分。好在功夫不负有心人，我以排名第二的专业成绩获得了国家励志奖学金。

作为一名大学生，我还积极参加各类活动，先后获得首届青春飞扬杯“最佳演说者”、校园红色导游大赛三等奖、光大杯金融知识竞赛三等奖。

作为一名班干部，我一直积极主动承担班里的大量工作。2016年4月，我荣获“河北省优秀学生干部”荣誉称号。

面对未来，我会更加努力。

（作者：司士栋，河北地质大学经济学院2013级本科生）

从大专生到职业培训机构创始人：十年磨一剑

我2004年考入河南工程学院专科，在校期间积极参与社团活动和社会实践，同时加入中国共产党，曾任河南工程学院校社团联合会副主席。2007年毕业后任职于国内某知名IT教育集团，任过讲师、当过教研主管、做过招办主任、独立带过团队，经历了多个重要岗位锻炼。2011年，因为有一颗不安分的心，开始走向创业之路；一路走来，酸甜苦辣都经历过。

紧张而充实的大学生活

当时的“网页设计制作”课程由赵传慧老师主讲，他治学严谨，要求比较严格。那时学习ASP网站编程，每次上课赵老师至少要提问一大半同学，所以大家都打起十分精神。赵老师布置的作业，同学们更是不敢马虎，上周布置的作业下周上课之前要检查，没做完作业的同学只能周末去网吧做，我就是其中一员。现在想来，当时虽然难受，工作之后却发现所学都用得上。很感谢也很幸运遇到这样一位严师，毕业之后我们还一直保持联系。

进入大三就开始面临找工作的问题，当时找工作要先制作简历、打印简历。学校那时还没有什么打印店，打印也比较贵。于是我就和同学一起，在文化路科技市场花800多元买了一台惠普打印、彩印、扫描一体机，开始了第一次校内“创业”。

我们是计算机系的，对网络最熟悉，对网络营销更熟悉。我们在当时学生最集中的学校百度贴吧上发广告。我们会做图片、会做网站，为了吸引大家甚至放一些电影到网站上，这样的话其他家就没法和我们竞争。此外，我们懂电脑，会PS，熟悉办公软件。我们从网上下载了很多简历模板，其他系同学制作的简历，到我们这里经过修改变得非常漂亮，大家都很满意，口碑相传，我们的业务发展非常好。

可以说，那年学校毕业生简历相当一部分出自我们之手，一块儿面试的很多人都认识我，一看他们手中的简历我就知道是我们做的。那时也是我们“最有钱”的时候，天天钱包“都很满”，一周“分一次红”，很充实，很累，也很开心。

这次小小的“创业”尝试，让我知道如何组建团队，如何让自己的产品更受欢迎，如何在营销上和他人竞争，当然这一切都来自大学课堂里所学的知识，扎实的专业基础是我初创成功的底气。创业的梦想也从此在我心中悄悄生根发芽。

利用所学过关斩将顺利就业

2006年11月19日的河南省2007届大中专毕业生秋季招聘会，全省3万多名学生涌入郑州中原国际博览中心，挤倒了两扇玻璃门，挤坏了电梯，现在搜当年的新闻还能查到这件事。

就是在这场招聘会上，我看到国内某职业教育集团在招电子商务讲师，投递简历一周后就接到用人单位通知。当时面试我的是教学总监和教务主任，教务主任问我会不会用模拟电子商务系统，我说会用。他们又问了其他一些关于专业的问题，我都一一做了回答。教学总监问我有没有在学校参加学生组织，我如实汇报了在学校加入校社团联合会（简称校社联）的成长历程以及参加社会实践的事情。

面试完毕，教学总监让我回去准备一下，等通知。当时一起参加面试的还有其他高校的电子商务专业毕业生，后来得知那批参加面试的人员中被录用的只有我一个。其实想一想，模拟电子商务系统在学校天天练习能不熟悉吗？在学校参加了两年的校社联，大二还任校社联负责人，我比同龄人相对成熟一些。

就这样，我在大三上学期就找到工作了，是班里较早找到工作的同学之一。这一份工作一干就是四年，也是我创业之前干的唯一一份工作。

创业10年尝尽酸甜苦辣

2011年开始创业，各种滋味，只有自己最懂。不说其他，单注册公司就费了一番周折。公司第一个办公地点在郑州市北环一个商住楼里，当时在商住楼注册公司要征得办公室上下左右邻居同意，社区办事处才盖章，工商局才发营业执照。最后我费了很大劲才把这个事情办成。

关于办公室装修，家具购买不必多说，租来的办公室需要换门锁，请物业来换，工时费为15元。换的时候我没零钱就没给，一忙几天给忘了。那天恰好同学去我那里有事情，物业小姑娘说我欠物业15元，怎么还没有还呢？同学不了解情况，立马掏钱给了小姑娘，并自言自语说：“孙博创业真不容易，经济这么紧张。”这件事情过去10年了，想起来还特别感动。

创业的第一年没有业绩，煎熬自不必说，那时已经有四个员工，眼看着账上没钱，我都不知道该怎么办。有一次我鼓足勇气，向一个办过信用卡的同学请教如何办信用卡，以及如何还信用卡。我已经做好了准备：没有钱就先办个信用卡，以后的事儿以后再说，真是快到了山穷水尽的地步。

企业规模大了或增长乏力时，往往会考虑多元化发展。创业公司有时也会出现不专注的情况，觉得自己什么都能做、什么都做得好。2013 年开始，我一直在想除了做好当前业务，还要多开展些其他业务，这样一个项目不行时另一个项目能顶上来。我们先后尝试了网络营销培训、批量开淘宝店、投资微商，无一例外，最后都以失败告终。

其实想一想，失败是正常的：

第一，无论进入哪个行业都有一个时机的问题。进入的时间是不是这个行业的最佳窗口期？如果不是，进入之后开展业务的难度就比较大。

第二，在非窗口期进入，一定有人已形成了相当的实力和优势，你战胜竞争对手的难度比较大，当然客户对你的认知度也不会太高。

第三，个人的精力、团队、资金等是否跟得上？如果跟不上也是疲于应付，最终就会不了了之。

通过对业务拓展失败的分析，还有与一些创业老兵的沟通交流，目前我的想法是：如果行业还有市场，我们会一直专注地做下去，不会轻易地考虑多元化。

感恩母校，不忘来时的路

从踏入河南工程学院校门那一刻起到现在已经 18 年了，我经历了在校上学、在单位工作、自主创业三个阶段。每个阶段母校的老师、同学和校友，都以不同的方式帮助过我、鼓励过我，给予我知识、给予我陪伴、给予我精神力量。

随着公司团队的扩大、业务的增多、行业竞争的加剧以及政策的调整，面临的机遇和挑战也会更多，这也让我更加坚定自己的目标和梦想！

河南工程学院是我梦想启航的地方，无论何时何地，我都不会忘记来时的路！

（作者：孙博，河南中奋教育科技有限公司创始人，河南工程学院电子商务专业 2007 届毕业生）

在线阅读

从校园社团领导到创业企业 CEO

“三流”学校毕业后逆袭人生

05

第 5 篇

个人职业生涯管理

第8章 走向未来，走向成功

不安于小成，然后足以成大器；不诱于小利，然后可以立远功。

——方孝孺

立志欲坚不欲锐，成功在久不在速。

——张孝祥

学习目标

通过本章学习，思考离开校园、开始职场生活可能面临的挑战，认识职场生活的特点，学会协调职场人际关系，学习做职场主人，学会平衡职业生涯中各种角色；尝试以多元化成功视角来理解职业生涯规划的人生意义；了解工作重塑的内涵及意义，学会把握成长机会，保持终身学习，管理自己长期的职业生涯发展。

导入案例

白锋的第一份工作——争取与放弃

白锋2012年考入上海一所名校。大学期间，白锋参加了比较多的商业实践活动：大一、大二发现商机并多次组建团队，销售二手教材与搬迁用品，获得一定的利润；大三暑假，通过异常残酷的淘汰面试，获得一家著名互联网公司的实习机会，在产品运营岗位上实习了两个月。

根据个人的职业规划，白锋希望将来进入咨询行业。然而，经过一系列探索活动，他认为自己虽然爱好咨询且能力匹配，但缺乏相关实习，因此决定考研，在读研期间弥补不足。

白锋全身心投入考研准备，然而考试的结果并不如意。考研失利后，考虑到自己在求职方面有一定竞争力，他决定找工作。求职仅两个月，他就拿到了两个房地产公司的录用通知。最终，白锋接受了 L 公司营销管培生岗位。虽然这个录用通知不是特别令人满意，但公司人力资源部及主管人员的诚意感动了他，而且 L 公司近年来在业内排名上升很快。白锋希望在这个全新的行业有所作为。

然而，仅仅工作三个月后白锋就想辞职，在老师的劝导下又坚持了两个多月，最终还是辞职了。白锋告诉老师和朋友：自己可能真的不适合 L 公司，不适合这个岗位。

L 公司营销管培生的工作强度非常大，经常加班到半夜。白锋说自己不怕吃苦，但不能忍受无谓的时间投入。工作地点在北京，在上海读了四年大学的白锋不太适应，但他还是非常努力地投入工作。入职不久，来自北京一所高校的硕士生陈琪被选为管培生组的组长。由于一件小事，这位组长与白锋发生了分歧，最终产生了矛盾。一开始白锋没当回事，但两个人的矛盾渐渐明朗化。陈琪经常主动提出加班，有时白锋觉得不需要耗在公司，大家回去思考，第二天再来总结交流可能效果更好。但陈琪总是说“今日事，今日毕”，应该在公司总结完，当晚将结果发给主管经理。白锋大多数时候会留下来与大家一起加班，但有时觉得太乏了，也会自己先回去。

国庆长假后不久，白锋在与室友的聊天中意识到了问题的严重性：负责他们这批管培生的主管经理出差频繁，很少有机会单独与大家沟通，他基本上是通过与组长沟通来了解每个人的表现。由于自己与组长不合，主管经理对自己的印象欠佳。

L 公司管培生项目的基层员工轮岗阶段即将结束，这一批北京分公司的 8 位管培生会分配固定岗位，分配的决定权基本把握在主管经理手里。既然主管经理对自己的印象欠佳，将来分配的结果也就可想而知了。

白锋向自己信任的大学老师诉说了苦恼，老师建议他主动与主管经理进行沟通，但要选择合适的沟通方式及时机。同时，老师提醒他应届毕业生工作仅三个月就离职的弊端，白锋表示接受。

然而，接下来他与组长的相处更尴尬，与主管经理的沟通也不尽如人意。他从同事那里得知，组长不时有意无意地加深主管经理对自己的误解。白锋考虑到春节后将是求职的一个小高峰，不愿意错失这种机会。可 L 公司管培生工作的高强度是不可能支持他骑驴找马的，所以在春节假期结束后不久就递交了辞职信，重新开始求职。

（本案例由本教材主编苏文平教授征集）

8.1 从校园到职场

正如李开复在给中国大学生的第四封信中所说：大学是人生的关键阶段。因为，这是你一生中最后一次有机会系统地接受教育；这是你最后一次能够全身心地建立你的知识基础；这可能是你最后一次可以将大段时间用于学习的人生阶段，也可能是最后一段可以拥有较强的可塑性、集中精力充实自我的成长历程；这也许是你最后一个能在相对宽容的、可以置身其中学习为人处世之道的理想环境。

大学阶段是人生重要的转折期。通过这个转换阶段，同学们从一种状态——学生进入另一种状态——职场人（社会人）。毕业后，站在人生新的起跑线上，很多人都会感到迷茫，需要重新定向。因此，毕业对同学们而言会产生现实冲击，大家将面临专业过渡和个人生活过渡。

课堂上，笔者请同学们以小组为单位讨论了“对你而言，大学毕业意味着……”，答案五花八门：

● 全新生活的开始；真正的自我生活，价值实现的开始；离梦想又近了一步；新的挑战，新的机遇；不得不面对现实。

● 有失落，有喜悦，美好的学生时代的结束；不再有校园内纯真的友谊。

● 没有物理实验了；没有考试了；不用上教务网了；不用测体育了。

● 没有寒暑假了；该靠自己养活自己了；该当房奴了。

● 进入社会，新的选择、新的起点；进入职场，有了社会责任；有工作，有工资，有自己独立的生活。

● 经历象牙塔外的世界；面对更宽广的舞台，面对走入职场的困难；走向社会，要自食其力；自己承担责任、面对压力。

● 经济上要独立了，自己理财；不能住宿舍了；不能每天虚度光阴了；心理会成熟，爱情修成正果；四处求职，职场新人遭欺负。

● 开始找男/女朋友了；准备结婚、做父母了。

…………

总之，大学毕业意味着同学们的生涯角色转换及增加——同学们最重要的社会角色将从学生转变为工作者，有些同学还增加了“持家者”的角色，这些都会给大家带来挑战和压力（参见图 1－1 舒伯的生涯彩虹图）。

大学毕业，意味着我们人生第三段长跑的结束。进入职场，新人首先要意识到校园环境与职场环境的不同（见表 8－1）。

表 8－1　校园环境与职场环境的对比

校园环境	职场环境
弹性的时间安排（不是每天都排课）	更固定的时间安排（如朝九晚五）
较短的、固定的路途时间——从宿舍到教室及食堂	较长的、不确定的路途时间——从住处到公司及客户的公司
你可以逃课	你不能缺勤
有规律、个别的反馈	无规律、不经常的反馈
有寒暑假和宽松的节假日休息时间	没有寒暑假，节假日休息时间很少
问题有正确答案	问题很少有正确答案
教学大纲提供清晰的任务	任务模糊、不清晰
分数上的个人竞争	按工作团队业绩进行评估
工作循环周期较短——每周有班级会面，每学期为 18～20 周	持续数月及更长时间的工作循环周期
奖励以客观性标准和优点为基础	奖励更多地以主观性标准和个人判断为基础

校园环境与职场环境的不同还表现在老师和主管有所不同上：你的老师通常会鼓励讨论，会明确规定任务（作业）的交付时间；他们是知识导向的，基本上会公平地对待大家。你的主管则通常对讨论不感兴趣，往往会分派紧急工作，要求的交付周期很短；他们是结果导向的，并不总是公平的，有时很独断。

离开校园进入职场，你发现你的同事与你的同学也有所不同：大学里，你与你的同学朝夕相处，关系很亲密，虽然有时会有冲突，甚至冲突很激烈，但你们很少有直接的利益关系，他们对你有意见往往会直接提出来。进入职场，你与同事主要是工作时在一起，大家彼此很客气，很少有直接的冲突，然而，你们经常有直接的利益关系，他们对你有意见往往会委婉地提出来。

前文提到，90后作为一个群体，已经形成了较为鲜明的群体价值观。对于“求职中，你最看重的要素是什么”这个问题，70后大多会回答“薪酬待遇”，80后则会选择“发展前景”，而在一次针对90后应届毕业生的座谈会上，学生们给出了一个令在座人力资源管理者惊愕的答案——假期。要钱更要闲，成为新一代职场人的就业观。

越来越多的职场专家发现：找工作时，很多90后并不太关心钱，而是关注身心愉悦、心灵自由和个人尊严等非物质需求。90后生长于网络时代，对科技手段的应用娴熟自如，也深谙职场的各种“规则”。因为家里不缺钱，高工资难以让90后服帖，他们敢于蔑视一切自以为是的权威，包括自己的顶头上司。他们更愿意快乐地工作，而不是辛苦地攒钱。某高校曾经针对90后学生做过一次调查，结果显示：80%的学生将“好玩，有自由支配的时间”放在首位；高工资已经吸引不了这群学生。

智联招聘的一项调查结果显示：90后中表示自己已经跳槽5次以上者的比例达到11.6%，与80后相比，他们更强调忠于自己的感觉；同时，创业潮依旧在影响着90后，将未来职业目标锁定在自主创业上者比例高达56.3%（80后这一比例为46%）。

上述事实，一方面给用人单位提出了新的管理难题；另一方面对大学生敲响了警钟：同学们必须意识到，几年后你即将进入的职场的规则可能与你的预期相去甚远。目前在大学校园中，你们是大多数，很多教师不得不依照你们的偏好调整授课内容、改进教学方式甚至考核方式。然而，进入职场后，你们会发现90后只占单位人数的一定比例，公司不会因为90后员工的加入而改变管理规定。秉持“走自己的路，让别人说去吧!”的年轻人，几年后就会被社会磨去棱角。因此，同学们应主动了解职场规则并尽快适应。

探讨这个问题，同学们需要再次回顾职业生涯的内涵，即一个人一生中所有与职业相联系的行为与活动，以及相关的态度、价值观、愿望等连续性经历的过程。我们可以将职业生涯简单地理解为伴随着一个人的职业从开始到结束的历程。由于人生发展遵循一定的规律，因此职业生涯是可以规划的。按照规划内容的不同，职业生涯可以分为内职业生涯和外职业生涯。

内职业生涯是指从事一种职业所需具备的知识、能力、经验和内心感受等因素的组合及其变化过程，是别人无法替代和剥夺的。内职业生涯因素主要靠个体自身的不断探索获得，不随外界因素的改变而自动具备或者丧失。外职业生涯则是指从事一种职业的工作内容、条件、待遇、职务、地点等因素的组合及其变化过程，一般来说，它依赖于内职业生涯的发展而增长。当同学们离开校园进入职场时，通过几年的学习已经具有一定水平的内职业生涯。不过，在没有获得用人单位的录用通知之前，大家的外职业生涯都是一样的，即“在校大学生或应届毕业生”。一旦有同学通过了求职面试被正式录用，其外职业生涯就变成了所应聘岗位的职责、待遇、工作地点等内容的组合。

相应地，内职业生涯规划是指对职业生涯发展中通过提升自身素质和职业技能而获取的个人综合能力、社会地位及荣誉的总和的规划；外职业生涯规划是指职业生涯过程中所经历的职业角色/职位及获取的物质财富总和的规划。外职业生涯因素通常由别人决定、给予、认可，也容易被别人否定、剥夺；内职业生涯因素则主要靠自己不断探索获得，不会因为外职业生涯因素的失去而失去。尤其是大学生活以校园中的学习活动为主，这决定了大学生职业生涯规划应以内职业生涯的发展为重心。

可以说，内职业生涯的发展是外职业生涯发展的前提，能带动外职业生涯的发展；外职业生涯的发展可以促进内职业生涯的发展。

事实上，在职业发展过程中，当一个人的内职业生涯超前于外职业生涯时，可能出现三种情况：（1）超前恰当时，会感到非常舒心，因为你在工作中完成各项任务都觉得游刃有余；（2）超前较多时，会感到烦心，因为你往往会觉得工作缺乏挑战性、自己提升的余地不大，而且薪酬待遇等也没有吸引力；（3）超前太多时，你很可能会“变心”——希望寻找新的发展空间，因为这份工作对你而言太无聊了，简直是浪费生命。

当一个人的外职业生涯超前于内职业生涯时，也会出现三种情况：（1）超前恰当时，你会觉得任务有一定的挑战性，工作时会有不断学习、提高的欲望，一旦完成任务会很有成就感；（2）超前较多时，你在工作中会感到很有压力，如果缺乏主管的鼓励和同事的指导，自己很难应对；（3）超前太多时，你会觉得工作压力过大，经常处于高度紧张的状态，有力不从心的感觉，即使为了较好的薪酬待遇及发展前景而咬牙坚持，也往往是以牺牲身体健康为代价。

个人职业生涯发展过程中，内职业生涯与外职业生涯不匹配的情况往往会反复出现。通常情况下，在人力资源管理比较规范的用人单位，员工进入一个新岗位时应处于外职业生涯略超前于内职业生涯的状态，这样员工既有一定的工作压力又有努力提升自我以适应新岗位的动力；一般经过半年至一年的时间，员工能够应对新岗位的各种职能；一年半至两年后，员工能够得心应手，对完成该岗位的各种职能游刃有余；如果这个岗位的职能相对单纯，一些员工逐渐会觉得工作缺乏新鲜感，这实际上已经进入了内职业生涯超前于外职业生涯的阶段。

在外职业生涯刚刚超前于内职业生涯时，员工会觉得工作很轻松，业余时间可用于娱乐或与工作职能不直接相关的学习活动。然而，如果内职业生涯远远超出外职业生涯，员工可能一进入工作场所就会产生厌倦情绪，难以对工作投入必要的精力与热情。

笔者近年来几乎每年元旦前后都会接到工作不足半年的学生的电话或邮件，他们在问候新年的同时会谈起自己的工作状态，其中不乏觉得工作“没意思”，甚至萌生离职想法的学生。究其原因，不少学生是因为找工作时看重能解决户口、单位名气大之类的因素，而未重视岗位本身；这些岗位可能对个人的专业水平、工作能力要求不高，他们入职两三个月甚至还没过试用期，就觉得工作没有挑战性，自己大学所学的知识基本用不上，因此萌生去意。

上述现象很有代表性。麦可思等机构的调查结果表明，近 10 年来，我国应届毕业生入职半年的离职率为 30%～40%。其中重要的原因是一些应届毕业生在入职前对岗位要求不够了解，造成了人岗不匹配，一些学历高、能力强的毕业生求职时过分看重外职业生涯，入职后难以忍受“简单、乏味”的岗位。建议处于职业生涯初期的大学毕业生关注内职业生涯的发展，对自己的收入、职位、知识、能力、观念之间的关系有正确的认识。

本章导入案例中的白锋是位积极进取的 90 后，在本科学习期间，他主动尝试提升素质与能力的实践活动，在求职过程中有出色的表现，最终获得了较为满意的录用通知。然而，在求职过程中白锋的想法不断变化。这固然是 90 后根据外来信息调整自己思路的结果，但同时也代表了 90 后特别看重（求职）结果的倾向。进入职场后的白锋进取心强、做事认真，但他不太关注别人的感受，更不擅长处理同事关系，于是与组长出现分歧进而产生矛盾，又因此影响了与主管经理的关系，以至于在公司的发展前景变得不明朗。一向优秀的白锋无法想象自己奋斗半年却得不到应有的承认，于是毅然辞职。然而，此时他已经不再是应届毕业生了，而仅有半年工作经验的他要作为社会人再求职又显得经验不足，加上很多用人单位看到这样的履历会对其职场适应能力产生疑虑，因此，他的求职难度会高于毕业前。

还要提醒一点：本着对自身职业生涯发展负责的态度，在毕业求职时应特别关注工作岗位对任职者的要求，尽量选择自身内职业生涯与用人单位提供的外职业生涯相匹配的岗位。具体到个人决策，那些容易产生焦虑感的同学（性格类型为较典型的 J 型者），可选择自己的内职业生涯略超前于外职业生涯的岗位，以减轻工作本身带来的压力，使自己顺利度过试用期；对于那些生性乐观、做事总是“不着急”的同学（性格类型为较典型的 P 型者），应尽量选择外职业生涯超前于内职业生涯的岗位，以增强自己的工作投入感。那些入职不到半年就主动离职者，有些是属于外职业生涯超前内职业生涯太多、压力过大，也有些是属于内职业生涯远超于外职业生涯、感觉太无聊或缺乏价值感。

即使身处校园，同学们也要心系职场。只有及早明白大学毕业后我们将要承担的责任，了解职场与校园的不同，清楚内外职业生涯之间的关系，才会更珍惜大学时代宝贵的学习机会，才能在大学期间尽快做好进入职场的准备。

8.2 职场适应过程中的问题及应对

在中央电视台经济频道曾经热播的职场真人秀《绝对挑战》节目中，对外经济贸易大学大四学生江晶晶以出色的表现从众多求职者中脱颖而出，被著名的吉百利公司录取为管培生。一年后，江晶晶已经适应了紧张的职场生活，并被公司管理者视为优秀员工。江晶晶在回忆自己的成长道路时谈到两点：一是“好的职业生涯开端让我受益匪浅”；二是“责任感是对职场人最基本的要求”。

江晶晶顺利地完成了从学生角色到职场角色的转换。本章导入案例中的白锋努力争取到第一个正式的工作机会，却没能顺利完成角色转换。

职场角色是一种重要的社会角色。它赋予了与某个职位对应的社会地位、身份相一致的一整套权利、义务的规范与行为模式，反映了人们对具有特定身份的人的行为期望。它包含两层意思：首先，任何一种职场角色都与一系列行为模式相关，一定的角色必有相应的权利、义务。比如医生既有救死扶伤的义务，也有获取休息、保健、治疗的权利；教师有教育学生的权利，也有保护学生的义务。其次，职场角色是人们对处于一定社会职位者的行为期望，随着社会职业化程度的提高，往往要求每个人按自己的角色行事，对特定的场合下采取什么样的行为有一定的预期。比如一提到教师，就会想到教书育人、诲人不倦等行为；一提到医生，就会想到救死扶伤、治病救人等行为。

赵宇和周翔刚上大三，学校推荐他们去一家公司实习。按照公司规定，实习生和正式员工一样，每天上班要打卡，公司完全按照正式员工来管理实习生，迟到了要扣钱。但没过多久，赵宇就无法忍受了，觉得自己还是一个学生，到公司来就是为了锻炼实践，把学校里学到的东西应用到实际工作中，自己在公司表现得好不好无关紧要。于是他不按时上班，也不及时完成主管派给他的任务，以至于影响了工作进度。一周后主管就找赵宇谈话，告诉他这样做是非常不负责任的，并给予严重警告。挨了主管的批评，赵宇很不高兴，觉得主管一点人情味都没有。周翔则觉得这不是在学校，要入乡随俗，跟领导和同事处理好关系，按时完成主管交给自己的任务。

上述案例中，赵宇作为一名在公司实习的大学生，在学校里的角色是学生，他的老师都会以教育者的角色跟他建立关系，当他不会做事时、做事犯错误时，老师都会从内心里原谅、接纳他。但在公司里，主管跟他是上下级关系，他作为一个实习生扮演的是员工的角色，就得遵守公司的管理规定，按时完成主管交给他的任务。要担负起工作职责，他必须明确自己在工作中的角色。周翔虽然也不太懂职场规则，对公司的管理规定的理解也不是非常明确，但他懂得基本角色的调整。

类似的情况经常在大学生身上发生。不少同学不能很快地从学生转换为职场人。几年前，中央电视台曾做过一项调查，其中一个问题是："你们单位愿意接收实习生吗?"调查结果显示，52%的单位回答说"不愿意"，其中一个重要原因是大学生不能尽快地适应从学校到职场的角色转换。

应该说，不论是从学校到社会，还是从一个工作单位换到另一个工作单位，都存在角色转换的过程。这个过程要求学生按照社会规定的角色去工作，同时把不同的角色区分开，在不同的场所表现出符合角色要求的行为，尽快完成角色的合理转换。

人对任何事情的发生都是有预期的。由于实习是有期限的，短则一两个月，长则三五个月，大部分同学即使不适应也都会挺过去。但如果长期如此甚至遥遥无期，可能就难以接受了。本章导入案例中，白锋对管培生在基层岗位轮岗中要承担的基本工作的烦琐程度认识不足，作为名校毕业生的他在与其他学校毕业生相处时产生了一些隔阂，加上主管经理对其鼓励不够，使他觉得辛苦工作得不到应有的肯定，对发展前景产生了怀疑，因而不愿意再坚持下去。其实，前面提到的江晶晶在刚刚进入公司市场部工作时，也有过与白锋类似的经历：“那天很热。我拿着一张快要被撕破的地图，在汽车轰鸣的三环上找白家庄。其实白家庄就在三环边上，可我不知道，还在到处找呢。我当时心里觉得烦透了，特别想哭。”好在，经历了挫折与迷茫，江晶晶在公司中有了出色的表现。

然而，许多同学却难以接受这样的挑战。经常有毕业后参加工作三五个月的同学给笔者打电话或者发邮件，说自己“真的不适合”目前的这份工作，想离职。笔者在听完他们的情况后，往往会劝他们坚持下来，至少坚持一年。事实上，几乎所有刚参加工作的人都遇到过各种不适应的情形。

麦可思研究院发布的《就业蓝皮书：2020年中国大学生就业报告》提到，2019届本科毕业生离职率为22%，高职毕业生离职率为42%。在本科学科门类中，艺术学毕业生半年内的离职率最高（30%）。在高职专业大类中，新闻传播大类毕业生半年内的离职率最高（54%）。2019届毕业半年后离职过的大学毕业生中，98%的本科生和99%的高职生是主动离职，主动离职的主要原因是“个人发展空间不够”（本科47%，高职45%）、“薪资福利偏低”（本科43%，高职50%）。

这样的离职率看上去有点匪夷所思，却得到了不少年轻人的理解。“第一份工作能选对并不容易。”22岁的小董说，她在近半年时间里已经换了两份工作。

其实，这种现象的产生更多地缘于学生角色转换为职场角色的不适应。如果这种转换没完成就换工作，仍然会有同样的不适应；而且在新公司要从新人做起，之前的工作经验难以有效积累。更为严重的是，在未来的职业发展中，简历上显示的不到一年的工作经历，可能令用人单位对你的适应能力、忠诚度等基本素质与能力产生怀疑。因此，调整自己、尽快适应第一份工作，顺利完成从校园人到职场人的转变非常重要。

应届毕业生爱跳槽的原因中，对生活方式的变化不适应是非常重要的一项。举个最简单的例子，大学期间，同学们住在校园中，每天的活动范围有限，而且对时间的要求不太严格。工作后，尤其是在北京、上海、广州这样的大都市，市中心房租太高，大学毕业生为省房租大多住在城郊，搭乘公共交通工具从住处到公司单程可能就要超过一小时。同时，入职最初的几个月，单位不大可能安排新人做很重要的业务，每天简单、烦琐的工作任务不能带来较高的成就感；毕业后不好意思向父母伸手要钱，可能面临经济压力。这些使很多人产生了换工作的想法，以减轻压力及烦躁感。

高离职率对新员工及其所应聘的单位均会产生负面影响：用人单位会面临重复招聘的境地；短时间的工作经历无法为职场新人带来能力的提升，频繁跳槽会使得他们求职时很容易被刷掉。一位大型外企人事部门负责人告诉记者：因为应届毕业生流动性比较大，他们在招聘应届毕业生时，会格外关注该应届毕业生是否脚踏实地以及有没有承受压力的能力。

因此，建议同学们在毕业后初入职场时努力调整心态，使自己尽快完成从校园人到职场人的转变。为此，要尽量做到以下几点：

第一，保持积极主动的心态。学生从小到大主要扮演孩子、学生、休闲者的角色，对于其他角色尤其是工作者角色缺乏经验、不太适应，表现不好其实没有多大关系，重要的是无论遭遇什么挫折、受到什么委屈，都要把它看成生活中平常的事情，是个人成长的必要经历，并从这些经历中吸取经验教训，逐步适应和熟悉各种角色。面对挑战，要保持积极的心态，调整自己的情绪，尽快适应环境。

第二，明晰自己的各种社会角色。各个角色是不同的，它们的目标、解决问题的方法和遵循的原则都不尽相同。随着年龄的增长，我们在社会中扮演的角色会逐渐增多，要学会把各种角色分开，清晰地做出判断和快速地进行角色转换，不要用与家中长辈交往的原则来处理与上司的关系，也不能用与同学、朋友交往的原则来处理与同事、客户的关系，应按照社会角色要求自己，让自己不断走向成熟。

第三，担负起各个生涯角色的责任。很多大学生刚参加工作，就经常抱怨工作简单枯燥。诚然，有一定难度的工作能够激发人的工作热情，但是在企业中，很多一般的工作如果做不好，同样会给企业的发展带来危害。而且，如果你连一般的工作都做不好，企业又怎敢把有难度的工作交给你去做呢？海尔前CEO张瑞敏说过：什么叫作不简单？把简单的事情千百遍都做好，就是不简单。什么叫作不容易？把大家都认为容易的事情非常认真地去做好，就是不容易。很多情况下，主管安排新人做简单枯燥的工作，很大程度上是为了考察新人的责任感。正如江晶晶所体悟到的，“责任感是对职场人最基本的要求”。

其实在大多数情况下，第一份工作不可能如此理想。公司如果有这么一份理想的工作，多半会找一个曾经把一份不太理想的工作做好的人来试试。

具体到实际工作中，对分配给自己的任何任务，应抱着主动负责的态度：只有负责任，才能认真完成每一件小事；只有把小事做好，自己又主动要求，才能争取到做大事的机会。不论对上司还是同事都要抱着学习的态度：他们也许没有你学历高，没有你知识面广，但他们有经验，在很多方面也有很强的能力，值得我们学习。

同时，对周围的一切人和事还要有包容的心态。大学校园相对封闭，我们接触的老师、同学都是具有较高知识水平和文化素养的人，校园的环境也是整洁、优美的。进入职场，遇到的人素质差异很大，工作环境也不一定尽如人意。我们应明白这是社会现状，要学会接纳这些人和环境，然后用行动来影响和改善这一切。

此外，要充满自信。一些同学进入职场后发现自己“大学四年什么都没学到”，一下子感到很自卑，觉得自己各方面都不行。其实，理论与实践虽然有很大的差别，但理论是根据实践提炼出来的，可以指导实践。要相信在接受了系统的专业训练、学习了那么多理论知识后，只要同学们勤于思考、虚心请教，很快就能够掌握相应的工作技能、适应岗位需求，成为优秀人才。

进入职场，同学们就开启了人生的一个新篇章。大家要有意识地给成为职场人的自己确立新的目标。这里，给同学们提供一个工具：由资深经理人、全球职业规划师陈畅女士开发的职业生涯规划九宫格（见图8-1）。

总之，在就业难的严峻形势下，大学毕业生获取一份满意的工作相当不容易。然而，一份满意的工作仅仅是你职业生涯的开始，并不意味着职业生涯的成功。离开校园初入职场，大部分人都会感到不适应，同学们一定要有积极主动迎接挑战的心态，争取有个良好的开端。调整心态，尽快适应职场，完成学生角色到工作者角色的转变，是职场新人的首要任务。

<table>
<tr><td colspan="3">个人品牌
我希望将来进入职场后给他人留下什么印象？</td></tr>
<tr><td rowspan="2">能力倾向及工作胜任力
为了在工作中表现出色，我应该培养哪些素质与能力？</td><td>职业价值观
我工作是为了什么？</td><td rowspan="2">适合行业
哪些行业是有前景又是我容易进入的？</td></tr>
<tr><td rowspan="2">性格类型
我的性格类型适合什么样的工作性质及职场环境？</td></tr>
<tr><td rowspan="2">知识与经验
为了在工作中表现出色，我应该积累哪些知识和经验？</td><td rowspan="2">适合岗位
哪些职业方向是我适合的？</td></tr>
<tr><td>职业兴趣
我喜欢什么类型的工作？</td></tr>
<tr><td colspan="3">行动计划
为了实现上述目标，我应该做什么？</td></tr>
</table>

图8-1 职业生涯规划九宫格

8.3 把握机会，开展工作重塑

根据我国的社会发展现状、人口结构等情况，目前在校大学生毕业后普遍将拥有40年以上的职业生涯。再加上人工智能等科技应用的普及，当下的职业分类及结构可能会有特别多的变化。类似“毕业时找份自己喜欢的工作，好好干就行了”的想法，对于很多人成了奢望。

然而，这是技术发展、社会进步的必然结果，也并不意味着就是坏事。前文提到了我国的新职业发布制度：时代不断催生出新的职业，其中可能会有更适合我们个性特征的。所以，个人要应对这种变化带来的挑战，就要学会把握机会，开展工作重塑。

1. 工作重塑的内涵及意义

所谓工作重塑，是指工作者自己通过对工作任务主动重新建构进而获得工作认同以及工作角色的过程，其核心目的是工作者对工作进行再设计以获得较高的工作意义感、工作投入感以及工作满意度等。工作重塑的概念最早是密歇根大学商业管理和心理学名誉教授达顿（Dutton）和耶鲁大学管理学教授瑞斯尼斯基（Wrzesniewski）2001年提出的。

在传统的工作过程中，工作的设计及安排是自上而下实施的，工作者的岗位内容由上级部门安排，是一个被动的过程。然而，随着社会的发展，工作环境及工作岗位的复杂性增加，日益多元化，在许多岗位上个体的工作主动性与工作业绩之间的关联性越来越强。有研究表明，无论是在对工作的认知程度、处理工作关系还是承担工作任务等方面，更加主动的工作者往往取得更加优秀的成绩，这促使越来越多的工作者开始重视对自身工作的延展和设计，即工作者根据自身特点和能力，结合岗位要求，对所从事的工作进行调整整合和重新设计。

工作重塑对提升工作者工作意义感、提高工作满意度有着积极影响。就工作单位而言，鼓励员工进行工作重塑可以为其带来工作绩效提高、工作者对本单位认可度增加等正面的意义。就个体层面而言，通过工作重塑，工作者不仅能够在过程中逐渐发现工作的意义从而增强自身的工作投入感，而且工作重塑一旦成功，对提高工作者工作满意度、人职匹配度和幸福感有很大促进作用。此外，开展工作重塑可以激发工作者的创新性，而创新是引领发展的第一动力。

2. 开展工作重塑的驱动力

当然，仅仅了解工作重塑的概念是不够的；千里之行始于足下，最重要的还是开展行动，而行动的实施则来源于驱动力。工作者对自身工作开展工作重塑的驱动力主要来自三个方面，第一个驱动力是控制感的需要。在现实工作中，控制感是一个工作者工作信心的基本来源，几乎所有工作者都会追求某种程度的控制感以保证自己能够"不丢掉工作"。在此基础上，一部分具有创新精神的工作者，会对工作任务进行更为深入的探索和尝试，于是新的技术和产品应运而生。

工作重塑是一个主动的过程。能够在工作中积极寻找重塑机会或者努力创造条件进行工作重塑的工作者，往往是那些思维和行动都较为积极活跃的工作者，他们在职业发展的深度和广度上，都将会有更为广阔的发展空间。

比如，21 世纪初，职业生涯规划在我国还是非常小众的概念；随着大学生就业难作为一个社会问题凸显，2007 年底《教育部办公厅关于印发〈大学生职业发展与就业指导课程教学要求〉的通知》颁布以来，各高校纷纷开设了职业生涯规划课，开展了生涯规划咨询服务，职业生涯规划师就成为一个社会亟须的职业。之前高校的就业指导老师、心理咨询老师、讲授社会心理学等课程的老师等，纷纷通过工作重塑进入了生涯教育这个行业。他们中的很多人通过帮助学生解决实际困惑，获得了很高的职业满足感。

从工作重塑的维度探讨创新，当归属任务重塑范畴。在大多数工作中，岗位职责通常是由一系列任务叠加而成的，工作者通过将工作任务统筹规划，逐一完成来创造业绩。所谓任务重塑，是指工作者在从事本职工作时主动地对工作任务数量进行增加或者减少，对工作任务范围进行扩大或者缩小的过程，以达到提升自身工作业绩的目的。当工作者在完成工作任务的进程中进展不顺利时，可以主动探索完成工作的新方式，在工作目标明确的前提下，通过适当增加/减少工作任务数量、扩大/缩小工作任务范围甚至改变工作任务内容以实现任务重塑，从而能够顺利有效地开展工作，发挥更大作用，创造更多价值。

任务重塑还可以进一步细分为增加任务、强调任务和重设任务三个类型。顾名思义，增加任务是指依据工作需要，主动增加现在工作职责范围之外的工作任务。通过增加任务，工作者可以取得更好的工作表现。强调任务是指工作者将自己主要的精力投入到自己感兴趣且认为有意义的那一部分工作任务之中。比如现在许多医生除了完成医院的工作之外，还通过互联网等渠道面向老百姓进行相关医学知识的科普，提升全社会的基本医学知识水平，力求为人民生活朝更加健康、科学的方向发展做出贡献。

重设任务则是指重新设计现有的工作任务。例如一位新能源行业的证券分析师，其工作之一是每个月登录行业协会的网站手动下载当月的汽车销售数据。通过学习Python语言，他开发了一套爬虫程序，可以自动提取这些数据，使得信息收集既全面又迅速，从而使工作效率大为提升，也解除了人工检索所造成的重复性工作带来的厌烦情绪。此外，爬虫程序代替人工检索所节省出来的时间，此证券分析师可以进一步支配，用于学习和实践更多相关领域的知识，或者继续对工作任务的其他部分进行再设计，比如数据抽取、清洗、消重等，在提高工作质量的同时还能够不断驱动他进行持续的学习和创新。

百米飞人苏炳添在其运动员生涯中很好地运用了工作重塑的方法，取得了举世瞩目的成就。2014年，已经是全国冠军的苏炳添为了在现有成绩上有所突破，放弃了训练10年的跑步习惯，参考刘翔的“八改七”方法对自己的起跑脚进行调整。更换起跑脚对短跑运动员来说是一个既重大又艰难的决定，这意味着他将原有的习惯和跑步节奏推翻，从头练习。他自己说：“更换起跑脚，这个改变太难了，打个比方：就像你本来用右手吃饭，现在要改用左手吃。”就这样，科学的方法加上刻苦勤奋的练习，最终他成为真正意义上第一个跑进9秒关口的亚洲人。

在东京奥运会100米短跑半决赛中，苏炳添更是以9.83秒小组第一的成绩晋级决赛，这个成绩再一次创造了亚洲新纪录。如果当初苏炳添满足于已有的成绩和训练方式，不寻求突破，他依然是国内短跑历史上的领军者，但我们在奥运会的百米决赛赛场上看到黄种人身影的时间可能要继续推迟。正是凭着对自身事业的主动探索和强大的工作重塑驱动力的引领，这位32岁老将在田径场上创造了奇迹。

第二个驱动力是对积极自我形象的需要。在自尊心的驱使下，大部分工作者想要在工作中创造并展示出正面的形象，希望得到大家的认可。工作重塑不仅包含工作任务，还涵盖社会关系，主要是工作关系。工作者通过工作重塑，不但可以更好地完成工作任务，还可以建立更加完善的工作关系。良好及多维度的社会关系有助于工作者在职场中更好地发挥自身的才能，提高工作水平。

工作关系方面的工作重塑称为关系重塑，即工作者通过改变工作中自己所接触人群的范围和素质来提升工作业绩。关系重塑看似与工作内容无关，实则是社会人普遍的心理需求，因为社会交往是人类的基本需求，良好的社会关系有助于个人身心健康。人离不开社会交往，鲜有不需要与人沟通就可以完全依靠个人力量独自完成的工作。哪怕是一个车间技工，看似整日只与机器和零件打交道，实际上人际交往无处不在。比如他在刚走上工作岗位时，工作技能是在车间师傅的指导下逐渐熟练和精进的，与师傅的相处情况直接影响着他的学习速度和工作水平。又如三班倒的工作制度，如果工作者遇到家庭突发事件，也需要与同岗位其他同事协调调换时间。这些都涉及人际关系。

关系重塑又可以分为构建关系、重建关系和适应关系三种类型。

构建关系是指工作者主动与跟其工作相关者从无到有建立关系的过程，主要受职场环境、工作者工作任务的需求和自我价值实现的需要等方面驱动。例如登上南京信息工程大学毕业典礼的“最给力宿管阿姨”吴光华，在生活上无微不至地关心同学们，为远离家乡不能回家的同学包饺子、帮下雨天没能赶回来的同学收被子、与失恋的同学聊天谈心等，逐渐与同学们建立起了深厚的感情，赢得了同学们的爱和尊重。

重建关系是指为提高工作成效，对原有工作关系进行重新定义。比如在十几年前的学校里，校长扮演的角色主要是监督和评估教师的工作，与教师是界限分明的上下级关系。但近些年来，为了提升学校的管理水平，切实解决教师工作生活中所遇到的问题，提高教师的幸福感从而增进教师对学校的认同感和归属感，很多学校的校长会定期与教师面对面展开交流，并开设校长信箱随时接收教师的意见和建议，由此拉近了校长与教师之间的距离，改善了以往的关系，使得学校在各个方面的管理取得了长足的进步。

适应关系是指工作者通过在工作中向他人提供有价值的帮助和支持，来建立相互信任与尊重的关系，从而获得他人相应的回馈。适应关系在目前工作中最为常见，比如一位日常保洁员经过公司培训后正式上岗，在服务中客户基于其训练有素的清洁动作、整洁如新的清扫现场和高水平的服务态度，在客户回访中给予了高度评价。除工作之外，保洁员与客户进行了良好的沟通，建立了信任关系，由此对服务人员及其所在的公司产生了信任，并形成了长期合作关系。

第三个驱动力是工作意义感的需要。工作重塑有着非物质回报性。随着物质生活水平的不断提升，人们对精神文化生活层面的需求逐渐显现，相比薪酬福利等物质回报，越来越多的人在工作中开始追求诸如个人价值实现度、社会贡献度等更高级的需求。与基本物质生活需求满足后许多人便开始考虑生活的意义类似，工作者在工作中也在不断探寻工作的意义，寻找精神上的满足。工作者通过不断挖掘对所从事工作的认知、赋予工作信念与价值，逐渐明白“工作意味着什么”，并由此与自身人生的价值相辅相成，从而成就更美好的人生。

此外，对于偏社会型的人来说，通过工作形成的社会关系网可以进一步促进个人成长与组织发展，从而进一步实现人生价值。可以说，工作意义感与个人意义感之间存在相辅相成、难以割裂的关联性。而这种意义感并不是简单的高收入、高职位、高回馈可以赋予的，我们称其为非物质回报性。非物质回报性特征是工作重塑研究的社会价值之所在。很多人终其一生，努力拼搏、克服万难、坚持不懈，他们所追求的并非名利，而是工作意义感和个人意义感。

大山女孩的“校长妈妈”张桂梅的故事感动了亿万中国人。起初，她只是一名普通一线教师，在兼任华坪县儿童福利院院长之后，发现许多女孩并非孤儿，而是因为性别原因被父母遗弃。她所在学校中的女生被迫辍学嫁人的事情也时有发生。为了改变贫困地区女孩失学辍学现状，张桂梅逐渐萌生了“办一所免费高中，让大山里的女孩都能读书”的愿望。从筹备建校到管理学校，没有任何管理经验的她举步维艰，但她怀着始终不变的初心扎根教育一线，默默坚守、无私奉献，学校坚持免费招收贫困女生，用知识改变贫困山区女孩命运，用教育阻断贫困代际传递。十几年来，她不仅每天陪学生自习到深夜，还一直住在学生宿舍，常年坚持家访，累计行程 11 万多千米，覆盖华坪和周边县的 1 500 多名学生。

她用行动引导学生从小树立远大志向，倡导女性自尊自信自立自强，用爱心和智慧点亮万千大山女孩的人生梦想，被孩子们亲切地称为“张妈妈”。她曾当选党的十七大代表，荣获“全国三八红旗手标兵”“全国优秀教师”“全国教书育人楷模”“全国五一劳动奖章”等，2021 年被授予“七一勋章”。对张桂梅来说，个人生活甚至身体健康在这份事业面前都不值一提，通过她的付出所成就的这份事业为社会做出的贡献是最重要的，也是她个人最为珍视的。

张桂梅在事业上的这种行为可以被定义为认知重塑。所谓认知重塑，是指工作者通过改变对工作任务、工作关系或者整个工作本身的理解与看法，并在工作中感知到与以往不同的意义，来使工作产生不一样的价值。对于工作的认知程度对工作态度和工作业绩有着重要影响，工作认知程度越高，工作态度越积极，工作者主动付出的努力也越多，工作成效也越突出。

认知重塑又可以分为拓展认知、聚焦认知和联系认知三种类型。拓展认知是指在原有工作认知的基础上进行更加深入的了解，从深度和广度两个方面增强对工作目的和意义的认知。比如一个图书管理员日常的工作主要是图书分类、整理、上架、借还记录等，如果她增强对工作的认知程度，把这份工作看作服务于人类知识的传播，有助于提升全社会的素质文化水平，那么她对这份工作的意义感就会提升。

聚焦认知是指工作者将自己的注意力聚焦在感兴趣的工作部分，并将从这部分工作中获得更多的意义感作为工作价值的主要来源，与此同时，尽可能忽视自己不感兴趣的部分。

联系认知是指将个人价值与工作价值相联系，尽可能尝试从工作中寻求更多的与个人价值观相契合的部分，由此获得更长久的工作内驱力以更好地进行工作。例如，动物园饲养员不仅认为自己是在饲养动物，而且认为自己能为游客带来快乐。此外，参观者看到自己与动物和谐相处的状态是唤起民众的动物保护意识的重要途径。通过这样的工作认知，饲养员更能激发工作激情，使自己从工作中获得更多的意义感。

此外，人在不同的阶段由于人生阅历和环境的不同也会存在不同程度的认知差异。积极寻找更多的相关资源，定期主动开展认知重塑，可以看作工作者对大脑的工作状态定期进行“升级”，有助于自己保持工作激情，始终明确工作目标，时刻在轨不偏航，同时提升工作业绩。

3. 工作重塑的被动性

诚然，主动性是工作重塑最重要的特点之一，但考虑到社会未来的发展趋势，为了保证个人职业生涯的连续性和个人事业的意义感，开展工作重塑也是每个工作者不可小觑的必选项。为防止自身被社会发展的洪流吞噬，工作重塑在职业规划中体现为主动中又不乏被动。

随着全球经济的不断发展和医疗水平的大幅进步，人类平均寿命得到延长，加之全球出生率有所下降，人口老龄化问题凸显。一提起老龄化，大家的普遍反应是随着年龄增长，工作动机、创新能力及责任意识整体下降。但值得一提的是，老年工作者对组织的满意度、情感性承诺呈逐渐上升的趋势。从个体层面来看，社会快速发展所带来的某个岗位职能和职责的相对变化在未来从业者的个体职业生涯中是难免会遇到的问题，个体无法改变社会环境，所能做的只有积极应对。如何在几十年的职业生涯中始终保持旺盛的工作动机和高水平的工作能力，不断适应社会和岗位的要求，持续创新、持续贡献、持续发挥“余热”，是每位工作者应提前思考的问题。

2020年1月，84岁的钟南山院士被委以重任，出任国家卫健委高级别专家组组长。

他建议大家没有特殊的情况不要去武汉，自己却不顾个人安危“逆行”至武汉，去往各大医院和疾控中心了解最新情况。他常出现在全国电视电话会议、新闻发布会、媒体直播连线等中，在抗击新冠肺炎疫情的不同阶段，发表最新情况说明和抗疫进展。对钟南山而言，如果说治病救人、科学研究是他的本职工作，那么接受媒体采访、发表公开讲话本质上超出了其工作岗位职责范畴，属于工作重塑中工作任务数量增加的情况。但在那段非常时期，他就是社会情绪的镇静剂，他在抗疫期间的一言一行都让公众高度关注。在公众眼里，他代表正直，代表科学，代表权威。

综上可知，开展工作重塑将会贯穿工作者整个职业生涯，受个体与环境的交互作用，未必是完全的个人主动行为。

8.4　终身学习，管理职业生涯

对在校大学生而言，无论最终取得多高的学位，总有一天要走向社会，走入职场。开放包容的社会环境和经济环境为我们迈入职场提供了很多选择，我们可以充分发挥自身优势，匹配自己合适的岗位。当今职场上的主力正由70后、80后逐渐过渡到90后；不久的将来，00后势必肩负起时代重任。对出生在国家经济已相对繁荣时期的90后、00后来说，普遍没有物质短缺的生活经历，充沛的生活资源以及越来越丰富的精神生活给予了他们对于基本生活保障的信心，也赋予了他们更多的勇气去挑战和创新。由此，开展工作重塑可以很好地契合他们常常不满足于工作任务本身，乐于接受更多的变化以及创造更大的价值的愿望。

然而，纷繁的选择也带来了一定的弊端：随着全球化速度的加快和我国高等教育的普及，工作者所接受的信息更加多样化，视野也更加开阔，朝气蓬勃的年轻人希望在精神上更加独立，对自由的渴求和追寻远高于前人。因此，他们在职业生涯中与前辈们的选择与追求已经大为不同。他们不屑于死守“金饭碗”，“工作压力太大”“与上司气场不合”“失去个人生活”等感受都有可能成为他们随时辞职离开的理由，在此我们应该明白：没有一份工作可以百分百如你所愿，而无论尝试了多少次，我们最终都只能选择一个岗位继续向纵深发展。一个人职业生涯的顶峰一定出现在那些我们持续付出、钻研和坚守的工作上。

因此，在遇到一份工作有不尽如人意之处时，可以先考虑对其进行工作重塑，从工作任务、工作关系和工作认知三方面进行尝试。工作重塑的过程是一个适应性过程，当工作者在重塑过程中遇到挑战时，可以运用自身的优势解决困难，保证工作顺利进行。

很多理工科的同学一毕业进入大型企业做工程师，常常遇到第一年所做的事情就是用计算机辅助设计（CAD）进行工程制图，对心怀理想、目标远大、想要做一番大事业的同学来说，如此“简单”的工作与他们的理想之间落差非常大。不少同学坚持不到一年就选择了辞职“另谋高就”。

其实，此时只要静下心来思考和观察就会发现：很多型号总师和项目总工都是从这些基础性事务做起的。当然，相当一部分人在工作初期不仅画了图，还进行了工作重塑。

比如主动承担本职工作之外的任务进行任务重塑，找机会与部门内外前辈多沟通进行关系重塑，从而获得更多机会等。此外，还可以通过前辈的指点完成认知重塑，比如对目前所做的工作进行更深入的了解，认识到画图不仅仅是把图画出来，更是对一个人的毅力、工作习惯、工作态度以及沟通能力等基本工作能力的磨炼，是为今后承担更重要的任务、为祖国国防事业做贡献打下良好的职业基础。

值得注意的是，工作重塑并非一时就能完成，也不是开展一次就结束了，而是持续存在于整个职业生涯全阶段的动态过程；这一过程受社会环境和工作者个人因素双重影响。有时即使在非常稳定且良性的工作环境下，工作者仍旧需要通过调整自己的任务和关系、调动身边的资源来进行工作重塑。

比如你的上司非常平易近人，在日常工作中，无论是工作规划还是任务分配，都会与下属沟通之后再予以执行，你与你的上司合作非常愉快。有一天他得到晋升，新来的上司风格迥异，独断专行，一切工作需要按照他的计划来执行，你非常不适应，此时你能想到的办法除了离开现有岗位还有什么呢？最优的选择还是进行关系重塑，毕竟岗位变动是较为常见的事情，作为工作者应尽快适应与自己共事的人员流动的情况。就此，你可以尝试改变自己固有的工作习惯，调整新的工作关系，适应现在上司的期望并与他磨合出顺畅的合作方式，以保证工作的顺利开展，新的工作关系的形成也许会促进工作业绩更大的提升。由此，开展工作重塑不是一蹴而就的，而是每个职业人贯穿整个职业生涯的重要任务。这就需要同学们树立终身学习的理念。

至此，职业生涯规划的所有步骤与方法都介绍完了。也许有的同学仍感到无从下手：我才大一，刚刚厘清了自己的性格特点和职业兴趣，初步了解了自己的能力，还没有接触所学的专业，更无法确定未来将要从事的职业，接下来该怎么办呢？

2008年10月，笔者从朋友那里拿到一本美国著名生涯教育专家克虏伯和列文撰写的《幸运绝非偶然》，一下子被吸引，并为自己的感悟找到了理论根据，即该书中介绍的“机遇事件学习理论”。

机遇事件学习理论的核心观点是：

（1）要追求的目标是创造更令人满意的生活，而不仅仅是做决定。

（2）通过测验的方式来刺激学习，而不是为了匹配个性和工作。

（3）鼓励每个人进行探索活动。

（4）积极评价头脑开放的状态。

（5）充分利用偶然事件带来的好处。

（6）推动终身学习。

克虏伯基于自己及许多成功人士的经历告诉大家：生涯目标未确定不可怕，重要的是要保持行动。

笔者非常赞同他的观点，自己和周围很多人的经历也验证了这个理论。有一句话说得好：“运气其实就是机会恰好撞上了你的努力！”

本书案例中提到的一些同学在寻找实习机会、参加实习工作、毕业求职、创业等过程中，都遇到了类似的幸运机会。在课堂练习中，很多同学也分享了自己在高考、参加竞赛和社团活动中的幸运故事，可以很明显地看出其中的共性。

以下是《幸运绝非偶然》一书中的一些基本论点：

● 不必立即做出一个生涯决策，而是应该保持开放的观点。因此，读完本书尚未明确自己的职业发展方向、不能完成一份职业生涯规划书的同学不必沮丧。

● 不是一定要追寻你的梦想，不必因为未实现儿时的梦想就觉得自己是个失败者，而是逐步检验你的梦想。所以，发现高考时“报错志愿”的同学也无须失落，相反，这也许正是你新的契机。

● 不是等待幸运的垂青而无所事事，而是行动起来，创造自己的幸运。在你觉得自己运气欠佳，没有被心仪的专业录取时，也许正是这样“偶然”的机会引领你走向一条康庄大道。

● 不必小心谨慎、不敢犯错误，而是敢于冒风险、勇于犯错误。因为你现在年轻，犯错误的成本非常低，失败了还可以从头再来。

● 不必先学技能再找工作，而是可以先找工作再学技能。虽然找工作一步到位最理想，但多步到位才更现实——生活中，很多人毕业时都是在骑驴找马。

● 不是完成学业就万事大吉，而是要明白学无止境。

目前高校老师大多已获得博士学位，可很多老师每年都会参加各种学术交流会、教学研讨会及培训课程，不断地提高自己。

近年来，我国预期的人均寿命已接近 80 岁，同学们现在才 20 岁上下，怎么可能将未来 60 年的事情都预设好呢？预设好的人生会不会很无趣？亚当·马奇克说得好：对一生进行充分规划永远都是一个好主意，但一定记得写下来的时候要用铅笔，而且手边还要有块橡皮。

因此，开展职业生涯规划时，千万不要在尚未体验之前就想有确定性的答案。对于诸如“毕业以后你想干什么工作?”“你想每个月挣多少钱?”“你 40 岁时想做到怎样的职位?”等问题，学习期间回答不出来并不要紧，重要的是思考哪些尝试对你而言更有趣。所以，请同学们认真思考：此时此刻，你可以采取哪些行动来为自己的职业生涯创造意料之内和之外的好机会?

大学期间，同学们可以通过多种方式来创造机会、发现自我：阅读图书、文献；向老师、同学表达自己的兴趣；与老师、校友等建立关系；积极参加俱乐部/学生团体的活动及志愿者工作；尝试兼职工作、实习；参与学校的项目，培养新的爱好；接触一些不熟悉的人；做课堂活动或项目的负责人；监控自己从事当前活动的情绪；等等。

大学期间，同学们有机会努力让所学的专业及未来的职业更适合自己。如果你能够接受新的学习环境，与遇到的人分享自己的兴趣和经历，就可能发现新的职业发展方向；如果你保持积极乐观的态度，就有可能将挫折转化为成功的机遇，要知道偶发事件是由更多的偶发事件引起的，称心如意的事情通常都是由一连串不如意的事情引发的。所以，要尝试利用偶然发生的事情，甚至利用偶然发生的坏事——高考发挥失常、未能进入理想的大学或专业，你可能在学校鹤立鸡群，无意中发掘出了自己的领导力。

因此，如果你现在尚未明确自己未来的职业发展目标，别担心。因为你上职业生涯规划课的目的并非立即做出一个生涯决策，而是学会采取行动来为自己创造一个更加满意的人生。本课程强调的是行动，而非决策本身。

有同学对“尝试利用偶然发生的事情，甚至利用偶然发生的坏事”感到不解：如何利用“坏事”呢？

所谓的“坏事”往往是从某个时间节点看，自己付出了努力却未能达到预期的结果。然而事实上，每个人一生中将面临很多次机会，只要能够抓住其中的一些，就可以成就一番事业。笔者对发生在自己及同学、朋友们身上的“幸运”故事进行了认真思考，提出了“幸运曲线”（见图8－2）。

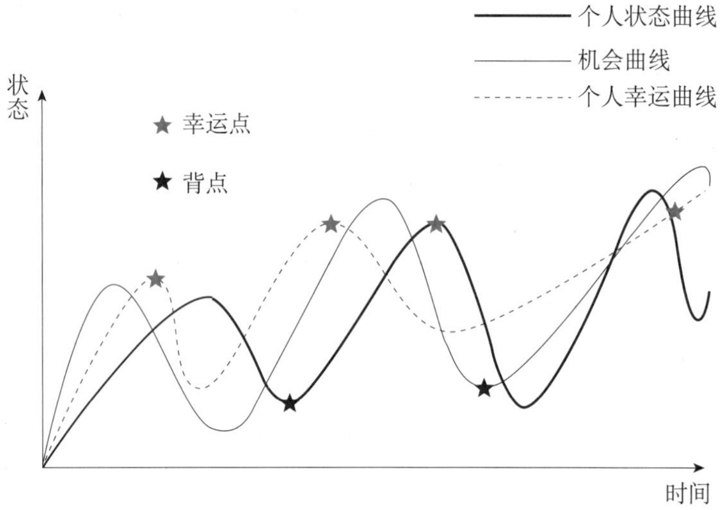

图8－2　幸运曲线

人的情绪是有波动的，个人状态影响我们对事情的判断和对机会的把握。同样，人们面临的机会也是一条上下波动的曲线。这两条曲线相互作用，构成了我们的“运气”。幸运时，我们的个人状态好，抓住了机会，取得了成功（图8－2中的幸运点）；“倒霉”时，我们情绪低落，偏又遇到很不顺心的事情（图8－2中的背点）。然而，机会曲线也是有规律的，正所谓否极泰来。情绪是可以调整的，可以设法令自己从低落的情绪中较快地恢复到正常甚至较高水平。那些抱怨“一直没有好机会”的人，很可能是这样一种情况：赶上了背点，越想越觉得自己“倒霉”，长久地处于情绪低落的状态，结果，虽然机会曲线已到峰值，可情绪低落者抓不住，机会又错过了；等个人状态曲线终于到了峰值，机会曲线已回落到中位，只能等待下一次了。如果有这种心态，往往没有耐心保持好状态等待下一次机会，常常会陷入恶性循环。

因此，要想抓住机遇、创造幸运，保持良好的个人状态很重要。除了情绪，身体状况也是构成个人状态的重要因素。大学时期是我们的身体机能最好的阶段，我们要利用这个最好的时机，不断地调整，保持较高的情绪水平，争取抓住更多的机会。

当然，个人状态好只是抓住机会的大前提，具体机会的把握靠的是信息捕捉、资源整合，因此要采取行动。机会不是等来的，职业生涯中的机会也是如此。正如伊瓦拉所言：“我们通常喜欢认为，要成功地实现生涯转换，就要先知道我们想做什么，然后利用这一知识指导接下来的行动……而事实上转换通常都不是这么发生的。应该先开始行动，然后才会有所领悟。”美国万通人寿保险公司的广告词为“你无法预测，但你可以准备”，一语中的。

在学习了这么多理论，完成了这么多练习，阅读了这么多别人的故事之后，请同学们马上行动吧！

- 了解自己的性格（性格类型）、职业兴趣和价值观，清楚自己的能力和特长。
- 了解自己感兴趣的职业的任职资格要求。
- 积极参加社团活动及学生工作，培养人际沟通能力，有意识地积累人脉资源。
- 尽早（最好在进入大三时）决定是否要读研或留学：这一方面取决于你心仪职业的任职资格要求，另一方面取决于家庭的经济状况。
- 及早开始尝试实习/兼职，以更好地了解职场、培养职业素养。

大学是人生的关键阶段。在这个阶段，所有大学生都应当认真把握每一个“第一次”，让它们成为未来人生道路的基石。在这个阶段，所有大学生也要珍惜每一个“最后一次”，不要让自己将来追悔莫及。在这个阶段，大家应该努力为自己编织梦想，明确奋斗方向，奠定事业基础。

巴斯德（Pasteur）曾经说过：机遇只眷顾有准备的头脑。美国作家维斯特尔（Wieseltier）也曾说：杰出成就，无论公私，从来都不是侥幸得来的。

请牢记：幸运绝非偶然！请同学们保持行动，创造更多的幸运！

本章小结

本章是对大学生进行的职业生涯规划及实施行动的总结。通过本书前面介绍的职业生涯规划的理念与方法，很多同学已经明确了职业目标、制定了行动规划并采取了一些行动。然而，职业生涯规划不是一蹴而就的，往往要经过多次的目标修正与行为调整。对于尚未制定出职业生涯规划的同学，保持行动不仅能够提升可迁移技能，而且能够帮助自己尽早确定目标。

课后思考

请列出三个你童年时特别渴望从事的职业。以上职业中，从你目前所学的专业来看，是否有毕业后可能从事的？

在你到现在就读的大学学习现专业的过程中，哪一起偶发事件影响最大？该偶发事件发生前，你曾经采取哪些行动？该偶发事件发生后，你采取了哪些行动使自己能够利用这件事情所提供的机会？

你对现在的状态满意吗？可以采取哪些行动加以改善？

推荐阅读

基层闪光者　时代追梦人

我希望让自己平凡的人生变得有意义，我希望这世界有一处温暖因为我的存在而存在，我希望这世界有一束光是因为我的坚守与热爱而打在我身上。——彭托娅

人的一生，是一个不断追求、不断探索、不断矫正、不断成熟的过程。对我而言，

2018年7月毕业以来尤其如此。变的是告别校园、步入社会，不变的是律己修身、坚定理想；变的是工作奔波、挑战重重，不变的是积极应对、勇于实践；变的是新春伊始、疫情蔓延，不变的是众志成城、共克时艰；变的是从天津回到了家乡献县，不变的是扎根基层、回报社会。

赤诚之子，踏入社会奔向远方

我非常敬佩周总理，他站在那里就代表一个国家的气度和形象。这背后必然有着对我们国家深刻的了解，必然也有着光辉的人格魅力以及对祖国和人民不朽的功绩。所以，毕业后我坚定扎根基层，立志探寻当代中国最真实的现状，在平凡中创造不凡，做一个普通人群中的闪光者。

2018年8月至2019年8月作为农村专职党务工作者，我就职于天津市武清区陈咀镇人民政府，包联协助艾蒲庄二村党建、团建、妇联工作。无论严寒酷暑，我每天都骑车奔波于陈咀镇人民政府和村委会两点之间，即便是路途危险、事故频发，也从未退缩，将自己生活的一点一滴融入艾蒲庄二村每一个角落。有地儿就坐，给水就喝，叫吃饭就去，吃完饭就帮着一块收拾，多和村里人唠唠家常，久而久之就变成了那个众所周知的爱吃早集上煎饼果子的“小彭”。我深悉党务工作的流程与操作，熟知困难村民的情况与住址，清楚垃圾点位的分类与放置，全程参与农村选举、全域清洁化、创城创卫、经济普查等工作的安排与实施。

角色意识让我一直思考如何规划性、细致性地建好我国农村基层党建阵地。我的答案是：厚实基础、学习先进、因村制宜、保持特色。艾蒲庄二村分为十个大队，2018年统计全村人口为1 864人，村内保存的人口花名册还是2009年的手写版，由于频繁使用，纸张已经变黄变黑甚至有泥，边边角角早已磨光。人口花名册字很小，村里两个会计，李大爷60多岁，白大爷70多岁，看着很费劲。所以我去村里做的第一件事，就是把全村人口信息一个字一个字地敲在电脑上，加大字号并打印归档。针对垃圾点位脏乱差问题，设计“斜坡式垃圾点＋滚轮式垃圾箱”，水泥加固既能防止液态垃圾污染水质、土壤，又方便清洁员打扫，还村民一个优美舒适的人居环境。在精神文化生活上，组建本村的秧歌队，除去日常舞蹈活动，村里凡是办喜事的，秧歌队就过去热闹热闹，捧场的人礼钱不用随了，主家也不必专门设席请吃饭，送秧歌队一小兜糖还有一盒烟就行，双方乐意，也都沾喜气。虽然是一件又一件小事，但是全村村民笑得更灿烂、更舒坦了。我想，这就是我工作的意义，就是我生命中所追寻的光。

不忘初心，坚定理想建设家乡

工作中我发现河北在产业结构、社会福利等方面比北京和天津差很多，河北培育的很多人才都去了京津地区，少有人反哺家乡，京津冀三者之间难以形成良性互动。所以，我毅然决然参加了2019年河北省公务员四级联考，成为一名基层公务员，现就职于河北省沧州市献县小平王乡人民政府，努力为社会的发展和家乡的建设贡献青春力量。

曾以为获得五四运动100周年节点的武清共青团最高奖项——“武清青年五四奖章”是我在天津生活的开始，而后发觉，在献县“不忘初心、牢记使命”主题教育演讲比赛中获得奖项让我的人生开启了一段新征程。心有所信，方能行远。无论是在小平王乡人民政府工作，还是在县委组织部轮训，我始终热衷本职工作，摆正自身位置，谦逊好学，律己修身。

学者非必为仕，而仕者必为学。公务员试用期内，我共撰写网评30篇、新闻稿12篇、政务信息36篇、其他材料6篇。我还主动修习南开大学现代远程教育学院法学课程，积极参与“不忘初心、牢记使命”主题教育，认真学习领会党的十九届四中全会精神，实时关注2020年全国两会系列报道，反复研读《求是》《民法典》，经常翻阅钻研各类公文材料，坚持把每一次领导讲话、活动方案、总结汇报的写作作为提高工作本领的机会，做到学懂弄通做实。

盘点一年来的工作改进与创新：（1）创新党建专栏，成绩可观。运营维护县委组织部微信公众号期间，综合对比阳光频道、武安组工在线等微信公众号的运营成效，针对献县“抓防促保”擂台赛、七一建党节、脱贫攻坚、非公党建等工作创新开设专栏，党建微信影响力排名连续获得11次全市第一，6次获得全省前十名。（2）坚守防疫阵地，守土尽责。疫情防控期间，独创小平王乡电子通行证图文指南，建立24小时排查员答疑交流群，实时负责钉钉、WeLink数据录入以及与各村干部、包村干部的工作对接。同时，自制小平王乡复工复产申领表格，采用“四章证明、科学监测、隔离不外出”的方法，单位由我一人主要负责材料审核工作，确保务工人员到达务工地后，有处可居、有工可做。至今，小平王乡电子通行证覆盖率稳居全县前列，复工复产证明共办理300余人次，未出现确诊或疑似病例。（3）完善民政档案，无一疏漏。接手民政工作后，完善小平王乡低保、五保、退役军人、困境儿童、高龄老人等困难人群的档案管理方法，建立线上联系，及时更新数据，并创新设立最低生活保障系统月核对工作方法，至今经手工作无一疏漏。

“愿中国青年都摆脱冷气，只是向上走，不必听自暴自弃者流的话。能做事的做事，能发声的发声。有一分热，发一分光，就令萤火一般，也可以在黑暗里发一点光，不必等候炬火。”鲁迅先生这段话一直激励着我，简单来说，我想做一个有用的青年，我希望当有人和我谈论我的国家时，能够有深刻的认识，并且把我的热爱与关切表达出来。我觉得，我们不仅要热爱生活，还不能被琐事困扰心绪和扰乱方向。青年不单单是要为柴米油盐酱醋茶做准备，更需要有信仰，一种坚定的信仰。

“却顾所来径，苍苍横翠微。”时间之河川流不息，每一代青年都有自己的际遇和机缘，都要在自己所处的时代条件下谋划人生、创造历史。我虽然在工作上有很多不足之处，但幸运的是，无论何时何地我都处在身边人人皆可为榜样的集体，学习借鉴是春风化雨的，锻炼提高是水到渠成的，自我革新是学无止境的。每一位青年都应该在实践中切身了解我国的农村发展现状和精神面貌，更好地为推动乡村振兴贡献自己的青春力量，更形象立体、底气十足地通过自己的方式向世界介绍我们的祖国。不忘初心，继续前进！

（作者：彭托娅，河南工程学院会计学2018届毕业生）

梦想仗剑走天涯的我回到了小县城

上大学时，我幻想过很多未来的场景。或许我会成为许许多多“郑漂”或其他“漂”的一员，每天清晨顶着惺忪的睡眼、啃着冒热气的煎饼来来往往于公交车与地铁之间，艰难又努力地活着，怀揣着许许多多的小人物说出去怕被嘲笑、想起来又会在心底偷笑的梦想。我还曾经幻想成为一名导游，来来往往于祖国大好山河之间，在每一个知名的城市留下足迹，去不同的城市寻找不一样的自己。

想过许许多多的可能，规划着往后的人生，跃跃欲试，迫不及待。

你是否也曾一样，小心翼翼地在纸上、在书本里、在梦里勾画着自己的梦想，在20岁出头的岁月去想象30岁以后的生活。

你是否也曾一样，希望把青春里的每一天过得丰富多彩、有滋有味。

你是否也曾一样，无数次渴望着长大，渴望着离开父母、离开老师、离开学校的大门仗剑走天涯，哪怕只是偏居某个城市的一隅，仅仅看着车水马龙，也要倔强地赞叹：看，这就是繁华！

生活就是生活，人生不如意十有八九，能与人诉说的却无二三。2017年夏天，我终于如愿以偿走出学校的大门，却并没有像想象中那样感受到自由。我没有成为"郑漂"，没有成为导游，也不用每天顶着惺忪的睡眼挤公交车和地铁。灰头土脸之后，我遵从父母的希望，在一个没有多少知识分子的村子里，拥有着一份看上去光鲜亮丽的工作，满足着父母小小的虚荣心，听着身边人或羡慕或讽刺的赞叹。

一头扎进一个有着许多束缚的地方，最大的好处是安稳，安稳得可以一眼看到未来。最残忍的代价是自由，残忍到连一个说走就走的承诺都给不起自己。

每天上午，都需要开启两道门，走进窄窄的柜台，面对形形色色的人。跟许许多多的人讲着相同的话，穿着跟身边人一样的服装，打着领带，戴着象征身份的工号牌，敲着滚熟于心的代码。日复一日，或许年复一年。

没有人来办理业务的时候，我会对着窗户发呆。厚厚的玻璃把窗外的世界隔绝开来，看不到孩童的身影却能听到他们的欢声笑语，也会无聊得发慌，想要逃离。

钦佩别人说走就走的勇气，羡慕玻璃窗外多姿多彩的生活。想边开着车边放着喜欢的音乐在田间奔驰，也想像门口大爷一般提着板凳，朝着太阳享受着日光的温暖。总会不由自主地跟人抱怨：这不是我想要的生活，然后会收到很多的鄙视、嘲讽。

他们说：知足吧，去哪找一份像这样冬暖夏凉、风吹不到日晒不着的工作，既体面又清闲。他们又说：你看到运动员赛场上胜利时的喜悦，却看不到他们背后训练的艰苦；看到舞台上光鲜亮丽的演员，却看不到他们成名背后的辛酸。

当你渴望一样东西的时候，总会无限制地放大别人恰好拥有的。其实，每一个有趣的灵魂背后都经历了无数次的心酸，不足与外人道也，有舍有得。

很多时候，你只是看见了别人得到的一面，刻意忽略付出的一面。所以你总觉得生活不公，于是心有不甘。道理你都懂。很多东西，劝人时比谁都拿手；可是真正轮到自己，却深陷其中不能自拔。生活对每一个人都是公平的。

干这样的工作每天都会见到很多人：有人温和，在你为他办理业务之后会送上一句谢谢；有人苛责，在你拒绝一笔法律禁止的业务时会大声斥责；有老人会向你咨询各种各样千奇百怪的问题；也有懵懂的学生怯生生地递进来一张卡说帮我充进去60元……

对于不同的客户我渐渐学会不一样的沟通和应对方式，仅仅只是坐在那里便能知晓这个社会的百态人生。可以解决客户的烦恼，可以倾听老人诉说的孤独……开始慢慢地去享受这种生活带来的收获，不自觉地一点一点把自己从曾经不遗余力编织的关系网中剥离。不再熬夜，按时吃饭，饮料从雪碧、可乐换成茶水，甚至开始关注起养生。中午最困的时候，站起来活动活动筋骨。晚上值班的时候，锻炼锻炼身体，跟同行聊聊各自的孤独。换个角度看，这又何尝不是生活。

开始试着去了解大人的生活方式，不再像学生般恣意妄为。开始去做父母的主，教会父母许多在他们眼里新奇的东西，然后看他们在同龄人中吹嘘。开始去关注车贷和房贷，然后去各大售楼部体会人家的“白眼”，接受各式各样的相亲。

觉得生活好像也就是这样。然后劝自己：好像真的是这样？嗯，就是这样！

即使每天都忙碌疲惫，也渐渐地给自己留一点空闲。坚持写作，坚持读书，每天晚上对墙练习乒乓球，在睡前听一会儿音乐，然后定好第二天早上的闹钟……

生活本就是一场修行，当一天即将离去，才会感悟到过去是那么鲜活，不能天天没心没肺地好死赖活，也不能把自己过成苦行僧。

翻看大学照片，感悟时光飞逝，又满怀对未来的渴望。一如当初，一如年少模样。

（作者：刘恒，河南工程学院财务管理专业2017届毕业生，河南省农村信用社某县网点客户经理）

我认真工作，不过是想自己能把控自己的生活！

熟悉我的人，都知道我是一个职场“女汉子”。

答应别人的方案，说今天提交，即使通宵熬夜也要按时提交；不管多晚，只要临时召开研讨会，立马第一时间奔赴现场。

一年有2/3的时间，晚上12点之前不曾休息，不是在充电就是在工作；就连出差路上，短短几个小时还在沟通工作或修改文案。

一些客户常常不解：你一个女孩，为什么要这么拼？

每次我都笑而不语，其实，只有我自己知道：我认真工作，不过是想自己能把控自己的生活！

一

我刚进大学的时候，学校还在郑州市大学路老校区。小小的校园却有40多年的历史，透着一种极其简约的古朴风格。

毕业的时候，是在学校新区。特别感慨的是，读了一所大学，横跨两个校区。

毕业10多年后再回首，还清晰记得当年入学时的情景，一些同学感到好奇、新鲜、兴奋，还有些同学在踏进校园后就开始皱眉，继而矛盾纠结：要不要回去复读？

也有一些特别洒脱的同学一开始就摆明了姿态：我就是来玩的。所以，各种鲜花、情书，各种BB机呼叫，一派诗情画意。

那时的我，短马尾、白衬衣、牛仔裤，从一个偏僻的农村考到省城，带着一股浓重的乡土气息，跟陌生男同学说话未语脸先红，内心弱小且自卑。

高考已经耗尽我所有的力气，不能回头，不能停滞，只能前行。所以进校第一件事就是做了一个决定：我要通过现在的努力，改变自我。

要想改变，第一步就是突破。开学后不久，学校开始公开招聘勤工俭学岗位，我熬夜写了一封勤工俭学自荐书，成为系主任的学生助理。

此后的三年，在一些同学享受大学带给他们的安逸时，我帮老师抄写文件、上传下达各种系里通知，在课余翻阅了图书馆里大小几百本书，帮郑州大学留学生辅导汉语，还在业余做实地广告策划，丰富自己的社会实践。

凭着一步步的理论学习和实践积累，几年下来，我已经从一个胆小怯懦的高中女生变成了一个自信开朗的女大学生，专业成绩更是位居班级前列。

毕业时，我的广告策划学老师，一位知识渊博、幽默、备受学生爱戴的学者，特地对着许多老师炫耀：这是我的得意弟子！

有人说：人生没有白走的路，走过的每一步都算数。这些路变成了毕业时策划论文上的A+，也变成了如今我赖以生存的事业基石。

二

有个流行的段子说：80后，上小学的时候，大学不要钱，上大学的时候，小学不要钱；没工作的时候，国家包分配，等真要工作的时候，还得撞破脑袋四处找工作。这个段子形象地描述了我毕业时的状况。

在投了上百份策划简历、面试了几十轮之后，我理想中的策划工作一直未能出现。

招聘公司的说法都跟商量好似的："什么经验都没有，能做出什么好策划？"

偶尔也有几个老板语重心长地说："做总经理助理吧，肯定比策划更轻松！"

后来好不容易有家与策划沾边的公司愿意接收我这"三无"（无经验、无人脉、无资源）人员，但条件是零底薪。即使如此，我也留了下来。

起初三个月，没有业务没有钱，我天天吃方便面，23岁首次长了三根白头发；最难的时候，生病蹲在马路上痛哭……即使如此，我坚持做策划工作的念头从未动摇。

毕业半年后，我终于遇到了职业生涯中的第一份策划工作，也遇到了人生的第一个伯乐——李总。李总彼时是我们的策划顾问，一家4A广告公司的老板，一个广告奖项拿到手软的策划大师。

在这家公司，在李总近乎苛刻的培育下，我从市场调研做起，历时两年，完成了策划生涯的初级积累，从一名被众多销售经理不屑一顾的策划"小白"成长为一名部门策划经理。

很多人会误认为，青春年少的这种傻子一般的坚持是"眼高手低"的表现，可是在梦想面前，如若没有傻子一般的坚持，何来的梦想实现？

三

正当我一路高歌、像个圣斗士一样为策划奋斗时，2006年，一场始料不及的危机突然发生，一夜之间，股东撤离、市场缩减、公司减员。整个公司，包括我，都在思考该何去何从。

此时，刚好我认识了一位在北京某上市公司工作的朋友（后来成为我爱人），他建议："不如来北京吧，这边可能更适合你发展！"经过慎重考虑，我采纳了他的建议，从郑州来到北京。

如果说在郑州的三年完成了我职业生涯的初级积累，那么在北京的六年则是我职业生涯的突破。

在北京六年，每天早上6点30分准时出门，晚上7点多回家，是我生活的日常。在快节奏的工作中，视野逐步打开，我也逐渐将策划的视角从传统电视转移到报纸，再从报纸转移到卫视、央视。逐渐地，我在行业内开始有自己的成功案例，收入也有了大幅增长。

在一切看似"岁月静好"的表象中，一件小事的发生，让我的一颗不安分的心再次躁动。

当时，女儿刚刚 3 岁，保姆突然辞职，家里的生活一下变得杂乱无序。

摆在我面前的是一道难题：辞职回家带孩子还是重新找保姆、继续工作？

全职妈妈，我觉得这是一个全世界最不靠谱的职业；打工好像也是一条反反复复走不到尽头的“不归路”。

那一刻，我突然萌生了一个更不靠谱的念头：辞职回家，边创业边带孩子！

四

创业的时候正赶上行业形势不好，人不好招，业务量又少，一个月下来，除去房租、工资之外，有时还是负增长。

创业的艰难，不是缺少人脉、缺少资金，而是前途未卜的时候还得坚守自己最初的梦想。

有很多次，在与客户沟通无果后，都觉得快要坚持不下去了。

有很多次，凌晨还在赶稿子通宵加班，觉得这不是人过的生活。

还有无数次，在与客户斗智斗勇几个轮回还没拿到尾款时，也觉得坚持不下去了。

最终还是坚持下来了，一坚持就是十年。

这十年，公司从一个默默无闻的小工作室变成一个十几号人的广告策划公司。

我们策划过央视品牌广告，也策划过家喻户晓的君乐宝、碧生源、满婷等广告。

除此之外，个人主导策划的多款产品全案也给客户带来了少则几百万多则几千万的销量。

有人说：你一个女性，不在家相夫教子，跑出来跟男人抢饭碗！

有人说：你不就是仗着颜值和气质，再加上运气好……

这些我都一笑置之。

只有我知道，自己是如何一步步拼尽全力才走到现在的，今天的路，都是过去走过的路、吃过的苦，汇聚而成。

我之所以这么努力，不过是想：自己能把控自己的人生，过自己想要过的生活！

（作者：陶俊霞，河南工程学院商务策划专业 2004 届毕业生，北京创羿营销策划有限公司创始人）

职业生涯 30 年感悟

经历：

1988—1991 年：湖南医药职业中等专业学校中专。

1991—1999 年：长沙市药品器械公司营业员。

1999 年 10 月：取得执业中药师资格证。

2001 年：参加店长竞聘，成为长沙三九药店连锁有限公司（简称三九药店）第一批竞聘店长。

2002—2004 年：三九药店培训主管。

2004—2008 年：湖南益丰大药房连锁股份有限公司（简称益丰）培训部长、门店客服经理。

2009—2015 年：上海赢在企业管理咨询公司高级咨询师。

2016—2019 年：长沙市隆源医药管理咨询公司高级咨询师。

2020年至今：湖南恒昌医药集团股份有限公司运营顾问。

应母校恩师程凯邀请，向学弟学妹们分享我的职业生涯经历。其实与我同届毕业的同学中，很多都是白手起家，现在成了行业大咖，而我却是很普通的一个。不过，很多人的成功是不能复制的。芸芸众生中，像我这样普通的女性自食其力、顽强地生存，为社会尽绵薄之力是多数；不是每个人都能成为社会精英，大多数人只是职场中的A或是B。

回想自己这30年职业生涯，虽然没有很大建树，也没有积累太多财富，但心中常怀感恩之心：感谢此生事业顺遂、无怨无悔；感谢机缘，让我行走天涯、交友无数。这里分享自己的五个感悟。

感悟一：选对赛道，勇往直前

我职业生涯的选择是从初中毕业开始的。虽然初中上的是湖南师大附中，学习成绩也不错，但面对未来的高考压力还是有点犯怵。在一帮超级学霸面前，我总感觉自己力不从心，所以听从了父母的建议，选择报考中专学校作为将来的发展方向。

在专业选择上，我觉得医药类关乎生命，跟健康有关，所以选择了入门难度不太大且能有益健康的中药专业。小时候看到药店的小戥称和形形色色的动物植物药材，本能有一种亲近感，加上母亲喜欢养花种菜，也懂得辨识一些植物药材，因此接近自然、有益健康的中药专业也是我喜欢的。其实职业生涯的初期，选择赛道很重要：最好能选择自己感兴趣并有所了解，愿意为此去付出、去忍受，愿意为之奉献一辈子的东西。

如果只因为赚钱不赚钱而选择某个职业，也许你中途就会放弃。比如我的孩子，当年因为无缘高中，最后在我的引导下也选择了我的母校与我一样的专业，我希望自己能够带领他进入这个行业。不过，他毕业一年不到就离开了药店，进入咖啡行业。后来我问他为什么这么选择，他说这个行业还有很多不成熟的地方，让他在职业生涯中感受到了阻力，无法看到未来，所以毅然辞职。他之前很喜欢跟我去咖啡馆，很享受那种悠闲的氛围，所以尝试去某知名咖啡馆应聘，结果成功了。这个咖啡馆在入职之初就给他描绘了职业生涯的发展方向，他可以看到未来，工作就有方向，这更符合他的个性。目前他已取得咖啡师职业资格，为自己的将来迈开了第一步。

我之所以说到孩子的职业生涯，是想说明：并非所有人的喜好都一样；对于喜欢的东西，你才会为之付出时间和精力。当你还年轻、没尝试过，并不一定了解自己的职业生涯方向时，尽可以去了解、尝试。不过，一旦确定了就不要轻易改变，不要用你的爱好去挑战别人的专业。你也许会做一手好吃的家常菜，但不一定能开一家人人喜欢的餐馆；如果开餐馆，有可能比不过一个新东方烹饪学校出来的厨师，除非你愿意花更多时间去研究、去尝试。选择了一个职业，就要为之学习、付出和忍受。

我对赛道的理解是，能激发你的工作热情，让你的兴趣爱好和能力匹配，并且有助于事业提升，是你愿意为之奋斗和付出的工作，而不仅仅是一个固定的行业。

感悟二：能者为师，厚积薄发

1998年，国家正式启动执业药师考评体系，1999年我通过了长沙第一次公开的执业药师资格考试。药店行业当年只有5个人一次性通过考试，原本我只是一个默默无闻的小员工，一时间引起了整个医药系统的重视。在当年专业素质普遍较低的情况下，我们成为长沙市第一批通过执业药师资格考试的药店人。之所以能在短短80天内从拿到书籍到参加考试，并通过考试，得益于平时对行业的爱好和随时随地的学习，以及跟顾客的交流和沟通。俗话说久病成良医，很多顾客的病情反馈及服药后的感受，都成为我们获得专业知识的途径。

中专学习打下了一定基础，工作后则跟师傅及顾客学习；后来调整到西药柜，在一个完全陌生并且没有基础的专业部门，只能跟老员工学习，跟说明书学习。我曾经用了一周时间几乎抄完了所有药品的品名规格、药价（那时没有电脑，全部靠记忆力记价格、靠算盘算金额）、功能主治。从此明白了一件事：你认真对待工作，工作就会给你回报。

后来长沙八大医药公司组团，与深圳三九合并，成立了三九药店；我顺势而为，参与了第一届三九药店店长竞聘。由于提前准备，展示了最无畏的自我，最终取得成功。而后，三九药店开始建立连锁体系，需要一个负责培训的部门负责人，刚好我在长沙电视台的一个访谈节目上大胆发言，被领导关注，于是成为三九药店的培训主管。

因此，勇敢展示自己、做自己，是金子迟早会发光的。在此之前我已经在药店站了 10 年柜台，终于走上了管理岗位。

感悟三：能上能下，坚守初心

偶然的机会我被邀请加入益丰，成为益丰的第一任培训部长。后来由于个人原因，我离开益丰总部常德，主动要求去长沙门店上班。长沙门店没有与我相匹配的岗位，唯有基层的管理岗，薪资也只有总部的一半，但是我并不在意这些。回到长沙，我又重新学习了门店管理技能和市场营销思路，为将来服务连锁门店打好了基础。

有一次公司年度绩效考评，我因为疏忽，考试时遗漏了一个高分题目，导致排名垫底。自认为专业的我不敢相信这个结果，查分后得知了原因，的确是自己的错误，然后坦然接受了降级降薪的结果：要敢于面对自己的错误，承担必然的后果。

虽然那段时间收入下降入不敷出，但我还是坚守要做一家有温度的门店。2006 年开始，益丰推行客户满意度调查、影子顾客考核；在我负责门店客户管理期间，几乎每月的客户满意度评比都是长沙市区第一名。其间也有其他大连锁公司诚邀我去做培训管理，都被我婉拒了，因为我看准了益丰这个核心竞争力的威力，它必然是成就一个伟大企业的助燃剂。

终于有一天，守得云开见月明：益丰在上海成立了一家管理咨询公司，新的起点、新的赛道、新的工作环境，让我跃跃欲试。我又报名应聘了管理咨询师，专门服务全国各地的中小型企业，此时我的薪资从原来的最基层管理工资，再次回到之前总部的级别，甚至已经超过。

后来咨询公司解散，我自己成立了管理咨询公司，接了一个项目，运作了一年多，一个人面对客户的考验和博弈，终于明白创业不易。但是在这个项目里，我又学到不少新技能，除了更人性化的药店管理，还有艾灸养生馆的运营。

感悟四：终身学习，做孩子的榜样

咨询项目结束后，我给了自己一段调整时间，自费到湖南中医药大学学习艾灸、中医理疗。其间我又补足学历方面的缺陷，自考了中医学大专和工商管理学本科。本科自考时我几乎要放弃，因为常年出差，一直没有时间去参加考试。大家都说像我这样的阅历和年龄，应该出去找个工作、创业或接项目，根本不再需要学历这个敲门砖，但我还是坚持去考试，拿下了文凭。这不仅仅是为了文凭，也是为了圆一个大学梦。我也鼓励儿子在大专二年级时参加中药学自考，母子俩同时进考场、同场考试，几乎同时拿到本科文凭；这也成为我与儿子一段美好的记忆。

四五年前，我开始在APP听书，学习各种网络课程，听自己喜欢的文学、历史、心理学内容，阅读各种经济管理方面的书籍，开阔了视野，也更多地了解了世界和一些前沿的学科发展。我仍有自费报名参加学习的习惯，对于各种自己喜欢的学科，如国学养生、心血管病的管理等，每天会至少听书120分钟。只要坐飞机，我就会在机场书店买一本纸质书，旅途中阅读。读书、听书成了我最喜欢的爱好；内心充盈，仿佛不再有烦恼，充满喜悦。

如果你不是含着金钥匙出生的，没有资本供自己创业又想要改变命运，学习也许是一个最好的途径，尤其对女性来讲，气质就是你的第二层外衣、你的魅力所在。

感悟五：君子不器，自强不息

经过一段时间的休整，我再次与老同事和朋友一起开始管理咨询工作，公司整体并入湖南恒昌医药集团股份有限公司。因为工作方向调整，之前做产品培训的老师离职，我再次临危受命，负责全国的黄金单品管理与培训。

我从事培训管理、做企业管理咨询多年，并没有讲过一堂产品知识课，在产品培训方面是白纸一张。我接受了一个观念：你想要成为什么样的人，要先“装”，慢慢会越来越“像”，最后就“是”这样的人了。在这样的理念引导下，经过半年的磨合，我开始喜欢上这份工作。一直喜欢养生、从未放弃专业的学习让我对产品融会贯通并有自己的见解，能深入浅出讲解一个新产品，让员工从陌生到了解再到喜爱，业绩也节节上升，只用2个月的时间就达成目标，之后月月赶超。

君子不器，即君子不能成为像器具那样的人。君子求学，要博学多闻，才艺广泛。不仅大事能做好，小事也能做好；不仅这方面在行，其他方面也精通；凡有利于众生的事，无论大事小情，都能尽心尽力，做得很优秀。

回顾这30年，我换了很多岗位，但一直在大健康这个赛道上奔跑，通过学习不断适应企业、环境、社会。作为一个独立的人，我并没有通过创业实现财务自由，甚至也遭遇过经济拮据，但是内心充盈让我坚强、不悲观、不放弃。即使今天我也不算成功，收入甚至不如90后业务员。但我敢说，自己的内心充满喜悦和感恩：感谢父母给我生命，感谢公司让我成长，感谢社会给我机会，感谢帮助过我和我爱过的朋友们。内心的快乐，才是真正的幸福！愿你们也能通过学习让自己强大，通过工作让自己愉悦，实现人生的价值！

（作者：戴蓉，湖南恒昌医药集团股份有限公司运营顾问）

在线阅读

毕业这两年：从郑漂到沪漂

毕业五年，从专升本毕业生到知名外企主管

20 年职场生涯感悟

参考文献

［1］本-沙哈尔．幸福超越完美．北京：机械工业出版社，2011.

［2］彼得森．打开积极心理学之门．北京：机械工业出版社，2010.

［3］费里特．卓越表现：从大学到社会：原书第 7 版．北京：机械工业出版社，2011.

［4］共青团中央，中华全国青年联合会，国际劳工组织．大学生 KAB 创业基础（试用本）．北京：高等教育出版社，2007.

［5］顾雪英．当代大学生职业生涯规划．北京：高等教育出版社，2011.

［6］贾德．苏菲的世界．北京：作家出版社，1996.

［7］克虏伯，列文．幸运绝非偶然．武汉：长江文艺出版社，2006.

［8］李开复．做最好的自己．北京：人民出版社，2005.

［9］里尔登，等．职业生涯发展与规划：第 4 版．北京：中国人民大学出版社，2016.

［10］萨克尼克，等．职业的选择：成功规划你的人生：原书第 9 版．北京：机械工业出版社，2011.

［11］萨克尼克，等．职业指导：职业生涯规划教程：第 7 版．北京：中国劳动社会保障出版社，2005.

［12］苏文平．大学生的成功就业准备．中国大学生就业，2007（7）.

［13］苏文平．赢在第四起跑线：大学生职业生涯规划．北京：机械工业出版社，2011.

［14］苏文平．职业生涯规划与就业创业指导．2 版．北京：中国人民大学出版社，2020.

［15］王春林，等．没有找不到的工作．北京：机械工业出版社，2011.

［16］吴余舟．大学生职业生涯规划与就业创业指导．北京：机械工业出版社，2010.

［17］吴芝仪．我的生涯手册．北京：经济日报出版社，2008.

［18］席尔瓦，等．多元智能与学习风格．北京：教育科学出版社，2003.

［19］杨毅宏．世界 500 强面试实录．2 版．北京：机械工业出版社，2010.

［20］于海波，等．基于生涯资本理论的大学生可就业性 3C 模型及其特征．教育研究，2013（5）.

［21］赵北平，雷五明．大学生涯规划与职业发展．武汉：武汉大学出版社，2006.

［22］周文霞，孙健敏．中国情境下职业成功观的内容与结构．中国人民大学学报，2010（3）.

［23］钟谷兰，杨开．大学生职业生涯发展与规划．2 版．上海：华东师范大学出版社，2016.

［24］庄明科，谢伟．职业素养入门与提升．北京：北京理工大学出版社，2009.

后　记

教育不是把桶灌满，而是把火点燃！

——职业生涯规划课开设过程及授课体会

2002 年初，笔者非常幸运地回到母校执教；2 月 26 日，首次站在北京航空航天大学经济管理学院的讲台上，距离自己上一次站上讲台已整整五年了。

重回高校任教，是笔者非常积极的一次职业选择，也是自己人生无数幸运事件中最重要的一件。从那天起，笔者先后给朝气蓬勃的本科生及研究生开设过八门课。由于自己有海外学习 MBA 及外企人力资源管理的经历，授课之余不断有学生来咨询找工作、写简历及面试等事宜。2005 年以来就业形势日益严峻，同学们的需求越来越强烈，笔者开始思考以何种方式可以更好地帮助他们。

一个偶然的机会，笔者结识了几位在大学开展职业生涯规划的教学及咨询辅导工作的同行，很快做出了聚焦生涯发展教育领域教学研究的决定，并投入精力系统学习。随着专业知识的丰富，笔者对自己学生时代未能接触职业生涯规划理念，以至于个人职业生涯走了弯路感到非常遗憾，更加确信应该将这一理念及方法分享给同学们。

2005 年 10 月，笔者被教育部基础教育司中学职业生涯规划教育项目聘请为专家组成员，与同行组成团队，设计了培训课程并到几所试点学校开展培训。同时，笔者开始为北航经济管理学院的本科生开设职业生涯规划讲座。

2007 年初，笔者幸运地作为项目负责人获得了基金资助，开始实施“提升贫困大学生职业素质与就业能力”中国西部高校职业生涯规划师资培训计划。在这个项目平台上，团队成员共同打造出将生涯唤醒、自我探索、职业探索、生涯决策与规划实施有机结合的职业生涯规划课程体系，先后在五个城市对来自 100 多所高校的教师开展了教学培训。经过不断完善和提高，笔者于 2008 年春季面向北航全校本科生开设了职业生涯规划选修课。

2008 年 2 月 20 日第一堂职业生涯规划课的情形至今历历在目。来自近 20 个院系不同年级的 60 位同学听到笔者提出“选修课：你的选择、我的规则——这门课不准缺课”的要求时，课堂一下子变得异常安静。笔者给不能接受“苛刻”规则的同学们留出了 10 分钟退堂的时间，同时心里有些打鼓：在“必修课选逃，选修课必逃”成为“校园时尚”的当今，万一多数人都走了怎么办？教室中有同学面面相觑，也有人低头沉思。5 分钟后，一位男生收拾好书包出门了，接下来又是一位。笔者努力保持着风度，微笑地看着大家；走出门的孩子都低着头，而笔者从心里为他们叹息。

10 分钟过去，有 47 位同学留下，教学继续。第二节课，又新来了 13 位同学；笔者利用课间重申了“规则”，最终有53位同学坚持上完接下来的每一堂课。最后一次课，大家分别填写了课程总结表，并与小组成员进行了分享，各小组又派代表到班级分享。从孩子们真诚的表达中可以确定：第一次开课是成功的。

10余年来，笔者先后给北航50多个本科生班和3个研究生班讲授了职业生涯规划课。虽然10年前课程体系就较为成熟了，但为了保证最佳教学效果，笔者一直注意收集信息、更新课件、改进教学方法，力求专业性与趣味性相结合，使同学们“能够在整节课中始终跟着老师走”（学生反馈）。

开设选修课的同时，笔者尝试开设职业生涯规划工作坊，以团体辅导的方式引发学生更深入的思考。2008年4月第一期工作坊只有13位同学；2010年这13位同学毕业前，我们再次相聚。同学们讲述的经历表明：工作坊5次活动就给他们带来了深刻的影响！这令笔者更加坚信：“教育不是把桶灌满，而是把火点燃！”

随着互联网技术的普及应用，课堂与之前大不相同了，教师拓展课堂的可能性和操作性也大大加强。2015年，笔者开始通过微信群与同学们进行课后交流，保持沟通。2016年4月21日，在一位学生的帮助下，“北航学生职业生涯规划”微信公众号开通了，两年来每周推送两三篇原创文章，共计240多篇，其中，大学生职业生涯规划及实施案例100多个，累计阅读人数超过30万人次；投稿的学生/毕业生/校友超过160人，绝大多数是职业生涯规划课的受益者，分享的内容非常贴近在校生需求，真正做到了教学相长。

2017年，北航等多所高校全面实行本科大类招生，给高校的学业规划与就业指导工作带来了新的课题。笔者和团队成员一起，在几所书院开展了“生涯唤醒＋学业规划工作坊”系列辅导活动，对新生开展生涯教育，帮助其尽快适应大学生活，降低专业分类带来的焦虑感等，这些有益的尝试取得了显著的效果，得到了越来越多学生的积极反馈。笔者带领团队也先后获得了北京市优质本科课程、北京市优秀通识课主讲教师、北京市就业创业金课、北京市优质本科教材课件等荣誉。

40年前，笔者上小学时就听说：“教师想给学生一杯水，自己就要有一桶水。”然而，进入知识快速更新、信息日趋超载的21世纪，学生们可以从互联网上获取几乎任何一门学科的系统知识。因此，吸引学生走进课堂靠的不是知识，而应该是文化；不是信息，而应该是热情。

在职业生涯教育之路上，还有很长的路要走，需要不断应对新的问题和挑战。作为教师，教书育人是天职；要行使好这一天职，需要将学生“点燃”，让他们主动发挥聪明才智，创造奇迹！

苏文平

中国人民大学出版社　管理分社

教师教学服务说明

中国人民大学出版社管理分社以出版工商管理和公共管理类精品图书为宗旨。为更好地服务一线教师，我们着力建设了一批数字化、立体化的网络教学资源。教师可以通过以下方式获得免费下载教学资源的权限：

- 在中国人民大学出版社网站 www.crup.com.cn 进行注册，注册后进入“会员中心”，在左侧点击“我的教师认证”，填写相关信息，提交后等待审核。我们将在一个工作日内为您开通相关资源的下载权限。

- 如您急需教学资源或需要其他帮助，请加入教师 QQ 群或在工作时间与我们联络。

中国人民大学出版社　管理分社

教师 QQ 群：648333426（工商管理）　114970332（财会）　648117133（公共管理）
教师群仅限教师加入，入群请备注（学校＋姓名）

联系电话：010-62515735，62515987，62515782，82501048，62514760

电子邮箱：glcbfs@crup.com.cn

通讯地址：北京市海淀区中关村大街甲 59 号文化大厦 1501 室（100872）

管理书社　　　人大社财会　　　公共管理与政治学悦读坊